研究会
民事訴訟の IT 化の
理論と実務

笠井正俊　垣内秀介
編　　　日下部真治
　　　　杉山悦子
　　　　橋爪 信
　　　　脇村真治
　　　　　著

Seminar on Theory and
Practice of the Introduction
of IT into Civil Procedure

有斐閣 yuhikaku

はしがき

　本書は、民事訴訟手続のIT化（デジタル化）等を図る「民事訴訟法等の一部を改正する法律」（令和4年法律第48号）による民事訴訟法等の改正について、改正法案の立案担当官、裁判官、弁護士又は民事訴訟法研究者である著者ら及び編者が解釈・運用・課題等に関して座談会形式で議論をした研究会の内容をまとめたものである。本書の元となった連載「研究会 民事訴訟のIT化の理論と実務」は、ウェブ媒体である「有斐閣Onlineロージャーナル」のオリジナル・コンテンツとして、2022年11月から2023年12月にかけて16回にわたって公開された。本書にまとめるにあたり、公開時の後に生じた事柄を付記するとともに、議論された事項ごとに見出しをきめ細かく付けるなどの補充をした。

　本書で各項目を取り上げる順序は、「有斐閣Onlineロージャーナル」での公開順のままである。まず、民事訴訟手続IT化のいわば中心的な部分を成し、手続の全般に関わる「インターネットを用いてする申立て等・訴訟記録等の電子化」を取り扱い、次に、改正法の施行日が早い（2023年2月と3月に施行された）「当事者に対する住所、氏名等の秘匿」と「双方当事者不出頭でウェブ会議又は電話会議により実施できる弁論準備手続と和解期日」を対象としている。その後は、概ね民事訴訟手続の進行や体系を考慮した順序である。

　著者ら及び編者は、本文中の「Ⅱ 参加者紹介」（3頁〜5頁）にあるとおり、改正法案の立案過程にそれぞれの立場で関与しており、この研究会でもそこでの理解や経験を踏まえた発言をしているが、この研究会では、それらの過程で必ずしも十分に意識されていなかった問題を提起したり、新たな知見を示したりした部分もある。その意味でも、理論上及び実務上問題となり得る事項について、幅広く深掘りすることにより、読者の皆様に検討の材料をお示しすることができたと感じている。もちろん、思い至らなかった問題点や考察が不十分なところがあると思われるので、それらのご指摘をも含め、読者の皆様からご教示やご指導を賜る機会があればと願っている。特に、2026年3月までに始まることが見込まれるオンラインでの訴えの提起や訴訟記録の電子化に関しては、それらがこれまでの訴訟手続を大きく変えるものであるので、実務の運用に注目しつつ、生起する課題について検討を続けていきたい。

i

はしがき

　最後になったが、株式会社有斐閣の関係者の皆様、特に、「有斐閣 Online ロージャーナル」での研究会の企画、運営にご尽力いただいた山宮康弘氏と三宅亜紗美氏、本書にまとめるにあたってお世話をしていただいた五島圭司氏と石山絵理氏に心よりお礼を申し上げる。

2024 年 8 月

笠井　正俊

目　次

Ⅰ　はじめに ——————————————————————— 1

Ⅱ　参加者紹介 ————————————————————— 3

Ⅲ　今回の民事訴訟法改正に至る経緯 ————————— 6

◆経緯の概要　6

◆法務省の対応・法制審議会の審議・国会の審議　8

◆裁判所の取組　9

◆弁護士・弁護士会の取組　12

◆研究者の受止め　14

◆民事訴訟以外の各種の民事裁判手続のIT化　18

◆e法廷についての今後の見通し　18

Ⅳ　インターネットを用いてする申立て等・訴訟記録等の電子化
————————————————————————————— 22

1　インターネットを用いてする申立てといわゆる義務化の範囲 ………… 22

◆法制審部会での議論の概要（甲案・乙案・丙案）・改正法の内容　22

◆弁護士・弁護士会の対応・受止め　25

◆裁判所の対応・受止め　27

◆研究者の受止め・問題意識　29

◆責めに帰することができない事由によりオンライン申立てをすることができない場合　33

◆訴状等が紙媒体で提出された場合の補正、時効の完成猶予効等　37

◆控訴の追完との関係　40

◆民法161条による時効の完成猶予効等　42

◆訴訟代理人のいる当事者本人による提出　44

◆問題となり得る場面の例、義務付けられる者の範囲　46

2　訴訟記録の電子化 …………………………………………………… 47

iii

目　次

◆法制審部会での議論の概要・改正法の内容　　48

◆裁判所の対応・受止め・問題意識　　50

◆弁護士・弁護士会の対応・受止め・問題意識　　51

◆研究者の受止め・問題意識　　53

◆電子化する際のミスへの対応　　56

◆提出されたものの一部が電子化されなかった状態での準備書面の陳述の効
　　果　　58

◆電子調書の定義　　64

3　濫用的な訴えの可能性に対する対応 ……………………………………65

◆法制審部会での議論の概要・改正法の内容　　66

◆裁判所の姿勢・受止め　　67

◆弁護士・弁護士会の姿勢・受止め　　68

◆研究者の考え　　70

◆濫用的な訴えへの対応との関係での137条の2の位置付け　　73

◆濫用的な訴えに関するデータ、事件管理システムの構築の仕方　　74

◆濫用的な訴えという捉え方に関する被告の立場と裁判所の立場　　75

Ⅴ　当事者に対する住所、氏名等の秘匿 ──────── 77

1　はじめに …………………………………………………………………77

2　当事者に対する住所・氏名等の秘匿に関する手続・要件・効果等 ………78

◆法制審部会での議論の概要・改正法の内容　　79

◆裁判所の対応・受止め、最高裁判所規則の内容　　80

◆弁護士・弁護士会の対応・受止め・問題意識　　82

◆研究者の受止め・問題意識　　84

◆利益相反の確認等　　88

◆従来の運用上の方法が維持されるか　　90

◆家事事件での閲覧制限との違い　　91

◆被告の住所等の秘匿が必要となる場合　　92

◆準備書面等の記載に関する留意事項　　93

3　秘匿決定の取消し等 ……………………………………………………94

◆法制審部会での議論の概要・改正法の内容　　94

◆弁護士・弁護士会の対応・問題意識　95

◆裁判所の対応・問題意識、最高裁判所規則　96

◆研究者の受止め・問題意識　97

◆「攻撃又は防御に実質的な不利益を生ずるおそれ」の判断　99

4　第三者の訴訟参加があったときの通知等……………………………100

◆秘匿すべき情報を第三者が提出した場合　101

5　民事執行法の改正…………………………………………………………102

◆加害者とされる当事者が債務名義上の債権者になっている場合　103

◆取立訴訟及び転付命令後の訴訟における秘匿決定の要否、そこでの判断　107

◆第三者異議の訴え等における第三者との関係での秘匿　110

◆強制執行の必要性を理由として閲覧が許可されるか　111

Ⅵ　双方当事者不出頭でウェブ会議又は電話会議により実施できる弁論準備手続と和解期日 ——————————————————113

◆法制審部会での議論の概要・改正法の内容　113

◆弁護士・弁護士会の受止め・問題意識　114

◆裁判所の受止め・問題意識、最高裁判所規則　115

◆研究者の受止め・問題意識　116

◆弁論準備手続と書面による準備手続の使い分け　119

◆無断録音等への対応　120

◆対面（リアル）出頭が必要な場合　120

Ⅶ　民事訴訟費用等に関する法律の見直し ——————————124

◆法制審部会での議論の概要・改正法の内容　124

◆裁判所の受止め、今後の見通し　125

◆弁護士・弁護士会の受止め・問題意識　127

◆研究者の受止め・問題意識　128

◆収入印紙を貼って納付できる「やむを得ない事由があるとき」　131

◆オンライン申立てで低減する金額について　132

◆手数料を支払う時点　134

目　次

◆時効の完成猶予効、控訴期間遵守等との関係、事件管理システムの仕様の
　在り方　136
◆訴訟費用の低額化・定額化　141

Ⅷ　送達——————————————————————————143

1　電磁的記録の送達·····································143
（1）　全体的な事項　143
◆法制審部会での議論の概要・改正法の内容　143
◆裁判所の受止め・問題意識　145
（2）　システム送達の構成要素となる各行為の法的な位置付け　146
◆通知の位置付け、通知と無関係に送達対象記録の閲覧がされた場合の効果
　146
（3）　通知から1週間の経過での効力の発生　156
◆通知等の方法や回数に関する工夫の可能性　158
（4）　システム送達を受ける受送達者の通知アドレスや送達受取人に関する
　　事項　160
◆通知アドレスの届出の在り方等　160
◆システム送達受取人　165
（5）　その他　176
◆送達書面の出力をするのは裁判所書記官か当事者か　176

2　公示送達·······································177
◆法制審部会での議論の概要・改正法の内容　178
◆裁判所の受止め・問題意識　178
◆弁護士・弁護士会の受止め・問題意識　179
◆研究者の受止め・問題意識　180
◆不適切又は違法な行為への対応等　182
◆IT化に対する誤解への対応　183

Ⅸ　訴訟記録の閲覧——————————————————185

1　電磁的訴訟記録の閲覧·····························185
◆法制審部会での議論の概要・改正法の内容　185

◆裁判所の対応・受止め　186

◆弁護士・弁護士会の対応・問題意識　187

◆研究者の受止め・問題意識　189

◆訴訟代理人を選任している当事者本人が閲覧することの意義　191

◆目的外利用の禁止の在り方　192

◆電磁的記録の閲覧と裁判所の執務への支障　195

◆利害関係のある第三者の範囲　195

◆直送との関係　196

2　和解に関する訴訟記録の閲覧の制限 ………………………………201

◆法制審部会での議論の概要・改正法の内容　201

◆改正法についての受止め　202

◆別事件で和解調書が証拠とされる場合、利害関係のある第三者の範囲　204

3　補助参加申出人の訴訟記録の閲覧等 ………………………………208

◆45 条 5 項と 92 条 6 項から 8 項までとの関係　209

4　訴訟記録の電子化の例外 …………………………………………211

◆改正法の内容　211

◆秘匿事項届出書面の管理、提出又は送付に係る文書の取扱い（訴訟記録か）　212

X　口頭弁論等 ————————————————————216

1　口頭弁論の期日等 ……………………………………………………216

◆法制審部会の議論の概要・改正法の内容　216

◆裁判所の対応・受止め・問題意識、最高裁判所規則　217

◆弁護士・弁護士会の対応・受止め・問題意識　219

◆研究者の受止め・問題意識　220

◆ウェブ会議の方法で関与する当事者と第三者が同席することについて　225

◆ウェブ会議の接続先が多い場合の相当性の判断　230

◆傍聴の問題と非弁活動の問題　231

◆口頭弁論の基本原則との関係──国際的な動向　233

vii

目　次

◆写真の撮影等の制限（民訴規 77 条）との関係での自動文字起こし
　235

◆ウェブ会議への出頭困難と双方審尋主義　238

◆期日外の審尋　238

◆期日の変更の裁判長権限化　239

2　準備書面等の提出期間‥‥‥‥‥‥‥‥‥‥‥‥‥‥‥‥‥‥‥‥240

◆法制審部会の議論の概要・改正法の内容　240

◆裁判所の対応・受止め　241

◆弁護士・弁護士会の対応・受止め・問題意識　242

◆研究者の受止め・問題意識　243

◆理由説明の内容とその記録化　246

◆時機に後れた攻撃防御方法の却下の運用　247

◆理由説明の内容とその記録化（事件管理システムの仕様等）　248

XI　争点及び証拠の整理手続 ——————————— 250

1　弁論準備手続‥‥‥‥‥‥‥‥‥‥‥‥‥‥‥‥‥‥‥‥‥‥‥‥250

◆法制審部会での議論の概要・改正法の内容　250

◆裁判所の対応・受止め　251

◆弁護士・弁護士会の対応・受止め、口頭弁論での証拠調べとの境界
　252

◆研究者の受止め、口頭弁論での証拠調べとの境界　253

◆提示が明文化されたことの意義　255

◆専門委員の関与　256

2　書面による準備手続‥‥‥‥‥‥‥‥‥‥‥‥‥‥‥‥‥‥‥‥257

◆法制審部会の議論の概要・改正法の内容　258

◆裁判所の対応・受止め　258

◆弁護士・弁護士会の対応・受止め・問題意識　259

◆研究者の受止め・問題意識　261

◆弁論準備手続と書面による準備手続の使い分け、弁論準備手続における裁
　判官の所在場所　264

◆チャットでのやり取りの位置付け、期日又は協議での訴訟代理人の応答の

実質化　269

◆対面出頭の機会の保障、書面による準備手続の協議への当事者の出頭
271

XII　電磁的記録についての書証に準ずる証拠調べ —————— 275

1　総論と問題提起 ··· 275
◆法制審部会での議論の概要・改正法の内容　275
◆裁判所の対応・受止め、事件管理システム・最高裁判所規則　277
◆弁護士・弁護士会の対応・受止め・問題意識　278
◆研究者の受止め・問題意識　279

2　情報の内容に係る証拠調べの意義 ····················· 283
◆231 条の 2 第 1 項における証拠調べの対象、検証との境界等　283
◆要証事実がプログラムの作用・影響・性状・機能等である場合　288

3　証拠申出をするための提出の在り方 ··················· 291
◆原本と写しという概念との関係、成立の真正等　291
◆事件管理システムで提出可能なデータ容量との関係　300
◆改変が判明した場合の取扱い　300
◆原本と写しの区別の可能性、電子署名による真正な成立の推定（電子署名認証 3 条）との関係　303

4　電磁的記録の提出命令と送付嘱託 ····················· 306
◆電磁的記録を利用する権限を有する者　307
◆改変の有無の立証方法、社会で作られる電磁的記録への対応　308

XIII　証人尋問等 ———————————————— 310

1　証人尋問・当事者尋問 ······························· 310
◆法制審部会での議論の概要・改正法の内容　310
◆裁判所の受止め・問題意識　311
◆弁護士・弁護士会の対応・受止め・問題意識　312
◆研究者の受止め・問題意識　312
◆要件の解釈に関する方向性、裁判官の心証形成との関係、証拠制限契約構成の可能性等　316

ix

目　次

2　簡易裁判所での特則 ································· 321

◆法制審部会での議論の概要・改正法の内容　321

◆今後の立法による電話会議による口頭弁論の可能性、口頭起訴の廃止の可能性　323

3　通訳人 ·· 325

4　参考人等の審尋 ··································· 327

XIV　その他の証拠調べ手続 ──────────── 330

1　鑑定 ·· 330

2　検証 ·· 331

3　裁判所外での証拠調べ ··························· 335

◆法制審部会での議論の概要・改正法の内容　336

◆合議体を構成する各裁判官が裁判所内外に分かれるハイブリッド型の証拠調べ　337

XV　訴訟の終了 ──────────────────── 342

1　判決 ·· 342

◆法制審部会での議論の概要・改正法の内容　342

◆裁判所の対応・受止め　343

◆弁護士・弁護士会の受止め　343

◆研究者の受止め・問題意識　344

◆更正決定の申立てに係る決定に対する即時抗告の対象　347

◆ウェブ会議による判決言渡し期日の実施　348

◆「原本」という文言を用いていないことについて　350

◆担保取消しと書記官権限化等　351

2　和解 ·· 353

◆法制審部会での議論の概要・改正法の内容　353

◆裁判所の対応・受止め、改正されなかった事項　354

◆弁護士・弁護士会の対応・受止め　356

◆研究者の受止め・問題意識　357

◆電子調書の送達　360

◆受諾和解の要件としての出頭困難　361

◆日時経過の要件の意義　361

◆利害関係人が和解に参加する方法　363

◆和解に代わる決定の一般化　363

XVI　法定審理期間訴訟手続 —————————— 369

◆法制審部会での議論の概要・改正法の内容　370

◆裁判所の対応・受止め　371

◆弁護士・弁護士会の対応・受止め　372

◆研究者の受止め・問題意識　374

◆訴訟手続外での合意の効力について　378

◆想定される最高裁判所規則、判断事項の確認と通常移行後の判決との関係について　388

◆この手続による旨の決定後の最初の期日について　397

◆除外される「消費者契約に関する訴え」について　400

XVII　おわりに —————————— 403

事項索引　409

条文索引　413

参加者紹介　416

凡　例

■法令名の略語

民事訴訟法の条文は条文番号のみ示すことがある。

その他の法令名の略語は、原則として有斐閣刊『六法全書』巻末掲載の「法令名略語」による。

■裁判例の表示

本文（地の文）

　例／最高裁平成 17 年 4 月 14 日判決（刑集 59 巻 3 号 259 頁）

本文の括弧内

　例／大判昭和 5・6・18 民集 9 巻 609 頁

■条文等の引用

条文等を「　」で引用してある場合は、原則として原典どおりの表記とするが、「　」を用いて条文等の趣旨を書いているものもある。

■その他の略語

法　時　法律時報

ひろば　法律のひろば

曹　時　法曹時報

（法制審）部会	法制審議会民事訴訟法（IT 化関係）部会
検討会	裁判手続の IT 化検討会（内閣官房日本経済再生総合事務局）
IT 化研究会	民事裁判手続等 IT 化研究会（公益財団法人商事法務研究会）
証拠法制研究会	証拠収集手続の拡充等を中心とした民事訴訟法制の見直しのための研究会（公益財団法人商事法務研究会）

凡　例

■基準時

本文中における条文や改正状況の基準日については、特に断りのない限り、下記の公開日によるものとする。

《収録日等一覧》

＊　本書本文の見出し番号（**太字**）について、有斐閣 Online 上での対応する回の収録日と公開日、掲載回を示す。

Ⅰ～Ⅲ　　2022 年 8 月 7 日収録、2022 年 11 月 14 日公開（第 1 回）

Ⅳ1　　2022 年 8 月 7 日収録、2022 年 11 月 28 日公開（第 2 回）

Ⅳ2　　2022 年 8 月 7 日収録、2022 年 12 月 12 日公開（第 3 回）

Ⅳ3～Ⅴ3　　2022 年 10 月 29 日収録、2022 年 12 月 26 日公開（第 4 回）

Ⅴ4～Ⅵ　　2022 年 10 月 29 日収録、2023 年 1 月 9 日公開（第 5 回）

Ⅶ　　2022 年 12 月 24 日収録、2023 年 2 月 22 日公開（第 6 回）

Ⅷ1（1）～（3）　　2022 年 12 月 24 日収録、2023 年 3 月 3 日公開（第 7 回）

Ⅷ1（4）（5）　　2022 年 12 月 24 日収録、2023 年 3 月 16 日（第 8 回）

Ⅷ2、Ⅸ1　　2023 年 1 月 29 日収録、2023 年 3 月 30 日公開（第 9 回）

Ⅸ1◆直送との関係、2～4　　2023 年 1 月 29 日収録、2023 年 4 月 11 日公開（第 10 回）

Ⅹ　　2023 年 4 月 1 日収録、2023 年 5 月 29 日公開（第 11 回）

Ⅺ　　2023 年 4 月 1 日収録、2023 年 6 月 15 日公開（第 12 回）

Ⅻ　　2023 年 6 月 24 日収録、2023 年 8 月 28 日公開（第 13 回）

ⅩⅢ～ⅩⅣ　　2023 年 6 月 24 日収録、2023 年 9 月 11 日公開（第 14 回）

ⅩⅤ　　2023 年 9 月 18 日収録、2023 年 11 月 16 日公開（第 15 回）

ⅩⅥ～ⅩⅦ　　2023 年 9 月 18 日収録、2023 年 12 月 4 日公開（第 16 回）

I　はじめに

笠井　令和 4 年（2022 年）の通常国会で民事訴訟手続の IT 化等を内容とする「民事訴訟法等の一部を改正する法律」が成立して令和 4 年法律第 48 号として 5 月 25 日に公布されました。施行日は改正事項によって異なりますが、公布日から 4 年以内に全て施行され、日本の民事訴訟手続の様子は大きく変わることになります。

　研究会「民事訴訟の IT 化の理論と実務」は、多岐にわたる改正事項を対象にして、それぞれの改正の趣旨やそこに至る検討状況等を解説していただくとともに、改正規定の解釈、想定される運用等について、理論上及び実務上の観点から皆様のお考えを述べて議論していただくことにより、読者の方々に今回の民事訴訟法改正に関する検討の材料をお示ししようとするものです。

　有斐閣では、従来、民事手続法関係を含めて、新たな立法に関する研究会が「ジュリスト」等の雑誌に連載されることがしばしばあります。今回の IT 化に関する民事訴訟法改正についてもジュリスト 2022 年 11 月号（1577 号）で、法制審議会民事訴訟法（IT 化関係）部会（以下「法制審部会」、「部会」等ともいう）の部会長であった山本和彦教授を中心とする特集が計画されていると伺っています（発刊済み）。一方で、本研究会は、2022 年秋に新たに立ち上げられるウェブサイト「有斐閣 Online」で連載をするという企画です（本書は「有斐閣 Online」の連載を 1 冊にまとめたものである）。電子媒体において、ある程度の期間をかけて、幅広い改正項目についてそれぞれを深掘りしていくものにしたいと考えています。

　研究会のメンバーとしては、その趣旨に沿う皆様にご参加をお願いしています。

　法律案の立案担当官として、法務省民事局の脇村真治参事官（本書発行時点では農林水産省大臣官房法務支援室長）、実際にこの改正法を運用することになる実務家として、最高裁判所事務総局民事局の橋爪信総括参事官、第二東京

I　はじめに

弁護士会所属の日下部真治弁護士、民事訴訟法の研究者として、東京大学の垣内秀介教授、一橋大学の杉山悦子教授の皆様であり、司会は、京都大学の笠井正俊が務めさせていただきます。

　なお、冒頭に述べた民事訴訟法等の改正に続いて、現在、裁判所での各種の民事手続について、法制審議会民事執行・民事保全・倒産及び家事事件等に関する手続（IT 化関係）部会で審議が行われるなど、IT 化の検討がされていますが（その後、本書発行時点までの推移について、18 頁注 2）3）参照）、本研究会では、既に法改正がされた民事訴訟法を主たる対象とすることにします。ただし、本研究会でも、必要に応じて他の手続を話題にすることがあってもよいと考えています。

　この研究会の趣旨の説明は以上でございます。

Ⅱ　参加者紹介

笠井　ここでは研究会メンバーの皆さまに自己紹介をしていただきます。その中では今回の IT 化等に係る民事訴訟法改正との関わりについても、簡単にお話しいただきます。それでは脇村さんから、よろしくお願いいたします。

脇村　法務省民事局参事官の脇村でございます。この民事訴訟法の改正につきましては、2021 年 7 月から法制審議会の幹事として、事務当局として関与したほか、法制審議会の答申を得た後の、立案作業に従事しました。どうぞよろしくお願いいたします。

橋爪　最高裁民事局総括参事官の橋爪でございます。現職に就いたのが 2021 年 4 月になりますが、その当時は法制審部会で、改正に関する中間試案が取りまとめられて、パブリックコメントの手続が執られている最中でしたので、全国の裁判所から寄せられた大量の意見を見ながら、裁判所としての意見を取りまとめるという作業から、今回の改正法の議論に関与していくことになりました。今回の改正法はこれまでの紙の記録が電子記録に一気に変わるというもので、裁判手続や組織としての裁判所に与える影響が非常に大きいことは言うまでもありません。施行までの間に各裁判所、あるいは、当局において十分な検討をしていく必要があるわけですが、本研究会で議論を深めて勉強させていただければと考えております。本日はどうぞよろしくお願いいたします。

日下部　第二東京弁護士会に所属する弁護士の日下部真治です。私は、2017 年 10 月から内閣官房日本経済再生総合事務局に設置された「裁判手続等の IT 化検討会」（以下「検討会」ともいう）の委員、次いで 2018 年 7 月から公益社団法人商事法務研究会に設置された「民事裁判手続等 IT 化研究会」（以下「IT 化研究会」ともいう）の委員、次いで 2020 年 6 月から法制審部会の委員を、それぞれ務めました。また、その過程で、民事司法制度改革推進に関する関係府省庁連絡会議幹事会において、有識者としてヒアリングを受けたことなどもございます。こうした過去 5 年ほどの関わりにおいては、日弁連の関連委

3

Ⅱ　参加者紹介

員会等からのバックアップを受けるとともに、日弁連の意見形成にも関与してまいりました。私の意見がすなわち日弁連や弁護士一般の意見であるというわけではありませんが、これまでの知見や見聞を踏まえて、弁護士の視点で、今般の民事訴訟法改正について議論をすることができればと考えております。どうぞよろしくお願いいたします。

垣内　東京大学の垣内です。私は民事手続法を専攻している研究者です。民事訴訟のIT化との関わりという点で申しますと、笠井さんや日下部さんとは異なりまして、2017年に設置された検討会には関わっておりませんで、その後2018年7月に検討を開始いたしましたIT化研究会から参加させていただいております。続いて、法制審部会には、幹事として参加いたしました。また現在は法制審議会民事執行・民事保全・倒産及び家事事件等に関する手続（IT化関係）部会での審議に引き続き関与しております。この度、民事訴訟法のIT化に関する改正法がいったん成立したということになったわけですけれども、研究者として考えるべき課題は、まだ数多く残されていると認識しておりますので、今回の研究会で、実務家、あるいは他の研究者の方々からいろいろご意見を伺いながら、引き続き勉強させていただきたいと考えております。どうぞよろしくお願いいたします。

杉山　一橋大学で民事手続法を研究しております杉山と申します。私自身は今回の民事訴訟法改正に関する法制審議会の部会メンバーではございませんでしたが、その前の商事法務研究会のIT化研究会と、当事者に対する住所・氏名等の氏名等秘匿措置との関係で「証拠収集手続の拡充等を中心とした民事訴訟法制の見直しのための研究会」に委員として参加して、それぞれにおいて、イギリスの制度の調査研究にも協力させていただきました。現在では法制審議会民事執行・民事保全・倒産及び家事事件等に関する手続（IT化関係）部会に幹事として参加しております。どうぞよろしくお願いいたします。

笠井　京都大学で民事訴訟法等の民事手続法の研究と教育に当たっている笠井でございます。裁判手続のIT化につきましては、先ほど日下部さんからもお話があった2017年秋からの検討会の委員となりまして、IT化の問題に関わるようになりました。その後、IT化研究会、続いて、法制審部会の各委員として、この問題について考える機会を頂戴しました。それから当事者に対する住所・氏名等の氏名等秘匿に関して杉山さんがおっしゃった研究会にも入ってお

りました。IT の技術的なことに詳しいわけではありませんし、これまでの過程でその都度勉強してきたという感じでしたけれども、民事訴訟手続の IT 化という重要な事柄に関わることができる、そういう機会がいただけてありがたく存じております。この研究会では皆さまからご紹介いただきましたように、今回の改正に向けた様々な場面で、中心的な働きをしてこられた方々にご参加いただきましたので、活発なご議論をいただけるのを楽しみにしております。この研究会で私は司会ということで、基本的には議事進行係としてやっていきたいと思っております。

Ⅲ　今回の民事訴訟法改正に至る経緯

◆経緯の概要

笠井　ここからは本題に入りますが、最初に、今回の民事訴訟法改正に至る経緯について取り上げます。まず、私から、今回の改正の対象となった現行法の規定や今回の改正に至る経緯について説明します。

　現行法では、当事者や訴訟代理人が裁判所に出頭せずに争点証拠整理手続等に関与する仕組みとして、弁論準備手続期日、書面による準備手続、進行協議期日において、音声の送受信、すなわち電話会議システムの利用ができるものとされています。書面による準備手続では双方とも不出頭での電話会議システムによる協議が可能ですが、弁論準備手続期日と進行協議期日では当事者の一方の出頭が必要とされています。また、証人尋問や当事者本人尋問は、映像と音声の送受信による方法、いわゆるテレビ会議システムの利用によることが可能であるとされています。

　そして、電子情報処理組織による申立て等については 2004 年の民事訴訟法改正（平成 16 年法律第 152 号）によって 132 条の 10 等の条文が加えられています。ただ、督促手続についてはオンライン化が実現しましたが、民事訴訟の本体であるいわゆる判決手続についてはオンラインによる訴えの提起や準備書面等の提出が実現しないままでした。

　そのような中で、2017 年以降、政府全体として、民事裁判の IT 化に向けた動きが本格化することになります。まず、政府の「未来投資戦略 2017——Society 5.0 の実現に向けた改革」（2017 年 6 月 9 日閣議決定）で、「迅速かつ効率的な裁判の実現を図るため、諸外国の状況も踏まえ、裁判における手続保障や情報セキュリティ面を含む総合的な観点から、関係機関等の協力を得て利用者目線で裁判に係る手続等の IT 化を推進する方策について速やかに検討し、本年度中に結論を得る」（112 頁）とされました。その背景には、世界銀行が発表する "Doing Business" 2017 年版で、日本の裁判手続に関し、

特に「事件管理」と「裁判の自動化」の項目が低い評価であったということがあると言われています。

　そこで、政府では、内閣官房が2017年10月から検討会を開催し、2018年3月30日に「裁判手続等のIT化に向けた取りまとめ——『3つのe』の実現に向けて」という報告書がまとめられました。そこでは、e提出、e法廷、e事件管理をフェーズ1から3までの各段階に分けて実現していくことが提言されています。フェーズ1では、現行法の下で、争点整理手続でウェブ会議等のITツールを積極的に利用するなどし、その拡大・定着を図っていくこと（e法廷の先行実現）が想定されています。フェーズ2とフェーズ3では実現に関連法令の改正を要するものについて法整備と実施を期待するとされています。フェーズ2で、双方当事者が裁判所に出頭せずにウェブ会議等を活用して口頭弁論期日等の手続を実施できるようにするということで、これはe法廷の拡充ということになります。そして、フェーズ3では、システムやITサポート等の環境整備を実施した上でオンライン申立てへの移行、事件記録の電子化等を図ることとされており、すなわち、e提出とe事件管理の実現です。検討会取りまとめは、これらにより、当事者は裁判所外からオンラインにより訴え提起を始めとする申立てや事件記録の閲覧ができるようになるとともに、各種の期日にいずれの当事者も裁判所に出頭する必要がなくなるなど、利便性が高まることが期待されるとしています。

　この検討会取りまとめについては、検討会取りまとめと同日に、日弁連から「内閣官房裁判手続等のIT化検討会『裁判手続等のIT化に向けた取りまとめ』に関する会長談話」（2018年3月30日）が発表されています。

　政府では、「未来投資戦略2018——『Society 5.0』『データ駆動型社会』への変革」（2018年6月15日閣議決定）のうち「裁判手続等のIT化の推進」という部分で（55頁〜56頁）「司法府による自律的判断を尊重しつつ、民事訴訟に関する裁判手続等の全面IT化の実現を目指すこととし、以下の取組を段階的に行う」と述べて、検討会取りまとめの方向を承認しています。

　続いて、2018年7月から、公益社団法人商事法務研究会においてIT化研究会が開催され、法的な課題の整理や規律の仕方等について検討がされました。この研究会は、2019年12月に「民事裁判手続等IT化研究会報告書——民事裁判手続のIT化の実現に向けて」という報告書を公表しています。

7

Ⅲ　今回の民事訴訟法改正に至る経緯

　そして、IT 化の実現などのために必要な民事訴訟法等の改正について、2020 年 2 月に法務大臣から法制審議会へ諮問がされ、これに基づき、法制審部会が同年 6 月から 2022 年 1 月まで審議をし、同年 2 月に法制審議会がその審議結果を採択して「民事訴訟法（IT 化関係）等の改正に関する要綱」（2022 年 2 月 14 日）を法務大臣に答申しました。

　そして、令和 4 年（2022 年）通常国会で、内閣から改正要綱を踏まえた民事訴訟法等の一部を改正する法律案が提出され、審議の結果、同法律が 2022 年 5 月 18 日に成立し、同月 25 日に公布されたということになります。

　ということで、以上のような経緯があったわけですけれども、以上の経緯での法務省の対応、特に法制審議会や法制審部会の審議の全般的な状況、それから国会審議の状況等について、まず脇村さんからご説明をお願いできればと思います。

◆法務省の対応・法制審議会の審議・国会の審議

脇村　まず、私ども法務省民事局の関わり方についてお話しさせていただきたいと思います。先ほど笠井さんからお話がありましたとおり、この民事裁判の IT 化を推進していくことは、政府の方針でありましたが、法務省民事局がなすべき作業としては、法律の改正、民事訴訟法の改正の作業が主なものでありました。

　改正作業の経緯ですが、政府方針についての閣議決定を受けまして、先ほどからご紹介がありましたとおり、公益社団法人商事法務研究会が開催しておりました IT 化研究会における議論に参加するなどして、その検討を進めてまいりました。この研究会は 2018 年 7 月から 2019 年 12 月までの間、合計 15 回にわたり山本和彦一橋大学大学院法学研究科教授を座長として、研究者の皆さんのほか、弁護士、司法書士、あるいは、裁判所、法務省の関係者をメンバーとして開催され、同研究会は、2019 年 12 月に、報告書を取りまとめました。

　また、後でお話をする法制審議会の諮問後でありますが、今回の法改正において実現しました民事訴訟における被害者の氏名等を相手方に秘匿する制度について検討するため、公益社団法人商事法務研究会が開催しておりました「証拠収集手続の拡充等を中心とした民事訴訟法制の見直しのための研究会」（以下「証拠法制研究会」という）に参加しておりました。この研究会は、畑瑞穂東京大学大学院法学政治学研究科教授を座長とするものですが、2021 年 6 月

に、この制度に関する報告書を取りまとめております。

　そして、法制審議会の関係ですが、法務大臣から法制審議会に対しまして、2020年2月21日、民事裁判手続のIT化に関する諮問第111号が諮問され、これを受けまして、法制審議会に民事訴訟法（IT化関係）部会が設置され、調査審議が開始されたところでございます。

　この部会は、山本和彦教授を部会長とし、合計23回の会議が開催されました。この間、2021年2月19日に「民事訴訟法（IT化関係）等の改正に関する中間試案」が、同年7月30日に民事訴訟において被害者の氏名等を相手方に秘匿する制度についての「民事訴訟法（IT化関係）等の改正に関する追加試案」が、それぞれ取りまとめられまして、それぞれについてパブリックコメントの手続が実施されたところでございます。その後、この部会では、パブリックコメントの結果を踏まえて調査審議が重ねられ、2022年1月28日に、部会の最終案として、「民事訴訟法（IT化関係）等の改正に関する要綱案」が取りまとめられ、同年2月14日、法制審議会総会において、この要綱案どおりの内容で改正要綱が決定され、法務大臣に答申されました。

　その後、法務省民事局を中心に、この答申を踏まえ立案作業が進められまして、2022年3月8日、「民事訴訟法等の一部を改正する法律案」が第208回通常国会に提出されました。この法律案につきましては、2022年3月22日に衆議院法務委員会に付託され、その審査が開始し、同年4月20日には衆議院法務委員会において、同月21日には衆議院本会議においてそれぞれ可決され、参議院に送付されました。その後、同月25日に参議院法務委員会に付託され、その審査が開始し、同年5月17日には、参議院法務委員会において、同月18日には参議院本会議においてそれぞれ可決されて法律が成立し、2022年5月25日に公布されたところでございます。法務省の民事局が中心に関わってきたところは以上でございます。

笠井　それでは橋爪さんから、以上の経緯での裁判所の対応や取組、それから、法制審部会での審議全般を含めた対応姿勢等についてお伺いできればと思います。

◆裁判所の取組

橋爪　ありがとうございます。それではまず、いわゆるフェーズ1の取組から説明を始めたいと思います。先ほど笠井さんにご紹介いただきました「未来投

Ⅲ　今回の民事訴訟法改正に至る経緯

資戦略 2018」において、司法府には現行法の下でのウェブ会議等の積極的な活用を期待するとされたことなども踏まえまして、裁判所では 2020 年 2 月から、現行法の下でも実施可能な運用として、ウェブ会議、すなわち一般のインターネット回線を介したビデオ通話機能、アプリケーションとしては Microsoft 社の Teams になりますが、これを活用した争点整理手続を行っています。

　この運用は、知財高裁と一部の地裁本庁から実施し、2020 年 12 月には全ての地裁本庁に運用を拡大しました。2022 年 2 月からは地裁支部への運用を順次拡大し、7 月からは全国の全ての地裁支部でウェブ会議を用いた争点整理手続の運用が実施されています。直近の数字ですと、2022 年 6 月の 1 カ月の利用件数は、全国で 2 万 2000 件以上ということで、相当多くの事件で利用がされていますが、さらに 2022 年の 11 月には、高等裁判所での運用も開始する予定です[1]。

　手続の種別としましては、当事者の一方が裁判所に出頭するときは弁論準備手続、双方ともがウェブ会議の方法で参加するときは書面による準備手続における協議といった形で利用されていますが、割合的には双方ともウェブ会議の方法で参加する後者の形が圧倒的に多くなっています。現行法では「当事者が遠隔の地に居住しているとき」（175 条）とのいわゆる遠隔地要件が定められていますが、実際の運用では必ずしも遠隔地とは言えない場合においても、当事者双方が同意して、事案の内容や訴訟代理人の対応などに照らして可能であると判断されるときには、「その他相当と認めるとき」に当たるとして、ウェブ会議を行う例が多いと承知しており、この点は遠隔地要件を削除した改正法の先取り的な運用がされているということもできるかと思います。

　次に現行法下における電子提出の運用として、132 条の 10 などに基づく民事裁判書類電子提出システム、通称「mints」の運用についてご説明します。最高裁で新たに開発したこのシステムを用いて、民事訴訟における準備書面等の電子提出を実現するため、最高裁規則（mints 規則）、正式名称は「民事訴訟法第百三十二条の十第一項に規定する電子情報処理組織を用いて取り扱う民事訴訟手続における申立てその他の申述等に関する規則」（令和 4 年最高裁判所規則第 1 号）となりますが、これを制定し、2022 年 4 月 1 日から施行され

---

1)　2024 年 1 月には、全国の簡易裁判所での運用も開始された。

10

ています。

　このシステムで提出可能な書面は、法132条の10第1項の「申立て等」のうち、民事訴訟規則3条1項によりファクシミリで提出可能とされている書面となっていますが、これに加えて「申立て等」には含まれない書証の写しも電子提出の対象に含めています。これは近年の情報通信技術の発展により、一般に書証の内容を正確に電子化することにも困難が伴うとは言えなくなったと考えられたためです。また、mints規則の1条では、当事者が「mints」を用いた電子申立て等をすることができる場合を、基本的に「当事者双方に委任を受けた訴訟代理人……があり、かつ、当事者双方において電子情報処理組織を用いて申立て等をすることを希望する事件」に限っています。これは、このシステムがインターネットを通じて利用されるものであり、情報セキュリティを維持し、十分な通信帯域を確保するなどして、安定的に稼働させる必要があることなどから、まずは確実に運用可能な範囲から運用を開始していこうという考えによるものです。双方当事者が「mints」を利用することとなる結果、裁判所への提出のみならず、相手方当事者への直送も、このシステムを用いて行うことが可能となっています。現時点では「mints」を用いた電子申立て等が可能な裁判所は、甲府地裁、大津地裁、知財高裁のほかは、東京地裁及び大阪地裁の一部の部に限られていますが、今後、これらの庁の運用状況を踏まえながら、導入庁の拡大を順次図っていきたいと考えており、現時点では2023年1月に高裁が所在する8地裁への運用拡大を予定しているところです[2]。

　今回の改正法では、委任を受けた訴訟代理人は、電子申立てをしなければならない旨の規律が採用されたところでもありますので、導入庁が拡大した暁には、弁護士の方々には積極的に「mints」を利用して、電子提出の方法に習熟していただければと考えております。

　これまで申し上げたフェーズ1の運用と「mints」の運用につきましては、いずれも現行法の下での取組になりますが、ウェブ会議を用いた争点整理手続の運用は、フェーズ2の運用を検討する上で大いに参考となるものですし、「mints」の運用もフェーズ3の完全な電子化に向けた先行実施としての意味合いをも有すると考えています。裁判所としては現行法の下でも可能なこうい

---

2)　2023年11月に支部を含む全ての地裁・高裁での運用が開始された。

11

った取組を着実に進めつつ、法制審部会等の場でも裁判手続のIT化に対して前向きな姿勢で臨んできたところです。私からの説明は以上になります。

笠井　それでは、日下部さんから以上の経緯での弁護士会や弁護士の受止め、対応、取組、それから、法制審部会での審議全般への対応姿勢等について、先ほどもお話がありましたが、バックアップ体制も含めてご発言いただければと思います。

◆弁護士・弁護士会の取組

日下部　ありがとうございます。日弁連の立場といたしましては、かなり古い時点から裁判手続のIT化の必要性を訴えてきたという経緯があります。具体的に申し上げますと、2011年5月に韓国でIT化された訴訟手続の民事事件での利用が開始されたものと承知しておりますが、同月27日に、日弁連は、「民事司法改革と司法基盤整備の推進に関する決議」を採択し、その中で裁判手続におけるITの活用を含む改善・改革を訴えました。また、その後もいくつかの決議などで、同様に、裁判手続におけるIT化を訴えてきたという経緯がございます。そのような経緯があるものですから、日弁連は、政府が「未来投資戦略2017」において裁判手続のIT化の基本的な方向性を検討するという方針を示したことについては歓迎し、内閣官房に設置された検討会での検討に際しても、私を含む弁護士の委員をバックアップしてきたという次第です。

　そのIT化検討会が2018年3月30日に検討会取りまとめを公表したときには、日弁連の会長談話が示されております。そこでは、IT化検討会の取りまとめによって示された裁判手続等のIT化に向けた基本的方向性に賛同するという立場が明示されております。しかしながら、その時点では、具体的にどのようなIT化が進むのかということは、まだこれから検討するという段階でしたので、会長談話では、市民や事業者の裁判を受ける権利に対する配慮が不可欠であって、今後の具体的な制度設計に当たっては、裁判の公開、直接主義、弁論主義等の民事裁判手続における諸原則との整合性や、システムの利用が困難な者に対する支援措置等について、速やかに検討を進め、地域の実状をも踏まえ、全ての人にとって利用しやすい制度及びシステムを構築しなければならないといった意見が示されておりました。

　日弁連の基本的な受け止め方は、今申し上げたとおりだったのですけれども、弁護士一般がどのように受け止めたのかということについて、私の感想を

申し上げますと、IT 化を進めることについては、総論として賛成であるというう意見は非常に強かったところです。そもそも IT 化すべきでないという意見は、そのようなことを言う人が 1 人もいなかったとは申しませんけれども、ほとんどなかったように思います。しかしながら、具体的に、各論として、個別の制度や手続についてどのようにすべきかということについては、各弁護士の価値観であるとか、ふだんの業務でどういった依頼者を支援しているのかといったことによって考えが分かれることもかなり多くあったと認識しております。それゆえに、日弁連ではなく各単位弁護士会が IT 化について意見書を提出するなどしたときには、各論部分については様々な問題意識が示されてきたという経緯がありました。

　次いでバックアップ体制についてですけれども、裁判手続の IT 化の話が具体化するようになった際には、裁判手続の IT 化はまだ日弁連の中の民事司法改革推進本部という組織の中の基盤整備部会という部会が担当しておりました。しかし、議論が本格化されるに当たり、その体制では不十分であると判断され、2018 年 8 月からは「民事裁判手続等の IT 化に関する検討ワーキンググループ」という組織を立ち上げ、そこが中心となってバックアップ体制をとってきたという経緯がございます。なお、本日のテーマではありませんが、別途協議されることになります被害者情報の秘匿については、検討のルートが少し異なっていたということで、今申し上げましたワーキンググループではなく、「民事裁判手続に関する委員会」という名称の委員会が、主としてバックアップを担当しておりました。

　最後に弁護士、あるいは日弁連のほうで、裁判手続の IT 化について一般的に持っていた問題意識について、2 点言及したいと思います。

　中核的な問題意識の 1 つは、デジタルディバイドに関するものでした。ITに習熟していない者が、IT 化された民事裁判手続を適切に行うことができるのかどうかという問題です。これは、訴訟手続の当事者本人についても考えましたし、代理人についても考えていたということでありまして、本日議論されますオンライン申立ての義務化の範囲、例外の有無や内容、サポート体制などに関わる問題だったと思います。

　もう 1 つは、地域司法に関するものです。全国いろいろなところで活動している弁護士の中には、各地域における司法アクセスが後退しないことを非常に

13

重視している者も多くおりまして、裁判手続の IT 化がそれにどのような影響を与えるのかということに、強く関心が持たれておりました。この問題は、土地管轄について見直しをするのか、あるいは、ウェブ会議を利用するときの裁判官の所在場所はどのようになるのかといったところで問題になり得るところではありましたが、この研究会で後に議論する場面もあろうかと思います（Ⅺ1・2）。

笠井 それでは続きまして、垣内さんから法制審部会の審議を含む以上の経緯や、実務家のご対応ぶりなど、それから民事訴訟 IT 化全般について、どのように受け止めているかについてご説明いただければと思います。

◆研究者の受止め

垣内 私自身は研究者の立場で法制審の部会に参加しましたので、何か出身母体との関係ということではなく、独立した研究者として検討に参加したということになるかと思います。ただ、先ほどの笠井さんのご発言にもあったのですけれども、私自身は特に IT に詳しいということでもなく、また従来、特別の関心を持って IT 化について研究の蓄積があるというわけでもありませんでしたので、この機会に様々、その都度、勉強させていただいてきたわけですが、法制審部会での審議では、特にいろいろと勉強させていただくことがありました。1 つには従来、漠然と当然のこととして受け止めていたようなことを、改めて考え直す必要があると感ずる機会が多かったということです。一例を挙げますと、送達などを通じた手続保障というものが、IT 化というときにどういった形で具体化されるのがよいのか。最低限必要なのは何なのか、といったような問題もありました。他方で、法制審部会の審議では、研究者以外に様々な立場の方が入っておられたわけで、特に利用者の立場を代表する形でご意見を述べられる方々、企業ですとか、消費者、あるいは労働者、また審議の過程では、障害のある方からのお話を伺う機会もありましたけれども、そうした様々な立場の方々からの意見に接して、改めて民事訴訟のあるべき姿について考えさせられることが多かったように思います。

IT 化全体ということで申しますと、裁判手続というプロセスは、もともと一面では関係者間のコミュニケーションのプロセスとして捉えることができるものだろうと思いますけれども、そのコミュニケーションに使うことができるツールと申しますか、メディア、これは時代を追って発達をしてきたわけです

が、近年は、社会生活一般でITが著しく発展をしてきたということになります。そして、その利便性には非常に大きなものがあるということからすれば、裁判手続との関係でも、その導入、あるいは活用ということは、当然の動きだったのだろうと思っております。

諸外国と比較いたしますと、日本の場合には遅きに失したのではないかといった評価もあり得るところかもしれませんが、今回の改正は民事裁判をより利用しやすいものとするための極めて重要な一歩となるものだろうと考えております。先ほど来ご紹介のありました関連する実務家、関係者の皆さんのここまでのご尽力には研究者として、あるいは潜在的な手続の利用者として、敬意を表したいと考えております。

ただ、研究者としての関心からしますと、このように様々なツールが増えてくるということは、一面では便利だということですけれども、同時にどのようにそれらを使っていく、あるいは使い分けていくのが適切なのかという問題が、これまで以上に複雑で難しいものになるという感じも受けております。改正法で一応の仕切りはされているということかと思いますけれども、今後どのような扱い方、運用の在り方が適切なのかということについては、試行錯誤が重ねられることになると考えています。

少し歴史を振り返ってみますと、従来、例えば口頭でのやりとりと書面の利用というような基本的な問題1つをとりましても、両者のバランスをどのように取るのがいいのか、口頭でのやりとりをどのように活用するのか、書面をどのように活用するのかといったところで、多くの議論が重ねられてきたところでもあります。様々なITツールにつきましても、今後そういった議論や試行錯誤が積み重ねられていくのかなというふうに考えているところです。それを通じて、より質の高い民事裁判手続が実現されていくということが望ましいと思いますので、研究者として、微力ではありますが、引き続き関心を持って見ていきたいと考えているところです。

笠井 それでは最後になってしまいましたけども、杉山さんから法制審部会の審議を含む以上のような経緯や、実務家の方々のご対応について、あるいは民事訴訟のIT化全体についての受止めについてお伺いできればと思います。よろしくお願いいたします。

杉山 最初なので一般的な話になりますが、現行の民事訴訟法においても、先

ほど橋爪さんからご紹介があった132条の10のような規定は置かれており、また電話会議とかテレビ会議の規定も整備されていたわけですので、これまでの民事訴訟法がIT化に対して決して無関心であったというわけではなかったと思います。ただ、橋爪さんから、最近最高裁規則が整備されたとの紹介はありましたが、この132条の10を実効的なものにするための規則が長い間整備されなかったために実際にはほとんど使われていなかったり、このようなIT化に関する規定が置かれて以降、特に近時の急速な通信技術の発展であったり、国民の間でのインターネットの普及や、スマホなどの通信端末などの普及と、それに伴う国民の意識の変化に、法律も規則も対応することができなかった。その結果、他の先進諸国、近隣のアジア諸国よりもこの分野で大きな後れを取ることになってしまったと思われます。

　先ほど日下部さんからもご紹介がありましたが、韓国などは早くからIT化を進めておりまして、日本が遅れているということ自体は、かなり前から認識はされていました。ただ今回の改正では、その遅れを取り戻して、世界水準に達するとか、あるいは、"民事裁判の全面的IT化"という言葉自体が強調されることもありますけれども、それ自体が目的なのではなくて、あくまでも裁判の利用者である国民の司法へのアクセスを容易化し、裁判を受ける権利を実効的なものにすること、そして反射的には裁判所の事務処理を効率化したり、統計資料として活用して裁判の予測可能性を向上したりするなど、潜在的な利用者の便宜のためにIT化をする必要があったのであり、その点においては、世界の水準と関わりなくIT化は避けられなかったものと理解をしております。そのため、2017年以降この問題について短期間かつ集中的に議論をして、従来の紙、対面ベースの訴訟から、IT化された訴訟に大きくかじを切るための法律ができたことを高く評価しています。

　このような改正を実現するためには、また今後実際に動かしていくためには、訴訟に実際に携わる実務家の方の理解と意識の改革が重要であった、またあり続けると思われます。これも先ほど橋爪さんから少しご紹介があったようにフェーズ1のプラクティスが既に先行していたということ、さらにちょっと皮肉ではありますけれども、IT化研究会のときは予測していなかったパンデミックの影響もあったと思われますが、特に法制審部会が始まる辺りから、裁判手続のIT化の必要性が強く、かつ広く認識、意識されるようになっていっ

たことも影響していると思われます。そのような影響もあって、IT 化が必要であり、それに向けて協力することが必要だという理解が、実務家の方から得られたということも、大きな意味があると思っております。

今回の改正で、まずは民事訴訟手続自体を IT 化する方向で大きく方向転換することになりますが、この改正は、現在法制審部会で議論されているような他の類似の手続にも影響があると思いますし、それ以外の民事紛争解決手続、裁判外の紛争解決手続にも影響を与えると思われます、つまり追従して IT 化を進める機関が増えていく可能性もあり、その点でも非常に大きな意味のある改正であると思っています。

他方で今回の改正は後に議論する予定である、オンライン申立ての義務化の範囲などでも問題となりますが、現在の通信インフラとか、現在の国民のインターネットの利用率とか、通信端末の普及率といった現状を前提として、今訴訟手続を IT 化することの影響を常に意識しつつ、議論をしてきたものと、法制審部会の外から見ていて伺われました。ただ、通信を巡る技術は今後、急速に進歩、変化する可能性がありますので、今回の改正で終わりにならず、今後、短いスパンでの定期的な見直しと軌道修正をしていくことも不可欠になると思います。感想めいたものになりますけれども、以上になります。

笠井 皆様からいろいろな示唆に富んだご知見をいただきました。今のそれぞれのご発言について、相互にご質問、あるいはご意見、あるいは補足でも結構ですけれども、ご発言をお願いいたします。いかがでしょうか。

垣内 最後に杉山さんが言われた視点は、非常に重要な点だと私も思います。杉山さんは今回、民事訴訟のほうが IT 化されることによる裁判外の各種の手続への影響というところに、差し当たり焦点を当てて言われたわけですけれども、そういう側面ももちろんあると思います。他方で、裁判手続の外で ODR の検討なども進んでいるところで、一部では AI などの自動化技術の活用という試みも、様々な形で進められようとしています。そうしますと逆に、そちらのほうから、また裁判手続へのフィードバックということも生じてくる、つまり、裁判手続が、そうした技術をどのようにさらに取り込んでいくのかという問題も出てくるだろうと思いますので、杉山さんが言われたように、まだこれで終わりではなく、引き続き検討が重ねられる必要があると私も思うところです。

Ⅲ　今回の民事訴訟法改正に至る経緯

◆民事訴訟以外の各種の民事裁判手続の IT 化

脇村　先ほど杉山さんからご紹介がありましたので、民事訴訟以外の検討状況
をお話ししますと、現在、法制審議会におきましては、民事執行・民事保全・
倒産及び家事事件等に関する手続（IT 化関係）部会におきまして、民事訴訟
以外の民事・家事関係の裁判手続の IT 化について検討しています。その検討
に当たっては、まさにこの民事訴訟法の改正を踏まえた検討がされていて、民
事訴訟法と違う点、あるいは同じ点などを中心に議論をしているところでござ
います。

　この部会につきましては、2022 年 8 月 5 日の部会におきまして、中間試案
が取りまとめられています。今後、この中間試案について、パブリックコメン
トの手続が予定されているところです[3]。政府の方針としては、2023 年の通常
国会に関係する法律を提出することを目指すこととされており、法務省民事局
においても法制審議会での議論を踏まえて、引き続き立案作業に従事する予定
でございます[4]。

◆e 法廷についての今後の見通し

杉山　先ほど言いそびれたのですけれども、今回の改正で、一般には"民事訴
訟の全面的な IT 化"という言葉が前面に出ていて、初めて聞く方などは、手続
が全てオンラインで行われる、申立てはもちろん、法廷も全てバーチャルなも
のになると思われるかもしれません。そうではなくて、オンライン申立てにつ
いては、取りあえず一部の者について義務化されたわけでありますし、バーチ
ャル法廷になるわけではないのです。そのため、今回はこのような形で改正さ
れたけれども、将来どこを目指すのかについては、常に意識しなければならな
いと思っています。オンライン申立てについてはこの後議論される予定です
が、最終的には全面的に義務化を目指すことになるはずですし、訴訟記録の電

---

3)　パブリックコメントの手続は、令和 4 年 8 月 24 日から同年 10 月 24 日までの期間実施された。
　その後、法制審議会では、令和 5 年 2 月 17 日、「民事執行・民事保全・倒産及び家事事件等に関す
　る手続の見直しに関する要綱」を決定している。
4)　民事執行、民事保全、倒産、家事事件の手続等の民事関係手続のデジタル化を図る「民事関係手
　続等における情報通信技術の活用等の推進を図るための関係法律の整備に関する法律」は、令和 5
　年 3 月 14 日に法律案として国会に提出され、同年 6 月 6 日に法律として成立し、同月 14 日に公布
　されている（令和 5 年法律第 53 号）。

18

子化についても同様で、つまり、e 提出とか、e 事件管理は全面的な IT 化を目指すけれども、e 法廷をどの程度目指すのかという点は、今後の運用の仕方とも関わってくるのであろうと思っているところです。もし、その辺りの見通しがあるのであれば共有させていただきたいですし、今の段階でないのであれば今後探っていく必要があると思っています。

笠井 e 法廷の今後の見通しというお話ですけど、何かご発言はありますでしょうか。

日下部 弁護士の受け止め方ということで発言をさせていただければと思います。検討会取りまとめの中で、一般論で言うと、大きく 2 点が柱であったのかと理解しています。

1 つは、民事訴訟一般を念頭に置いた骨太な検討と制度設計をするという点です。この点については非常に適切であったと思います。例えば、倒産手続だけやる、あるいは知財事件だけやるといった弥縫策のような対応を取っていたとすると、その後の様々な IT 化の障害になっただろうと思います。

もう 1 つの柱が、「裁判手続等の全面 IT 化」という言葉で、これが先ほど杉山さんから言及もありましたとおり、ややその言葉が独り歩きをして、それを過大に、過剰に受け止めた人がハレーションを起こすという事態が、少なくとも弁護士業界の中では若干見られました。法廷の撤去ということもそうですし、想像力豊かに、裁判官がいなくなってしまって、全て AI になるのではないかというような、極端なものの見方というものも、ないわけではなかったところです。実際はそういう話ではなくて、裁判手続の入口から出口まで、IT を活用していくという話だったと思いますので、その点の理解が進むにつれて、ハレーションは治まっていったということがございました。

先ほど言及のありました e 法廷の行き着く先というのは、非常に関心のあるところだと思っています。伝統的なものの考え方で言えば、とりわけ証拠調べにおいて、裁判官も、それから法廷にいる弁護士も、証人の姿を物理的に直接目で見て、その挙動や言動を感得することが重要である、という価値観が支配的です。しかし、実際にウェブ会議の利用が非常に浸透してきますと、そうした価値観を当然の前提として捉えなければいけないのだろうか、むしろウェブ会議の方式で証拠調べをすることが、例えば証人の表情を理解する上では、法廷よりもはるかに良いのではないかといった評価も聞くところです。今、証拠

Ⅲ　今回の民事訴訟法改正に至る経緯

調べについて申し上げましたけれども、弁論についても、法廷で行うことに本質的な良さがどのくらいあるのか、ウェブ会議でそれは代替できないのかということは、今後、検討していく必要があることだと思います。

脇村　今回の改正要綱、あるいは法律の中でのe法廷等の位置付けを少しお話しさせていただきますと、今回は、e法廷の方向性について、何か、将来的に、こういった方向性をとる、例えば、将来的に、現実の法廷を廃止するといった方向性を定め、それに向けて、まずはこういった制度としようといった議論ではなく、今、現在として、どういった制度をとるべきかという観点から、当事者のウェブ会議による参加は認めつつ、少なくとも期日を開いて、そこに裁判官がおり、それを傍聴人が傍聴するという現在の仕組みは残しましょうという結論になったということだろうと思います。

　また、いわゆるリアルな形での法廷の出席と、ウェブ会議を利用した法廷の出席との関係については、将来は別にして、現時点での取扱いや通信技術を前提にすると、法廷での現実のやりとりとウェブ、インターネットを通じたやりとりには、やはり差があるだろうということを前提に、例えば、証人尋問のウェブ会議の利用等の要件については、厳格なもの、一般的な口頭弁論よりも厳格なものをとったというところで、結論としてはこの改正では、現実の法廷での取扱いを残さざるを得ないと言いますか、残すことを前提に、使える範囲でウェブを使おうという方向で改正要綱、あるいは法律がまとまったところだと理解しています。

　この改正を踏まえた、今後の方向性について、恐らく、この法制審部会に参加されたメンバー、この法律改正作業に関与されたメンバーの方々でも、様々なご意見があるのだろうと思います。そういう意味では、この改正要綱、改正法が何か方向性を決めているというわけではないとは思いますが、今後の方向性については、先ほど言った現実のやりとりの意義などを踏まえて、かつ、恐らく、今後、通信技術がどこまで発達するかといいますか、オンライン上のやりとりがどこまでリアルに近づくか、まさに、実際の通信技術、発達、進展によって決まってくることかなと思います。

垣内　今の脇村さんの発言に重なるところもあるかもしれませんけれども、今回の改正の非常に重要な特徴として、e法廷の関係、つまり、ウェブ会議を使った口頭弁論その他の期日に関しては、ウェブ会議を使える場合でも、それは

オプションとして、選択肢として選べるというのにとどまり、期日は法廷では
やはり開かれているということですので、法廷に物理的に出頭するという可能
性は、その場合でも排除はされていないということです。その意味では、従来
との連続性が維持されているということなのだろうと思います。

ということは、逆に言えば今後その点が非常に重い宿題と申しますか、検討
課題として残されているということで、いつ、どのような条件の下で、法廷に
本当に代わる、法廷がない形でも e 法廷というものが実現可能なのか。当事者
の同意があればできるということなのか、あるいは、そのほかに様々な条件が
必要なのか。そのことは一面では通信技術の発達の度合い、どういう技術が使
えるのか、その質がどうなのかということにも関わりますでしょうし、またそ
の技術によって何が可能になり、そのことが裁判にとってどういう利点を持つ
のかということの評価にも関わるというところで、今後いろいろ難しい宿題が
残っているということなのだろうと受け止めているところです。

笠井 私も個人的に、e 法廷という意味では、「法律時報」の特集で、これに
は杉山さんや垣内さんも入っておられましたけれども、e 法廷のところを書い
て、やはり「全面 IT 化」という言葉について法廷に来ないのが普通になるの
ではないかという誤解があったように思いましたので、そこは違うという話を
書いた覚えがあります（笠井正俊「e 法廷とその理論的課題」法時 91 巻 6 号
〔2019 年〕18 頁）。まさにその辺りが重要で、先ほど日下部さんからもお話が
あった弁護士さんのご心配には、土地管轄の問題等にも関係している部分があ
るところで、今後どうなるかは、いろいろ考えていかないといけないと思いま
す。

今回の改正が施行された後の話としては、法廷に是非行きたいのだという意
向が、実際の期日指定においてどのように考えられるのかという問題がありま
す。ウェブならばその期日に参加できるけれども、法廷に行きたい。その当事
者や訴訟代理人が法廷に来ることを前提にすると、その日は期日が入らないと
いうような場合、裁判長の期日指定や訴訟指揮はどうあるべきかといったこと
です。実務的かつ細かい話かもしれませんけれども、重要な問題としてあるの
ではないかと個人的に思っております。

21

Ⅳ　インターネットを用いてする
　　申立て等・訴訟記録等の電子化

1　インターネットを用いてする申立てといわゆる義務化の範囲

笠井　ここではインターネットを用いてする申立て（オンライン申立て、e 提出）に関し、特に法制審部会でもいろいろと議論になったいわゆる義務化の範囲等について、ご解説、ご議論いただくことになります。

　インターネットを用いてする申立て等については、これは先ほどからお話が出ていますように、もともとは司法制度改革審議会の意見等からの流れで、2004 年の民事訴訟法改正で設けられた 132 条の 10 の規定がありました。今回の改正では、132 条の 10 の第 1 項から第 4 項までについて一定の改正がされて、132 条の 11 が新設されています。132 条の 11 は、義務化と言われる内容の規定で、この改正に至るまでには書面等でするものとされている申立て等について、インターネットを用いてしなければならないものとすることについて、中間試案での甲案、乙案、丙案といったものも示されていました。これらについて、ここでご議論いただくことになります。まず、脇村さんから法制審部会での審議の状況と改正規定の内容についてご説明をお願いいたします。

◆法制審部会での議論の概要（甲案・乙案・丙案）・改正法の内容

脇村　では私のほうから法制審議会の議論、あるいは、その後の改正法の内容についてご説明させていただきたいと思います。まず、ここで議題となっているものとの関係では、このインターネットを用いた申立てを一般的に認めるかどうか、義務以前の問題として認めるかどうかという点が論点となっていました。ただ、この点につきましては、基本的には早期の段階から民事訴訟手続の全ての手続において、全ての裁判所に対してインターネット利用により訴えの

1 インターネットを用いてする申立てといわゆる義務化の範囲

提起や申立て、準備書面等の提出を認めるという方向で法制審部会では議論が進められていたものと承知をしております。その上で、法制審部会でやはり一番問題となりましたのは、こういったインターネットを利用して裁判所に訴状の提出、あるいは、準備書面の提出などをするとしたとしても、これは全ての方が基本的にインターネットを利用しないといけないのかどうかという点で、議論がされていたところでございます。

先ほど笠井さんからご紹介がありましたとおり、中間試案で言いますと、甲案は、原則として全ての方にインターネットを利用して訴えの提起や、準備書面を出していただく義務を課すというものでした。乙案は、弁護士等の委任を受けた訴訟代理人等がついているケースについては、その専門性に着目するなどし、その代理人等に対して、必ずインターネットを利用して訴えの提起等をしていただく義務を課すというものでした。最後に、丙案は、義務を課すことはしない、一般的にはそういった義務付けはしないという案でございまして、利用したい人はインターネットを利用するというものでした。

議論としては、事件記録が全面的に電子化するということを踏まえて、そうであれば当初の段階から訴えの提起等の申立て等を必ずインターネットを利用して、まさに電子データでシステム上きちんとしていただくということにより、手続の迅速・効率化を図るべきであるという視点から全面的 IT 化をすべきであるという意見（甲案）があった一方で、そういったものについて現実的に対応できない人はどうするんだといったことから、乙案、あるいは丙案といった議論がされておりました。

また、この甲乙丙の案については、これは排他的な案というよりは、段階的なものとして捉えるべきではないかという視点から、最終的には甲案を目指しつつ、現時点では、乙案や、丙案でよいのではないか、そういった議論もありました。まさに様々議論があったところです。最終的には、この部会の中では、全ての方について原則としてインターネット利用を義務付けるということについては、まさにこのインターネット利用ができない方の問題ですとか、そもそもの問題として、そういった方式を限定することにより、裁判を提起することが難しくなるのではないかといったことなどから、弁護士等の代理人がある場合に限って義務付けるべきとして、乙案をベースにした議論がされていったところだというふうに承知をしています。

23

IV　インターネットを用いてする申立て等・訴訟記録等の電子化

　また、この乙案ではもともと、代理人等を選任している本人についても、代理人等を通じて申立て等をすることができることから、代理人等だけでなく、その本人にもインターネット利用を義務付けるべきではないかという議論もされていたところです。最終的には、代理人等を頼んだ方、訴訟を委任した本人についてインターネット利用を義務付けることについては、そういった方が、独立して訴訟行為等をすることができることとの関係で、そういった理由から義務を課すのは難しいのではないかといったことから、代理人等についてのみ義務を課し、選任をした本人には義務を課さない案が採用されたというところです。

　もちろんこの乙案を採用することと言いますのは、将来に、この甲案的なものを目指すという意見を必ずしも排除するものではございません。法制審の部会の意見の中には、甲案を目指すべきではないとの意見もありましたが、一方で基本的には利用できる方はインターネット利用をしていくべきである、そういった方策を模索すべきであるといった、そういった方向でのご意見も多くありました。そういったことから、改正要綱の中では、これは、法律事項ではございませんけれども、訓示的なものとして、インターネットを利用して訴えの提起等の申立て等が可能な方については、インターネットを利用して申立て等をするものとする旨の規律を最高裁規則で設けるとの考えも示されたというところでございます。

　最終的な、改正された民事訴訟法の中身ですが、そういった議論、改正要綱を踏まえて、まず132条の10を改正しまして、全ての裁判所、全ての民事訴訟手続において、裁判所に対して行う申立て等については、インターネットを利用できるということとしております。その上で、先ほど言いました弁護士等の委任を受けた訴訟代理人等、いわゆる訟務検事の方ですとか地方自治体で指定を受けた職員なども含めますが、そういった方については、申立て等をするにはインターネットを利用しないといけない（132条の11第1項）ということとしております。もっとも、どうしてもできない、事情によってできないというケースについては、例外的に書面による提出を認める（同条3項）ということになったところでございます。

　また、ここでの議論はインターネットによる申立てに限られた議論だけではなくて、いわゆる情報の伝達の受け手としての立場、具体的には送達の利用の

関係で、いずれ話題に出てきますインターネット利用による送達、今回、仕組みとして導入しているところでございますが、弁護士等の訴訟代理人等については、送達につき、インターネットを利用する方法によることを義務付けること（109条の2）とされております。これは、提出だけでなく、受け取ることについてもインターネットを利用しなければ結局、手続全体の電子化に支障が出るのではないかということから、両方についての義務化の議論がされ、他方で、先ほどから出ているとおり、全ての方に義務付けるといった案、甲案的なものを現時点で採用することは難しいということから、送達についても、弁護士等の訴訟代理人等に限って義務付ける案が今回、採用されたというところかと理解しています。

笠井　それでは続きまして、日下部さんに弁護士として、及び弁護士会としてどのように改正案の策定に臨み、また改正法の内容についてどのように受け止めているか、さらに今後、問題となると思われるような事項等についてご説明をお願いできればと思います。

◆弁護士・弁護士会の対応・受止め

日下部　日弁連の中で検討していたときには、このオンライン申立ての義務化というのは、最も議論が激しくなされた主要課題の1つでありました。内部的なことでありますけれども、先ほどご説明のありました甲案、乙案、丙案という区別で申し上げますと、弁護士の中には、恒久的に丙案の状態で良いという意見を支持する者もいたことは確かです。しかしながら、日弁連としましては、国家の司法制度の在り方として、紙の利用を恒久的に自由に認めるということは、IT化の利便性を無為に阻害することになるという判断から、究極的には甲案の状態になることを目指すというスタンスには賛成をしていたものと理解しています。

　しかし、具体的にそれをすぐに実現することは無理だと考えていたということがありまして、段階的な施行、具体的には、相当の期間は書面による申立てを併存させるべき、すなわち当初は丙案の状態でスタートすべきだという考えを示しました。その上で、訴訟代理人となる弁護士について、言わばプロについてはどうなのかということですけれども、オンラインでの申立てが義務化されて、その例外が存在しないということになりますと、十分な訴訟代理活動ができないという事態が想定され得たということで、日弁連の中では、いわゆる

Ⅳ　インターネットを用いてする申立て等・訴訟記録等の電子化

乙案の状態にすることについても、反対の意見はございましたし、乙案の状態になるのだとしても、一定の猶予期間を置くべきであって、かつ、例外的に書面による申立ても許容される仕組みが必要だという意見が根強くありました。ただ、日弁連としましては、訴訟代理人についてオンライン申立てを義務化するという考えそのものについては、賛成する意見を公表していたところです。

　以上のようなスタンスが、日弁連一般の考えであったところなのですけれども、具体的に成立した改正法について、どのような受け止め方をしているのかということについて、私見ですけれども、感想を述べたいと思います。

　改正法の下では、最初のフェーズ2部分の施行がされる段階では丙案の状態で、残りのフェーズ3部分が施行されるタイミングで乙案の状態となって、甲案の状態になるためには、新たな法改正を必要とすると理解しております。

　この改正法の仕組みは、先ほど申し上げました日弁連の意見に沿っているものと評価できますので、大要、違和感なく受け止められていると考えています。とりわけ、丙案の状態が今後2年から3年程度続き、その間、フェーズ3の一部先行実施と呼ばれている「mints」の運用によって、弁護士には任意でe提出に習熟することができる環境が提供されることになりましたので、乙案の状態に至るための助走期間としては十分という受け止め方が多いのではないかと考えています。

　また、甲案の状態に至る時期があらかじめ定まるということはなく、改めて民事訴訟法の改正プロセスを経るということになりましたので、拙速に甲案の状態になって裁判を受ける権利が損なわれるということは回避されたという点でも、今回の立法は穏当であるとの受け止め方が多いだろうと思います。

　なお、日弁連のオンライン申立て義務化についての考え方は、IT化研究会報告書に対する日弁連の意見書（2020年6月18日付け「『民事裁判手続等IT化研究会報告書—民事裁判手続のIT化の実現に向けて—』に対する意見書」）の中に端的に表れておりますので、正確にはそちらをご参照いただければと思います。

笠井　それでは橋爪さんから、裁判所としてどのように改正案の策定に臨み、また改正法の内容をどのように受け止めているか、また、今後、問題となる事項等があるかについて、ご説明をお願いできればと思います。なお、可能な限りでございますけれども、現時点での、あるいは今後のシステム整備の状況

や、規則整備に関する事柄についてご説明いただける部分がありましたら、それもお願いいたします。

◆裁判所の対応・受止め

橋爪 まず、甲案、乙案問題ですけれども、裁判所としては、民事訴訟手続を電子化する以上は、裁判所への申立て等という段階から電子的な方法によって行うことを原則とするのが最も合理的であると考えて、法制審の部会でもそのような意見を述べてきました。民事訴訟手続をIT化することにより、当事者の方の利便性が高まるとともに、当事者及び裁判所における書面管理等のコストの削減を図ったり、各種事務の合理化、効率化を図ることが期待されるわけですが、そのようなIT化の恩恵は、民事訴訟手続に関与する全ての関係者がデジタルに対応している場合に最大化される一方で、デジタルで対応する人と紙で対応する人が混在するような場合には、紙からデジタル、デジタルから紙への変換といった新たな作業や負担も発生し、かえって非効率性が生じたり、当事者においても十分な利便性を享受できない結果になることが懸念されるといったような考えによるものでした。

　結論的には今回の改正法は、これまでご説明があったような折衷的な規律になったわけですが、士業者、委任を受けた訴訟代理人の方に限られたとはいえ、このような一定の範囲での義務付けの規定が設けられたことは、好ましいものであったと考えています。その上で実際の運用においては、法律上義務付けの対象ではない方々についても、任意にシステムを利用してもらうことが望ましいと考えており、法制審の部会でも、将来的には全ての当事者が電子申立てによることを目指すべきであるということには、おおむね異論はなかったと承知しておりますし、また法制審で採択された改正要綱においても、先ほど脇村さんから紹介があったような訓示規定を最高裁規則に設けるといった内容が記載されたところです。

　多くの方々に自らシステムを利用した申立てをしてもらうためには、裁判所としては、今後開発するシステムの構築に際して、使い勝手の良いシステムを目指していくということが極めて重要であると考えており、先ほど説明しました「mints」は各種の操作を直感的に行うことができるよう、画面や操作方法を非常にシンプルなものとしていますが、今後、開発するフェーズ３に向けたシステムにおいても、そのような簡易な操作感を意識していくことが１つのポ

Ⅳ　インターネットを用いてする申立て等・訴訟記録等の電子化

イントかと思っています。

　またIT機器を持っていない方などに対するいわゆる本人サポートにつきましては、裁判所のほうでも必要な環境整備を検討していきたいと考えていますが、本人サポートの関係では、いわゆる士業者団体に期待される役割が大きいところと承知しておりますので、これら団体における本人サポートの検討にも、必要な協力をしていきたいと考えているところです。

　笠井さんのほうから、システムや規則について、お話しできる範囲でということがありましたけれども、システムについてはフェーズ3の実現に向けて、新たなシステムを開発することを予定しており、今般、改正法が成立したことを受けて、その内容を前提にシステムの要件定義を実施し、その後システムの開発、構築、そして導入作業を進めていくことになるという状況であります。

　その点と関連して、改正法に対応する最高裁規則につきましても、フェーズ3、すなわち訴訟記録の全面的な電子化に関する部分につきましては、システム開発の見込み等を踏まえて、規則事項を検討、確定していく必要がありますので、今年（2022年）は、施行時期の近い改正内容、すなわち当事者間秘匿のほか、IT化の関係で言えば、ウェブ会議等による和解や双方不出頭での弁論準備手続期日、またウェブ会議による口頭弁論など、いわゆるフェーズ2に関する改正に対応する最高裁規則の制定を先行させ、フェーズ3の規則については、その後、具体的な立案検討を進めるといったスケジュールを考えています[1]。

　改正要綱では、システム関係で最高裁規則で定めるべき事項として、例えば、電子情報処理組織を使用する方法により、裁判所の使用に係る電子計算機に記録することができるファイル形式やファイル容量については、技術の進展に応じて適切な規律を設けること、必要と認める場合において、当事者が電子情報処理組織を使用してファイルに記録したものに係るファイル形式と異なる他のファイル形式の電磁的記録を有しているときは、その者に対して、その他のファイル形式の電磁的記録の提出を求めることができることといったような規律が記載されておりますので、そういったことを踏まえて、システム構築や

---

1)　2022年11月7日、民事訴訟規則等の一部を改正する規則（令和4年最高裁判所規則第17号）が公布された。

最高裁規則の内容を検討していきたいと思います。

笠井 それでは杉山さんから、以上のような改正法の内容や、実務家の方々の取組も含めてですけれども、そういったものについてどのように受け止めているか、あるいは問題となると思われる事項等について、自由にご発言いただければと思います。

◆研究者の受止め・問題意識

杉山 今の橋爪さんのご発言にもありましたけれども、IT化によって効率的な訴訟運営を可能にするためには、オンラインの申立てと、紙による申立てが併存している状態は非効率であり、特に多額のコストを投入してシステムを構築したにもかかわらず、オンラインよりも紙の申立ての割合が圧倒的に多いという状態は、最も避けるべき事態なのであろうと思っております。検討会取りまとめの中で、オンライン提出へ極力移行し、一本化していくことで、訴訟記録について紙媒体を併存させないことが望ましい（7頁～8頁）としているのは、そのような理由によるものと思われます。

　つまり最終的には全面的なオンライン申立ての義務化を目指し、ただIT弱者とか、ITツールへのアクセスに障害がある人のサポートを手厚くするのが望ましいという点は、改正過程においても認識が共有できていて、甲、乙、丙案というのは、そこに至るまでのプロセスと言いますか、スタート地点をどこに置いて、どのように全面的なオンライン申立ての義務化を実現していくかを巡っての意見の対立であると見ておりました。が、先ほどのお話を聞いて、そうでない考え方の方も一部いたということを、改めて認識した次第です。

　方法論としては、まずは利用を任意とする、つまり丙案を採用して、順次、義務化の範囲を拡大し、サポートもそれに応じて拡大していくということも考えられます。しかし義務化の範囲を法律で規定することになると、法改正にはそれなりに時間を要しますし、そもそも諸外国よりもスタートは遅れていますので、全面義務化までにはかなり時間がかかることになります。さらに先ほど申し上げましたように、利用者の意識を一気に変えていかないと、IT化の実現は困難ですので、私自身は、ほぼ全面的に義務化の形でスタートをして、IT弱者へのサポートも一気に整える、他方で停電とか通信障害、その他アクセスが困難な事情があった場合の例外的な事情が生じる場合には、柔軟に対応していくのがいいのではないかと思っておりました。

Ⅳ インターネットを用いてする申立て等・訴訟記録等の電子化

　ただ部会では様々な意見があったことは承知していますし、本人訴訟が一定割合あり、本人サポートが追いつく保証がない中で、余りハードルを上げすぎて制度の導入が遅れるのも望ましくありません。また、オンライン申立てを可能としている外国では、弁護士などにはオンライン申立てを義務化する例が多く見られますので、それらを考えますと、様々な意見があった中で、スタート地点が丙案ではなくて乙案に落ち着いたこと自体は良かったのではないかと思っております。

　私が調査したイギリスでも、一部の裁判所でオンライン申立てのシステムを導入して、次第にその範囲を拡張してきたのですけれども、最初は、任意の制度として始めたところ、それほど普及しなかったためか、じきに弁護士らには義務付けをするようになりました。仮に丙案のような制度を採用したとしても、1、2年のような短い期間を経た後に弁護士らに義務化をする方向にせざるを得ないと思いますので、理解が得られるのであれば、最初から乙案というので良かったと思います。

　なお、イギリスで最初にオンライン申立てを導入した裁判所で、オンライン申立てを任意にする段階から、弁護士らに義務付けする段階までの移行期間が、大体2年くらいだったようです。その後に導入した他の裁判所では1、2カ月程度で弁護士らに義務化をしていったようですので、先ほど日下部さんがお話しされたように、助走期間として、2年間ぐらい与えられれば、十分であろうと感じたところです。

　他方で、後ほど議論があるとは思いますが、義務化の範囲の例外事由が気になるところです。裁判所の使用に係る電子計算機の故障、その他、責めに帰することができない事由により、オンライン申立てができない場合には、例外が認められる、つまり書面で申立てができるようですが、裁判所側のシステム障害以外でも、最近、範囲が広いか狭いかを問わず、長期あるいは短期の停電であったり、通信障害といったトラブルやメンテナンスによる利用不能といった事態がよく発生しているように思います。また、立ち上げ初期の段階は、予測し得ないバグなどのトラブルとか、原因不明で、当事者に責任があるのか、あるいはシステムに責任があるのかよく分からないようなトラブルもあるのではないかと思います。そのため、どのような場合にこの要件に当たって、それをどうやって主張・立証していくのかは、今後の課題となっていくと思います

が、最初のうちは性善説的な運用にならざるを得ないのかなとも感じているところであります。

本人サポートは人員面でのサポートも大切ですけれども、例えば本人訴訟の多い簡裁などでは、スマホから簡単に入力できるようなシステムをつくるとか、マニュアル配布、あるいは、トラブル対応の相談体制などを整えていくことも重要であろうと思っています。

笠井 それでは続きまして垣内さんから、以上のような改正法の内容をどのように受け止めているか、また問題となると思われる事項等があるかについて、自由にご発言いただければと思います。

垣内 はい。私は部会での審議にも参加しておりましたし、そこでは、この乙案と呼ばれる方向がよろしいだろうということで、発言をさせていただいてきたところです。そういう意味では結論として、改正法でこの乙案を基礎として規律が整備されたということは、妥当なのだろうと考えています。ただ、根本に遡って考えますと、どういう仕組みが一番良いのかというのは、いろいろな考え方があり得るところなのだろうと思っています。

1つには、電子化のメリットを最大化するという観点で言いますと、全ての書類等が電子化された形でやりとりをされるということが、最もメリットを最大化する道である、これは間違いがないところだと思うのですけれども、それを実現するための手段、あるいは、規律として、どういうものが現状に照らして一番適切なのか、というのが、ここでの問題だろうというように捉えていました。

オンライン申立ては、基本的には当事者にとっても利便性が高いものとして捉えられるだろうというところからすると、放っておけばみんな、オンライン申立てをして、何も義務付けなどしなくても、つまり丙案の状態でも大多数の人がオンラインで申立てをするというようなことが、ある意味では理想だということができるのかもしれません。もし、そうした状況が実現するということが、少なくとも近い将来に見込まれるということであれば、義務付けといった規律をあえて導入する必要はないという議論もあり得るかもしれません。

しかし現状では、必ずしもそうではなく、一方で、義務付けをしなくても、すぐに大多数の方がオンラインで申立てをするということには、必ずしもならないのではないかという見通しがあったということかと思います。そのこと

Ⅳ　インターネットを用いてする申立て等・訴訟記録等の電子化

が、オンライン申立てを利用することが困難であるという理由でできないということであれば、義務化というよりもむしろ別の対応を考える必要があるということになります。他方で、一種の意識の問題として、今まで紙でやってきたので、それに慣れていて、オンラインでできるようになったとしても、今までどおりの慣行を維持するというような慣性が働く可能性があるということだとしますと、例えば、義務付けということを法律で示すことによって、そうした意識を変えるということが、有効な手段となり得るということかと思います。

　そういう意味では、弁護士さんのように、訴訟に職業として、業として関わっている方について、ある時期からこれは義務になるということが法律で示されるという形で、オンライン申立てを促すということには、一定の合理性があるのだろうと思います。いったんそれが定着すれば、もちろん、いったん義務化しておいて、後で義務を外すというような立法をあえて考える必要はないのだろうとは思いますけれども、仮に義務化の規律がなくなったとしても、圧倒的に多くの人はそのままオンラインの利用を続けるということになるのだろうと思います。

　また、別の見方をしますと、最終的な電子化のメリットというのは、ある書類が仮に最初は紙で作られたものであるとすれば、それがどの段階であれどこかで電子化されれば良いということですが、全ての人がオンラインで申立てをするという状況は、申立てをする人が、その人の手元で電子化をするか、あるいは初めから電子的なものをオンラインで申立てをするということなわけです。これは、システムを運営する裁判所の側から見れば、最も負担が少ない状況であるということになります。

　ただ、申立人の下では電子化をすることに看過できない一定の負担が伴うため、それを義務付けてしまうと、従来に比べると訴訟に対するハードルが、むしろ高くなってしまう、アクセスを限定する効果を持つ、ということが仮にあるとしますと、そのようなことが正当化できるのかが問題となります。それでもなお電子化のメリットを最大限に実現しようとすれば、それは、申立てがオンラインでない形でされた後に、裁判所においてその書面を電子化するという形で、電子化のメリットの最大化を図るということになるわけです。この場合には、裁判所において、そのための事務的な負担等が増大するということになるわけですので、その程度によっては、その負担というものが最終的には裁判

制度の運営費用を負担している国民一般に返ってくる、ということになってきます。そうしますと問題は、どこで線引きをするのが良いのか、国民一般で負担をすべきコストとして、全面的な電子化を行っていくということなのか、申立人それぞれの下で、そのコストを負担すべきなのか。負担すべきコストがそもそもどの程度、大きいものであり得るのかといったような様々な要素を勘案して、適切な規律を定めるということなのだろうと思います。

そういう面では先ほど申しましたように、職業的に関与している代理人弁護士の方については義務付けをするということでも、過大な負担を新たに生じさせるということでは、必ずしもないように思われますし、仮に一定の負担はあるとしても、それはそこまで大きなものではないと考えられますので、代理人弁護士の職務の性格に鑑みれば、正当化できるのではないかとも思われます。

他方で、それ以外の方については、現時点で一定の IT 弱者と呼ばれる方も存在しているということを前提にしますと、一律に義務化をするということは、やはり正当化できないだろう。そういう形で電子化のコストを、それぞれの申立人に負担させるということが、なお正当化できる現状にないのではないかということだとすれば、乙案という形の規律が最も適切なのだろう。こういうふうに私としては受け止めているところです。

◆責めに帰することができない事由によりオンライン申立てをすることができない場合

笠井 それでは、ただいまの皆様のご発言について、相互にご質問、あるいはご補足、ご意見等をいただければと思いますけれど、いかがでしょうか。杉山さんがおっしゃった 132 条の 11 第 3 項の「裁判所の使用に係る電子計算機の故障その他その責めに帰することができない事由により」という辺りは、実際上の運用、あるいは解釈論として、かなり問題になり得るところです。97 条にも「裁判所の使用に係る電子計算機の故障その他」という文言を加える改正がされて、同様の定めがされたわけですけれども、この辺りについて、もし何かご発言がありましたらお願いします。先ほど杉山さんからは性善説でという印象的なご発言もありまして、なるほどというふうに思いましたけども、何かおありでしょうか。

日下部 ここは訴訟代理人に主として関係するところですので、弁護士の立場から何らかの発言をしないといけないところだと承知しております。今回の改

正法で、いわゆる乙案の状態で改正法が施行されるということになったわけで、その下でオンライン提出を弁護士は義務付けられますが、今ご指摘をいただいた改正法による132条の11第3項に示されている例外的な事由は、人的な意味での事由と言えるものでは恐らくないだろうと理解しております。そうしますと、例えば高齢でIT化に対応できないといった弁護士の場合は、この132条の11第3項によって書面による申立てができるとはなかなか言いづらく、そういった弁護士を会員とする弁護士会では、無視し難い問題になってくるだろうと思います。

これは弁護士会、ないしは日弁連内部の問題になるのかもしれませんけれども、そうしたIT化に対応できない会員に対する支援体制が課題になると思います。しかし、改正法のこの部分の規律が施行される時点においては、そのような会員はかなり少なくなっているだろうとも思いますので、もしかすると基本的に自助努力で解決すべきであるという整理がされる可能性もないではないのかなと思っているところです。

その上で、この132条の11第3項の具体的な事件における解釈・運用についてですが、先ほど杉山さんから言及していただいた性善説的と言いますか、弁護士の視点から言えば優しい運用をしていただくということが期待できるのであれば、それはありがたいなとは思うところです。しかしながら、文字に固定された規律の解釈・運用ですので、最初のうちは優しく、だんだん厳しくといった解釈・運用は、なかなか正当化されるのは難しい面もあるのかなとも思うところでして、そうしますと、この文言、すなわち「裁判所の使用に係る電子計算機の故障その他その責めに帰することができない事由」が、具体的には何を意味しているのかということについて、考えていく必要性は高まっていくだろうと思います。

法制審の部会で検討していたときには、ここに述べられているような表現とは別の提案もなされたように記憶しています。具体的には、これはまだ甲案の状態における当事者本人のことも念頭に置いていたと思いますけれども、「やむを得ない事由」とか、あるいは「相当な理由」といった案が提示されたこともあったように思います。しかしながら、具体的に定まった「その責めに帰することができない事由」ということになりますと、オンラインによる申立てができなかったときに、責めに帰することができない事由であったのだというこ

とを、書面による申立てをした者が、自ら立証しなければいけないということになるのだろうと考えているところです。

　そこで、法制審の部会でも言及いたしましたが、具体的な問題意識として、オンライン申立てができない原因が分からないときに、どのように扱われるのかということには、強く関心を持っているところです。原因が分からないだけに、責めに帰することができない事由によるとの判断は難しいのかなとも思うのですが、原因不明の状態そのものが当人の責めに帰することができない事由であることを十分に示しているという評価も、できないわけではないようにも思われまして、その点についてはまさに今後の解釈・運用の問題になるのかなと思うのです。類似の事由が定められている他の規律の解釈・運用にも照らして、他のご専門の先生方から何らかの考え方の示唆なりをいただけると参考になるなというように思っております。

垣内　責めに帰することができない事由の内容を具体的な事案との関係でどのように解釈するのかが非常に重要な問題だということは、これまでご指摘いただいたとおりかと思います。法律では、厳密な意味では例示というのとは違うのかもしれませんけれども、裁判所の使用に係る電子計算機の故障等が例外を構成するということは、明記されているわけですが、それ以外にどのような場合が考えられるのか、ということかと思います。

　先ほど杉山さんのほうから、最近いろいろ障害が発生したりもしているというご発言がありましたけれども、オンラインでの申立て義務を負っている主体が、通常の注意をしていても避けられないような障害の影響とか、そういったようなものがあるかどうか。例えば、ある特定の大手の通信事業者において、大規模な障害が発生していて、やりとりが全くできない状態になっているというような場合、これに当たる可能性があるのではないかと思われます。

　ただ、実際の当てはめにおいて、もう1つ気になっていますのは、例えばそういう事情があったとしても、この規定によって許されるのは、申立てを書面でするということになるわけです。この例外規定の適用が、本当に問題として切実なものになるのは、申立てをすぐにしないと、かなり重大な結果が生じる、典型的には時効の問題等が想定されるかと思うのですけれども、訴え提起などの申立てをする際に時効の関係で、一刻を争うというときに、そのような事態が発生して、オンラインで普通どおりには申立てができない。その場合に

Ⅳ　インターネットを用いてする申立て等・訴訟記録等の電子化

書面でということになるかと思いますが、昨今、郵便もそうそう早く届かないということになってきているようですし、一刻を争うということになれば、裁判所に書面を持参して提出をし、この例外事由があるということを主張して、受理を求めるということなのだろうと思います。

そのときに、もちろん客観的にこの例外要件が満たされているということであれば、受理するという取扱いになるのだろうと思いますけれども、例えば裁判所に設置されている端末があって、そちらは生きていて動いている。そちらを使って今からオンライン申立てをしてください、それにどの程度の時間を通常、要するのかということがあるのかもしれませんけれども、そちらでやれば一応できますというような場合だったとすると、例外事由に該当するのかどうか悩ましいと言うか、該当しないという解釈もあり得るようにも思われるところです。その辺りは裁判所における端末の設置状況であるとか、それがどの時間帯、利用可能であるのかとか、そういった実際の端末等の設備の整備状況とか、利用条件等も関わってくるということにもなりそうです。その辺り、皆さん、どうお考えになっているのかということについて、ご意見を伺えると、私としてはありがたいと感じるところです。

笠井　この辺りは、国会の法務委員会などで、もっと議論があってもおかしくなかったという感じもするのですけれども。私もちゃんと全部、見られたわけではないのですが、議事録などをざっと読んでも、余り深く議論されたようでもなかったように思います。少しはあったかもしれませんが[2]。

脇村　国会の審議でも、議論等はあったと記憶していますが、法制審の部会においては、先ほどから議論されているとおり、この例外の内容をどのように考えるのか、いろいろとご議論がありましたし、この文言についても、議論がありました。具体的に、いわゆるシステム障害以外でどういったものが例外として認められるのかということに関しては、主観的な、先ほどのような属人的な理由は難しいのではないかというようなご意見がありました。反対に客観的だと何が該当するのかということで、法制審の部会の議論としては、例えば大規模な通信障害があり、一般的にインターネットを利用することができないよう

---

2)　第208回通常国会の衆議院法務委員会（令和4年4月20日）及び参議院法務委員会（令和4年5月17日）において関連する質疑が実施されている。

なケースについて、それが当たるのではないかというようなことがあったのだろうと思います。

またそれとの関連で、どうやって立証していくのかということについても、そういった大規模通信障害ということになれば、恐らく立証の程度は実際上、簡単と言いますか、みんな分かっていることだということで立証は容易ではないかということもありました。また、インターネットを利用することができない場合に、その原因が不明であるといったケースではどうすればよいのかという議論もありました。不明であるというのがどういった点で不明なのかにもよるかもしれませんが、自分としてはやることはやっているといったことなどを立証していくことで、その原因は分からないけれども、できなかったんだということを立証し、例外事由の立証をするといったこともあり得ることかと思います。

また、それとの関係で、インターネットを利用できないというのも、個別に見ていく、例えば、特定の通信会社の通信では送ることができないが、他の通信会社を使えば送ることができるといった、代替手段があるケースについても、今後議論があるのだろうと思います。

また、この例外については、基本的に、本当に切迫したときを念頭に議論する必要があるのかなと思います。例えば、システム障害があったとしても、恐らく多くのケースは、少し待てばその障害が治まり、治まった後に、インターネットを利用して申立てをすれば事足りるといったケースもあるのだろうと思います。そういった意味で、どういったケースを念頭に議論するのかによって、その議論の解釈も変わってくるのかなというふうには思っておりました。

◆訴状等が紙媒体で提出された場合の補正、時効の完成猶予効等

垣内 先ほどの発言への補足です。そういう意味では一刻を争う事態、典型的には時効のような場合ということで考えますと、多分、紙で持ってきましたというときに、これは部会でも議論があって、要するに義務があるのだけれども、義務に反して紙で訴状を提出、あるいは、その他の申立てをしようとしたときにどうなるのか。特に訴状の場合には、補正的な考え方をこの場合にも適用することができないか。それは部会では、最終的には否定されたというふうに、私は理解をしておりますが、ただ例えば時効の規定の解釈との関係で、どの時点で訴え提起があったということになるのかということとの関係では、場

Ⅳ　インターネットを用いてする申立て等・訴訟記録等の電子化

合によっては、紙の書面を受付に持っていった時点という解釈が、およそあり得ないわけでもない。それは時効法の解釈の問題ということになりますけれども、そういう議論もあったように思いますので、その辺りはなお解釈問題として残るということなのかなと思っております。

日下部　今の点は特に、法制審の部会では立法の在り方がかなり議論されたところだったものですけれども、現状その改正法の内容が定まりましたので、その改正法の下ではどのようになるのかという解釈・運用の問題について、ここでは意見交換するのが適切だと理解しています。その前提で、法制審部会のときの議論を思い出してみますと、中間試案の段階ではそうだったと思うのですが、当時は甲案、乙案、丙案というのが可能性として挙げられていて、甲案の状態になった場合、本来はオンラインで申立てをしなければいけない当事者本人が、紙ベースの訴状を提出してきたときに、それが可能な例外に当たるかどうかの判断、つまり方式の遵守の有無を審査して、方式違反の場合は補正の機会を与えるものとするとされていたかと思います。

他方、甲案及び乙案の状態で、訴訟代理人が紙ベースの訴状を提出してきた場合については、直ちに訴状却下となるという考え方と、甲案の状態での本人と同様に、いったん訴状を受け付けて、補正の機会を与えるという考え方がともども示されていたかと思います。

結論としましては、今回の法改正では、乙案の状態を念頭に規律が整備されて、しかしながら、訴状審査権に類する方式審査権の定めは設けられなかったという状態になっていると思います。そうしますと、訴訟代理人が本来はオンラインでの申立てをしなければいけないところ、紙ベースの訴状を提出してきたときに、直ちに訴状却下となるのか、そうではなくて、いったん受け付けて補正の機会を与えるという扱いになるのかが、解釈・運用の問題になるのだと考えています。

今般の法改正では、132条の11第3項が、一定の例外を定めておりますので、直ちに訴状却下ということはなく、いったん受け付けて、例外要件の充足の有無を判断し、例外の事由に当たらないのであれば、補正の機会を与えるという流れになるのかなと理解をしているのですけれども、その場合に時効の完成猶予効がどういった条件で、どのタイミングで認められるのかという解釈問題が残ると言いますか、生じるのだろうと思っています。

さすがに、例外的に書面での申立てをすることができる事由が認められない場合で補正もされなかったというときには、裁判上の請求（民147条1項1号、民訴147条）がなされたと判断するのは無理かなと思っているのですが、補正がされたというケースであれば、時効の完成猶予を認めるタイミングについては、紙ベースの提出時なのか、補正時なのか、考えが分かれ得るのかなと思っていまして、その点について、他の先生方のご意見もお伺いできたらなと考えております。

脇村　今部会の議論のご紹介がありましたが、補正の話を少しだけ付け加えさせていただきます。個人的に気になったのは、まさに補正すると言ったとき、一般的に補正するとしたとしても、その補正の効果が直ちに最初の段階と言いますか、補正により適法となる効果が、補正される前の時点に遡って生じるというのは、一般的には難しいのではないかなと感じておりました。つまり、補正と言いますと、何か、不適法な申立てが、補正があった時点ではなく、その申立てがされた当初の時点からきれいになる、適法になるというイメージが持たれることがあるような気もしますが、他方で、例えば、訴状に何か瑕疵があったと言いますか、不適法であったときに、それが適切に修正され、適法な訴えがされたといえるのは、修正した後の時点で言えるのではないか、訴えの提起がされた当初の段階から適法な訴えがあったとは言えないのではないかと思っております。そうだとすると、この補正をしたかどうかで、直ちに訴訟法上の理屈として、この時効の完成猶予などが当初の紙の申立てがされた段階から発生するというのは難しいのではないかと思っておりました。

　一方で、実体法上の理屈、時効の完成猶予・更新といった時効の効果との関係で、一連の流れで最初、紙を出していて、その後に紙ではなくてインターネットによる申立てに変えたときに、それが、絶対に、インターネットによる申立てがあった時点でしか、効果が発生しないということまで言い切れるのかどうかというのは、それが時効の完成猶予、更新の制度趣旨との兼ね合いで議論があるのではないかということも、部会で議論させていただいたことかなと思っておりました。

　最終的には解釈論の問題、さらに、恐らく事案ごとの切迫度や、補正の程度など、本当に全く理由もないのに紙でしてきたようなケースと、やはり、それが最後、認められるかどうかは別にして、何か理由があったケースとでは少し

Ⅳ　インターネットを用いてする申立て等・訴訟記録等の電子化

状況が違うのかななどとは思っていたところです。ここは皆さんのご意見を是非伺わせていただければというふうに思っています。

垣内　補正の効果ということについては、個別に考えると言うか、どんな補正かによって遡る場合もあれば、遡らない場合もあるということなのかなと、私自身は理解をしております。例えば請求の原因がほとんど記載されていなくて、訴訟物が特定されていないというようなときに、後から訴訟物が特定されたからと言って、当該特定された訴訟物について、最初の時点で時効に関する効果が発生するかと言うと、これは怪しいということなのだろうと思います。それに対して、そうした内容面では問題がなく、もっぱら紙の書面であるという点が問題となる場合で、しかし書面での訴え提起の要件がこの 132 条の 11 第 3 項の関係で結果的には満たされていなかったところ、その後に、オンラインでの適式な同内容の申立てがされているというような場合について、どう解釈するのか、ということが解釈論として残っている問題と申しますか、検討課題ということです。私自身はもともと補正的な処理をある程度幅広く認めて、救えるものは救うというほうが良いのかなというようなことを考えていたという経緯もありまして、時効の関係についても今、脇村さんがおっしゃったように、事案によるということはあるかもしれませんが、当初の紙の訴状提出の段階で完成猶予の効果を認めるということもあり得るのかなと、今のところは考えております。

杉山　部会の議論を、つぶさに追えている自信はないのですが、私も結局のところ、民法の時効の解釈の問題になっていくのだと思います。明らかにこの例外要件を満たさないにもかかわらず、取りあえず書面で出したという場合を除いて、事後的にさらに事案ごとに判断せざるを得ないと思います。まだ指針が固まらないような段階で、微妙な事案で書面で出してきたというときに、およそ時効の完成猶予の効果が認められない、補正しても認められないというのは、行きすぎであるように考えます。

◆控訴の追完との関係

杉山　ところでこの 132 条の 11 の例外規定ですが、97 条でも同じような文言を使っているのですけれども、97 条の場合には帰責事由の判断は、訴訟を追行する上で通常、期待されるような注意義務を万全に尽くしたかどうかということで判断されると解されているようです。先ほどから出てくる通信トラブル

とか、あるいは自分のパソコンが壊れたというときに、代替措置を講じておくべきという社会になっていけば、例えば、他の通信網を使って申立てができたのではないかとか、あるいは他のパソコンを使うとか、他の人のを借りることができたのではないかとなって、帰責事由が認められる可能性も出てくるのではないかと思います。

　結局のところ、パソコンとか通信網を一般の人や訴訟代理人がどのように使うのが適切であるのかという価値判断にもよるので、一律にこういう場合は駄目で、こういう場合は良いということは難しいかもしれません。本来であれば研究者からも、こういう場合は帰責事由があり、こういう場合はないというのを示せるとよいのですけれども、なかなか難しいのではないかと思います。

　この132条の11と、97条の関係についてですが、例えば通信障害などがあったので書面で提出したとして、他方で97条のほうは通信障害が終わってから一定期間、追完が認められるのですけれども、結局のところ何をすればよいか、先の書面提出と後のオンライン提出のどちらが優先されるのか、よく分からないので、教えていただけるとありがたいです。

笠井　解釈論上97条と132条の11第3項とでは、求められている行為が違うのではないかという話ですね。

杉山　そうです。

笠井　これは確かに、その後オンラインで出す必要があるという話になるのか、あるいは、紙で出したらそれで済むという話なのかという問題ですよね。

杉山　はい。そのような問題があるのではないかと思います。

笠井　97条というのは、控訴期間とか、そういう話のときに出てくるものです。時効は、民法の161条で読むのだという話に部会ではなったと思うのです。同条の解釈の問題もあります。それと132条の11第3項は、一般的に申立てを電子的にしなければならない場合の話として、紙でもできますということについて定めたものです。ただ実際、厳密に問題となるのは、時効の完成猶予、控訴期間や出訴期間などですね。規定が複数置かれていること自体は、おかしくはないのですけれども、実際の効果との関係で、どちらで読むのかが問題となるというのは、そのとおりだと思います。

垣内　時効のほうは97条の話ではないと思いますので、控訴の提起などの場合を考えるということになるかと思います。そうしますと、控訴期間が徒過し

Ⅳ　インターネットを用いてする申立て等・訴訟記録等の電子化

そうな時期にやっぱり控訴しようということになったときに、132条の11第3項の要件を満たすと考えて、書面で控訴状を提出したところ、実際には、この要件を満たさないということで、その控訴の提起は適法な控訴の提起にならなかったという場合に、期間を徒過したのちに、もう一度、今度は97条のほうで追完をするということが考えられると思うのですけれども、その場合には97条の追完の要件として、132条の11第3項の要件を満たすと考えて、書面で出したということについて、責めに帰すべき事由があったのかどうか、こういうことが問題になるというように考えればよろしいでしょうか。杉山さんの設定された問題と対応しているのかどうか分からないのですが。

笠井　杉山さん、いかがですか。

杉山　そのような問題があるのではと思っています。私も誤解している可能性があり、読み方を教えていただければと思います。

笠井　脇村さん、いかがでしょうか。

脇村　132条の11の例外は、書面での提出を許容する規定でして、それ以上でもそれ以下でもないだろうと思います。97条については期間遵守をしないといけない際に、ちょっと待ってもよいですよ、後からしてもよいですよということかと思っております。

　そういった意味では、結局、期間を遵守しないといけないときに、132条の11の例外事由を使えば、書面ですぐやろうと思えばできるけれども、期間の遵守の関係では、そういった例外手段と言いますか、書面ですることを強制するのではなくて、後でしてもよいですよ、期間についてはゆとりを持たせますよということで、棲み分けをされているのだろうと思います。

◆民法161条による時効の完成猶予効等

脇村　時効の話をすると、97条との関係が気になるというのは、おっしゃるとおりだと思いますが、時効については、恐らく民法161条の、少し前で言うと停止、今で言うと、完成猶予の規定ですけれども、その時効が完成する期間を延ばしますよというこの規定の解釈による問題かと思っていました。直ちにインターネットを利用して訴えを提起できないケースについて、132条の11の例外規定を使って書面でやって、直ちにそれをもって時効が完成しないという効果を発生させる方法のほかに、民法161条の解釈として、時効の完成を猶予し、後になって、インターネットを利用して申立てをすればよいという方

法、部会でも、民法161条の解釈として、そういった方法をとることができるのではないかという議論がありました。

　確か、事務当局はどちらかと言うと、インターネットを利用できないケースは、この方法、民法161条によって、時効の完成猶予が認められればよいのではないかと考えており、他方で、そのような方向で考えることはできないという意見もあったと思います。

笠井　日下部さんと私は、少なくとも民法161条では読めないのではないかという意見を言ったと記憶しています。

脇村　確かに、そういった話があったのだろうと思います。ただ、事務当局、私たちのほうではそういった方法を認めるに際しては、現在の民法161条の条文を適用して完成猶予を認める方法をとるほかないのではないか、この民事訴訟法の議論で、先ほど言った結論、時効の完成猶予を認めるといった結論を認めるために、民法の一般的な規定につき文言等の改正をするのは難しいのではないかということも、少し考えていたと思います。

日下部　議論の整理という意味になろうかなと思うのですけれども、先ほど来ご指摘のあったとおり、132条の11第3項は、オンライン申立てが義務付けられている者が、書面による申立てができるケースを例外的に定めているだけで、規定そのものは、時効期間とか、不変期間とか、出訴期間といったものとは、直結していないと思います。ただ、それらの期間が満了するまでに、オンラインで申立てをしようと思っていた者が、それができないというケースで、期間との関係でも意味を持ってくるという、副次的と言ってよいのか分かりませんが、そのような意味合いを持っているのだろうと思います。

　他方、時効期間なり不変期間なり出訴期間なりの満了時において、いかなる方法をもってしても申立てをすることができなかった者に対する救済を定める規定ということで、先ほど来言及のあった民事訴訟法97条1項が不変期間についての定めを置いていて、他方、民法161条が時効の完成猶予についての定めを置いている。確か法制審の部会のときに、他の委員から、民法161条は出訴期間についても類推適用されるのではないかといったご指摘もあったかと思います。

　そのような理解を前提にして考えますと、不変期間については、改正後の97条1項で対応され、その要件の立て方は132条の11第3項と同じになると

43

いうことなのだと思います。

　他方、民法161条の要件が「天災その他避けることのできない事変」になっておりますので、オンライン申立てができない事由が、この「天災その他避けることのできない事変」に該当するのかどうかというのは、個別的な事案において議論されることになり、確かに笠井さんや私のほうからはそれに該当すると解釈することは一般に難しいのではないかという意見が出ていて、事務当局のほうからは、「天災その他避けることのできない事変」でいけるのではないかといったご指摘もあったのかなと思っているところです。

　その意味では、民法161条に該当するのだと判断されてくれればよいのですけれども、具体的な事案では、それには該当しませんということになってしまうと、時効期間の満了時まで、あるいは出訴期間の満了時までに、いかなる方法でも申立てをすることができなかった当事者が、残念ながら不利益を被るという結論になってしまうのだろうと思います。それは仕方のないことで、むしろそんな時間のぎりぎりのところまで、ある意味のんびりしていた、あるいは、うかつな対応をしていたということが非難されて当然であるという評価も、できなくはないのかもしれませんけれども、具体的な事案によっては酷だということにもなりかねない。

　そうしますと、訴訟代理人の立場としては、その期間が満了するより前に、何とか紙ベースでも構わないので、申立てだけはしておいて、その後に必要があれば補正をすることで、何とか紙の提出をした時点で時効の完成猶予や、出訴期間の遵守が認められるように努力していくという実務になるのかなと理解しているところです。

◆訴訟代理人のいる当事者本人による提出

日下部　この点で1点だけ付言しますと、132条の11第3項の「責めに帰することができない事由」が結果的に認められず、かつ、補正をしたとしても、紙ベースでの申立てをした時点では、時効の完成猶予なども認められないと解釈・運用される可能性があるのだということになりますと、弁護士としては、恐らく実務的には、訴訟代理人の立場ではなくて、本人が書類を作成して、本人に代わってその提出だけをしたという形で、差し当たり書面を提出するというプラクティスを考えることがあるのではないかと思います。

　法制審の部会のときには、そういう事態も慮って、訴訟代理人を使っている

本人も、オンライン申立てを義務付けられる客体にすべきだという議論も一時あったと思います。立法ではそれは採用されなかったので、訴訟代理人がその局面においてだけは、本人の使者であるがごとく、本人作成名義の書面を裁判所に持ってくるという事態も生じてしまうこともあるかなと思っています。好んでそういうことをする代理人は余りいないと思いますので、それを悪弊と評価する必要もないようにも思うのですけれども、今後の実務であり得る姿ではないかなというように思っております。

垣内　今の点にも関連しまして、結局、先ほど来の乙案ベースという改正法の規律で、一定の者についてはオンライン申立てが義務付けられているけれども、そうでない者もいるというときに、例えば訴状の提出という場面を考えたとしますと、これは受付の場面では実際にそこに来ている、訴状提出という行為をしようとしている人が、どういう人であるのかということを、いちいち認定、確認するのか。本当に本人なのか、それとも実は本人のふりをした代理人なのかとか、身分証明書、例えばマイナンバーカードなどを出してもらって、本人確認をするといったようなことが想定されるのか。その辺りについて、改正法を前提としたときに、確認するための何らかの措置が実務上想定されているのかどうかについて、もし何か裁判所のほうでご検討のところなどあるのであれば、伺えればという気もします。

笠井　裁判所でのことなので、橋爪さんいかがでしょうか。ちょっとお答えしにくいかと思いますが。

橋爪　なかなかお答えしにくいところではありますが、例えば郵便で訴状が送られてくることもあるわけですので、訴状が提出された時点で、裁判所のほうで、提出者が本当に訴状に記載されている人物なのかどうかの確認等ができるわけではありません。その意味では、132条の11の規定との関係においても、普通に考えれば、書面の記載自体によって、それが義務の課された代理人であるのか、本人なのかということを判断せざるを得ないような気はします。ですので、訴訟代理人が本人名義で書面を作成するといった行為が好ましくないことは当然として、その局面において何らかの本人確認を経た上で、この規定の適用の有無が分かれるといった話ではないと思います。

　ただ、先ほど来の議論を伺って、裁判所の立場から思っておりましたのは、確かに、時効の完成が迫っているとか、もしくは控訴期間が満了しつつあると

Ⅳ　インターネットを用いてする申立て等・訴訟記録等の電子化

いった切迫性がある局面において、時効の完成猶予や訴訟行為の追完による救済があるとは言っても、132条の11第3項に基づいて書面を提出するということは理解できますし、その場合には、同項の要件の有無というのが、かなり難しい判断になり得るほか、補正や追完の余地があるのかといった問題も含めて、いろいろ考えなければいけないというのはおっしゃるとおりかと思います。

　他方において、そのような切迫した状況にはないにもかかわらず、たまたま一時的にシステムに接続できないからということで書面を提出して、3項の要件の有無が争われるというのは、そのこと自体余り建設的ではないような気がいたします。そもそも裁判所のシステムに不具合が生じることがないように努めることは当然の前提でありますが、そういった意味では、3項の適用が問題になる局面が、急いで申立て等をしなければならない切迫性がある場合に限られるような形で運用されるのが好ましいのではないかといったことを思いました。

笠井　かなり盛り上がっておりますが、実際上の運用として、どういうふうになるのかというのは、今ご議論いただいたような難しい問題もあるし、何らかの方法で隘路を抜けようとするお考えもあり得るということかと思います。

◆問題となり得る場面の例、義務付けられる者の範囲

笠井　もっと前に前提として、補正の話などの前に申し上げるべきだったかもしれませんけど、読者の方々へのご参考までにということで、少し文脈は違うのですけれども、中間試案の補足説明の12頁で、問題となり得る場面が挙がっています。その場面としては、事件管理システムの障害という、これは条文にも例示されているようなものが①です。②にインターネット網の故障、③にインターネット網以外の配線の故障で、申立人がその管理等をしていないもの。④として、申立人が管理する配線の故障や申立人の使用機器、コンピューターの中の故障。これで、どこで線を引くかが問題となるという議論が、少し違う文脈かもしれませんけれどもありましたので、ご紹介しておきます。

　ほかにいかがでしょうか。それでは私のほうから最後に1つ。132条の11第1項3号は地方自治法153条1項の規定による委任が対象になっていますけれども、その条文ではない地方自治体の職員への委任の場合、例えば、労働組合法27条の23第2項によって訴訟手続に現れる都道府県労働委員会の委員や

職員については、法律上の義務は働かないと理解してよいのでしょうかということを、脇村さんに伺いたいです。最高裁規則で定められるであろう、オンライン提出ができるのならそうしなさいという話はあるとしてもです。

脇村 ご指摘いただいた点も含めてですが、今回、義務付けの範囲については民事訴訟法で明確に規定をしています。そういう意味では、それ以外のものについてこの義務の規定が及ぶということは想定していないというのは明確に言えるだろうと思います。この義務付けの範囲については、全般的に網をかぶせるという発想ではなくて、専門家といってもいろいろな専門家がおり、少なくともこの民事訴訟の議論では、いわゆる訴訟代理人としての地位に着目した改正をしたところかと思いますし、訟務検事やご指摘の地方自治法による委任を受けた職員は、そういった訴訟代理人と同じようなものとの整理だと思います。

　もちろん、この部会の議論を踏まえますと、ご指摘のような方のうち、インターネットを利用して申立て等をすることができる方にはその利用をしていただきたいということかとは思います。

2　訴訟記録の電子化

笠井 現行の132条の10の規定では、訴訟記録が紙でできていることを前提にして、オンラインに提出された情報の内容は、裁判所が書面に出力しなければならないとされていますが、このことに関する132条の10第5項・第6項は全部、削除されまして、オンライン申立てがされたときの送達に関する規定に改まります。132条の12と、132条の13では、申立て等が書面等でされたときのその内容の電子化や、その他の提出書面、及び、記録媒体の内容についての電子記録化等に関する規定が置かれました。また調書や判決書も電子化されることになっています。以下ではこれらの訴訟記録の電子化について考えることにしたいと思います。いわゆるe事件管理の内容です。

　なお、訴状や判決書等の送達や、電子化された訴訟記録（電磁的訴訟記録）の閲覧に関しては、それぞれ大きなテーマですので、次回以降に（Ⅷ、Ⅸ**1**）主に取り上げることにしたいと思いますが、必要に応じて今回、言及していただいても差し支えありません。また、実務上の重要事項である手数料等の電子

47

Ⅳ　インターネットを用いてする申立て等・訴訟記録等の電子化

納付についても、別の回に取り上げたいと思いますけれども、今回、言及があっても結構かと存じます。

　それではまず脇村さんから、法制審の部会での審議の状況と、改正規定の内容についてご説明をお願いいたします。

◆法制審部会での議論の概要・改正法の内容

脇村　法制審の部会におきましては、当初から全面的に記録を電子化していく、すなわちファイルに記録して裁判所のシステムに記録を保管していくという方向性については、異論がなかったものと考えています。その上で具体的内容について、部会では議論がされたというふうに理解しているところです。またこの訴訟記録の電子化を考えた際に、どこに争点と言いますか、主な目的を見いだすのかについては、様々なご議論があったと思いますが、1つには、訴訟記録の閲覧等をインターネットを通じて見て、さらにそうすることによって、例えば代理人なり本人が、紙で記録をそれぞれ持っていくというようなことをなくしていけるのではないかという観点から、議論されていたものと承知しているところです。

　その上でこの電子化につきましては、まず、先ほど話が出ました判決と調書といった裁判所が作成するものにつき、電子化していくということで、早くから議論がまとまっていったと理解しているところです。次に、当事者が提出するものにつきましては、まず前提として、そもそも書面による申立て等がどの程度残るのかという議論が、先ほどのインターネット申立ての義務化との関係で問題となっていたところです。

　ただいずれにしても、書面が残るということは、それは例外的な事由がある場合なのか、どういった場合かは別にして、あるということを前提に、そういった書面が出された場合に、それをどのように電子化していくのかについての議論がなされました。中間試案の段階でも、基本的には裁判所のほうで電子化するということを前提としつつ、残された論点としては、それは裁判所サイドで何らかの形で電子化するに当たって、出したものと電子化されたものとの同一性（正確性）の担保について、何らかの手当てをするかどうか、それについて当事者に同一性（正確性）の担保につき何らかの権利を付与して是正等の申立てを認めるかどうかといった議論、さらにそういった負担を裁判所に、ある意味、負わせることとの関係で、そういった負担を負わせることにつき、手数

料的なことを何か考えないといけないのか、まさにこれが先ほど言った全面的に義務化するかどうかと関わる論点の 1 つだと思いますが、そういったことが議論されたと理解しています。

　また、そこで電子化する範囲については、基本的には、これまで訴訟記録に含まれると解されていた範囲の書面等であったと思いますが、明示的には訴状ですとか準備書面、あるいは書証の写しなどを中心に、中間試案までは議論がされたと承知しているところです。

　中間試案の後は、先ほどご議論されておりました申立ての際のインターネット利用の義務付けについては、基本的に乙案的な発想で、訴訟代理人等に限ったものにするということとなり、本人については、そういった書面が幅広く出せるということになりました。そのような議論がされたところですが、最終的に本人等が提出した書面について裁判所が電子化するということ自体は、結論としては変わりませんでした。

　また、先ほどから出ていました、電子化の正確性の担保として是正等の権利を付与するかどうかについては、最終的には、特段、手当てはしないということになりました。提出書面とそれを電子化した際の電磁的記録とが違うかどうかについては、それは立証の問題ではないかといった議論ですとか、あるいは、それ自体が訴訟記録になるとしても、結局、例えば準備書面であれば電子化されたものを陳述した上で、この主張をしていくわけですから、それは調書異議ですとか、そういった他の手段との関係の整理が必要ではないかということなどから、特段、規定は置かなかったものというふうに理解しています。

　さらに、電子化の手数料につきましては、慎重な意見があったため、見送りになりました。

　それから最後ですが、法制審の部会の議論の最終盤に、電子化することのデメリットが本当にないのかどうかということが問題になりました。もともとは電子化の例外は、それを電子化するのが困難であるケースのみを想定していましたが、いわゆる当事者秘匿制度や、第三者閲覧制限の対象事項について、一定の手当てをすべきではないかという議論があり、一定の範囲で、電子化の例外として、書面等のまま保管することを許容する手当てがされたというところでございます。

笠井　それでは橋爪さんから、裁判所としてどのように改正案の策定へ臨み、

Ⅳ　インターネットを用いてする申立て等・訴訟記録等の電子化

また改正法の内容をどのように受け止めているか、また今後、問題となると思われる事項等があるかということについて、ご発言をお願いいたします。

◆裁判所の対応・受止め・問題意識

橋爪　裁判所としては IT 化の意義に鑑みて、記録の電子化には賛成する立場で臨んできました。裁判所が作成する調書や判決書などの書類は、現在でも電子的な方法で作成しておりますので、これらを電子化することには何ら問題はないと思われますし、当事者の方が提出する書面等についても、電子的な方法での提出が一般化するのであれば、現行の 132 条の 10 のように、それらを印刷出力して紙の状態で訴訟記録にするというのではなく、電子的な状態のまま訴訟記録にするというのが、至って自然な帰結と思われます。この点は先ほどの義務付けの論点と関わるところでもあるのですが、仮に改正法の下でも書面での申立てが相当数なされるということになった場合、とりわけ当事者の双方が紙での申立てをするような局面を念頭に置くと、裁判所の側でこれらを電子化する負担・コストが生ずる一方で、当事者の側では記録が電子記録になっている便益を享受できていないという結果になりますので、当該事案に限ってみれば、電子化のメリットがコストに十分に見合っていないといった評価もあり得るのだろうとは思います。

　ただ民事訴訟においては、先ほど脇村さんがおっしゃったとおり、「記録することにつき困難な事情があるとき」や、秘匿や営業機密に関するごく一部の例外を除けば、書面は全て電子化するといった規律が制度として定められたわけですので、裁判所としては先ほど述べましたように、そもそも多くの方々に、自ら電子申立てを選択してもらえるようなシステム構築等に努める一方で、書面で提出された場合に、それを電子化する事務フローをどのように合理的なものにしていくかということについても、これから検討していく必要があると考えているところです。

　あと、電子記録に関しまして、もう 1 点追加で申し上げるとすると、部会では当事者の方が誤ってシステムにアップロードした電子データの削除の可否という点も問題になりました。いったん裁判所に提出された以上は、その撤回や差し替えは認めないというのが現在の一般的な運用だろうと思いますが、電子記録の場合にも同様に考えますと、そういったものが第三者の電子的な方法での閲覧等の対象となってもよいのかという問題や、不必要な電子データのため

に保存領域を設けておかなければならず、無駄なコストが生ずるといった問題が顕在化するように思われます。また、そういった観点からは、当事者の過誤によりアップロードされたような場合に限らず、審理の結果、不要となった書証等の電子データを削除することについても、今後、検討を進めていく必要があるのではないかと考えているところです。

　仮に、これらを削除することを認めるとしますと、訴訟関係人全員が同意している場合であるとか、もしくは削除した事実をシステムに記録として残すといった手続が必要になるのではないかと思われますが、そのような仕組みを設けることには、IT化により今まで以上に書面や証拠を提出しやすくなった結果として、必要性が吟味されずに膨大な主張や立証が提出されて、審理が混迷していくといった事態を生じさせないための手当てとしての意義も有するのではないかと思われます。

笠井　それでは日下部さんに弁護士として、あるいは弁護士会として、どのように改正案の策定に臨み、また改正法の内容をどのように受け止めているか、また今後、問題となるだろうと思われる事項があるかということについてお尋ねしたいと思います。よろしくお願いいたします。

◆弁護士・弁護士会の対応・受止め・問題意識

日下部　日弁連は、IT化による利便性を享受するためには訴訟記録は全て電子化されることが望ましいとの考えから、訴訟記録の電子化一般につきましては賛成していました。したがいまして、今般の法改正によって訴訟記録が全面電子化されるということについては、好意的に受け止め、積極的に評価しております。ただ、各論として問題が残るだろうと考えておりましたのは、先ほど来も言及があったかと思いますけれども、当事者本人に紙ベースでの訴訟追行が許容されることになりましたので、その当事者が提出した紙ベースの書面の電子化と、その当事者に対して提供するための電子書面の出力の負担を誰が担うべきなのかという点かと思います。

　前者の問題、すなわち紙ベースの書面の電子化につきましては、その書面を提出した当事者本人や、相手方当事者に求めることができる性質のものではありませんので、裁判所が電子化を担うという方針は、比較的早期に定まったと思います。裁判所としても、その負担は必要なものとして受け入れるとのご判断をされたものと理解しています。残る課題として、その作業役務に対して手

Ⅳ　インターネットを用いてする申立て等・訴訟記録等の電子化

数料を徴収するかどうかという点が、法制審の部会では議論されたと思います
が、結論としては、その電子化の手数料を、それとして徴収することはしない
という結論になったものと理解しています。

　他方、後者の問題、すなわち紙ベースで訴訟追行している当事者に対して提
供するための電子書面の出力の負担ですけれども、こちらは主として、送達や
送付の局面で問題になるものであり、この研究会では別途取り上げられること
になると思いますので（Ⅷ1（5））、ここでの言及は省かせていただこうと思
います。

　今後の課題ですけれども、既に成立した改正法を前提としますと、当事者が
提出する書面と訴訟記録との間のギャップが埋められていくように、当事者が
できる限りオンラインで訴訟追行するように働きかけをしていくことが重要と
理解しています。そして、そのためには、大局的には、本人サポートの意義、
在り方が問われるのだろうと思います。先ほどのオンライン申立ての義務化の
ところで議論してもよかったのかなと思うのですけれども、本人一般にはオン
ライン申立てが義務化されない状況を前提としますと、本人サポートの意義
も、オンラインにどうしても対応できない本人が最低限訴訟追行できるように
不足を補うという役割よりも、むしろ、試してみればオンラインに対応できる
本人に、そのようになるための契機を提供し、手助けするという役割のほう
が、主なものになるのかなと考えている次第です。

　先ほどそれに関連して言及があったと思いますが、最高裁規則において、オ
ンライン申立てができる者はそのようにすること、という趣旨の規律を設ける
ことが予定されていると思います。日弁連としてもそのような規律には賛成し
ているところです。

　その他としましては、オンライン申立ての促進策として、申立手数料におけ
るインセンティブの付与という問題もあります。こちらは民訴費用法の改正の
内容の話になると思いますので、詳論は避けるべきかと思いますけれども、そ
のような関係があるということは指摘させていただきたいと思います。

　改正法の下での解釈・運用ということで申し上げますと、先ほど言及もあり
ましたが、裁判所が提出された書面を電子化する際に、何らかのミスが生じた
ときの手当てをどうするのかという問題があったと思います。法制審の部会で
は大分議論されましたが、法制的にはそれについての特段の手当てはされず、

解釈・運用に委ねられている問題かと思います。それから、当事者が間違った書面を提出してしまい、裁判所がそれを電子化したという場合に、間違って電子化されてしまった電子文書の取扱いを、訴訟記録上どうするのかという問題もあろうかと考えておりました。先ほど橋爪さんのほうから、一定のお考えを示していただいたところですが、その点についてももう少し議論をすることができればと考えております。

笠井 それでは続きまして、垣内さんから以上のような改正法の内容をどのように受け止めているか、また問題となると思われる事項があるか等について自由にご発言いただければと思います。よろしくお願いいたします。

◆研究者の受止め・問題意識

垣内 記録の全面的な電子化自体は、先ほど来ご指摘されている様々なメリットということからして、妥当な方向だったのだろうと思っています。また、記録の電子化のメリットとして、やや副次的なものにはなるのかもしれませんけれども、統計等の情報についても、より効率的に収集が可能になるのではないか。特に記録に文字情報が含まれるということになれば、これは全文検索のようなことが可能になってくるということになります。そういう意味では訴訟手続の実態に関する各種の調査研究というものが、より容易になっていく可能性も秘めている感じもいたします。そういう意味でも、訴訟手続の質をさらに高めていく上でのツールが充実する、という側面もあるのかなと考えております。

　ただ、先ほど来出ている問題で、全ての人がオンライン申立てをするという前提ではない中での記録の全面電子化ということですので、電子化の負担が問題となります。これは、裁判所で電子化をするということになっているわけですが、ご指摘があったように、当事者双方が紙で出してくるときに、そうした作業のコストに見合うだけのメリットがあるのかという問題はあり、確かに個々の事件限りで見ると、そういう面もあろうかと思います。ただ、ペーパーレス化に伴う一般的な利点、様々な副次的なメリットというところも考えますと、一応、民事訴訟に関する限りは合理性がある規律と言えるのだろうと思っています。

　ただ、裁判所側での事務負担が実際にどの程度大きなものになるのかは、これはオンライン申立てがどの程度普及するのかということと表裏の関係で、う

Ⅳ　インターネットを用いてする申立て等・訴訟記録等の電子化

まくいけば良いのですけれども、うまくいかないと大変なことになるというのは、実際問題としてあろうかと思います。そこは今後、検証が必要だと思いますし、非常に負担が大きいというようなことであれば、その段階で何か対応策がないのかということは、改めて考える必要が出てくるかと思っています。

その関係で、先ほど日下部さんのほうからも、本人サポートの問題についてお話がありましたので、その点についても少しだけ触れておきたいと思います。日下部さんのご指摘にもありましたように、オンライン申立て義務化についての甲案の考え方は取られませんでしたので、そういう意味では本人サポートの必要性というものが、差し当たりは切実なものとしては顕在化しなかったということになると思います。

ただ、いわゆるIT弱者と申しますか、ITへのアクセスに困難があるというような人が、それなりには存在するということを前提としたときに、問題としては、オンライン申立てが義務化されないといたしましても、オンラインの利便性が高いということだとしますと、申立て等もオンラインで行い、また、その記録へのアクセスもオンラインでできるという当事者と、そうではなく紙ベースでやらなければいけないし、記録は裁判所に行かないと見ることができないという当事者とが出てきたというときに、やはりオンラインのメリットを享受できる当事者のほうが様々な面で、一種、有利な立場に置かれるということになるのではないかとも思われます。

それに対して、十分に活用できない当事者は、そうしたメリットが十分に享受できない。そういった一種の格差が生じてくる。これが、自分で何とかできるのに、自分の判断としてオンラインは使わない、というようなことなのであれば、それは自己責任だという評価もできるのかもしれませんけれども、従来、デジタルディバイドの問題については、必ずしも自己責任だけで全て割り切れるわけではなく、年齢とか所得、あるいは地域による格差みたいなものがあるといったことも指摘されてきたと思いますので、そういう点では、なお本人サポートによって、そういう格差を解消していく、という必要性もあるかと思います。その結果、オンラインのメリットをより多くの範囲の人々が享受できることになれば、先ほど来出てきているような裁判所側の負担も軽減されるということになるかと思いますので、乙案を前提とした場合でも、引き続き、本人サポートの問題というのは重要な課題として取り組んでいくべきものだと

思っております。

笠井 それでは杉山さんから、以上のような改正法の内容をどのように受け止めているか、また問題となると思われる事項等があるかについて、自由にご発言いただければと思います。

杉山 既に出されたご意見と重複するところもあるのですが、私自身も紙ではなく電子の記録になることによって、利用者にとっては紙の記録を運搬する負担が減少したり、垣内さんがおっしゃったように、検索ができるようになるというのは大きなメリットだと思いますし、裁判所外からの閲覧なども容易になるといった利点はあると思います。また記録を保管する側からしますと、紙で保管する物理的なスペースとか負担が軽減されることになりますし、潜在的利用者の視点からは、統計資料として活用されることによって、予測可能性が向上するというような利点があると思われますので、全面的な電子化には賛成です。

　これも先ほどから指摘されているように、申立てを全面的に義務化しなかったので、書面で出されたものを電子化する負担が問題となります。具体的には、書記官の方がどれほど負担に感じられるのか、通常の業務にどれくらい支障が生ずるのかという点は、少し心配をしているところです。本来であればIT化によって、裁判所の事務作業効率が上がって、負担が軽減されるべきところ、かえって負担を増やす方向になってはいけないと思います。他方でどれくらい紙の資料が出されるのかは、今後、実際に進めてみないと分からないところですし、例外的な事由である「困難な事情」もどのくらい広く、あるいは、厳格に解すのかといった辺りの状況を見ながら進めていくことになろうと思っています。

　裁判所側の負担の軽減、つまり裁判所側で紙の資料をPDFにするといった負担を軽減するのであれば、もともと手書きで訴状などを作成される場合は仕方がないとしても、電子データで作成したけれども、通信環境が悪いので、紙にプリントアウトして提出したというような人については、別の形で元のデータを出して、訴訟記録として活用するということができるのであれば、照合などの問題は残りますが、多少は負担の軽減になるのかなと思います。

　費用の問題等が法制審では議論されたことは承知していますが、周辺的なところで、いくつかコメントをさせていただければと思います。今回のIT化の

IV　インターネットを用いてする申立て等・訴訟記録等の電子化

議論は、多くの部分で、ある程度システムはこういうものであると想定して、つまりシステムありきで議論がされてきて、記録についても従来のように裁判所ごとで保管するのではなくて、クラウド上で保管される予定と理解をしております。他方でその場合、先ほどから停電の可能性など申し上げておりますが、バックアップを気にしなければならないなど、場合によってはかなり深刻な問題が生ずるように思います。ユーザー側もそうですし、システム側でも、バックアップは必要になってくると思います。また、電子記録であれば物理的スペースの問題はなくなり、無限に保管できるように思っていたのですが、ストレージの問題があるので、保管期間についても今後どうしていくのか検討する必要があると思います。紙ではなくて電子の場合、長く保管できると思っていたのですけれども、そうでもなさそうですので。

　先ほど橋爪さんからは、電子のデータの場合、無駄なものもたくさん出てくる可能性が指摘されていたと思います。紙の場合よりも資料の量が増えてくるようであれば、その点についても対処方法を検討する必要があると思います。

　また、基本的に電子化の話は、法改正後と言いますか、施行後に提出されたものに関するものですけれども、裁判の予測可能性を高めるという観点からは、より多くの記録が電子化されるほうがよく、可能であれば遡って、せめて判決だけであっても電子化されていくのがよいとは思っているところです。この点については、日弁連法務研究財団の民事判決のオープンデータ化検討PTや法務省民事判決情報データベース検討会などでも検討が進められているようです。過去に遡って電子化するのはかなり負担であるとは思いますが、将来的には実現できればよいと思います。

◆電子化する際のミスへの対応

日下部　書面が提出された場合に、それを電子化する際にミスが生じたときのことを気にかけているのですけれども、法制的な手当てがなされなかったということで、課題としては、ミスが発見されやすくなるようにするにはどうしたら良いのか、ミスが発見されたときにどのように対処することが適切、妥当であるのか、ということを考える必要があるのだろうと思っています。ミスが発見されやすくなるようにするためという観点では、法律上の手当ては特にないわけですけれども、今後、改正されることになる最高裁規則の中で、書面を電子化する際にミスが発見されやすくなるような規律、これは裁判所の内部規律

のようなものになって、最高裁規則にするには当たらないのかもしれませんが、そうした工夫があり得るようにも思いましたので、意見として申し上げたいと思います。

　法的に気にかかっておりますのは、電子化した後に裁判所が自ら、あるいは書面の提出者から指摘を受けて、ミスを発見したときに、それが是正されてしかるべきだと思うのですが、その法的根拠はどのようになるのかです。いったん電子的な訴訟記録として成立しているものについて、ミスがあったということで是正するにしても、特段の法的な根拠がなくてもできるものと整理してよいのかどうかという点については、他のご参加の方々のご意見も伺うことができればと考えております。

　他にもう１つ、電子化の際にミスが生じた訴状や準備書面が、それと気付かれずに陳述されてしまったときの法的帰結という問題も別途あると思っていますが、そちらはまた後に、お話をすることができればと思っております。

笠井　それでは今の点について何かございますか。電子調書の更正の類推なのか、その趣旨を踏まえた規則化なのかといった話でしょうか。それができるかどうか。

脇村　確たるものがあるわけではないので、個人的な考えとして聞いていただければと思うのですが、ここで問題になっているのは結局、書面を電子化する際に、スキャンミスをした、場合によっては１ページ飛んでいたという場合だと思うのですが、私の理解では、間違えたということは、まだ電子化していないのだろうという整理かなと思っています。例えば、５枚あるうち４枚しかしていないということは、残り１枚しないといけないわけですから、ある意味、紙を電子にしないといけないという規定があるにもかかわらず、それが履行されていないので、それ自体を履行するということではないかという気がしていました。

　そういった意味では、法的根拠としてはまさに132条の12とか132条の13そのものではないかという気がしています。その上でその後どうするかという話だと思うのですが、いったん違うものがデータに入っていたわけです。それは理屈を言えば、訴訟記録ではなかったものだとすると、適宜、消すということかな、という気がします。その後は実務上の問題として、いったんそれを前提に活動されていらっしゃる方がいるというときに、それはやはり知らせてあ

げるべきではないかとか、そういった義務もあるのかもしれません。ただ、そこまでくると、法的な仕組みの問題というよりも、適宜の運用の問題なのではないかという気もしております。

　恐らく、調書の更正と少し違うのは、更正のケースは、調書そのものがあるというほかなく、勝手に直せないと思うのですが、書面の電子化にミスがあるケースは、できていないというか、されていないと言えるのではないか。ただ、議論を伺っていてそう思ったということに尽きていますので、是非、また教えていただければと思います。

日下部　調書については「後で間違っていましたから勝手に直しました」というわけにはいかないだろうなというようには思っていたところですけれども、それ以外の書面で電子化の際にミスが生じたときに、それは本来すべき正しい電子化がまだ完了していなかったというだけで、それをきちんと完了させる行為が後からなされるということにすぎないと整理することができれば、特段の規律がなくても、当然のように是正されるということになる。実務的にそれで何か問題があるかと言うと、私は特に問題ないようにも思いましたので、そのような整理ができるのであれば、私は良いのではないかなと思いました。他の方のご意見に非常に安直に乗っかってしまっているようで恐縮ですけれども、そのように感じたところです。

　あとは、そもそもミスが生じない、あるいは、発見されやすいようなルール作りを、裁判所にはしていただくことも考えていいのかなと思っているのは、先ほど申し上げたとおりです。それが最高裁規則である必要は、必ずしもないようにも思います。内規みたいなものになるのでしょうか、あるいは事務の運用についての周知事項の１つにすぎないのかもしれないですけれども、引き続きご検討いただければと思っております。

笠井　法律上の義務を守らなければいけないのは当たり前だという話なのかもしれませんね。

◆提出されたものの一部が電子化されなかった状態での準備書面の陳述の効果

日下部　先ほど少し申し上げましたが、法制審の部会でかなり議論された、電子化の際にミスが生じた状態のまま、それと気付かずに口頭弁論期日なり、弁論準備手続期日において、陳述がなされてしまったときの法的な帰結がどうな

るのかという問題があったかと思います。これは、現時点では立法論ではないので、解釈・運用の話ということになると思うのですけれども、どのような整理をするのが法的には最もしっくりいくと言いますか、理解しやすいものなのかということについて、他の方からご意見をいただければと思っております。

笠井 いかがでしょうか。さっきの1ページ飛んでしまっていた準備書面を読んだときには、その1ページがないものを読んだとしか言いようがないという気もします。いい加減な言い方をすれば、後は運用でやるという話かなとも思います。脇村さん、いかがでしょうか。

脇村 部会でも、いろいろ議論したところだと思います。まだ、何か決まっているわけではなく、そもそもの問題としては、そういった間違いがないようにすべきということでしょうし、そのために、準備書面等を陳述する際に、電子化されたものを、あらかじめ、出した方などに見ていただくのが一番いいのかなというふうには思っています。

これまでの実務では、準備書面を、当日、期日に持ってこられて、その場で陳述されるようなケースもあったと思いますが、できれば早めに出してもらって、早めに電子化しておいて、期日前に見られるようにしておけば、ミスは減るんだろうなという気はしています。

ただ、そうは言っても、電子化したものが間違っていたというときに、何を陳述した扱いにするかは考えないといけないわけで、部会では、私のほうから、電子化したものを陳述しているのではないでしょうかといった話をさせていただき、他方で、そうではないという意見もいただいたというふうに記憶しています。

電子化した以上、手続に関与する皆さんは、それを前提に訴訟行為をしているのではないかと思い、そのように話をしましたが、一方で、出したものは書面だというケースについて、書面を出した人は、どこまでいってもその書面を前提に話をしていて、それを陳述しているので、それが電子化されていないということは、陳述の内容が正しく記録されていない、その意味で、調書が正しく作られていないという問題なのかもしれないという意見があるということかと思います。そういった整理があるとすると、これは、単に書面の電子化が正しくされていないという問題ではなく、調書の問題ということになり、調書の更正が必要かといった議論なのかもしれません。

Ⅳ　インターネットを用いてする申立て等・訴訟記録等の電子化

　どちらの整理とするのかによって、いずれにしても、後の処理は、少しずつ違ってくるのかなという気はします。間違って電子化されたものを陳述したとの整理だと、陳述はそうなので、調書の更正という問題ではなく、間違って陳述したということで、錯誤と言いますか、そういった問題でしょうし、あくまでも元の紙を陳述したという扱いだとすると、それは調書の訂正とか、そういった話なのかもしれません。その辺は整理によって、ちょっとその修正の道筋が理屈的には違うのかなと思います。

　ただ、恐らく直感的にはいずれのルートをたどるにしても、間違ったケースについて、それに気付いたときに、それについて是正できないということは、恐らく理屈としてはないんだろうと思います。誤りが証明されたケースでは、しかるべき解釈が、今後、実務で図られていくと思います。

垣内　非常に悩ましいところです。今お話のあった、電子化の際抜けてしまったけれども、自分では自分で紙で出したものを想定して、準備書面のとおり陳述すると述べた場合には、やはり陳述者としては、自分の出したものについて陳述をする、という意思で陳述をしている、と考えれば、第一次的にはそれを出発点に考えるということなのかと思います。しかしそうすると、例えば、事前に準備書面に記載していない事項は、相手方が在廷していない場合には陳述できないという規律（161条3項）との関係では、送達等がされているのが電子化されたものであるという前提ですと、そこには記載がないということになるわけです。この規律の趣旨からすると、やはり事前に相手方が書面で見ていないことについて、本人が言ったつもりになっていても、それは許されないのではないか。こういう問題も出てくるのかなという感じがいたします。

　そのような場合、後で電子化については追完と言うか、電子化が正しくされていなかったところについて、追って電子化されるということにはなるのかもしれませんが、その段階で遡って、相手が受領していなかったものを陳述したという瑕疵が治癒されるのかどうか、追完がされた時点で直ちに相手方がその異議を述べるのか、それをしないで放っておいて、もう結審という段階で初めて異議を述べるのか、そういったことによっても変わってくる感じもします。

橋爪　十分に検討できていないところなのですけれど、裁判官としての感覚から言うと、当事者の陳述行為というのは、書記官が公証して調書にその旨記載されるものでもありますので、裁判所の訴訟記録となっているものが基準とな

って陳述されているものではないかと、私自身はそのように思っております。この問題というのは、現行法の下でも、理屈の上では、例えば訴訟記録につづられる書類が一部欠落するといったことも考え得るでしょうし、当事者が手元にある書類とは一部違うものを、裁判所や相手方に送ってしまうということも、一応、理屈の上ではあり得るのでしょう。

　その意味ではIT化に固有の問題ではない中で、書記官が公証して調書に記載される陳述行為としては、やはり裁判所の訴訟記録にあるものがベースになると考えざるを得ないのではないでしょうか。もちろん、同じものを裁判所と相手方に提出するのは当然の義務ですし、それらの間に齟齬が生じるようなことは通常はないと思いますけれども、これまでは、裁判所が訴訟記録として何を編綴しているのか、わざわざ記録の閲覧等をしなければ当事者は把握できなかったのが、今回のIT化によって、裁判所の訴訟記録を当事者がリアルタイムで確認できるようになったということで、今までよりも、こういった問題が起こりにくくなったという意義があるのではないかといった感想を持っておりました。

杉山　電子化がされていない現在でも、自分で提出したつもりでも提出していなかったとか、あるいは裁判所に提出したものと相手方に送ったものが、1枚ずれていたとか、そういうことはあるのではないでしょうか。実際にはほとんどないかもしれませんが、あるとしたら同じような問題になるものと思います。先ほど橋爪さんがおっしゃったように、基本的には裁判所で電子化されて訴訟記録とされたものをベースとして、当事者にも常に同一性については監督させるというのが適当だと思います。ただ、そもそも紙で提出しているような人が、オンライン上で記録が正しいものであるのかチェックすることができるのかという問題もあるので、簡単ではないかもしれません。

　それから、紙で提出したものが電子化されたときに抜けていたという問題のほかにも、営業秘密関係など、132条の12の例外のもの、これは電子化してはいけない、あるいはしてもいい、のどちらかは読み方にもよりますが、基本的には電子化してはいけないと理解しているところ、誤って電子化されたものがストレージ上にのることで第三者の目に触れてしまう可能性が出てくるといった問題もあると思います。どちらの場合でも人的ミスは出てくるかと思いますが、対処方法としては、法とか規則ではなくて、裁判所内部での規律によら

Ⅳ　インターネットを用いてする申立て等・訴訟記録等の電子化

ざるを得ないかなと思います。

笠井　最後の点は、国家賠償などにもなりかねない話で難しい。大変なことですね。

垣内　先ほど私が申し上げたことと、その後でお二人の方が言われたこととの関係を少し自分なりに考えてみますと、先ほど、私のほうでは、陳述者としては自分が出したと思っているものを陳述する意思を有しているということを前提にして考えました。しかし、出せていないものについては、適法には陳述できない場合があるという規律を前提にすると、適法に陳述できるはずのものを陳述するという意思で陳述しているというように陳述者の意思を捉える、という発想もあり得そうです。

　後者の方向から考えると、裁判所と相手方との間でもずれている場合にはさらに複雑なのですけれども、両方そろっている場合を前提とすれば、裁判所及び相手方に出ているものを陳述したものと取り扱うということも、考え方としてはあり得ます。どちらのほうがより陳述者の意思の捉え方として適切なのか。また、その際、陳述者の具体的な意思を問題とするのか、それとも一般的にそういうものだと考えるのかなど、いろいろ、なお考えなければいけないところがあるように思います。

日下部　今の問題状況というのは、紙ベースの書面で準備書面が提出された場合のことが典型だと思うのですけれども、これはオンラインでの申立てや書面提出が義務付けられていない者が、適式に書面を提出しているという状況ですので、本来、提出すべきものではないものを間違って提出してしまいましたとか、あるいは、本来、提出すべきものの一部が、提出者において落丁してしまい、完全なものが提出できませんでしたという状況ではなくて、提出者としては何も責めを負うべき理由がない、そのような完全な提出をしているという状況だと思うのです。

　その状態において、裁判所が電子化する際に落丁を生じてしまい、その余波が相手方当事者に対するシステムを通じた送付又は送達にも波及してしまったという、こういう局面かと思います。提出当事者が提出した書面を陳述しますというように期日において述べたとすれば、それは適式に提出済みである書面の内容を陳述したと捉えるのが、少なくとも非難を受ける余地がない提出当事者からすれば、当然のことだろうと受け取られるのではないかと思います。

62

先ほど橋爪さんのほうからは、裁判所の観点なのか、感覚なのかからすると、記録化されたものが基軸になるのではないかというお考えもいただいたかと思います。提出者が責めを負うべき理由が何もないという問題状況であることを踏まえると、記録化されたものを基軸に考えるというのは、提出者からすると納得感はほとんどないのではないかなという感じがいたしました。

いずれにせよ、その場合の陳述が法的にどのようなものになるのか、それを是正するために、どのようにすべきかというのは、一概に言いにくいところがあるのはご指摘のとおりです。特に、相手方当事者にシステムを通じて送付又は送達された準備書面の内容が落丁が生じた状態のものであったときに、どのような陳述が可能なのかという問題とも絡んでいるように理解しました。これはもう少しいろいろな観点から考え直して、何らか整理をつけていく必要が出てくるのかなというように思っています。もちろん、現実的にこういう事態がそんなに頻繁に生じることはないかなというようにも思いますので、その意味では、今回、法制的な手当ては特にしなかったというのは、1つの解決の仕方と言いますか、処理の仕方としては、十分あると思います。めったに起きないことをどこまで考えるのかという問題でもあるのかなと思いますが、個人的には、法制審の部会で議論したことでもありますので、関心を持って今後も考えていきたいと思っております。

脇村 そういう意味では恐らく、いろいろな議論があるのだろうと思います。ただ、恐らく方向性としてあるのは、気付いた以上は、通常は、手続をやり直すということではないかなと思っています。

ただいずれにしても結局、裁判所も含めれば、当事者双方を含め三者が前提としているものが違っているということだとすると、それを陳述した人の意思に反することかもしれませんし、あるいは相手方からすると、送達や直送、あるいは口頭弁論期日に出席をして、内容を知った上で陳述を受けていたのに、その認識していた内容が違っているわけです。そうすると、実務上は、やり直した上でそういった整理をし直すということになり、そのことは、恐らく、その理論的な整理は別として、変わらないのではないかという気はしています。

その上で、それがどういう理由によるのかというのは、先ほども少し述べましたが、陳述は電子化されたものを前提にしているのであれば、それは矛盾があると言うか、意思に反する、あるいは錯誤ということかもしれませんし、逆

に提出したものを前提に考えるとすると、それは適式な送達や直送をされていない、期日に出席しても相手方は分かってないので、そのままでは、よろしくない、場合によっては陳述が無効なのかもしれません。そういった議論があり、いずれにしてもそこでやり直すということは変わらないのかなと思っていました。

ただそのやり直しのルートは、明確に決まっているものではなく、事案を踏まえた、今後の実務上の解釈であると思います。

◆電子調書の定義

日下部 ここで議論をしたいということではないのですけれども、どなたかに教えていただけるとありがたいと思いましたのは、今回160条1項で電子調書が「期日又は期日外における手続の方式、内容及び経過等の記録及び公証をするためにこの法律その他の法令の規定により裁判所書記官が作成する電磁的記録」と定義されたことについてです。私の理解では、現行の民事訴訟法のレベルで、あるいは規則レベルでもそうでしょうか、調書というのが定義されていたことはなかったかと思います。電子調書としてこの定義が設けられたことが、規則や法律のほかの規定の解釈なり位置付けなりに、何らか影響を及ぼすことはないのかというのが、少し気になったところです。

特に、今回の電子調書の定義ですと、期日調書のことだけではなくて、期日外の手続についても、調書の範疇に入るということが、民事訴訟法のレベルで明確にされたと思うのです。ものの本を見ますと、期日外調書についての根拠規定は、今までは民事訴訟規則の1条2項であったような説明もあります。そこでは書記官の面前で陳述したことを記録するのが期日外調書なのだという整理になっているがゆえに、書面による準備手続の協議は書記官の面前での陳述にはならないので、法律レベルで書面による準備手続の協議を記録に取ることができるという民訴法176条3項第2文の規律が設けられたというような説明がなされていました（秋山幹男ほか『コンメンタール民事訴訟法Ⅲ〔第2版〕』〔日本評論社、2018年〕571頁）。そういう経緯があるのだとすると、今回、民事訴訟法のレベルで電子調書が定義されたことが、関連する規則や法律の他の規定にどういう意味付けを与えることになるのかということに、関心を持ったという次第です。

個人的な関心にすぎず、申し訳ありませんが、気になってしまいましたの

で、述べさせていただきました。

笠井 いえ、すごく興味深いお話で、どなたかから、今の点についてお願いします。

脇村 電子調書の定義ですが、法律案を作るに際し、定義を設けないと、文言を書けなかったというのが、そもそもの正直なところではあります。今回の改正では、これまでの調書を全て電子化するために、書面を前提とした調書という文言は使えなくなりました。他方で、新しい用語、ここでは、電子調書ですが、これは、これまでにない文言なので、定義を設けないまま用いることはできませんでしたし、この用語を使わずに法律が書けませんでした。最近の法律改正では、通常、新しい用語を作る際には定義を置いていると思います。もっとも、定義をする際には、それによって、よろしくない影響を与えないようにする必要があると考えていたので、余りその定義の内容を絞りすぎないように書いたつもりではあります。調書については、いろいろな場面で使われているので、定義を絞りすぎ、厳格に書けないというのは分かっていました。そういう意味で、電子化された点は別として、これを理由にこれまでの考えができるだけ変わらないようにしたつもりですし、変わらないということで理解したいと思っています。

笠井 電子という語をつけるときに大変なことになったという話ですね。日下部さん、いいですかね。

日下部 はい。結構です。ありがとうございます。

笠井 いろいろ議論が尽きないところでありますけれども、初回から大変充実した議論をいただきまして勉強になりました。

3 濫用的な訴えの可能性に対する対応

笠井 インターネットによる訴え提起等が可能となることにより、濫用的な訴えが頻発するのではないかという懸念は、検討会の頃から示されており、その後のIT化研究会や法制審部会ではこれに対応するためのいくつかのアイデアが示され、中間試案の段階では第2の（注2）でも複数の案を挙げて引き続き検討するものとされていました。その後、137条の2の規定が新設されて、一定の対応をされたものと理解しています。ここからはこれらの濫用的な訴えの

対応策について議論してもらいます。まずは脇村さんから法制審議会の部会での審議の状況、新設された規定の内容と趣旨等について説明をお願いします。

◆法制審部会での議論の概要・改正法の内容

脇村 法制審議会では、この問題については第1回から検討項目として取り上げられていました。笠井さんから指摘があったとおり、検討会でも、オンライン申立てを可能とする、すなわち、訴状等を裁判所に郵送することなく訴えの提起をすることができるようになれば、濫用的な訴えが増えるのではないかという指摘がありました。検討の当初は、例えば訴訟救助が却下された回数の届出制度や訴訟救助の回数が多い場合に一定の金額を納める制度、訴訟救助の有無にかかわらず数百円程度のデポジット支払をするとの制度などが、項目として取り上げられていたと承知しています。

　中間試案では、様々な議論を経た上で、先ほど指摘があったとおり、（注2）の形として訴訟救助の申立ての有無にかかわらず、訴えを提起する際に一律に、例えば数百円程度のデポジットを支払わなければならない制度の規律や、訴えの提起手数料を納付すべきであるのに一定期間が経過しても一切納付されない場合には、納付命令を経ることなく命令により訴状を却下しなければならず、この命令に対しては即時抗告することはできない規律等が取り上げられていました。

　パブリックコメント等では、これについて賛否両論の意見がありました。その後、再開した法制審議会でも改めて取り上げられました。この後に説明があると思いますが、基本的にはこの問題について、そのような形の提案が採用されることはありませんでした。もっとも、その費用を納付していないことを理由とする訴訟却下命令の処理については、例えば納める費用の額に争いがある場合に、争う機会を保障するために、即時抗告を認める必要があることについては、賛成する意見が非常に多かった一方で、即時抗告の申立て等をする者が、その者において相当と認める訴訟の目的の価格に応じて算出される手数料を納付することすらしていないケースについては、本当に抗告審で判断を仰ぐ機会を保障する必要があるのかという点が最後は問題になりました。最終的には、手数料を納付しないことを理由に訴状却下をするケースは基本的に即時抗告を認めますが、先ほど言ったような形で手数料を納付しないケースについては、即時抗告を認めず、仮に納付しないまま即時抗告がなされても、原裁判所

はその即時抗告を却下しなければならないという提案が採用され、改正法では137条の2の改正が実現したところです。概略は以上です。

◆裁判所の姿勢・受止め

笠井 次に橋爪さんに濫用的な訴えの可能性に対する裁判所としての姿勢について、また改正法の内容をどのように受け止めているか、さらに今後に問題となる事項等があるかについて説明をお願いします。

橋爪 先ほど脇村さんからも説明があった中間試案に対するパブリックコメントでは、ほとんどの庁から、いわゆる濫用的な訴えへの対応に苦慮しているという実情を指摘した上で、このような訴えを防止するための措置が必要であるとの意見が寄せられました。このような実情を改めて紹介しますと、およそ認容の見込みがないことが明らかな同一内容の訴えを連日にわたって同一裁判所に提起をしたり、あるいは棄却判決が確定した後も同一内容の訴えを繰り返したりするような事例（同一主張リピート型）、不特定多数の者や実在しない者を被告にしたり、直ちには把握し難いような不明瞭な内容の請求を大量の書面にわたって分散して記載をしたり、著しく高額な金銭請求をするような事例（主張内容不明瞭型）、訴訟救助の申立て、移送の申立て、裁判官の除斥・忌避の申立てが繰り返され、これらの申立てやその決定に対する不服申立てについても訴訟救助の申立てがされる等、1つの事件から派生的に事件数が膨れ上がる事例（付随事件膨張型）等があります。このような訴えを提起する者は、訴え提起手数料の納付も郵券の予納もしないことが一般的ですが、このような訴えがあると、裁判所としては訴状の審査、任意の補正の促し、補正命令、訴訟救助意見書の提出依頼、訴訟救助却下決定、納付命令等の手続が必要となり、一連の書面の送達等の事務も発生します。その後、訴状却下命令に至っても即時抗告がされることが多く、これに伴う処理も多数発生するといったものでした。

　IT化で提訴に要する手間が減少すると、これらの訴えが増加し、本来の裁判事務が圧迫されるのではないかと危惧する裁判官等は少なくありません。この種の訴えの処理に多大なエネルギーを費やしていることは、裁判所内部で仕事をしている者にとっては自明のことなのですが、内部で様々な事務が発生していても、結局は被告側に送達等をされることもなく終局していくものですから、このような訴えの処理の実情については、弁護士の方々も含めて、裁判所

外部の皆さんに実感を持ってご理解をいただくことがなかなか困難であったという感想を持っています。

今回の改正法では、中間試案で提案されていた少額のデポジットの支払や、一定の要件の下で補正命令を経ることなしの却下といった規律までは設けられませんでしたが、137条の2では、原告自身において「相当と認める訴訟の目的の価額に応じて算出される民事訴訟費用等に関する法律の規定による訴えの提起の手数料を納付しないとき」における訴状却下命令の原審却下の規律が定められています（7項ただし書）。これにより、少なくとも訴えの提起に際して、1円も納付されない場合や、併せて申し立てた訴訟救助について却下の判断が確定している等の場合については、抗告審が訴状却下命令の処理に伴う負担から解放されるということはできると思いますので、そのような手当てがされたことには一定の意義があると受け止めています。

もっとも、訴状却下命令を出すまでに多くの事務が求められることに関しては、必ずしも十分な手当てがされたとは言えず、裁判所としては、システムを通じてそのような訴えがされた場合の合理的な事務フローも念頭に置いて、施行までの準備検討を進めていく必要があると考えています。

◆弁護士・弁護士会の姿勢・受止め

笠井 日下部さんから弁護士あるいは弁護士会としての姿勢について、改正法の内容をどのように受け止めているか、さらに今後に問題となる事項はあるか等について説明をお願いします。

日下部 濫用的な訴えへの対応策について、日弁連は、その必要性があるのであれば、適切な方策である限り反対する理由はないというスタンスでした。第三者的なもの言いになっているのは、先ほど橋爪さんからもお話があったとおり、弁護士自身は直接このような濫用的な訴えに関わることがほぼないからです。具体的に申しますと、弁護士自身が濫用的な訴えをすることは一般的になく、被告側で濫用的な訴えに苦しめられることもありません。したがって、濫用的な訴えを自ら体験していないというのが実情でした。換言すれば、社会一般にその害が及ばないように、裁判所において対応に腐心してこられたためであろうと思います。

そのような理解でしたので、IT化研究会や法制審議会の部会での検討の際に、裁判所から濫用的な訴えの弊害とその対応策の必要性を聞いたときは、そ

れはそうなのだろうと理解し、その点では異存はありませんでした。しかし、具体的な対応策を考えると非常に難しいことが分かりました。その根本的な理由は、防止されるべき濫用的な訴えを法制的に定義することが困難であることだったと思います。そのため、その定義の困難さを回避して、濫用的であるかどうかを問わずに一律に訴えの提起に一定の負担を課すことについても検討されました。具体的には、訴訟救助の申立てがなされても、一定の金銭負担を必ず求めるといったものです。しかし、このような対応策は、濫用ではない訴えの提起をする者、とりわけ訴訟救助を必要とする者の裁判を受ける権利の障害になり得ると考えられました。日弁連も、そのような内容の対応策には反対していました。

　今回の改正法では、そうした理由にも鑑みて、訴訟救助の必要がないことが確定したにもかかわらず、自らが相当と考える訴額に応じた手数料さえ納付しない者については、その後の不服申立ての連鎖を許さずに、迅速に訴状却下できるようにするものと理解しており、法制的にできる限界に近い対応であったのではないかと受け止めています。日弁連は、手数料の不納付の合理性を争う機会は確保されるべきであるとの考えでしたが、今回の改正法では、その機会は確保されていると理解しています。そうであれば、弁護士としては、この対応策に反対するものではないと思います。

　ここからは個人的な意見です。先ほど橋爪さんからも言及があったかと思いますが、このような法制的な対応に加えて、裁判所の事件管理システムの構築の際に、濫用的な訴えへの対応、とりわけ訴訟救助の必要がないことが確定するまでの対応を、迅速に行うことができる工夫をしてもらいたいと思っています。同じ原告がどれだけの申立てをしているのか、それぞれの申立てに共通点や相違点があれば、それは何か等を機械的に容易に把握できるようにするとともに、個々の申立てに対する裁判や処分を効率的にできるようにして、裁判所の負担が極力軽くなるような工夫を望んでいます。法の許容する範囲で、裁判所にはぜひ知恵を絞っていただきたいと思っています。

笠井　杉山さんから、このような濫用的な訴えの対応についてどのように考え、改正法の内容をどのように受け止めているか、また問題となる事項があるか等について、自由に論じてください。

Ⅳ　インターネットを用いてする申立て等・訴訟記録等の電子化

◆研究者の考え

杉山　私は商事法務の IT 化研究会までしか参加していませんでしたが、オンラインによる申立てが可能になることによって、訴えの提起がこれまでよりも容易になって、その結果、濫用的な訴えが増えるのではないかという懸念自体は、検討会取りまとめの段階から既に指摘されており、IT 化研究会でも検討が重ねられてきました。検討会では新たなタイプと言いますか、オンライン申立てができることによる特有の濫訴を想定して議論されていた気がします。これに対して、IT 化研究会では現在見られるような濫訴、例えば橋爪さんから紹介があったような本人訴訟で、訴訟救助の申立てと併せて、費用を払わずに同じような申立てを繰り返す例、却下されても再度同じ申立てをする例、同じ訴状を多数提出する例、極めて細分化して請求をする例等が裁判所から指摘され、そのような申立てが IT 化後もなされるのではないかという問題意識に基づいて、議論が積み重ねられてきたと理解しています。もちろん IT 化の前後では、濫訴をする人が違ってくる可能性もあるかもしれませんが、その点ははっきりとしないため、重なることを前提に議論してきたものと理解しています。

　また、これも裁判所の方が言われるように、現在の濫訴の現状を示す統計資料はありません。その一方で、はっきりとは統計資料に現れにくいけれど、欠席裁判で却下判決が出された場合や訴状却下命令が出された場合の中には濫用的なものも含まれるのではないかという指摘もありました。また、件数自体は極めて少ないとしても、わずかな病理現象が現場で過度な負担になっているという裁判所サイドからの指摘もありました。それを前提に、つまりそのような現象が現にあるものとして、オンライン後も同様の濫訴があることを想定しながらの検討にならざるを得なかったと思います。

　つまり、このような従来型の濫訴が実際にあるとしても、IT 化後に対面でのやりとりが減った場合に、裁判所などへの嫌がらせのために、裁判所にとって負担になるような濫訴がどれぐらい生じてくるのかは分かりません。これまでに濫用的な申立てをしていた人とは違うタイプの人が、これまでとは違う形の濫訴をするかもしれません。ただ、繰り返しの申立てや大量の申立てがしやすくなるのは確かであるので、司法リソースを適正に分配するためにも、濫訴への対策を講じた点には賛成いたします。

70

3 濫用的な訴えの可能性に対する対応

もっとも、例えば同時に多数の訴えの提起をするような濫訴に対しては、従前からも提訴手数料を払わせることで抑止効果はあるという指摘もありました。それを払っても濫訴をする場合の対処方法としては、理論的には訴権の濫用や信義則による申立ての却下、140条による却下、あるいは事後的には不法行為による処理が可能であり、手続内では申立権の濫用による処理という方法もあります。今後も手数料を払ってまでしても濫訴をする場合、あるいは手続内の濫用的な申立てについては、従来の濫訴排除策が必要であり、かつある程度は機能すると思います。ただし、これらの措置を講ずるためには、訴状の内容、つまり請求の趣旨や当事者欄等を見て、他の訴えと比較して確認をしなければならないので、裁判所には相応の負担が生じます。そのため、できる限り外形から定形的に濫訴と評価し得るものを排除する方法を作っていくことが必要ですし、そのような方向性が探られてきたと理解をしています。

先ほど日下部さんも少し触れられたと思いますが、明らかに不当な申立てが大量になされたこと、同じような申立てがなされていることが外形的に判断できるのであれば、システム上で自動的に排除することも将来的に考えることはできますが、すぐに実現するのは難しいとも思います。それに代替する措置として、提訴手数料を払わずに訴訟救助の申立ても併せて繰り返して、費用を払わずに行う例に焦点を当ててデポジットを払わせるという案も、それはそれでよいのではと思っていました。

しかしながら、法制審議会の議論を見ていますと、実際にはほとんどのケースは濫訴ではありませんし、例えばごくわずかな病理現象のために返金の手間が負担になり、通常業務に支障を生じさせることがあってはいけないですし、また、何よりも濫訴対応策を新たに作ることによって、訴訟救助を真に必要とする者の、裁判を受ける権利の侵害につながってはならないという指摘も見られました。様々なバランスを考慮して最終的には控えめな形になりましたが、多少は裁判所の負担の軽減になるであろうと思います。

ただ、手数料の支払時期については、訴えの提起との間にタイムラグがあると思うので、差し当たり手数料の支払をせずに、システムに負荷となるような大量の、あるいは繰り返して申立てをする可能性は排除されていないと思います。そのため裁判所側で処理しなければならない案件自体は、それほど減らないのではないかという気もします。いずれにしても、改正後も従来型の濫訴が

Ⅳ　インターネットを用いてする申立て等・訴訟記録等の電子化

残るのか、それが裁判所の事務やシステムに大きな負担を与えるものになるのか、新たな濫用類型が出てくるのか等について、今の段階では分からない以上、今回の対策で十分なのかについて、短いスパンで定期的に検証していくことは必要だと思っています。長くなりましたが以上です。

笠井　垣内さんから、濫用的な訴えの対応についてどのように考え、改正法の内容をどのように受け止めているか、問題となると思う点があるか等について、意見をお願いします。

垣内　これまでの発言者の方々から既に詳細な発言がされていますが、私自身もおおむね同じようなことを考えてきました。抽象的には対応が必要であるけれども、具体策となるとなかなか難しい、そのような中で今回の改正は可能な限界のところを追求しており、一歩前進だと思います。先ほども杉山さんからお話があったように、この運用で今後はどの程度の負担軽減になるのか、従来型に加えてオンラインでの申立てが可能になることにより新たな類型の濫用も生じ得ることを考えたときに、さらに対応を講じていく必要がないのかについて、検証が必要と考えています。

　オンライン独自の濫用形態については、同時に多数の提訴をするというようなことが技術的にどの程度可能なのか、実際のシステムの仕様やインターフェースがどうなるかにも大きく関わると思います。先ほど日下部さんからも指摘がありましたが、ごく一般的なサイバー攻撃というか、濫用・悪用的なネットの利用は裁判の外の世界でも、従前から一定のものがあると思います。可能な知見は活用してもらって、できるだけ簡単に濫用できないようなシステムを工夫することは望ましいことだと思いますし、実際に運用してみて、不具合があれば、それを修正していくことも必要だと思います。

　他方、従来型の濫用については、先ほど橋爪さんからいくつかの類型について紹介がありました。今後もそのような方が皆無になることは考えにくいですので、引き続き、そのような訴えが提起されることはあると思います。その場合、従来どおり紙でしてくる人もいれば、オンラインで訴えの提起をする人も出てくると思います。紙で提起してきた場合に関しては、本日の直接の話題ではないかもしれませんが、訴訟記録の電子化との関係でも問題をはらんでいます。先ほどもあった、紙の書面に不明瞭な事項が書かれている場合の電子化等の問題で、改正法における電子化の規定の例外を適用できる場合もあると思い

ますが、場合によっては、電子化に伴う負担が増大することもあり得ると思います。その辺りも今後の検討課題となり得るところかと思います。

笠井 今の各発言との関係で、さらに質問、コメント、意見等をお願いします。どうですか。これは既に出尽くした感じですか。皆さんの基本的な認識は一致しています。何らかの対応は必要だと思いますが、裁判を受ける権利との関係があるので実際はなかなか難しいです。そもそも濫訴がある程度あるのは仕方がないという考え方もあるかもしれません。逆に、137条の2について、これだと不十分という考えもあると思います。不十分だけれど様々な考慮の末にできたものとして、これはこれで1つの解ではあるという受け止め方があるかもしれません。脇村さん、お願いします。

◆濫用的な訴えへの対応との関係での137条の2の位置付け

脇村 中身についての話ではありませんが、最終的に出来上がったものをもともと議論がされていた濫用的な訴えの問題に対応したものと評価するかどうかは、評価される人によっても、意見が違ってくるような気がしています。経緯として、濫用的な訴えに対応する議論がずっとされていて、その中で出てきた話であることは間違いありませんが、人によっては濫用的なことに対応したというよりは、即時抗告の内容を合理化したにすぎないと評価する方もおられると思います。一方で、この仕組みは、濫用的なケースで機能することもあり得ます。濫用的な申立てへの対応を求めた人からすると、これは、そのような観点から、対応したものと評価される方もおられるでしょうし、さらには、これで終わっていない問題であると捉える人もいるように思います。私個人の感覚を言わせてもらえれば、これは、どちらかというと、即時抗告を合理化したものと理解する程度の認識であり、いわゆる濫用的な申立てのような対応については、また改めて検討されるべき問題ではないかと思っています。

笠井 今の話は非常に重要な指摘です。濫用的な訴えに対する対応についてずっと議論がされてきて、最後に137条の2ができたというその2つは間違いありません。しかし、そこが本当に結び付いているのかについては、必ずしも私自身も腑に落ちているわけではありません。この研究会の構成として、この場面で137条の2も含めて議論の対象にしたのは、私の責任です。しかし、私自身は、見ようによっては、「従来の濫用的な訴えについての措置は全くのゼロ回答であって、何も措置されませんでした。しかし、別途137条の2が137条

の続きで措置されました。これは即時抗告についての一定の制限と手数料の納付が関係しているものです。」そういった位置付けは十分にあり得ると思っています。日下部さん、お願いします。

日下部 今のご指摘の点について、私も気にしていました。今回の改正法の内容に至る契機は、濫用的な訴えへの対応策が必要であることでしたが、濫用的な訴えを定義することが困難であるといった様々な議論をした結果、立法的に対応できるのはこの限度であろうということになったものです。そうした経緯はそれとして踏まえる必要がありますが、脇村さんが言われたように、この制度を濫用的な訴えへの対応策であるという冠をかけて常に説明すると、もしかすると改正法の内容を適用する際に、「この訴えは濫用的ではないのだから、この規定は適用されるべきではない」というように、濫用的な訴えではないことを理由として、適用が認められない場合があり得るという解釈を呼び起こしてしまうかもしれません。それは立法の趣旨から外れる部分がある気もしますので、気を付けていかなければいけないことだとお話を聞いていて思いました。

杉山 IT化研究会でも、また法制審でも中間試案ぐらいまでは、まさに濫用的訴えに対応する案が出ていました。最終的にできた137条の2と、当初の目的との間のギャップを理解するのが難しかったのですが、今の説明を聞いて納得いたしました。

◆濫用的な訴えに関するデータ、事件管理システムの構築の仕方

杉山 先ほども今後の見直しの必要性について言及しましたが、今回は濫訴に直接対応できるような制度を作ることができなかった原因の1つとして、濫訴の実情がデータとして明らかでなかった点があったと思います。確かに1人が行った濫用的な訴えであっても裁判所にとってかなりの負担になり得ることは分かるのですが、そこがもう少し具体化に、数値として表れると今後の対策も考えやすいと思います。ぜひ裁判所の方には137条の2が使われたケース、あるいはその他の濫用的なケースがあるのか、その辺りの情報を提供してもらえるとありがたいです。

橋爪 杉山さんが言われたとおり、現在あるような濫用的な訴えのほかに、システムを濫用的に用いる形の訴えが新たに起きるのではないかということは、法律が施行されてみないとなかなか分からない話だと思いますが、システムを

通すことによって、現在よりそのようなものを統計的に把握しやすくなってい
く面もあるかと思いますので、その辺りはまさに改正法施行後に裁判所として
も検討していかないといけない問題だと思っています。それから、システムの
構築の仕方なのですが、真摯に民事訴訟制度を利用する多くの方に利用しやす
いシステムを構築すべきであること、それは間違いないのですが、その一方
で、簡単に大量の濫用的な訴えを起こすことができるシステム、比喩的に言う
と、訴えの提起ボタンを連打すれば何件でも訴えを起こすことができるような
ことは、やはり相当でないのだろうと思います。例えば、適法に訴えを提起す
る際には、額はともかくとして一定の手数料を納めるか、もしくは訴訟救助の
申立てをすることが前提になるわけですから、そのような手順操作が踏まれた
ことを確認した上で、訴え提起の立件がされるようにするといったことも含め
て、今後、システムの在り方は検討していく必要があると考えています。

日下部　今、橋爪さんが言われたのは、一定の手数料を支払うか訴訟救助の申
立てを併せてしていない限りは、訴えの提起にならないシステム上の工夫と理
解しましたが、法律的にそれができるのかが若干気になりました。つまり、そ
の工夫は、補正の手続が法律上で用意されていることと整合するのだろうかと
いう問題意識です。これは引き続き考えなければいけないことという気もしま
したので、コメントいたしました。

笠井　他の方から何かありますか。当然、システムは法律の内容に合ったもの
であることは前提だと思います。先ほど杉山さんが言われたことについて言う
と、濫用的な訴えと言っても、証拠がない、裁判所が言っているだけではない
かということは、法制審議会の部会でも言っている委員が割と多くいました。
私もそのようなことを言った記憶があります。しかし、逆に、研究者の委員の
中にも、裁判所がしっかりとそういった証拠となる資料を作るのは難しいとこ
ろもあるのではないか、これは特定の原告についての話になりかねない話なの
で、資料を出すと言ってもなかなか難しいことがあるのではないかと、理解を
示される委員もいたことは、客観的な立場から申し上げたほうがよいと思いま
す。

◆濫用的な訴えという捉え方に関する被告の立場と裁判所の立場

笠井　それからもう１つです。最初に杉山さんが言われたことの関係です。私
も実は同じことを思っていました。検討会のときは、訴えのオンライン化によ

Ⅳ　インターネットを用いてする申立て等・訴訟記録等の電子化

って濫用的な訴えが出るのではないかと、企業側の方が懸念されていたのが印象に残っています。それは恐らく訴状が送達された後の、請求の内容の話で、当然、棄却になるようなものを続々と訴えられると嫌だという、被告の立場で話されていたと思います。むしろ、IT 化研究会の場では裁判所の負担という方向が強く出てきたということで、私も同じ認識を持っています。垣内さん、お願いします。

垣内　直前に笠井さんから話があった経緯はそのとおりだと思います。両面あるということで、一方では、訴状送達までに至ったものの特に被告の側からは濫用と評価したくなるような事案もあると思います。他方で、その前段階で、裁判所で苦労されて処理しているものも一定数あるかと思います。これらについて、外部からも了解できるような形で様々な情報を出していくことは、可能であれば望ましいことだと思います。関連して、裁判以外の分野でも、様々な所で業務負担の見える化を促進すべきだという議論がされています。先ほど少し記録の電子化の負担に言及しましたが、現在、民事執行・民事保全・倒産及び家事事件等に関する手続（IT 化関係）部会でも、記録化の例外について議論されています[3]。これは予測が入るので難しいところもありますが、実際にどの程度の負担が生じていくのかについては、議論をする方によって認識が必ずしも一致していないこともあると思います。司法資源を合理的な形で使っていくことは国民一般の利益ですので、そのための基礎資料というか情報について、様々なところでできるだけ外部からも客観的に評価しやすいようにしていくことは、中長期的にも大事な課題だと感じています。

笠井　この話題については以上ですが、様々な指摘をいただきました。従来の濫用的な訴えへの対応の議論と 137 条の 2 との関係という、位置付けの見方も分かれるという話も出ました。重要で有意義な議論だったと思います。

---

3)　その後、令和 5 年法律第 53 号により、家事事件の手続について民事訴訟法にない電子化の例外を認める規定（家事 38 条 2 項）が設けられた。

V 当事者に対する住所、氏名等の秘匿

1 はじめに

笠井 ここまで、今回の民事訴訟手続の IT 化における e 提出、e 事件管理の中心的な内容となる「インターネットを用いてする申立て等・訴訟記録等の電子化」を取り上げてきたわけですが、これらに関する法律の改正は、令和 7 年度内には施行されることが見込まれています[1]。

　ここからは、そのほかの事項に先立って、より近い時期に改正法が施行されることになる事項を取り上げます。具体的には、「当事者に対する住所・氏名等の秘匿」と「双方当事者不出頭でウェブ会議又は電話会議により実施できる弁論準備手続と和解期日」です。

　そのうち、まず、「当事者に対する住所・氏名等の秘匿」を取り上げます。これは、改正法の施行が公布の日から起算して 9 月を超えない範囲において政令で定める日からとなっており、2023 年 2 月 24 日までに施行されるものです[2]。訴訟記録の IT 化に先駆けることになり、紙の訴訟記録のままで施行されます。その後、訴訟記録の閲覧等の方法について、紙の記録と電子記録とを分けて規律をするなどの IT 化の改正が令和 7 年度内には施行されることが想定されており、そこでは、IT 化後における住所、氏名等の届出の方法等、当事者に対する秘匿に関する改正も含まれますが、IT 化後の訴訟記録の閲覧等については、後の回（Ⅸ）に取り上げることとします。要するに、今回は、紙の訴

---

1)　施行日については、「民事訴訟法等の一部を改正する法律」（令和 4 年法律第 48 号）附則 1 条のほか、成長戦略フォローアップ（令和 2 年 7 月 17 日閣議決定）67 頁 68 頁、成長戦略フォローアップ（令和 3 年 6 月 18 日閣議決定）2 頁・【別添】工程表 4 頁 6 頁、規制改革実施計画（令和 4 年 6 月 7 日閣議決定）56 頁 57 頁参照。

2)　2023 年 2 月 20 日に施行された（令和 4 年政令第 384 号）。

77

V　当事者に対する住所、氏名等の秘匿

訟記録を前提にしても適用される、当事者に対する住所・氏名等の秘匿を取り上げるということです。

　現行法では、訴訟記録の閲覧等の制限について、当事者以外の者の閲覧等を制限する 92 条の規定がありますが、当事者の閲覧等を制限する規定はありませんでした。しかし、例えば、当事者が、DV や性犯罪の被害を受けたと主張して加害者に対して損害賠償請求等をしている場合に、加害者であるとされている相手方当事者が訴訟記録の閲覧等をして被害者の住所、氏名等を知ることになると、被害を主張している当事者が、更なる危害を加えられるなどのおそれがあり、ひいては、訴訟手続の利用を困難にしかねないといったことが、従前から指摘されていました。

　この問題については、IT 化一般に関する IT 化研究会とは別に、公益社団法人商事法務研究会の証拠法制研究会が、2021 年 6 月に「証拠収集手続の拡充等を中心とした民事訴訟法制の見直しのための研究会報告書——被害者の身元識別情報を相手方に秘匿する民事訴訟制度の創設に向けて」というものを公表しました。法制審議会の民事訴訟法（IT 化関係）部会でも、当事者に対する秘匿の制度について、追加試案を公表するなどして審議を進め、「被害者の氏名等を相手方に秘匿する制度」が法制審議会の「民事訴訟法（IT 化関係）等の改正に関する要綱」の第 1 部第 15 の部分として盛り込まれ、今回の民事訴訟法等の改正に結び付くことになりました。

　以下では、いくつかの項目に分けて、当事者に対する住所、氏名等の秘匿について議論をしていきます。

2　当事者に対する住所・氏名等の秘匿に関する手続・要件・効果等

笠井　まず、改正後の 133 条、133 条の 2、133 条の 3 の内容を取り上げます。具体的には、「申立人の住所、氏名等の秘匿」、「秘匿決定があった場合における閲覧等の制限の特則」、「送達をすべき場所等の調査嘱託があった場合における閲覧等の制限の特則」であり、大雑把にまとめると、「当事者に対する住所・氏名等の秘匿に関する手続・要件・効果等」といったことになろうかと思います。まずは脇村さんから、法制審議会の部会での審議状況、改正規定の内

容と趣旨等について説明をお願いします。

◆法制審部会での議論の概要・改正法の内容

脇村　経緯については、笠井さんから話してもらったとおりです。私からは改正規定に沿って、問題があった辺りについて中心にお話しします。改正法では新設の133条が設けられて、秘匿決定制度が導入されています。133条では、保護の主体、秘匿すべき情報の主体は、原告等の申立てをする者、さらにその法定代理人です。法制審議会ではこれらに加えて、申立て等をする者以外の者について、例えば証人のような者をどうするかが話題になりましたが、最終的には採用されていません。

　また、秘匿の要件は、最終的に民事訴訟法92条の文言等を参考に、社会生活を営むのに著しい支障を生ずるおそれがあることについて疎明があったことが要件にされたところです。法制審議会等では、ここをもう少し違うものにすべきではないかが議論されました。例えば申立て等をする者や法定代理人の名誉又は社会生活の平穏が著しく害されるおそれある行為や、申立て等をする者や法定代理人さらにその親族の身体・財産に害を加える行為やこれらの者を畏怖困惑させる行為といったように、具体的に書くべきではないかという議論がありました。最終的には具体的に書くことは難しいこと、そのようなケースも先ほどの案の文言でも解釈として読むことが可能であること、先ほど言った92条の存在等を理由に先ほどの案に落ち着きました。ここは皆さんも様々な意見があると思うのでご議論いただければと思います。さらに秘匿決定の対象となる情報について、当初は住所や氏名といったものを想定して議論していましたが、最終的に住所居所、その他、通常所在する場所など、所在を明らかにするものを対象にすること、さらに氏名その他、当該者を特定するに足りる事項を対象とするということで、秘匿決定の対象が定まりました。

　また、秘匿決定の効果についてですが、従前は閲覧謄写等を制限することについて主に議論されていました。最終的には、まずは、秘匿決定の効果として、そもそも、訴状等に氏名や住所は記載しなくてよいこととなりました。具体的には、秘匿決定がされる際に、氏名住所については代替事項を定めることとされており、代替事項を記載すれば、特に訴状等に氏名や住所を書かなくてもよいことになりました。代替事項の定めについてですが、当該事件以外、関連する手続にも効力が及ぶことになっています。例えば判決書が典型ですが、

V 当事者に対する住所、氏名等の秘匿

当該事件だけに代替事項の効果が及ぶものとすると、判決をもとに強制執行をするようなケースを想定して、その判決書に真の氏名や住所を書かざるを得ないといったことになりかねないため、他の手続にも代替事項の効果は及ぶとされたところです。その上で、133条の2は、秘匿決定を前提に、別途、当事者等による閲覧等の制限に関する規定を設けています。閲覧等の制限がされる対象は、秘匿決定の対象となっている住所等・氏名等の秘匿事項に加えて、秘匿事項を推知させる事項が記載されている部分です。

また、133条・133条の2は、当事者の申立てにより発動することになっています。これは民事訴訟法92条の第三者制限も同じ制度です。もっとも、例外的ですが、133条の3では、職権による閲覧等の制限を設けることになっています。これは後で出てくると思いますが、訴状の送達をするために現在でも行われている被告の住所調査等を行った場合に明らかになった真の住所などを、原告が閲覧しないための方策が必要であるという指摘を踏まえたものです。訴状の送達をするために、調査をした段階では、被告は、訴えの提起がされたこと自体知らず、被告が閲覧等の制限の申立てをすることは想定し難いです。被告が訴状を受け取るまで、言い換えると訴えの提起に気付くまで、閲覧等を認めることをいったん止めておくための方策として、133条の3が設けられました。概要は以上です。

笠井 橋爪さん、以上の経緯での裁判所の対応や取組み、改正法の内容の受止め、また関係する最高裁規則として想定される内容等について、あるいは運用等について説明をお願いします。

◆裁判所の対応・受止め、最高裁判所規則の内容

橋爪 従前よりDVなどを理由として、住所などの情報の秘匿が希望されることはあったわけですが、このような場合の対応については、各庁において秘匿情報の適切な管理についての申合せを行うなどの形で、裁判所側の対応の在り方が定められていました。具体的には、おおむね、まずは秘匿を希望する側の当事者から、秘匿を希望する情報の範囲や理由を記載した申出書の提出を受け、秘匿措置を講ずる場合はその旨を裁判所内でしっかりと共有する、その上で、当該当事者において、他方当事者に知られると支障のある情報が提出書面に記載されていないかを確認し、記載されている場合は当該箇所をマスキングするなどして裁判所に書面を提出する必要がある旨の教示を行う、裁判所が書

類を作成する場合などについても、秘匿希望住所などが記録に表れないような配慮、具体的には、送達については秘匿希望住所以外の場所を送達場所として届け出るように教示したり、裁判所で交付送達を行うように励行し、判決書については、当事者の表示における住所の記載方法を工夫するなどといったものであったと承知しています。

　ただ、秘匿すべき情報が記録に表れてしまった場合の閲覧謄写請求への対応については、法律上の根拠に欠ける中で、例えば閲覧謄写を請求する人に代理人弁護士が付いている場合には、秘匿情報を本人に開示しない旨の誓約書を求めるとか、秘匿情報の閲覧請求が権利の濫用であると認められる例外的場合には、書記官が権利濫用を理由とする拒絶処分をするという対応を余儀なくされていました。

　今回、新たな秘匿制度が設けられたことには、これまで運用によって対応せざるを得なかった当事者間秘匿に、法律上の根拠が与えられたという意義を有するものと考えています。そして、新たな秘匿制度の基本的な制度構想としては、先ほど脇村さんから説明のあった133条の3のごく一部の例外を除いて、住所や氏名などの秘匿が必要な場合には、秘匿対象者が秘匿事項を記載した書面を提出した上で、秘匿決定の申立てをすること、その上で、秘匿事項届出書面以外の記録として、秘匿事項やこれを推知し得る事項が記載された書面などが提出される場合には、何が推知可能な事項であって、それらが記録のどこに記載されているかを最もよく知る秘匿対象者の側で、閲覧等制限の申立てをすることなど、秘匿が必要と考える秘匿対象者の申立てに基づいて裁判所が秘匿の可否を判断するというものに整理されたと理解しています。

　裁判所としては、そのような新制度の趣旨について、弁護士会とも十分に認識を共有した上で、制度趣旨を踏まえた適切な運用が図られることを期待しています。

　次に、秘匿に関する最高裁規則も制定されていますので、簡単に内容を紹介したいと思います。秘匿関係については、民事訴訟規則52条の9から52条の13で新たな規定が設けられました。ここでの関係でいうと、①秘匿の制度に関する各種の申立ては、いずれも書面でしなければならないこと（52条の9）、②秘匿事項届出書面の記載事項（52条の10）、③閲覧等の制限の申立てをすべき時期や、その際にすべき秘匿事項記載部分の特定やマスキング書面の作成・

V　当事者に対する住所、氏名等の秘匿

提出等（52条の11）、④秘匿決定の効果として、訴状等への押印、電話番号等の記載が不要となること（52条の12）等が定められています。

　また、民事訴訟規則のその他の部分でも、秘匿制度に関連して、秘匿事項届出書面はファクシミリでは提出できないこと（3条1項2号）や、氏名が秘匿されている当事者本人や同じ姓の家族の尋問を行う場合等に備えて、裁判長が相当と認めたときは宣誓書への署名押印に代えて、宣誓の趣旨を理解した旨を宣誓書に記載することができること（112条4項）が定められました。

笠井　日下部さんから、弁護士及び弁護士会として、改正案の策定にどのように臨み、また改正法の内容をどのように受け止めているか、今後問題となる事項があるかなどについて、説明をお願いします。

◆弁護士・弁護士会の対応・受止め・問題意識

日下部　日弁連としては、当事者に対する住所等の秘匿制度を導入することには賛成していました。訴訟手続の利用が犯罪やDVの被害者に二次被害を及ぼす事態を回避するためには、法令に具体的な根拠を欠く運用上の工夫では不安定であり、法律上の制度により安定的に被害者保護を図ることは望ましいという考えでした。ただし、各論としては、いくつかの点で実際に導入された制度とは異なる意見を持っていました。

　1点目は、秘匿決定の要件についてです。先ほど脇村さんからも言及がありましたとおり、日弁連としては、改正法で定められている「社会生活を営むのに著しい支障を生ずるおそれ」という要件では、抽象的過ぎて該当性判断に支障があるとの評価の下、被害者等の情報の秘匿を定める刑事訴訟法299条の3などを参考に、それと同様の要件の設定を提案していました。具体的には、被害者等の名誉もしくは社会生活の平穏が著しく害されるおそれや、被害者等の身体もしくは財産に害を加える、あるいは被害者等を畏怖させもしくは困惑させる行為がなされるおそれを捉えて、それらを要件とするという考えでした。

　2点目は、秘匿措置の要件における判断対象者についてです。改正法では本人又はその法定代理人となっていますが、これらの者の親族や社会生活において密接な関係を有する者も加えるべきという考えを示していました。これは、親族等に被害が及ぶ可能性がある場合でも、訴訟活動に支障が生じることを慮ったものでした。また、証人自体を保護対象として秘匿制度の守備範囲を拡大すべきという意見も述べていました。さらに、送達をすべき場所等の調査嘱託

があった場合における閲覧等の制限の特則に関しては、同様の規律を文書送付嘱託や文書提出命令により第三者から裁判所に提供される文書等にも及ぼすべきという意見も述べていました。これは、送達のための調査嘱託に限らず、第三者から秘匿すべき情報が裁判所に提供された場合、一般的に裁判所が職権で閲覧等を制限できるようにしないと、秘匿対象者が秘匿措置の申立てをした際に手遅れになる事態を慮ったものでした。

　このような意見を述べていましたので、改正法についての弁護士の視点からの問題意識としては、次のようなものが指摘できると思います。

　1点目は、現行法の下で認められてきていた運用上の工夫が、引き続き認められるかについてです。この工夫については、先ほど橋爪さんから説明していただきました。そのような工夫においては、そもそも被害者の真の住所を裁判所にも提供しないという扱いもあったと聞いています。その場合は、何か事故があったとしても、真の住所が加害者側に知られることはないという意味では、より強く被害者を保護するとも言えますので、実務家の中では、これを維持してもらいたいという要望が強いところです。他方、それでは少なくとも住所について改正法の意義が薄れるのではないか、また、実質的に相手方当事者の手続保障とのバランスを適切にとることができるのかという問題意識も生じます。従来の運用上の工夫が今後どのように扱われるのかについては、非常に注目されているところです。

　2点目は、「社会生活を営むのに著しい支障を生ずるおそれ」という要件の解釈・運用が、第三者に対する閲覧等の制限を定める92条1項1号における場合も含めて、一貫性を持ち実効的になされるのかという点です。92条1項1号では、個人の私生活についての重大な秘密が対象であるのに対して、当事者に対する住所等の秘匿制度では、本人等の住所、氏名等が対象です。これらには、秘匿措置の対象に本来的に秘密性があるかどうかという点で、相違があると思います。しかし、改正法では、被害者の保護について、対第三者の関係では既存の民事訴訟法92条1項1号で実現することが想定されていると思います。果たしてそのように民事訴訟法92条1項1号が解釈・運用されるだろうかという問題意識が、弁護士の観点からは生じます。

　3点目は、本人や法定代理人に直接被害が及ぶおそれはないものの、その親族等に被害が及ぶおそれがある場合に、本人や法定代理人について、「社会生

V　当事者に対する住所、氏名等の秘匿

活を営むのに著しい支障を生ずるおそれ」という要件が充足すると判断されるかという問題です。法制審議会の部会の際には、そのような判断がされることが想定されていたように思いますが、とりわけ「著しい」という部分の該当性を含めて、現実の事件でどのように扱われるのかについては、関心が持たれると思います。

　最後の4点目は、送達のための調査嘱託以外で、第三者が秘匿すべき情報を裁判所に提出した場合の運用上の扱いについてです。この場合には職権で閲覧等の制限をかけることができないので、閲覧等がされる前に秘匿対象者に閲覧等制限の申立ての機会を付与すべきと考えられるところ、制度的な担保を欠くので、裁判所には運用上の配慮が求められるのではないかと思います。例えば、秘匿すべき情報をいったん得た裁判所が、訴訟記録に編綴して当事者の閲覧等に供する前に、秘匿対象者にその情報を伝えて、閲覧等制限の申立てをする機会を付与することが考えられます。第三者からの情報の提供であれば、フェーズ3の段階に至ったとしても、差し当たりは裁判所だけが秘匿すべき情報のデータを受け取って、一般の閲覧等に供するまでの間にワンステップを入れることで対応することも、不可能ではないように考えております。

笠井　垣内さんに、以上のような改正法の内容をどのように受け止めているか、また問題となると思われる事項があるかなどについて、自由に意見をお願いします。

◆研究者の受止め・問題意識

垣内　この改正は理論的に非常に重要と申しますか、画期的な改正だと考えています。一方で、とりわけ住所の秘匿に関して申しますと、先ほど橋爪さんからも紹介があったように、従前から一定の実務上の工夫の蓄積もあったと理解していますが、氏名も住所も完全に秘匿することを法律で正面から認めるというのは、非常に思いきった改正であったと言えると思います。実際には住所も氏名もいずれも秘匿するというのは例外的で、住所の秘匿が中心になると予想しますが、理論的には氏名も秘匿可能なわけです。犯罪被害者などが加害者と事前に特段の接触などがなく被害に遭ったような場合に、この制度を使って氏名と住所を秘匿した形で、被害回復等を民事訴訟で求めることを可能にするもので、非常にインパクトのある改正だと思っています。

　氏名も住所もともに秘匿される場合について付言しますと、この場合には、

2　当事者に対する住所・氏名等の秘匿に関する手続・要件・効果等

本来は、例えばある加害行為に起因する不法行為に基づく損害賠償請求権の存否と、それが社会的な実在としてどこの誰に帰属しているのかという帰属主体の問題、この双方がそろわないと、ある人がある人に対してその請求をすることは認められません。ところが、氏名・住所が秘匿されることになりますと、権利義務の存否自体と、その特定主体への帰属との間に1つ大きなくさびが打ち込まれると申しますか、どこの誰かについて、少なくとも相手方の当事者には分からない状態で、その人に権利があるのかを判断していくわけで、理論的には様々な難しい問題をはらんでいる部分があると思います。後で出てくる取消しあるいは閲覧の許可の問題にも関わるかもしれませんが、相手方の攻撃、防御の上で、どの程度その点を知る必要があるのかという問題もあります。また、原告側でも、まさに自分こそが当該事件の加害行為の被害者であることを立証できなければいけないはずですが、それがどのような形でうまくできるのか、という問題もあります。具体的な事案にもよると思いますが、場合によっては難しいこともあると思います。そうした意味で、理論的に難しい様々な問題を引き起こす改正だったと受け止めています。民事訴訟法の研究者としては、ここからまた様々な宿題が生まれてくるという印象を持っています。

　また、改正法の具体的な規律の点で申しますと、先ほどから紹介があったように、まずは要件が改正法のようなものでよいのかについて、部会では議論が分かれましたが、私自身は、結論として、改正法のような形でよいのではないかという意見を述べてきました。ごく一般的に申しますと、対第三者との関係で閲覧等を制限するという場合の要件と、それに加えて当事者との関係でも知らせないという場合の要件とでは、後者のほうがより限定された場合にとどまるというのはよく分かる話であり、それをうまく表現できるような規定を設けることができれば、そのような選択肢もあったと考えています。ただ、先ほど日下部さんからも言及がありましたが、部会でも意見のあった刑訴法の規定に準じたような文言を用いた場合に、それが現在の92条の解釈との関係で、どのような意味を持つのかについて、整理がなかなか難しいところがあったと思っています。

　特に、生命という点はよいかもしれませんが、財産に害を加えるおそれとなると、解釈によっては非常に広いという見方もできそうで、従来の要件との広狭を明確に整理することが難しいという印象を持っていました。この問題は、

V 当事者に対する住所、氏名等の秘匿

そもそも 92 条の要件設定が現在のままでよいのかという問題にもつながるものです。今回はこのような形で、検討が非常にスピーディーに進んだ面があり、先ほど申しましたように、非常に根の深い問題に関わっていることでありながら、相当に短い検討期間で改正法の成立まで至った印象を私は持っています。それでも、今回はこのような制度ができることに大きな意味があったと思いますが、今後は 92 条そのものの改正等も含めて、なお検討すべき課題が残っていると思います。その中には先ほども発言があった、証人を保護対象として加えるかも含まれてくると思っています。

笠井 杉山さんから、以上のような改正法の内容をどのように受け止めているか、問題になる事項があるか等について自由に意見をお願いします。

杉山 私も証拠法制研究会には参加していましたが、それ以前においても、例えば営業秘密のように、第三者のみならず、当事者に対する公開も控えたほうがよい類型の情報があること自体は認識していました。そして、その場合には当事者の手続保障に配慮して、例えば特許法の秘密保持命令のような形で、当事者ないし代理人に情報を開示しつつ、開示や利用を制限する形で対処するのが適切であろうと思っていました。それ以外にも、氏名や住所を秘匿しなければならない事件類型があり、秘匿する実務上のニーズが非常に強くあること、先ほど橋爪さんが紹介されたように、実際に実務ではそれなりに対応をしていたけれど、それには不透明さや限界などがあることについて、具体例と併せて、証拠法制研究会で改めて認識したところです。

その際に海外制度の調査もしました。英米法系の国では、どちらかというと第三者公開、特にメディアを通じて裁判を公開することを念頭に置いて、当事者の氏名や住所などが公開されると困るような場合には、当事者の氏名などを秘匿する、つまり匿名で訴訟することが、一定の要件の下で認められています。加えて厳しい要件の下で、相手方当事者への秘匿も認められていることも分かりました。一定の場合に当事者の氏名など相手方当事者にも秘匿するニーズが、国内でもあり海外でも同様にあり、海外ではそれに対する対処方法が見られる以上は、不透明な形で実務を進めるのではなく、法整備をして秘匿の要件や効果、さらに当事者らに争う権利を明記したのは望ましいことであったと思っています。

さらに、氏名や住所だけではなくて、先ほど脇村さんから説明があったよう

に、それらを推知させる情報も保護できるようになったことも適切であったと思っています。その一方で、これまでも実務上では、先ほど紹介された例のほかにも、例えば民事訴訟法上の制度では選定当事者などの訴訟担当を使うとか、あるいは送達先を訴訟代理人の事務所にするなどの方法が考えられてきており、日下部さんも少し触れられていましたが、これらの制度を、今回の新しい制度の下では十分に保護されない場合に、使うことができないのかという点は問題として残っていると思います。

　また、今回は改正が見送られましたが、訴訟代理人限りで閲覧をさせること、秘密の不当な開示等に対しては秘密保持義務や秘密保持命令で対処することも可能であったと思っています。ただし、今回具体的に検討の対象となった性犯罪被害者が特定されるような情報やDV被害者の住所地などは、相手方当事者の訴訟代理人に開示することさえはばかられるような情報です。そのようなものは今回の秘匿措置で保護することが適切であると思いますが、そこまで秘密性が求められない情報について、秘密保持義務や秘密保持命令で対処していくことも、今後は検討する余地があると思います。

　制度の要件に戻り、日下部さん、垣内さんからも問題点が指摘された、92条と同じような文言が用いられていることについてですが、議論の出発点としてはDV被害者、あるいは性犯罪被害者などの保護といった極限的な場面を想定していたと理解をしています。条文の書き方として、その辺りが明確になるようにより絞る形で書くことも考えられたところですが、そうすると保護の対象が92条とずれてきたり、133条、133条の2と92条の要件が完全に包含関係に立つことになるのかも明らかではなくなったりするため、92条と同じような文言を使ったことは致し方ないと思っています。ただ、この制度が保護しようとしているのは、単にプライバシーが第三者に知られる場合ではなくて、第三者ではなくて相手方当事者に開示されることによって、社会生活を営むのに著しい支障を生ずるおそれがある場合です。相手方に開示されることによって支障が生ずるという制限があるので、実際には92条の第三者への閲覧制限の場合よりは狭く解されるのではないかと思います。

　そのように考えてはいますが、要件の文言自体は一般性を有するものであり、当初検討された事例よりはもう少し広く、一般に相手から報復の可能性がある場合まで広がる可能性もあると思っています。そのように対象が広がる場

V 当事者に対する住所、氏名等の秘匿

合には、この制度だけでよいのか、先ほど申し上げたような秘密保持命令のようなものを再度検討したほうがよいのかなど、問題になると思います。ただ、少なくともこの制度を作った第一次的な目的は、DV被害者や犯罪、特に性犯罪の被害者などの保護を図ることであったので、法文では例示など明示をすることはできなかったものの、このような被害に遭ったことの疎明があれば、その他の要件、つまり著しい支障について具体的に示すことができなくても、類型的に要件を満たすという取扱いになろうと考えます。

これも先ほどご意見があったことですが、今回は証人やその他鑑定人等の身元を識別する情報についての秘匿は認められませんでした。また、もう少し広く記録の閲覧の在り方を考えてみると、記録に顕れる当事者以外の第三者の秘密をどのように保護していくのかといった問題も、課題として残されていると思います。海外調査をしてみても、証人の身元情報を隠すことも、できなくはないのですが、身元情報は証人の信ぴょう性を判断する上で重要な情報なので、実際には秘匿が認められる例はほとんどないようです。他方で、例えば加害者は同じだけれど複数の性犯罪被害者がいて、1人の被害者が当事者となる訴訟で別の被害者が尋問を受けるような場合には、保護の必要性は出てきますし、実際に必要となる場面は少ないとしても、証人らの身元情報の秘匿についても今後検討していく必要性は残っていると思っています。

◆利益相反の確認等

日下部 先ほど日弁連の考え方を紹介しましたが、その際には、周辺的でもあると思って控えていた点がありました。ただし、その後にいただいた皆さんのご意見を踏まえるとコメントできると思いましたので、補足します。

まずは、原告側が被害者である場合に、その住所や氏名などが秘匿された状態で弁護士が被告側の代理人として付く際に、利益相反の確認ができないという問題点が指摘されています。したがって、日弁連は、利益相反の有無を確認するための方策も併せて検討すべきという意見も述べていました。私見ですが、具体的には、秘密保持命令の制度を民事訴訟法にも導入して、この局面で使えるようにするというアイデアがあり得たように思います。結局、この点は法制的に手当てはされませんでしたが、場合によっては、被告の代理人となることを受任した後に原告の氏名等が確認されて、その結果、利益相反の状況があることから辞任せざるを得ないこともあり得ると思います。そのようなケー

88

スは現実的には極めて限定的だろうと思いますので、法制的な手当ての必要性の程度という点については様々な考え方があると思いますが、こうした問題があることを指摘いたします。

　もう1つです。日弁連は、当事者に対する住所などの秘匿制度を利用することができる裁判所を、第一審においては地方裁判所に専属させるべきという意見も述べていました。率直に申し上げますと、簡易裁判所などにおいては、秘匿情報が漏えいするリスクの程度が高くなるのではないかという評価からの提言でした。改正法ではそのようになっていませんが、今後、裁判所において秘匿情報をどのように管理するのかが注目されます。法制的には、電子化された訴訟記録の外側で安全管理をすることが想定されていると思いますが、具体的にどのようにされるのかによっては、当事者に対する住所などの秘匿制度によらず、従来の運用上の工夫のほうが有益である、あるいは適切であるといった考え方が強まり得るところかと思いますので、個人的に非常に関心を持っております。

垣内　今、指摘があった2点のうち、1点目の利益相反の確認についてですが、確かに原告が誰かについて、氏名も住所も分からないと利益相反があるのかが確認できないという問題は、あり得る問題だと思います。他方で、なぜ利益相反が禁止されるのかというと、従前に原告と一定の関係があったことが、場合によって原告あるいは依頼人である被告との関係で適切ではない、専門職としての弁護士の信頼にもとるような形の代理活動をもたらすことに問題があるとすると、およそ利益相反があるかを知り得ない状況の下で、被告の代理人として訴訟追行などの事務を行うことが、実質的に大きな問題として避けられるべき事態になるのかについては、そもそも分からなければどうしようもないことではないかという感じもして、どの程度の深刻な問題となり得るのか、よく分からない感じがしました。

　弁護士会では、その点が重要な問題であるという認識から、そのような問題提起をされているのでしょうか。

日下部　垣内さんが指摘されたとおり、原告が誰であるのかが分からない状態で、差し当たり被告の訴訟代理人になった場合、そのままの状態であれば、利益相反の規律を気にかける問題状況ではないと思います。しかし、後になって利益相反状況であることが分かった場合には、弁護士としては被告の訴訟代理

V　当事者に対する住所、氏名等の秘匿

人を辞任しなければいけません。それによって、被告の利益を保護する観点から言うと、どうしてもそこにストレスがかかってしまうことが問題視されていたところです。

垣内　途中で辞めるよりは、可能であれば最初から受任しないほうがベターであるので、一定の範囲ではベターなほうで解決が実現できるようにしたほうがよいという問題意識ですか。

日下部　つまびらかに考えていくと、そのようなことになると思います。日弁連が意見を述べたときは、利益相反の確認ができないので、受任が困難になり、被告の権利保護を十分に図れないという、シンプルな意見表明の仕方であったと思いますが、具体的にどのような問題なのかをつまびらかに考えていけば、途中で辞任せざるを得ないことで被告の利益の保護にもとる事態になることについての問題意識と言ってよいように思います。

垣内　ありがとうございます。

笠井　明確になったと思います。他の点も含めてどうですか。

◆従来の運用上の方法が維持されるか

橋爪　先ほど日下部さんから、従前の運用が、改正法の施行後はどのようになっていくのかというお話がありました。その点については、裁判所でも検討、協議されているところですので、その議論状況を紹介しておきます。まず、これまでそうであったように、秘匿対象者が訴状に、現在の住所ではなく旧住所を記載するような場合には、そもそも、訴状に記載されているのが現住所ではないことを裁判所が把握できるとも限りませんし、仮に把握できたとしても、現在の住所ではないことのみをもって、直ちに当事者の特定がされていないということにはならないと思いますので、それを前提とした手続が進んでいくことになるのかと思います。ただし、そのような場合であっても、訴状には旧住所が記載されているけれど、提出された証拠には、現在の住所が記載されているので、それを隠したいといったようなときには、新法で秘匿制度が整備された以上は、新法に基づく手続によるべきであって、従来の秘匿措置によるべきではない、その点については異論のない状況であると承知しています。

日下部　橋爪さんがご紹介してくださったとおり、今は裁判所で検討していただいていると私も理解していました。ここでお尋ねしてよいのか分かりませんが、これは全国的に同じような取扱いになることが想定されていますでしょ

か。それとも、各裁判所において個別的に対応が異なり得るものでしょうか。可能な範囲で教えていただければと思います。

橋爪 この制度の運用が庁によって違うのは望ましくないと思いますし、施行後の運用については、裁判所の協議会等の場で議論を進めているところですので、その結果として、統一された形での運用が図られることになるものと考えています。

日下部 利用者目線からしても、そのほうが混乱は少なくなると思いますので、適切だと思っています。引き続きご検討をお願いします。

◆家事事件での閲覧制限との違い

脇村 少し話が変わって恐縮ですが、よく聞かれることを少し話します。今回の改正に当たって様々な人から聞かれたこととして、家事事件などの制度と何か違いはあるのかについて聞かれることが多いです。家事事件、すなわち、家事審判、家事調停では、当事者に対しても閲覧などの制限が従前から行われていた関係で、民事訴訟の閲覧秘匿制度はその延長なのかということを聞かれることが多いです。専門家の意見の中でも、家事のそのような規定を参考にした指摘を受けたものが多いです。

今回の最終的に出来上がった制度は、DV被害者や犯罪被害者が、自分自身が原告となって訴えを提起するといった当事者となって行動することを保護しましょうということで、あらゆる場面を想定しているというよりは、ある意味で場面を限定した制度だと思っています。議論があったとおり、証人の住所・氏名等を秘匿決定の対象としない、あるいは原告以外に原告の親族の住所・氏名等を秘匿決定の対象としない、保護の対象としていないことなどは、基本的には当事者として訴訟行為をするに当たって弊害が生じないようにしようということに主題があるからだと思っています。そのようなことから、例外的なケースを除き、自ら当事者として行動する方の申立てを契機とする手続になっています。自分で出す資料については、自分でしっかりと確認することを前提に議論がされていたことと関係すると思います。

他方で、既存の家事事件手続法は、法律上は、裁判所目線の閲覧制限の規定です。職権で裁判所が調べる中で、それは隠さなければいけないケースが出てくることが念頭にありました。その意味で、保護といっても、民事訴訟と家事事件手続では、法律上、対象となるものも違いますし、念頭にあるものも違う

V　当事者に対する住所、氏名等の秘匿

ものと思っています。

　また、133条の3だけが少し毛色が違います。これは被告になるというか、自分が何か積極的に行為をすることを保護しようというよりは、相手方、原告が手続を進めることの反射というか、その関係で必要最小限の手当てをしようという制度です。そのような意味で職権になっているところもあります。そのような意味では133条と133条の2はセットの話ですが、133条の3は保護しようとしている行為が違うので少し毛色が違うものと思っています。今の制度はこのような建付けですが、将来はどのようにしていくか、それで足りるのかについては別途の議論があると思っています。

　ただし、そのような手続ですが、例えば、原告となると、原告の親族に影響が出ますし、親族に対する影響が原告に影響することもあります。文言として、当事者の親族の住所・氏名等は秘匿決定の対象ではないですが、当事者の住所・氏名等の秘匿決定に際し、親族への影響が当事者に与える影響をどう考えるのかが問題になります。日下部さんが言われていた解釈論があることについては、そのとおりだと思っています。

　なお、民事訴訟法を改正するに当たって、これを家事事件等で準用するかについても整理しています。最終的に民事訴訟法の秘匿制度のうち、秘匿決定に関することのみは家事でも準用して、例えば代替事項を定めることはできるとしましたが、閲覧制限に関する規定は既存の閲覧等の許可の制度をそのまま使う前提で、特に準用をしていません。家事事件に準用する際には、最も使えそうな秘匿決定・代替事項等だけを準用する形にしていますが、そこはもともとの制度設計が違うことが原因になると思います。

笠井　家事事件手続法の改正後の38条の2、47条、254条辺りの話ですね。今の点も含めて他の方からどうですか。

◆被告の住所等の秘匿が必要となる場合

杉山　先ほどの133条の3についてですが、被告側で秘匿が問題となる場合であるとすると、裁判所はどのように判断をすることになるでしょうか。申立てがなされる前に、裁判所がどのように秘匿措置の必要性を判断するのか、あるいは定型的に判断するのか、どのような場合を想定しているか教えていただけないでしょうか。

脇村　133条の3は、もっぱら、被告への送達前に、被告の住所を秘匿しなけ

ればいけないケースを想定しています。具体的には、被告の住民票などが相手方に見えない措置がとられているケースを想定しています。今の実務を前提にすると、原告が被告の住所を調査できないケースについては、どのような理由で調査できないかを必ず説明することになっていると思います。調査嘱託などで調査をする際には、その理由を明らかにしなければいけません。その時点で被告の住所について措置されていることが明らかになるので、それで発動されると理解しています。

笠井 DV等支援措置がとられていたときに、それが分かれば裁判所は職権でする、しかもそれが分かるようになるので、措置がとられていれば必ず職権で決定をするという扱いが想定されているということでしょうかね。

杉山 分かりました。ありがとうございます。

脇村 今の点で少し付け加えます。訴状の送達がされる前の段階でいったんはそのようなことをしますが、その後に、被告から、何か、例えば、自己の提出した書類等の記載について秘匿して欲しいというケースについては、被告のほうで、秘匿決定と閲覧等の制限の決定の申立てをしてもらいます。いったん、原告等による閲覧等を止めた後に原告側からそのようなわけはないだろう、秘匿等をする必要がないであろうという申立てが出れば、被告から意見を聴いた上で取消しや許可をする話になります。いずれにしても、その段階では被告の意見を聴きながら裁判所が判断すると思います。

◆準備書面等の記載に関する留意事項

脇村 あと1点、後で言ったほうがよいと思っていたことですが、これは日下部さんの話ともつながる話かもしれません。法制審議会でも話題になっていたことだと思います。今回は新しく秘匿制度で閲覧等の制度を入れましたが、基本的には準備書面や陳述書のような書面の内容で、言わなくてよいのに推知事項、あるいは住所や氏名を明らかにする必要はないのではないかという議論は、法制審議会でも出ていたと思います。様々な理由があると思いますが、そもそも書かなくて済むのであれば書かないほうがよいというのが最も単純な理由です。さらに言えば、弁護士や当事者の視点かもしれませんが、秘匿や閲覧制限の決定がされた後でも、攻撃防御に関する理由によって閲覧が後に認められる、制限が解除されるケースが出てくることからすると、閲覧されないことを前提に何でも書くのはよくないのではないかという指摘も、法制審議会であ

V 当事者に対する住所、氏名等の秘匿

ったと思っています。

さらに言えば、価値観の判断かもしれませんが、基本的には裁判官にだけ見せて相手方に見せないことを積極的に肯定するかという点について、できれば避けるべきという意見の方もいるかもしれません。今回の制度は確かに閲覧制限等をかけることができますが、とりあえず記載をした上で、隠していけばよいということを積極的に言っているものではありません。必ず書かなければいけないケースについては、それは認めて、閲覧等の制限をしましょうということがその趣旨だと思います。

3　秘匿決定の取消し等

笠井　次に、133条の4の秘匿決定の取消し等に移りたいと思います。これまで議論していただいたような秘匿決定、133条の2第2項の決定、133条の3の決定（「秘匿決定等」とくくられます）について、その取消しがされる場合、及び、相手方当事者が閲覧等の許可を受けることができる場合が133条の4に定められています。まずは脇村さんから法制審議会の部会での審議の状況、改正規定の内容と趣旨などについて説明をお願いします。

◆法制審部会での議論の概要・改正法の内容

脇村　133条の4では秘匿決定の取消し、さらには一部の許可による閲覧を可能にする制度の仕組みが設けられています。まず133条の4第1項では秘匿決定等の要件が欠けているケース、さらには事後的に欠けたケースについて取消しの規定が設けられています。この制度を設けるに当たり、基本的に大きな反対はなかったのですが、法制審議会では取消しの申立てをできる主体について、例えば第三者に広げることについて反対する意見があったと承知しております。

また133条の4第2項では、秘匿決定の要件を満たすケースであっても、「攻撃又は防御に実質的な不利益を生ずるおそれ」があるケースについては、不利益がある方のみ、裁判所の許可を得て閲覧等を可能とする仕組みが設けられています。このような制度を設けることについて、基本的に大きな反対はなかったと思います。法的構成などについて追加試案の段階では、相対的な取消しのような制度を設けるべきではないかという方向での議論もしていました

が、最終的には許可制ということで、実質は変えないまま法的な整理をしました。今回の秘匿制度等を考える際に、攻撃防御の機会をどう保障するのかが非常に重要な問題であったと記憶しており、この規定はそのようなことの表れだと思っています。

そのほかには、133条の4では、取消しを許可する際は意見聴取をしなければいけないという規定等が4項に置かれています。これについて法制審議会の部会では、例えば書面などの照会をしていながら何も反応しなかった、その意味で機会を与えたが反応しなかったケースはどうなのかという指摘もあり、解釈論ですが、このような規定の趣旨からいけば、機会があるにもかかわらず何も述べなかったケースについては、意見聴取をしないまま取消しなどの決定ができると認識しています。

笠井 日下部さんから、弁護士として及び弁護士会として、秘匿決定等の取消しや閲覧等の許可の仕組みについてどのように受け止めているか、また今後に問題となると思う事項があるか等について考えを聞かせてください。

◆弁護士・弁護士会の対応・問題意識

日下部 日弁連は、総論としては、改正法が示す秘匿決定の取消し等の利害調整の仕組みには賛成していました。ただし、各論として、いくつかの点で導入された制度とは異なる意見を示していました。

まず、秘匿決定の取消しに関しては、先ほど脇村さんからもご指摘がありましたが、申立権を第三者に認める必要はないという意見を持っていました。被害者情報の秘匿は加害者である当事者に対する関係で意義があるところで、その当事者の手続保障の観点から、当事者に取消しの申立権を認める必要は当然ありますが、第三者には申立権を認めるべき実質的な理由がないと評価しており、また、申立権が加害者の意を受けた第三者により濫用されるおそれを慮っていたものでした。

次に、閲覧等の請求についての例外的な許可に関しては、その要件である「攻撃又は防御に実質的な不利益を生ずるおそれ」について正面から反対はしていませんでしたが、秘匿決定の要件、より実質的には被害者の生命、身体等に対する侵害のリスクとの関係で、運用が適切なものになるかどうかという懸念を示していました。また、仮に許可の要件が認められる場合でも、許可の範囲を、攻撃又は防御における実質的な不利益を解消する上で必要な限度にとど

V 当事者に対する住所、氏名等の秘匿

めることを求めていました。例えば、氏名のうち姓の部分に限って、あるいは住所のうち都道府県レベルまでに限って、閲覧等の許可をするという具合です。

　このような意見を踏まえて、現時点で弁護士の観点から持ち得る問題意識としては、次のようなものを挙げることができると思います。

　1点目は、第三者による秘匿決定の取消申立権が濫用された場合に、秘匿対象者に負担なく申立てが却下されるように運用を徹底してもらいたいという点です。制度的には、民事訴訟法133条の4第4項により、秘匿対象者の意見を聴くまでもなく裁判所は申立てを却下できると思いますが、濫用的であるかどうかの判断のために、逐次、秘匿対象者に確認を求めるといった非効率な運用も想定できると思います。秘匿決定の要件の欠缺を具体的に示す証拠が提出されない限り、直ちに申立てを却下する運用の定着が望まれると思います。

　2点目は、閲覧等の請求に対する例外的な許可の要件である「攻撃又は防御に実質的な不利益を生ずるおそれ」について、先ほど申しましたが、実質的には被害者の生命、身体等に対する侵害のリスクが残っている場合に、どのように判断されるのかが重大な問題であるという点です。許可要件自体は秘匿決定の要件と両立するように読めますので、現場の裁判官としては、場合により非常に難しい判断を迫られるのではないかと思っています。

　3点目は、仮に閲覧等が例外的に許可される場合であっても、その範囲を必要な限度に限ることは法律上認められていると思いますが、そのような運用がされるのか、あるいは何らかの解釈上の疑義があり得るのかという点です。個人的には、許可がされるときは必要な限度に限られるのは当然のことであって、その点については別段の疑義はないと思っていますが、弁護士の中には心配する向きもあるため、一応付言しました。

笠井　橋爪さんから裁判所として、秘匿決定等の取消しや閲覧等の許可の仕組みについてどのように受け止めているか、また改正後に想定される運用や問題となり得る事項等についてどのように考えているか、説明をお願いします。

◆裁判所の対応・問題意識、最高裁判所規則

橋爪　秘匿決定等の取消し、閲覧等許可のいずれの局面においても、秘匿対象者以外の者からの申立てにより、この点の審理が開始することになりますし、秘匿対象者の意見を聴取しなければいけない場合の定めもありますので、双方

に必要な主張をしてもらって、それを踏まえて判断するといった形が原則的になろうかと思います。具体的な要件については、1項の要件の場合は、刑事事件で犯人ではないことが明らかになった場合とか、DV保護命令が取り消されたような場合などが多いように思われますが、2項の要件の場合は、先ほど日下部さんからのご指摘もあったように、個別事案ごとの具体的判断になる場合が多いように思われますので、今後の解釈の指針になるようなご意見が伺えればと思っています。

あと、先ほど脇村さんが言われた点についてですが、そもそも秘匿事項や推知事項が記載された書面が提出されないことが重要であるという点については、裁判所も全く同じことを思っています。いったん閲覧等制限の決定がされた場合であっても、その後に効力が取り消されて相手方に閲覧等されてしまうこともあるわけですので、秘匿対象の当事者は、そもそも、そのような事項が記載された書面が提出されないように意識してもらうということが極めて重要だと思います。

なお、秘匿決定の取消し等に関連する最高裁規則の規律としては、一部取消決定があった結果として、秘匿事項記載部分の範囲が異なることになった場合には、それを踏まえたマスキング書面を作成、提出すべきこと（52条の11・52条の13）が定められたところです。

笠井 続いて杉山さんから、このような仕組みをどのように受け止めているか、また問題点があると思う事項等について、自由に意見をお願いします。

◆研究者の受止め・問題意識

杉山 まずは当事者について、要件が欠けているときに取消しができ、さらに自己の攻撃防御に実質的な不利益がある場合に閲覧が許可されることになったのは、133条の秘匿決定手続の中で、相手方当事者については、申立てを認容する裁判に対しては即時抗告が認められていないこととのバランスを考えても、秘匿措置を争う機会を与えるものとして必要なものであったと思います。第三者の取消権については様々な意見はあると思いますが、知る権利と言いますか、訴訟記録でも名前も含めて閲覧する権利があるので、取消しの申立てをできるようにしてこのような権利を保障したことについて、基本的な方向性には賛成しています。

先ほど触れそびれましたが、匿名での訴訟が認められる国では、記録の閲覧

V　当事者に対する住所、氏名等の秘匿

を求める第三者はマスコミが多いようですが、知る権利を保障するために秘匿決定が取り消されることもあるようです。日本でも社会的に関心がある事件ではそのような申立てがされる可能性があるかもしれませんが、実際にはそのような場合はそれほど多くはなく、むしろ自分に関連する事件について閲覧を求める第三者が多いように思います。その一方で、日下部さんが指摘されたように、濫用的な申立てをしてくる第三者がいた場合の対処方法については考えていく必要はあると思います。

　他方で若干気になる点として、第三者でも例えば訴訟参加を考えていたり、あるいはその他、自身の訴訟追行や防御のために、秘匿された情報を知りたい場合もあるように思っていました。今回はその辺りに対応しておらず、そのようなニーズはないのかもしれませんが、なお検討の余地はあるようにも思います。また、当事者に閲覧を許可することができる実質的な不利益性の要件がどれぐらい広く、あるいは狭く解されるのかについても関心があります。争いたいと言いさえすれば事実上は閲覧できるとなると、秘匿制度自体が骨抜きになっていく可能性があります。例えば、被告の住所が秘匿されている場合に、原告が被告の普通裁判籍や義務履行地管轄について争いたいと主張したときや、裁判官の除斥や忌避事由について、争いたいとさえ言えば秘匿の解除ができてしまうのでは意味がありません。実際には 133 条の 4 があるために秘匿を解除できる場合が多いという理解もあるかもしれませんが、私自身は安易にこの要件を広く解することは避けたほうがよいと思っています。

　133 条の 4 第 7 項についてですが、相手方当事者が秘匿情報を例外的に見ることができた場合に、目的外利用や他者への開示ができないようにする手当てはされていますが、この制度を導入するときに想定されていた報復のおそれがある犯罪、DV のケースなどにおいて、本当にこれだけで十分に機能するのか少し心配しています。また、先ほど橋爪さんも少し触れられていましたし、法制審議会や証拠法制研究会でも議論がありましたが、例えば犯罪被害者が秘匿措置を得て加害者に不法行為に基づく損害賠償請求をしたけれども請求が棄却されたときに、事後的に秘匿措置が取り消される考え方が多く示されていたように思います。要件自体の疎明はできたが本案では証明に失敗した場合もあり、そのような場合でも無条件で保護を解除してよいのかについても、個人的には少し疑問に思っています。その辺りの要件の充足性というか、事後的に満

たさなくなった場合の取扱いについても、今後検討していく必要はあると思います。

笠井 垣内さんにこのような仕組みをどのように受け止めているか、また問題となると思う事項などがあるかについて、自由に意見をお願いします。

垣内 いずれの改正法の規律についても、私は基本的に賛成の意見を述べてきました。現状でできる規律としてはこのような規律になるだろうと思います。第三者の取消申立権について議論があったことも先ほど紹介があったとおりです。当事者に対する新たな制度による閲覧等の制限に伴って、第三者も同じ効果を受けるときに、要件を本当は欠いているのであれば、従来の対第三者との関係と同じように、第三者がそのためのアクションを取ることは、記録の公開が裁判そのものの公開の関係で持っている重要性を鑑みても、なかなか否定しきることが難しいと考えています。ただし、濫用的な申立てがされるのではないかという懸念は、もっともなところです。それについては先ほど日下部さんからの示唆にあったように、運用上の扱いとして、わざわざ意見を聴くまでもなく却下することは十分に考えられます。取消し等をする際には、意見を聴く必要があるわけですが、却下の場合は別だと思います。

◆ 「攻撃又は防御に実質的な不利益を生ずるおそれ」の判断

垣内 また、「攻撃又は防御に実質的な不利益を生ずるおそれ」がある場合の閲覧等の許可については、抽象的にはこのような規律になりますが、既に皆さんが指摘しているように、具体的にどのような場合にこれを認めるのかは難しい問題だと思います。先ほど杉山さんが発言されたことに重なりますが、抽象的な可能性、あるいは主張だけで要件を満たすことは相当でなく、実質的な不利益を基礎付けるに足りる具体的な事情を疎明できなければいけないと思います。ただ、そのように言ったところで、具体的な事案ではどうなのかについて判断が難しいというのはこれまでのご指摘のとおりです。一般的な方向性としては、もともとの秘匿決定の要件等は非常に重大な事態を想定していることを前提にすると、慎重に考えることになると思っています。

笠井 今の各発言について、他の方々から質問、コメント、意見などをお願いします。日下部さん、お願いします。

日下部 今、垣内さんが言及された点は非常に重要だと考えています。法制審議会の部会で議論していたときも、「攻撃又は防御に実質的な不利益を生ずる

V　当事者に対する住所、氏名等の秘匿

おそれ」という要件の判断において、被害者に生じ得る生命や身体等についての侵害の可能性やその程度を考慮要素として扱ってよいのかが議論されたこともあったと記憶しています。その際には、「攻撃又は防御に実質的な不利益を生ずるおそれ」の中に、二次的に発生し得る被害の内容や可能性も考慮に含まれてよい、それも考慮した上での実質的な不利益の判断になるという考えが、部会の委員・幹事の中では共有されていたように思います。文言としてはそのように読みにくいところもありますので、今後の解釈において、そうした二次被害についての目配りも、当然、含み置いたものであるという考え方が、一般化する必要があると思っていました。そのようにしないと、裁判官としても処理が非常に大変になると思います。

笠井　ほかはどうですか。「攻撃又は防御に実質的な不利益を生ずるおそれ」の要件との関係で、秘匿すべき情報に関する利益も考えなければいけない、そちらの方向で解釈すべきだと私も思いますが、その辺りについて今後は裁判例などが出てくることを想定しつつ、見守りたいと考えています。よろしいですか。非常に重要な問題について議論してもらいました。

4　第三者の訴訟参加があったときの通知等

笠井　続いて第三者の訴訟参加があったときの通知等に移ります。秘密保護のための閲覧等の制限を定める 92 条に 6 項から 8 項までが加えられ、閲覧等の請求をすることができる者を当事者に限ることを求める 92 条 1 項の申立てがあった場合と第三者がその訴訟に参加したときの関係について規定が置かれました。まずは脇村さんから法制審議会での審議状況、改正の経緯や内容と趣旨などについて説明をお願いします。

脇村　92 条 6 項以降は、今ご指摘にあったとおり、第三者秘匿の申立てがされた後に、当事者秘匿の申立てをする機会を保障するための仕組みが設けられたものです。証拠法制研究会や中間試案までの法制審議会などでは、具体的な議論はされていなかったと承知しています。結論的に今回の改正法では、第三者秘匿制度、当事者秘匿制度のそれぞれが別々に制度を設け、第三者のみに関して何らかの閲覧等を制限すべきケースについては、基本的に第三者秘匿制度しか使えないことになった関係で、例えば第三者が当事者になってしまう場

100

合、当事者参加する場合が典型ですが、何も手当てしなければ、閲覧等がされてしまいますので、第三者秘匿制度の決定がとられているケースについては、閲覧等をいったん止めた上で第三者秘匿の申立てをしていた者に通知を行い、その通知を経て、当事者秘匿制度の利用を可能とする仕組みを設けました。

笠井 他の方々がこの仕組みをどのように受け止めているか、今後問題となると思う事項等について自由に発言をお願いします。

日下部 このような規律は補助参加の申出の濫用に対処する意図によるもので、改正法の中間試案の時点では規律の内容は具体化していなかったと思いますが、そのような意図の規律を引き続き検討することに日弁連は賛成していました。実際にできた規律の具体的な内容については、ほとんどの弁護士は適切であると受け止めていると思っていますが、それはそれとして、この規律そのものには直結しないものの、関連して問題意識を持っている点があります。

◆秘匿すべき情報を第三者が提出した場合

日下部 それは、参加人が秘匿すべき情報の記載された主張書面や証拠を提出した際に、秘匿対象者を保護する制度的担保がない点です。これは、先ほど述べました、送達のための調査嘱託以外で第三者が秘匿すべき情報を裁判所に提出した場合に近い状況ですが、とりわけフェーズ3の段階に達して、参加人が当事者と同様に事件管理システムを通じて主張書面や証拠を提出した場合に、それらがシステム直送によって自動的に加害者を含む他の当事者の閲覧等に供されるようになりますと、秘匿対象者に閲覧等制限の申立ての機会がないまま手遅れになるという問題が、潜在的にはあると考えています。このような事態をどのように回避できるのかが問われるのではないかという問題意識です。こうした問題は、秘匿対象者以外の当事者が複数存在する事件において、そのうち一部の当事者が民事訴訟法133条の4第2項による許可を受けて、閲覧等をしたことで得た秘匿情報を準備書面に記載して提出する場合にも生じ得ると思います。法制的な手当てはされていないので、運用上の工夫や対応が求められるのではないかと考えています。

笠井 今の話は複数被害者がいるような事件を念頭に置かれていますか。どのような事件類型があり得るのでしょうか。

日下部 具体的な事件でどうなのかというところまでは、考えが十分に及んでいません。発生しにくい状況かもしれませんが、もともといる当事者が加害者

V 当事者に対する住所、氏名等の秘匿

と被害者という状況で、どちらでもない第三者が参加してくるケースです。これは十分にあり得ると思っています。他方、当事者の数が最初から3人以上のケースでは、想像しづらいようにも思いますが、そのうちの一部の者についてだけ閲覧等の許可が下りたケースで発生し得る問題と考えています。具体的には、例えば、原告は被害者1名、被告は加害者と、加害の現場にいたけれども、特段何らかの手当てを取らずに加害行為がなされるのをずっと見ていただけの者の2名であるケースなどです。例示をする準備をしておりませんでしたので、的確ではないかもしれません。

笠井 法制的な手当てがされていないことは間違いないと思います。

5 民事執行法の改正

笠井 続いて、民事執行法の改正に移ります。債務名義が作成される民事訴訟の手続で、当事者の氏名、住所等が相手方当事者に秘匿されていることとの関係で、その後の強制執行においては、それが明らかにならないようにするための仕組み等の工夫が必要となってきます。そこで、民事執行法に供託命令の制度ができました（民執161条の2）。なお、民事訴訟法の当事者の住所、氏名等の秘匿に関する規定は、原則として民事執行法20条により民事執行の手続にも準用されることが前提です。この点に関して脇村さんに、法制審議会の部会での審議状況、改正規定の内容と趣旨について説明をお願いします。

脇村 今回の改正法では民事執行法を改正して、供託命令の制度を導入しています。前提として今回の民事訴訟法の改正では、住所や氏名の代替事項を記載することを可能とする制度を設けており、例えば判決手続においてそのような決定がされた場合には、判決書の当事者欄にはこのような代替事項が書かれることが想定されています。その上でこの判決をもって強制執行を開始しますが、強制執行手続の中では基本的に代替事項によって全ての手続が進められていきます。例えば差押命令などについても、債権者の欄には代替事項が記載されます。

　例えば差押命令が債権執行の第三債務者に送達された場合でも、基本的には第三債務者は代替事項の入った差押命令しか見ないので、誰が債権者なのかは実際には分からないということが生じます。一方で債権執行については、債権

102

者が最後に第三債務者から取立てをすることが多いです。例えばそのときに債権者が自分の真の住所や名前を第三債務者に明らかにしないまま、取立てができるかという点が問題になりました。最終的にはそのような仕組みを作ったほうがよいのではないかということで、今回は供託命令の制度を入れています。具体的には、第三債務者による支払は債権者自身に対してではなくて、供託所にしてくださいと命じることが可能になる仕組みを導入したので、第三債務者が供託して、供託されたものを債権者の氏名等を第三債務者に対して秘匿した状態のまま、手続の中で債権者が支払を受けることを想定しています。

　また、法制審議会の中ではこのような仕組みとは別に、例えば弁護士が代理人に付いているケースでは、債権者の氏名等を秘匿したまま、代理人が自己の代理権を証明して、従前どおり代理人に対する任意での支払を求める方法もできるのではないか、そのような点でも議論があったと承知していますが、具体的な実務の在り方については、このような議論を踏まえた検討がされることが想定されています。

笠井　この仕組みについてどのように受け止めているか、今後問題となり得る事項、民事執行との関係で他に対応が必要となる事項、場面などがないかについて、どなたからでも自由に発言をお願いします。

◆加害者とされる当事者が債務名義上の債権者になっている場合

日下部　私自身もよく分からなくなっているところなので、確認の意味も込めてお尋ねしたい点があります。念頭に置いているのは、加害者とされる当事者が債務名義上の債権者になっているケースで、被害者とされる債務者に対しての強制執行を必要とする場面についてです。今回の法制上の手当ては、そのような場面については特段なされていないと思いますが、加害者とされる当事者が民事執行のために秘匿情報を知る必要がある場合に、民事訴訟記録の閲覧等の請求をするときは、民事訴訟法133条の4第2項に基づく許可の申立てをすることになり、民事執行に必要であることが同項でいう「自己の攻撃又は防御に実質的な不利益を生ずるおそれがあるとき」に含まれるか、あるいはそのような類推適用が認められるのかという解釈問題になるのかと思いました。問題状況の把握として、それが適切なのかを確認したいと思っています。

　と申しますのは、民事執行の記録においては、民事訴訟を担当した裁判所が定めた債務者の代替住所などは記録されているものの、秘匿情報そのものは記

V 当事者に対する住所、氏名等の秘匿

録されていないとすると、民事執行記録について閲覧等の請求をするという状況にはならないのではないか、そうすると、ダイレクトに民事訴訟法133条の4第2項の要件を民事執行の必要性の観点で判断することになるのではないかと思われたのです。そこが自分でもはっきりと分からずに疑問を持ったまま本日の研究会に臨んでしまっていますが、いかがでしょうか。

笠井 問題意識は、債権者側が加害者である場合の執行時の必要性についてです。脇村さん、お願いします。

脇村 日下部さんが言われた債権者が加害者のケースで、債務者が被害者のケースという前提だと思いますが、部会では確かにこのケースについて、例えば債務者側の氏名等が秘匿された場合に、執行などの関係から氏名等を閲覧する必要があるケースはどうするのかという議論がされていました。解釈の前提として、まずはどちらの手続で問題となるのかについて、日下部さんから指摘があるところだと思いますが、それはどちらもあると思っています。パターンとしては判決手続で秘匿決定がされ、引き続き強制執行でもされているケースを前提に置くと、真の住所が判決手続の資料に記載されているケースは必ずあるのですが、さらに加えて、執行手続でも真の氏名、住所等が執行の事件記録の中にあることもあり、両方があると思っています。法制審議会の部会でそこは区別をしたわけではなくて、ざっくりと議論をしたところです。判決手続では、基本的に、届出書面がある関係でその情報が記録にありますが、判決手続における許可制度を発動し、そこでは、許可の要件に関連する攻撃防御方法の意味は、広い意味での権利の実現も含まれるとして、執行の必要性を理由に、許可による閲覧等を認めるのかが、解釈論ですが、部会で問題になったものと認識しています。

　また、今後の運用にもよりますが、恐らく執行手続においても、裁判所が真の氏名、住所を知らないとまずいケースなどについて、届出をしてもらうケースはあると思います。そのような場合に、執行手続の中で閲覧等の制限決定がされているケースがあると思いますが、そのときにも執行手続で許可が問題となるケースについて、同様の解釈は問題になります。許可の要件に関連する攻撃防御方法の中に執行の必要性のようなことを読めるかは解釈論だと思いますが、場面は2つあると思っていました。その上でそこをどうするかという議論がありました。

笠井 問題状況としてはそのようなことです。今の点はなかなか難しい問題です。明文の規定で定められていないことが前提です。他の方から何か意見やコメントなどはありますか。

垣内 日下部さんから問題提起があって脇村さんから説明があった点は、部会でも類似の議論をした記憶があります。債務者側について秘匿が認められているけれども、債権者側でその一部解除を受けないと強制執行ができないという場面でどうするかです。1つには、先ほどから議論があった「攻撃又は防御に実質的な不利益を生ずるおそれがあるとき」という例外が、これをカバーしているのかというと、文言上は難しいのではないかと思われます。ただ、これも非常に慎重に解すべき問題ではあるにしても、一定の場合には「攻撃又は防御に実質的な不利益を生ずるおそれがあるとき」に準じてというか、類推して閲覧等を許可することがあり得ないわけではない、というような議論があったところです。私自身も基本的にそのようなことだと思っていますが、大変難しい問題だと思います。

日下部 私自身も垣内さんが言われたような対応をすることになると思っていますが、民事訴訟記録について民事訴訟法133条の4第2項に基づく許可の申立てを直接するということですと、条文の文言そのものを見て、そこで定められている要件が民事執行のため必要な場合もカバーしていると解釈することはやや厳しいようにも思いました。

他方、仮に民事執行記録の中に秘匿情報が何らかの理由で入っている状態で、民事執行法20条によって準用される民事訴訟法133条の4第2項に基づき許可の申立てをするのであれば、準用規定を介しますので、多少は解釈の幅が広がることはあり得るのではと、お話をお聞きしながら思いました。

ここまでは、条文上の問題の所在が議論されていたと思いますが、これは、より実質的に考えますと、被害者の保護と加害者とされる当事者の強制執行による権利の実現という、場合によっては対立する利益をどのように調整するのかという問題かと思います。それは、先ほど若干議論がありました、民事訴訟手続の進行中における、被害者保護と相手方の攻撃又は防御の実質的な不利益の除去の必要性の調整の問題と類似していますが、民事執行手続では、権利の実現の局面であるがゆえに、より切実な問題でもあると思っています。具体的には、秘匿決定の要件の欠缺は認められないので秘匿決定は取り消されないけ

V 当事者に対する住所、氏名等の秘匿

れども、加害者とされる債権者の権利実現のために債務者の住所、氏名等を知る必要が認められる場合はどう扱うのかという問題です。

　私が記憶しているところでは、法制審議会の部会で、脇村さんから委員・幹事に対して、この点について率直な意見を自由に述べてほしいといった要望が示されたこともあったように思います。その際に、私は、加害者である債権者としては、まずは被害者への加害のおそれがないことを明らかにしてから、すなわち秘匿決定の取消しの申立てをして、それが認められてから、権利の実現を図るべきという、問題状況がそもそも発生しない処理に言及しただけで、ある意味でお茶を濁すような発言をしてしまいました。ただ、その際には、民事執行法の考え方としては、債権者の権利実現が優先的に図られるべきで、被害者保護はもはや民事執行法が図りきれるものではないという整理もあり得るのではとも考えておりました。当時のことを思い出しての発言で恐縮ですが、ご参考になればと思います。

垣内　確かに部会ではそのようなやりとりがあり、私自身は先ほど申したように、一定の場合には強制執行による権利実現を可能とするために、閲覧等の許可がされるべき場合もあるという方向の発言をしたように思います。二者択一で考えると、どこで線を引くかという形になってきます。確か部会でも日下部さんが言っていたと思いますが、特に生命そのものにも危険が及ぶような事態で、それでも債務名義は実現されるべきですかと言われると、それは難しいと思わざるを得ません。可能であれば、現行法や改正法そのものでどうこうということではありませんが、中長期的には、両者を両立する工夫を考える必要があるように思います。例えば、何らかのしかるべき第三者が介在することによって、権利者に義務者の住所等の情報を知らせることなく実効的な権利の実現を図ることができるような仕組みを整備できればよいと思います。

　もちろんそのような危険自体がなくなり、取消しが認められるような状況になるのであればそれがベストだと思いますが、取消しの可否については、なかなか判断や立証も難しいと思います。もともとそのような危険な状態にあったところで、債務名義を得たので改心しましたとなって危険がなくなるようなことがあるのかもよく分かりません。そう考えますと、もう少し中長期的に考えていくべき課題が残っていると思っています。

106

5　民事執行法の改正

◆取立訴訟及び転付命令後の訴訟における秘匿決定の要否、そこでの判断

垣内　関連して、細かい点について、不勉強で恥ずかしいのですが、条文の読み方や解釈の整理について確認できればと思います。先ほど説明のあった今回の供託命令の制度そのものは必要性のある制度で、これが整備されたことは良かったと思っています。その関係で、規定を拝見すると、民事執行法 157 条で取立訴訟の場合についての規定が置かれており、原告の請求を認容するときは供託の方法によりすべき旨を掲げるということが同条 4 項に規定されています。これは、取立訴訟においても債権者の住所等の秘匿が維持されている場合を想定しているように見えますが、取立訴訟が提起された場合には、最初の債務名義を作成する訴訟手続における秘匿決定の効果が当然に及んでいるということなのか、取立訴訟は取立訴訟でまた新たに秘匿決定するようなイメージなのか、そこはどのような整理だったでしょうか。また、これに関連して、部会では、転付命令になった場合はどうなのかについても、話題として出ていたような気がします。そこでは、転付命令の際には、実際上は秘匿したままでは権利行使が難しいのではないかという意見も出ていたと思います。取立訴訟の場合と転付命令、また場合によっては転付を受けた債権の取立てを求めるための訴えの提起の場合で、どのような違いがあるのかについて、私はよく分かっていないところもあります。その点、どなたか、あるいは脇村さんからということになるかもしれませんが、ご教示いただけるとありがたいです。

笠井　これは差押債権者が被害者というか、秘匿情報を持っているほうで、第三債務者は第三者という場合の話ですね。脇村さん、お願いします。

脇村　取立訴訟に関しては、強制執行の一環ですので、当初の債務名義作成の判決手続における代替事項の効果が、基本的に及ぶと思っています。もっとも、取立訴訟を提起するなどの様々な手続をする中では、送達や委任状などの関係で訴訟記録の中に真の氏名や住所が出てくるケースがほとんどだと思います。当該取立訴訟の訴訟記録の閲覧制限等をするには、その手続自体について別途、秘匿決定と閲覧等の制限の決定が必要になります。その意味では代替事項の効力が取立訴訟に及ぶと言っても、それは、その前提となる債務名義である判決が有効であるという意味に尽きているように思います。

　転付命令ですが、当時、様々な指摘もあったような記憶がありますが、結論的には、転付命令の効果が生じるまでの手続は、強制執行の手続ですので、代

107

V　当事者に対する住所、氏名等の秘匿

替事項の効果は及びます。その後のことは、裁判手続とは違う実体的な問題になってくるので、最終的には秘匿命令が及ばないというか、秘匿された情報を相手に伝えなければいけなくなると思います。転付命令によって債権を取得した者が、実体法に基づき、その権利を行使しようとするときに、債務者に対して、自己の氏名等を秘匿してもよいという制度は作られていません。例えば、当該債権の契約関係において、債権者につきその変更があったときに、債務者に対してその変更を届け出ないといけないといったルールがあれば、それに従います。また、転付命令があった債権につき、支払請求の訴訟をするケースには、代替事項の効果は及ばないと思います。

　本当に相手に何も知らせたくない、まずはお金を払ってほしいということであれば、強制執行手続で取立てや任意の支払、あるいは供託命令を使ってもらって回収しなければいけませんが、債権が手元にくるとなると債権債務関係を引き継ぐので、そこで未来永劫に秘匿できるということではないと思います。強制執行手続が終わった後の話になってくるので、そこについてこの法律は何も言っていないというのが結論だと私は思っています。

笠井　債務名義を作る訴訟でされた秘匿決定の強制執行手続への効力という問題ではなく、取立訴訟や転付命令後の訴訟で秘匿決定ができるかも問題になるような気がします。少なくとも取立訴訟や転付命令後の訴訟の当事者は、原告が被害者的な秘匿情報を持っているほうで、被告は加害者でも何でもない銀行などです。当事者間で名前が知られてしまうと被害を受けることについて、本来の意味での民事訴訟法 133 条以下の秘匿決定の話とは少し違う話です。むしろ民事訴訟法 92 条の第三者である DV の加害者のような人が知るとまずいので、まずは 92 条の閲覧制限の話がくるような気もします。被告は銀行で原告が被害者ですが、そこで 133 条の問題が出てくることはあるでしょうか。

脇村　取立訴訟、転付命令後の債権の支払請求訴訟においては、銀行などの債務者が被告のケースもあると思いますが、133 条が問題になります。もっとも、債務者である被告は加害者ではないので、その被告との関係で、133 条が発動されることは余りないのかもしれませんが、被告から加害者に漏れるおそれも問題になるのかもしれません。

笠井　銀行に知られてしまうと、銀行にとって DV 加害者は顧客であり、銀行から加害者に情報が行ってしまうという話ですか。

脇村 言われたとおりです。そうです。

笠井 そのような意味で社会生活上の平穏が害されるという話ですね。

脇村 はい。

笠井 分かりました。垣内さん、お願いします。

垣内 笠井さんが最後に言われた点については、そのようなことになるのだろうと思います。取立訴訟で改めて要件が満たされているかは判断され、今ご指摘があったような考え方で認められる場合もあり、それほど心配ないということになれば認められないと思います。

　転付の話に戻りますと、恐らく転付命令まではいけるとしますと、代替呼称で転付命令がもらえたとして、その後は確かに訴訟外でどのように請求するのかという問題になります。ここでもまた供託命令の制度などを作ればよいということかもしれませんが、そのような仕組みは差し当たり整備されていないということかと思います。そうすると、また転付債権者として訴えを提起する、もともと第三債務者で今は自分の債務者となっている者に対して訴えを提起するときに、確かに自分が債権者の形にはなっていますが、基本的には当該被害者ともともとの第三債務者との間の訴訟であり、そこに至るまでは代替呼称が認められてきています。その後、被転付債権の取立てのための訴訟の中で、同じように第三債務者だった人に知られてしまうと債務者にも分かってしまい、結局は様々な問題があります。仮にそのような要件が満たされるとすると、そこで秘匿が認められる余地はあると思います。考えてみますと、もともとの訴訟でも、秘匿決定を受けて氏名、住所等は明かさない形で、権利者として権利が認められて債務名義が作られることが認められているわけです。同じことは、転付命令を受けた後の訴訟についても、絶対にあり得ないことではないと思います。仮にそれが可能になれば、また強制執行という話で、その後は同じことの繰り返しかもしれませんが、続いていくと思います。そこはそのような理解でよいでしょうか。

脇村 そのようなことは当然、あり得ると思っています。先ほど言ったのは、その先のことは法律で決めていないので、例えば当該実体的な問題として、債権者が自己の氏名等を明らかにしなければいけない法的関係になっていれば、それに応じてしないといけません。そもそも実体的な問題として名前を出さなくてはいけないのであれば、そうしなければいけないことになると思います。

V 当事者に対する住所、氏名等の秘匿

ただし、それが守られなかったときにどうするかの問題や、垣内さんが言われたとおり、隠したままで、秘匿制度を利用して別途訴訟手続をとれるのか、取立訴訟や転付命令で秘匿制度がどのようになるのかは、先ほど話題になっていたとおりだと思います。

垣内 実体要件として誰かが分からないとそもそも権利行使が認められない場合については、秘匿決定が認められても、本案として請求が認容できないので棄却になってしまうことがある、ということでしょうか。

脇村 例えば、転付命令後の債権の支払請求につき、契約等の内容によって、債権譲渡等により債権者が変更されればその氏名等の届出を債権を取得した者が債務者にしなければならず、その支払請求をすることができないとなっていれば、そのようになると思いますが、最後は、実体法上の法律関係によると思います。他方で、支払請求の帰結に関係なく、すなわち請求の棄却や認容に関係なく、単に、先方から明らかにしてくださいとの請求を実体法上できるにすぎないケースもあると思います。いずれにしても、実体法上の問題に尽きると思います。逆に言うと、手続法はそこまでいかなかったというのが正直なところなので、その先は手当てをできなかったということかもしれません。

垣内 だいぶ問題が明確になった気がしますので、引き続き考えたいと思います。

◆第三者異議の訴え等における第三者との関係での秘匿

杉山 関連すると思うのですが、執行手続で、執行債権者が被害者で秘匿措置があって執行債務者が加害者である場合に、手続全ての関係で秘匿化されるわけではなくて、あくまでも執行債権者と執行債務者との手続の間だけであって、第三者との関係では個別に考えていくという理解でいいですか。第三者異議の訴えや他の債権者に対する配当異議の訴えがあるとき、取立訴訟もそうかもしれませんが、第三者が出てくるときには、そこで秘匿は機能せず、その人との関係で秘匿の必要性があれば、別途措置を講ずる必要性があるという理解でよいですか。

脇村 第三者異議の訴えなどで、秘匿決定で保護されている人が被告になるケースでは、代替事項の効果は及びます。また、例えば、債務名義作成の判決手続の資料を、その手続における閲覧等の仕組みを用いて、第三者異議の訴えをした人が閲覧等をしようとするケースでは、当初の秘匿決定や閲覧等の制限の

110

決定が意味を持ちます。第三者異議の訴えや取立訴訟における訴訟記録につき、閲覧等の制限をするには、改めて秘匿決定や閲覧等の制限の決定が必要になり、そこでは、その人との関係で閲覧等の制限が認められるのかが問題になると思います。

◆強制執行の必要性を理由として閲覧が許可されるか

脇村　ところで、最後に、閲覧等の制限がされていても、強制執行の必要性を理由に、許可によって閲覧等が可能になるのかの論点ですが、法制審議会等の議論を踏まえて考えてみたところ、強制執行の必要性を理由とした許可については、法制審議会で伺っていた限りでは、本当の意味で要件に関して生命身体に対する危険というか、著しく問題があるケースについてまで、必要性を使って閲覧等の制限の解除を認めることについては、賛成するのは難しいというか、そこは慎重であるべきだという方向が出ていたと思います。だからこそ、今回は法律・要綱いずれも真正面からはそれを要件として書かなかった部分だと思っています。もちろん私は権利は実現されるべき話だと思いますが、そのような理由の許可について、法制審議会も含めて、基本的に慎重な問題として取り扱うべきことだと理解しています。

　一方で、先ほどからお話が出ているとおり、ケースによっては認めてもよいのではないかという話があるのはそのとおりだと思います。恐らくそのケースの多くは、本当は許可というよりは要件欠缺の問題というか、結局は著しいと言えないのではないか、取消しをすべき話ではないかと思いました。将来的な課題として権利実現について、何か仕組みを設けるべきではないかということは、今後の検討課題だと思いますが、いずれにしても、強制執行の必要性を理由に許可がされて、著しい不利益が生じるといった問題があるケースについて、許可が難しいという点は、一致していると思っています。それほど問題がないケースだとすると、それは、そもそも、取消しの問題なのか、許可が問題となるのか、どちらの問題なのかは考えないといけないと思いました。

笠井　今の話は先ほど日下部さんが最初に言われた、加害者側が強制執行をしようという話ですか。

脇村　はい。

笠井　私も申し上げようと思っていたことですが、本案の問題と秘匿の必要性とが絡む事件が多いと思います。被害者側と言われていた側が本案で負けてい

111

V　当事者に対する住所、氏名等の秘匿

るので、秘匿の必要性はないということで 133 条の 4 第 1 項の要件欠缺の取消しで処理されることも実際上は多いのではないかと思います。133 条の 4 第 2 項でいけるかどうかが実際のケースで問題になると、今もあったような難しい議論があると思っています。秘匿の件は以上でよいですか。なお、様々な難しい問題があると思います。

VI 双方当事者不出頭でウェブ会議又は電話会議により実施できる弁論準備手続と和解期日

笠井 双方当事者不出頭でウェブ会議又は電話会議により実施できる弁論準備手続と和解期日に移ります。これらは、改正法公布後 1 年以内、実際には 2022 年度内の施行が見込まれるところで[1]、もともと、「法廷」で実施されるものでは必ずしもありませんが、IT 化に向けた民事訴訟法改正の中の位置付けでは、「e 法廷」のうちで最初に実現されるものです。これらについて、脇村さんから法制審議会の部会での審議状況、改正規定の内容と趣旨等について説明をお願いします。

◆**法制審部会での議論の概要・改正法の内容**

脇村 今回の改正法には現在の法律を改正して、当事者双方が弁論準備手続にウェブ会議、音声電話会議を使って参加する仕組みを導入し、どちらか一方が必ず期日に来なければいけないことを見直しています（170 条 3 項）。また、現行法では特段規定がない和解期日について規定を整備して、当事者双方がウェブ又は電話会議を使って当該期日に参加する仕組みも、併せて導入されました（89 条 2 項・3 項）。また、現行法では、いわゆる遠隔地要件が文言上付されていますが、これも削除されています（170 条 3 項）。このような問題については、法制審部会が始まる前の段階からウェブ会議と電話会議を使って、裁判所に来なくて済む仕組みを導入すべきという観点から、非常に前向きに検討されていた事項だと思います。法制審部会でも第 1 回からこの方向での検討が取り上げられていました。

---

1) 2023 年 3 月 1 日に施行された（令和 4 年政令第 384 号）。

VI 双方当事者不出頭でウェブ会議又は電話会議により実施できる弁論準備手続と和解期日

方向性については、当事者の一方が必ず来ないといけない仕組みの合理性がないことについて、基本的にはそれほど反対はなかったと聞いています。中間試案などを経てもその方向性は特に変わらず、最終的に実現しました。和解についても同様です。先ほど笠井さんから指摘があったとおり、2020年7月の成長戦略フォローアップにおいて、この改正については2022年度中の施行を目指すことが掲げられていました。法律についてもその前提の施行日に係る規定が定められています。2023年3月までには施行することが見込まれています。

笠井 日下部さんから、弁護士あるいは弁護士会としてこの改正をどのように受け止めているか、今後の問題となると思う事項があるかなどについて意見をお願いします。

◆弁護士・弁護士会の受止め・問題意識

日下部 日弁連は、これらの規律には賛成しており、弁護士一般にも、違和感なく受け入れられていると思います。問題意識としてよく言われるのが、これらの期日には、本人訴訟の当事者が電話会議等の方法で手続に関与することが可能とされていますので、とりわけ和解期日において本人の真意を十分に確認できるのか、また本人の背後に非弁業者その他の第三者が潜んでいるような事態や、本人のなりすましを回避できるのかという点です。この点は、民事訴訟法89条2項が電話会議等の方法で和解期日の手続を行うための要件として、最高裁判所規則で定めるところによるほか、当事者の意見を聴くという手続要件と、「相当と認めるとき」という実体要件を定めていますので、それらの充足性の判断によって手当てされることが制度的には予定されていると思います。

そして、新設されることとなった民事訴訟規則の32条3項では、電話会議等の方法による場合、裁判所は、①通話者及び②通話者の所在する場所の状況が当該方法によって手続を実施するために適切なものであることを確認しなければならないとされています。この②の場所の状況の適切性の確認によって、電話会議等の方法によることの相当性の判断が可能となり、不適切な事態が回避されるものと思います。ただし、弁護士の観点から申し上げますと、実務上、その確認がおろそかにならないだろうかという懸念は考え得るところです。とりわけ映像を伴わない電話会議の方法が用いられる場合に確認が形式的

114

になってしまいますと、なりすましや第三者の関与のリスクが大きいため、本人訴訟の当事者についても、基本的にはウェブ会議の方法を用いるように促してもらった上で、ウェブカメラの移動などにより想定外の同席者がいないことを確認するなど、確認が形式的にならないための心積もりやその実践となる慣行の確立が重要だと考えています。

笠井 橋爪さんから裁判所として改正の受止め、改正後に想定される運用や問題となり得る事項等について、必要に応じて規則の内容にも触れつつ説明をお願いします。

◆裁判所の受止め・問題意識、最高裁判所規則

橋爪 今般の改正において、電話会議等の方法により弁論準備手続を行う場合の規律から、いわゆる遠隔地要件と一方当事者出頭要件が削除されました。遠隔地要件については、以前も申し上げたように、現在のフェーズ１の運用でも、必ずしも遠隔地でない場合でもウェブ会議を行う例が多く、いわば改正法の先取り的な運用がされていたところですが、一方当事者出頭要件については、これがあるがために、双方当事者ともにウェブ会議で参加する場合には、弁論準備手続を選択することができず、書面による準備手続における協議が利用されているところでしたので、今般の改正により、今後、弁論準備手続と書面による準備手続の手続選択に影響を及ぼすことも考えられるところです。また、フェーズ１の運用では、書面による準備手続における協議では、事実上和解が整ったとしても、直ちには和解を成立させることができず、裁定和解（265 条）などの方法によらざるを得ませんでしたが、和解期日についてもウェブ会議等の方法で行うことが可能になったことにより、このような場合にも直ちに和解を成立させることが容易になるものと思われます。

　民事訴訟規則の改正については、先ほど日下部さんからも若干説明がありました。弁論準備手続を例にとると、現行民事訴訟規則の 88 条 2 項が、確認事項として、通話者のほか、「通話先の場所」を規定しており、同条 3 項が、電話会議等による手続を行った旨のほか、「電話番号」を調書の必要的記載事項とした上で、通話先の「場所」を任意的記載事項にしていましたが、先ほど日下部さんの説明にあったような形で規律を変更しています。

　その趣旨としては、今回の改正で民事訴訟法 170 条 3 項から遠隔地要件が削除されたことに伴い、「通話先の場所」がどこであるかを確認する必然性がな

115

くなったこと、調書への電話番号の記載についても、遠隔地要件との関係で調書に記載する必然性が失われた上、電話番号を調書に記載することのできないウェブ会議等の利用が顕著に増加していること、他方で、裁判所が電話会議やウェブ会議の方法により、手続を行うことを相当と認めるかの判断の際には、通話者の所在する場所に無関係の第三者が立ち会っておらず、その場所が非公開性や静けさの確保された適切な状況にあることが重要な意味を有し、現在の実務でもこの点を確認していると考えられることなどに鑑みて、改正規則88条2項では、確認の対象を「通話者の所在する場所の状況が当該方法によって手続を実施するために適切なものであること」といった実質的な内容に改めた上で、同条3項の調書の記載事項についても、これを記載事項としています。

　具体的には適切であると判断する上で、最も基本的な資料になると考えられる場所の属性、すなわち、原告の自宅とか被告代理人の事務所といったことも併せて調書に記載することを想定しています。部会での議論においても、先ほど日下部さんからご指摘があったように、当事者がウェブ会議等で手続に参加する場合には、関係のない第三者の立会い等がないことも含めて適切な場所、適切な環境から参加することの重要性が指摘されていたかと思います。現在のフェーズ1の運用では、基本的には訴訟代理人がある場合に限ってウェブ会議が利用されていることもあり、適切な場所、適切な環境からウェブ会議への参加がなされているのが一般であろうと認識していますが、今回、規則にこのような規定が設けられたことにより、適切な場所・環境から参加する必要があるということを改めて関係者が認識する契機になるのではないかと考えています。

笠井　垣内さんから、この改正をどのように受け止めているか、問題になると思う事項等があるかなどについて、自由に発言をお願いします。

◆研究者の受止め・問題意識

垣内　この改正により、これまで実質的にフェーズ1の運用の形でされていたことについて、正面からできるようになります。和解の関係などでは書面による準備手続を用いる場合に比べて、よりスムーズな形で和解ができるようになります。今回のIT化の方向に沿ったものとして、基本的には異論がないところです。フェーズ1の従来の運用との関係で申しますと、従来は書面の準備手続における協議が活用されていたように承知しています。今後の弁論準備手続

で、双方がウェブ会議で参加することもできるようになりますが、先ほど橋爪さんから、手続選択の在り方にも影響が及ぶ可能性があると指摘がありました。これまで公開されている解説等の論稿を見ると、今後は書面による準備手続は基本的に使われなくなると指摘をする文献もあるようです（大坪和敏「民事裁判手続のIT化──④弁護士の立場から」ひろば75巻9号〔2022年〕33頁）。ただし、書面による準備手続における協議と、弁論準備手続の手続は規律が若干異なるところもあります。協議の場合はそもそも期日ではないという位置付けになっていますので、調書の作成の関係や、これは口頭弁論との関係で既に出てきた話だったかもしれませんが、期日については、基本的にIT化後も法廷等のしかるべき裁判所の場所で期日を実施しているので、リアルにそこに出頭して期日での手続に参加することが禁止されていない前提になっているわけですが、期日ではない書面での準備手続の協議について、それを電話会議等でするのであれば、もっぱら電話会議等での参加となり、法廷で行われている期日にリアルに参加することは基本的に想定されていないと思います。そのような違いもありますので、今後の実務の中で、一定の場合には引き続き書面による準備手続における協議を使うことがあるのかについて、今後の運用の在り方に関心を持っています。

　もちろん、規律の違いを踏まえてその利点を生かすことは、一定の場面ではあり得る話だと思っています。ただ、本来であれば期日で通常はするべきことについて、何でも協議で行ってしまうと、弁論準備手続もウェブ会議で双方ができるようにしたという立法目的が十分に実現されない事態ともなり得ますので、その辺りがどうなるか、1つ関心を持っているところです。

　それから、先ほど規則の改正についても説明がありました。部会での審議でも難しい問題として話題になっていた点ですが、オンラインだと外国からの参加も事実上は特に困難がなくできます。外国から弁論準備手続の期日に参加をすることが認められるのかについて、現状では様々な議論がありますが、伝統的には国家主権との関係で難しいという慎重な考え方がとられてきたと思います。学説の中には、もう少し積極的に考えていいのではないかという議論もあると思いますので、その点は今後の解釈問題だと思いますが、その場所の状況が、手続を実施するために適切なものであるのかを確認するときに、国外なのかを確認することも、国外では参加できないという解釈を前提とすると、一定

Ⅵ　双方当事者不出頭でウェブ会議又は電話会議により実施できる弁論準備手続と和解期日

の場合にはあり得ると思います。常にするのか、何らかの疑わしい状況が生じたときにするのか、その辺りが今後の運用上の課題というか、どうするのかが１つ問題になると思います。

　また、先ほど本人訴訟が話題になっていましたが、現在はフェーズ１で基本的に弁護士、代理人が付いている事件が中心ですが、今後は本人訴訟もあり得ると思います。日下部さんのご指摘のような点もあるので、本人訴訟の場合は若干慎重を要するところがあると考えています。

笠井　杉山さんからこの改正をどのように受け止めているか、問題となる事項等があるかなどについて、自由に発言をお願いします。

杉山　私も他の方々と同じで、改正自体には賛成ですし、理論的な問題というよりは、今後どのようにプラクティスを積み上げていくかといった実務的な問題のほうが多いと思います。理論的には期日概念について、双方当事者がいなくてもよいのかという問題はありますが、これは民事訴訟法以外の非訟事件手続法などで既に解決しているところです。また、遠隔地要件についても、コロナ禍以前から不要とすべきという議論もありました。現在では通常の生活に戻りつつありますが、生活様式も変わりましたし、今後も対面では期日は開けないような状況が発生したときのことを考えると、遠隔地にいなくても双方が不出頭のままで弁論準備期日、さらには和解期日を入れることができるのは、手続をスムーズに進める点でも望ましいと思います。既に紹介があったように、フェーズ１の段階では書面による準備手続が活用される一方で、立法論としては現在３つある争点整理手続を一本化するべきかという議論もありましたが、結局は一本化することはせず、書面による準備手続自体は残すことになりました。ただし、これまで最も実務上で使われてきたのは弁論準備手続ですので、書面による準備手続を経なくても、この手続で双方当事者不出頭でもウェブ会議や電話会議を使うことができるようになったこと、和解期日においてもそのような方法を用いることができるようになったことについては良かったと思っています。

　実務的に残る問題として、例えば相当と認めるときという要件を、どのように判断していくのかといった点があります。最高裁規則で適切な場所の状況と明記されていますが、それ以上細かく定めていくのは難しいと思います。そのため、公共でない場所で行っているのか、第三者が傍聴していないのか、その

ような点については、明文化はされていなくても、実務において基準を積み上げて明確化していくことも必要になると思います。例えば、先ほどご指摘のあったような、なりすましの可能性がある場合の対処方法などについてです。加えて、要件としては、当事者の意見を聴くことになっています。これがどれぐらい強い意味を持ってくるのかは定かではありませんが、例えば、一方当事者から、相手方当事者がなりすましている可能性がある、不適切な場所から接続しているといった異議を申し立ててきたときは、そのような意見を尊重するといった、運用も必要になってくると思います。

　また、最高裁の規則についてみると、今回、録音や撮影の許可の話も新たに手当てがされました（民訴規77条）。少し前に弁論準備手続で、無断録音がされたケースがあったと聞いていますし、実際にも問題になることが多くなると思います。そのため、どのような場合に許可をするのか、また、録音や撮影が簡単にできるようになって無断でなされる可能性も高くなっていると思われるので、どのように対処すればよいのかも問題になってくると思います。対面でも無断録音は可能なので、同じような問題はこれまでもあったと思いますが、ウェブや電話など遠隔での手続参加が認められる場合には、問題となる場合がより増えるように思います。非公開の手続であるので、それをいかにして保障していくのかが今後の課題だと思っています。

◆弁論準備手続と書面による準備手続の使い分け

日下部　垣内さんからご指摘がありました弁論準備手続と書面による準備手続における協議の使い分けの問題が、実務上は非常に重要になっていると理解しています。法律が変わるということで、実務の在り方についても、とりわけ争点整理手続をより改善し、実効的なものにするという観点から、各地の裁判所において様々な工夫や試みが検討されていると承知しています。そのような試みの中には、事案によってですが、第1回口頭弁論期日を実施前に取り消して、直ちに書面による準備手続に付し、その後は協議を重ねる形で争点整理を進めるというものもあると聞いています。この場合には期日が開かれないまま手続が進行していき、場合によっては主張書面についても陳述をしない状態が長期的に続くことも考えられます。民事訴訟手続の中で期日が果たすべき役割について、再考する契機になるのではないかという気がしています。

　私自身は弁論準備手続と書面による準備手続の協議は適切に使い分けをして

119

いくべきであり、何が何でも弁論準備手続を優先すべきというまでの考えは持っていません。ただし、書面による準備手続における協議については、よく言えば柔軟ですが、悪く言ってしまうと余り規律のないところで争点整理が進んでいくとすると、それもどうなのかという問題意識は持っています。この点については、今後は各地の裁判所と弁護士会の間での実務運営についての協議会や、それ以外の様々な場で検討が進められるべき課題と承知しています。

橋爪 今のお話にもあった弁論準備手続と書面による準備手続の使い分けについては、そもそも裁判所として、法制審議会の部会では、3種類ある争点整理手続を一本化すべきではないかといった発言をしてきました。その点については、本日はさておき、いずれにしても今後は、双方がウェブ会議で参加する場合も弁論準備手続が選択可能であることを前提に、裁判所のほうで、個別の事案や進行段階に応じた、適切な手続選択がされることになるかと思います。例えば、書面による準備手続が選択される局面としては、事案の内容や進行段階によって、主張書面の陳述や書証の提出といった訴訟行為を正式に行わせる必要の乏しい局面等が考え得るといったことはあるでしょうが、基本的には、事案ごと、裁判体ごとの個別判断に係る事柄だと思いますし、重要なのは、個々の期日・協議をどのような目的で行うのかを明確にすることであると考えています。

◆無断録音等への対応

橋爪 また、先ほど、杉山さんから、法廷等での録音等についてのお話もありました。リアル出頭、ウェブ出頭のいずれの場合であっても、当事者が無断録音等の行為に及ぼうとするのを裁判所の側で技術的に察知してそれを防止するというのは、実際上、困難な面もあろうかと思いますが、重要なのは、禁止事項等についての必要な手続教示、注意喚起を行うといったことかと思いますので、その点を十分に意識して適切に対処していきたいと考えています。

笠井 言われたとおり、民事訴訟規則77条がしっかりと書かれたことは、非常に意義があったと思います。

◆対面（リアル）出頭が必要な場合

脇村 今回は電話会議やウェブ会議の推進という前提で改正しましたが、逆に準備手続や争点整理手続の段階で、リアルで出席しなければいけないケースについて、実際に今は弁護士会や裁判所で何か議論はありますか。イメージから

120

すると、口頭弁論は別にして争点整理の関係は、リアルで出席しなければいけないこともない気がします。特段の事情がない限りは、全てウェブ会議や電話会議でしようという方向かとも思いますが、どうでしょうか。運用の話です。

笠井 双方に弁護士が付いている前提の質問でよいですか。

脇村 はい。

笠井 今の点について、実務家の方にお願いします。日下部さんか橋爪さんから何かありますか。

日下部 双方当事者に代理人の弁護士が付いている事案の争点整理手続において、期日の開催をしなければならないのか、あるいはリアルで裁判官と直接お会いしなければいけないのかについて言いますと、実質的にそのような必要性があるケースは余りないという印象を持っています。そのように申しますのは、私自身は仲裁案件に携わることも相応にありますが、とりわけ国際仲裁の実務においては、争点整理段階では仲裁人と当事者が期日などの定期的な会合を持つことは基本的にはなく、各当事者が定められた期限までに主張書面や証拠を提出していき、必要があればeメールなどの方法によって仲裁人から釈明がなされます。どうしても必要であれば電話会議やウェブ会議で協議をするということもありますが、それで実務は十分に回っています。そうした仲裁実務が念頭にありますので、訴訟手続においても、期日において直接裁判官と会わなければ争点整理を進めることができない状況があるのかというと、余りないのではというのが率直な印象です。ただし、これは私の個人的な意見であり、弁護士の中には、裁判官と直接会って様々な話をするところにこそ、代理人業務としての要諦といいますか、重要なところがあるという意見を持つ方もいるかと思います。

橋爪 リアル出頭の期日が必要な典型的な局面としては、書証の原本確認の必要があるときかと思いますが、争点整理手続全体の中では、そのような手続をしなければいけない場合というのは、それほど多くはないように思います。ですので、和解についての話をする場合も含めて、裁判所が代理人にリアルで出頭してもらえなければ手続を進めることができない局面というのは相当限定的ではないかという点で日下部さんと同意見です。ただ、どの程度、リアルの出頭を希望されるかについては、個々の代理人によって違いがあるといった印象もありますので、その意味では、事案による違いというよりは属人的な影響が

若干あるところかもしれません。

日下部 他の弁護士から聞いた話で恐縮ですが、期日や書面による準備手続の協議で、ウェブ参加をする弁護士の比率というか傾向を何らかの資料で見たことがありますが、地域によって少し違いがあるようです。例えば東京や大阪では、ウェブ会議で参加する弁護士の比率が高いのですが、小さめの都市で仕事をしている弁護士の場合は、実際にリアル出席をする人の比率が相対的に高い傾向があるのではないかという話です。

そのときにその比率や傾向の理由について議論をしましたが、物理的に裁判所に近い所に事務所を構えている弁護士の比率が反映しているのではないかという意見が出ました。要は、裁判所にとても近く、歩いて3分や5分ぐらいの所に事務所があるにもかかわらず、ウェブで参加をすることに抵抗感を持つ弁護士の比率の差が影響しているという見方であり、想像すると、そのようなこともあるのではと感じています。

笠井 今のお話に関連することを、実は私も引用しようと思っていたところでした。「ジュリスト」1577号の座談会（山本和彦ほか「民事訴訟手続のIT化——立法の経緯と論点」）で、脇村さんや橋爪さんも出ているものです。20頁からの阿多博文弁護士の発言で、今、日下部さんが言われたような地域差、弁護士事務所が裁判所から近い地方のほうが、リアル出席の率は高いようであることについて述べられています。ちなみに、阿多弁護士の話で続きの21頁では、第1回口頭弁論期日を取り消して、それに代えて、弁論準備手続や書面による準備手続の協議で手続を進めることを実験的にしているという話も出ていました。紹介しておきます。

それから、これは争点整理の話ではありませんが、弁護士の目から見たリアルで双方とも出席することの利点に関して、期日が終わった後の当事者間での「この事件で和解はどうですか」といった話は、リアルでなければできないというお話を聞いたことがあります。解決に向けたざっくばらんな打合せは、リアルで会ったほうがしやすいということかと思います。

また、先ほどの、書面による準備手続と弁論準備手続のこれからの使い分けの話について、コロナ禍で書面による準備手続が非常に普及したので、その流れで書面による準備手続がそれなりに残るのではないかと見ている実務家もいました。きちんと引用を示すことができないおしゃべり話ですが、紹介してお

きます。

　この辺りは運用や３種類の手続の制度の趣旨など、今後とも注目していかなければいけないことだと思っています（後記XI2も参照）。

Ⅶ 民事訴訟費用等に関する法律の見直し

笠井 これまでの研究会の中では、Ⅳで、今回の民事訴訟手続の IT 化におけるe提出、e事件管理の中心的な内容となる「インターネットを用いてする申立て等・訴訟記録等の電子化」を取り上げました。令和7年度（2025年度）内には施行されることが見込まれています。そこでここからはこれらに関連して、e提出、e事件管理の一環とも言える事項をテーマとしたいと思います。まず訴えの提起に際して原告が手数料を納付するなど、当事者は各種の申立て等について手数料を納付する義務がありますし、現行法では郵便費用の予納の制度があります。これらについて、今後定められる最高裁判所規則も含めて、手数料の電子納付への一本化、郵便費用の手数料への一本化という方向での改正がされます。また過納手数料の還付等の書記官権限化という改正もあります。これらに関して、議論ができればと思います。まず脇村さんから、法制審部会での審議の状況、改正された法律の規定の内容と趣旨等について、御説明をお願いします。

◆法制審部会での議論の概要・改正法の内容

脇村 今回の改正では、書面で申立てをすることについて、インターネットを使って、オンライン申立てをする方向で、そもそも最初から議論が出発していたところ、現在、紙の訴状等に貼り付ける形で納めている印紙をどうするのか、さらに郵便費用について、今は基本的には郵便切手で納めていますけれども、インターネットを利用したオンライン申立ての際に、印紙や郵便切手自体を改めて裁判所に出さないといけないのかなどが問題になったところです。

また関連する問題として、今、インターネットを利用してオンライン申立てをする際に、印紙を貼るかどうかという話をしたのですけれども、法制審の議論では、そもそもオンライン申立てと書面の申立てが併存するかどうかという議論と併せて、書面の申立てが併存するといった場合に、なお、その書面の申

立てについても印紙等による納付方法にするのかという点が問題となったところです。

こういった議論自体は法制審部会の第1回から、ほぼ出ていた論点でして、中間試案においては、まずオンライン申立てをする者についての手数料の納付については、電子納付で一本化することでどうかという提案がされ、併せて郵便費用につきましても、現在の郵便切手の予納制度を廃止し、一本化する形での電子納付等の提案がされていたところです。また、書面の申立ての手数料の納付についても、基本的には、これまでの印紙を貼る方法ではなく、電子納付に一本化する方向での議論がされたところであり、中間試案においても、そのような提案がされていたところです。

答申においては、オンライン申立て及び書面の申立てのいずれについても、最高裁判所規則で定める方法による電子納付に一本化することとされましたが、書面の申立てのようなケースで、やむを得ない事由があるときについては、従前の方法による納付が適用されるということになっています。また、郵便費用についても、郵便切手の予納制度は廃止され、手数料化して一本化することとし、その納付についても同様とするということにされたところでございます。

また、書記官権限の見直しとの関係から、法律等に従って、典型的に判断できるということで、過納手数料の還付ですとか、証人等の旅費等についての支給についても、裁判所の権限、裁判官の権限ではなく、裁判所書記官の権限とされたというところでございます。

笠井 それでは橋爪さんに、裁判所としての受止めについて、御説明を頂きたいと思います。今後、定められることになる最高裁判所規則の内容や今後の運用等に関して、現時点での見通しで結構ですので、可能な範囲で御説明いただければと思います。

◆裁判所の受止め、今後の見通し

橋爪 最初に、現行法の下での民事訴訟の手数料などの納付方法についての規律を改めて確認しておきますと、まず訴えの手数料については、原則として訴状に収入印紙を貼って、納めなければならず（民訴費8条）、例外的に、納付する手数料の額が100万円を超える場合には、日銀振込みによることができるということが、民訴費用規則4条の2で定められています。また手数料以外の

125

Ⅶ　民事訴訟費用等に関する法律の見直し

費用につきましては、郵便費用も含め、電子納付の方法によることが可能ではあるのですが、郵便費用については郵券で予納することが民訴費用法13条で認められており、電子納付の方法が広く利用されているとまでは言い難いというのが実情かと思います。このような現行の規律は、当事者にとって、印紙や郵便切手を準備する手間がかかることはもとより、郵便費用が不足すれば、その都度、郵券を追納しなければならないことや、訴訟が終了した後の精算の際に使用されなかった郵券を返還されても、使い道に困ってしまう場合があるなどの不便な面があったと言えるかと思いますし、裁判所の観点からしましても、事件ごとに金券の一種である郵券の出納の管理を要し、郵券自体の管理も厳格に行わなければならないなど、相当な負担となっていたところです。

　今般の改正により、オンライン申立ての場合のみならず、書面で申立てがされた場合も含めて、手数料納付が原則として電子納付に一本化され、郵便費用についても定額化された上で、手数料に組み込まれることになりましたので、当事者も裁判所も収入印紙や郵券の取扱いから解放されることになり、IT化の趣旨に即した、合理的で望ましい規律が設けられたものと評価しております。また、郵便費用が一本化された手数料の額につきましては、オンライン申立ての場合は、書面で申立てをする場合よりも1100円安くなっており、利用者にとっては、オンライン申立ての1つのインセンティブになり得るのではないかというふうに考えております。

　具体的な電子納付の方法としては、部会ではペイジーが想定されていたと認識しておりますが、これを可能とするためのシステム構築を進めていくとともに、所要の最高裁判所規則の整備も検討していきたいと思います。また、過納手数料の還付決定につきましては、比較的、定型的に判断することが可能なものであって、現在の実務の運用でも、書記官が裁判官の補助事務として具体的な還付額の計算を行い、裁判所はその計算結果に基づいて支給決定をするという実情にありました。このような事情に照らしますと、手数料還付の書記官権限化が実現したことは、書記官と裁判官の職務分担の適切な見直しにつながるものであり、手続の合理化、効率化に資するものと評価しております。

笠井　それでは日下部さんから、御発言をお願いしたいと思います。民訴費用法の見直しは、当事者への効果や影響が大きいと思われます。弁護士として、及び弁護士会として、改正法の内容をどのように受け止めているか、今後、問

題となると思われる事項等はあるかについて、御発言いただければと思います。

◆弁護士・弁護士会の受止め・問題意識

日下部　今回の民訴費用法の改正の内容につきましては、大枠では日弁連は賛成しており、ほとんどの弁護士も同様に受け止めているように思います。具体的には、日弁連は、中間試案に対する意見書の中で、インターネットを用いてする申立てがされる場合に、手数料等の支払を現金によるものとして、具体的にはペイジーにより納付できるようにすること、郵便費用を手数料として扱い、申立手数料に組み込んで一本化し、郵便費用の予納を不要とすること、書面による申立てが許容される場合にも、やむを得ない事情がない限り、手数料等の支払を現金によるものとして、具体的にはペイジーにより納付させることのいずれにも賛成しておりました。これらの点はいずれも改正法により実現しており、日弁連はその内容を歓迎していると思います。

　しかし、これら以外で日弁連が意見を述べていた点につきましては、引き続きの課題であると思われます。まず、日弁連は、インターネットを用いてする申立てがされる場合につき、手数料等の電子納付は、オンライン申立てから相当な期間内に事後的に納付できるものとし、申立て時点で手数料等の電子納付が完了していなくても、その時点でオンライン申立てが受理されたものとすべきであるとの意見も述べておりました。これらは、訴額の算定困難な事件について、裁判所と協議をした上で、手数料等を納付したいというニーズがあるほか、訴額を明確に算定できる場合でも、金融機関等に設置されたATMを利用しなければ納付できない訴訟当事者もいることを考慮したものでした。特に後者は、訴え提起の時期が消滅時効の完成時期に近い場合に、大きな影響をもたらし得るものと考えております。これは、裁判所におけるシステム設計にも関わるものですので、弁護士の観点からは特に注目されていると思います。

　また、中間試案では、オンライン申立てと書面による申立てが併存する場合には、両者の手数の額に差異を設けて、オンライン申立てに経済的インセンティブを付与することについても検討するものとするとされていましたところ、日弁連はそれにも賛成していました。しかし、実際の民訴費用法の改正の内容としては、例えば訴え提起の手数料については、オンライン申立ての場合は書面による申立ての場合よりも、1100円安くなるというものになっていま

127

す。これは、別表第2、1項下欄ロに記載されているものです。多くの弁護士は、これでは経済的インセンティブとして実効性は見込めないと考え、経済的インセンティブの観点からの手数料の額の見直しは、引き続きの課題であると考えていると思います。

さらに日弁連は、郵便費用と手数料の一本化をする際には、申立手数料の大幅な低額化及び定額化を図るべきであるとの意見も述べておりました。これは、日弁連の「提訴手数料の低・定額化に関する立法提言」（2010年3月18日）を踏まえたものでして、そこでは訴え提起の手数料につき、訴額に応じた段階的なものとするものの、10万円を上限とするプライスキャップ制を導入することなどが提案されています。改正法ではそのような低・定額化は採用されていませんので、日弁連としては、引き続き、提訴手数料の低・定額化を求めているという状況です。

なお、過納手数料の還付等並びに証人等の旅費、日当及び宿泊料の支給について書記官の権限にすること、訴訟費用額確定の申立てに期限を設けることにも日弁連は賛成しておりまして、これらは改正法の内容に反映されているものと承知しています。

笠井　それでは垣内さんに、改正法の内容をどのように受け止めているか、問題となると思われる事項等があるかなどについて、自由に論じていただければと思います。

◆研究者の受止め・問題意識

垣内　改正法の内容については、基本的にいずれも妥当かと思います。ペイジー等を使った電子的な納付ですとか、郵便切手について、手数料に組み込むということですけれども、これらは、IT化がされるのであれば、当然、期待されていた内容なのかなと受け止めております。

幾つか、これは意見というよりは質問になるのかもしれませんけれども、お伺いしたいと思っている点がありまして、1つは先ほど脇村さんからの御説明でも出てきましたけれども、書面で申立て、典型的には訴え提起をするという場合における「やむを得ない事由」の解釈として、どういう場合を想定するのがいいのかという点で、似た問題として、オンライン申立ての義務化との関係では、132条の11第3項の例外事由である責めに帰することができない事由の範囲についてかなり議論をした記憶があるのですけれども、費用の場面での

やむを得ない事由が具体的にどういう場合なのかということについては、オンライン申立義務の場合ほどには余り詳細な議論をしなかったような印象もあります。文言としては違う文言が使われているということなのですけれども、どういう理解を立案担当者としてはされているのかということについて、もし何かあれば、伺えればというのが1つです。

　それから2つ目なのですけれども、郵便費用の手数料への一本化の議論をしていたときに、一本化はいいのだけれども、金額が余り高くなると困るのではないかという声もあったところかと思います。現在、改正法で示された金額というのが、先ほども御紹介があった、原則2500円のところ、オンライン申立てだと、1100円安い1400円という形になっているわけですが、この金額をどう評価するか、という点です。従来ですと、個別の事件ごとに金額は変わってくるということであったのだと思うのですけれども、2500円であるとか、1400円という金額が従来との比較において、特に弁護士の先生方など、実務家の方から見て、どういう水準というふうに受け止めておられるのかというところは伺いたいなと思います。

　それから最後ですけれども、これは日下部さんの御発言の後半で出てきたお話に関係するかと思いますが、手数料の支払の具体的なフローについてです。申立てとの先後関係の話もありましたけれども、どういう形で手数料の支払を確認するのか。システムのつくり方と密接に関わると思うのですけれども、その点についての現在の検討状況についても、もし更に御教示いただけるところがあれば、伺えればと思っております。

笠井　それでは杉山さんから、改正法の内容をどのように受け止めているか、問題となると思われる事項等があるかなどについて、自由に論じていただければと思います。

杉山　これまでの原則どおり、印紙によって手数料を支払ったり、郵便費用を郵券で予納したりといった方法自体は、IT化、特にオンライン申立ての制度にそぐわない点もありますが、そもそも現在でも、例えば印紙とか郵券を入手するための手間であったりとか、裁判所の方でこれらの管理をする手間、その他にも、余った郵券の還付をする場合、それが少額のものであったときには還付する方が費用がかかるとか、様々な問題があったと理解しております。つまり、そもそも実務上、当事者にとっても、裁判所にとっても負担のある制度で

129

Ⅶ　民事訴訟費用等に関する法律の見直し

あったので、電子納付を広く認める形で改正がされるとともに、手数料等について、電子納付に基本的に一本化することになったのは、IT化とかかわらず、待ち望まれていたものと思っております。

以前、弁護士の方と、印紙とか郵券についてお話しする機会があったときに、その方が胸ポケットから印紙などが入った小さな袋を取り出して、どのような額であってもすぐに払えるように、いろいろな額のものを用意していると教えてくださったことがありますが、今回の改正により、そのような負担はなくなっていくと思います。ただ、商事法務のIT化研究会の段階から議論がありましたが、今回の改正ではペイジーでの支払に限定しておりますが、今は様々な決済方法がありますし、外国の制度を見ても、オンライン申立ての制度を導入している国では、クレジットカードによる支払も広く認められていますので、今後は多様な決済方法をどの程度認めていくのかという課題は残っていると思います。

また既に御紹介があったように、議論の過程ではオンライン申立てをするインセンティブを付与するために、手数料を割り引くのがよいのではないかという考え方が示されていたと記憶しております。今回は最終的には提訴手数料そのものには手を入れずに、郵便費用の分で若干の差を設けて、オンライン申立ての方が安くなるという形にはなっています。これのみで十分なインセンティブになるかは分からず、そうではなくて、元となる手数料自体を今後、下げていくことも検討した方がよいのではとは思っています。

というのも民訴法のIT化の目的の1つとして、事務処理の効率化も強調されてきたので、そもそも提訴手数料が何のためのものかという問題に立ち返って議論しなければならないとは思いますけれども、事務処理の効率化のためのIT化や電子納付の導入ということであれば、次第に受益者の負担は減らしていくのがよいのではないかと思います。もちろん、システムの導入の当初は初期費用がかかるので、最初は手数料を高くして、受益者の負担を高くする可能性もあったとは思いますが、今回はそういう形にはなってはおらず、その点は良かったと思っております。

また郵便費用の手数料への一本化についても、計算の負担が軽減される等々、メリットはあると思う一方で、先ほど垣内さんが御指摘されたように、額を定めるのは結構難しかったのではないかとは思いますが、これ自体が適当

なものであったのか、今後も見直していく必要もあろうと思います。例えば
BtoB の訴訟で、最初から全てオンラインで申し立て、書類の提出や送達もす
ることが分かっている場合でも、一応、郵便費用相当額の手数料を予納しなけ
ればならないのですが、今後、実際の郵便費用がどの程度かかっていくのか、
注意して見ていく必要はあると思っているところです。

　また今回、笠井さんからの問題提起の中にありませんでしたが、法制審の中
では訴訟費用の項目自体の見直しについても検討がされたものの、実際には見
送られました。これも改正法による実務が始まった後に、どのように運用され
ていくのかを見ながら、個別具体的に検討していく必要性は残っていると思い
ます。

笠井　幾つか質問的なものもあったと思いますので、少し整理していきたいと
思いますけれども、先ほど垣内さんから出た、やむを得ない事由（民訴費 8 条
1 項ただし書）について、どのような場合が考えられるのかということ、それ
から、杉山さんから幾つかあった点で、手数料を下げるという話とか、訴訟費
用の項目の見直しとかはやや難しいところがあると思いますので、答えられる
範囲でという話になるとは思うのですけれども、その辺り、脇村さん、何かあ
りますでしょうか。

◆収入印紙を貼って納付できる「やむを得ない事由があるとき」

脇村　少なくとも電子納付、ペイジーが使えない状況になったケースについて
は、やむを得ない事由があるというのは恐らく常識的に考えて、間違いないの
だろうと思います。その上でペイジーが使えないというのは、客観的に使えな
い場合だけではなくて、主観的、主観といってもいろいろあると思うのですけ
れども、例えば、属人的に操作が分からないとかという点が問題になるかどう
かですが、恐らくペイジーの使い方自体がそれほど難しいものではないという
ことが、この議論の出発点になっていたので、余り想定していないのではない
かなというふうに私としては思っています。また、別の問題ですが、ペイジー
を使うためには、ATM やインターネットバンキングを使うことが考えられま
すが、インターネットバンキングを使っていない方を前提にすると、ATM が
ない地域がある場合、どうなのかという問題はあるのかなというふうには思っ
ています。話を戻すと、ペイジーに一本化する、電子納付に一本化する当然の
前提として、ペイジーがそれほど難しくないということが前提にあったと思い

ますので、使い方が分からないということぐらいではやむを得ない事由に当たらないというのは、恐らくそれで間違いないのではないかなと思っています。

　また、訴訟費用の項目自体の見直しの法制審の議論で、期日に出席するための旅費をどうするかとか、それはウェブによる参加、ウェブ会議の参加を踏まえつつ、どうするかという議論があったと思いますが、最終的には法制審議会ではウェブ会議参加がある意味、必須ではないといいますか、その利用を義務付けないので、その見直しもしていないというふうに思いますけれども、将来的に、ウェブ会議等がどう使われるかによっては、そういった議論もあるのかなと思います。ただいずれにしても法制審というか、今回の見直しではリアル出頭を否定するような改正はしていないこともあって、訴訟費用の範囲を維持しているのだろうなというふうに私としては認識しています。

垣内　ペイジーが使いにくくて分からないとかいうことでは、やむを得ない事由に当たらないだろうと私も思います。いずれにしても相当例外的な場合ということなのだと思うのですけれども、1つ、これも教室設例かもしれないですが、気になっていますのは、民訴費用法8条1項ただし書では、申立てを書面をもってすることができる場合ということに限定されているわけですが、裁判所のシステムは一応、きちんと稼働をしていて、オンラインで申立てはできるという状況で、したがって弁護士等であればオンラインで申立てをしなければならないという場合で、しかしこういうことがあるのか分からないですけれども、何かペイジーの方が、障害があって、暫時、使えない状況にあるというような場合は、これも、手数料支払のフローがどうなっているかにもよりますが、オンライン申立てはできそうなのだけれども、手数料の支払ができない状況になるということがあるのかもしれず、その場合に時効等との関係で問題が生じてしまうと、困るのかなとも感じます。

笠井　今の点は日下部さんからもあった、手数料を払うのを後にできるのかどうかという話と関係してくると思いますが、これは後で（133頁）もう一度、取り上げたいと思います。

◆オンライン申立てで低減する金額について

笠井　それでは、先ほど出た質問の中で、これは弁護士である日下部さんにということになるとは思うのですけれども、垣内さんから2500円、1400円という額が従来の郵便費用という観点から見て、どんなふうなのかという辺り。こ

れは日下部さんから1100円の差では小さすぎるというお話もあって、その前提になるような感じもするのですけれども、金額について、何か日下部さんから受止めはありますでしょうか。

日下部 例えば訴え提起の場面で、幾ら払わなければいけないのかということを考えたときに、従来の申立手数料に相当する部分については変化は生じておらず、郵便費用に相当する部分についてだけ、オンライン申立てをする際には1100円安くなるということになったと承知しています。それで経済的インセンティブになるのか、オンライン申立てをしようと思うインセンティブになるのかという観点からすれば、1100円という金額は少ないものであって、これでは十分ではないだろうという見方が、ほとんどの弁護士には共通しているのではないかと思います。多くの弁護士の目から見ると、よく分からないのは、1100円という金額がどのようにして出てきたのかということでして、法制審の部会でもそういった議論はなかったと思いますので、不明なままということかなと思っています。

　それから、ついでのようなことですが、先ほどの御議論について思うところを少しコメントさせていただきます。決済方法を多様化することも考えられるのではないかという御意見、それから訴訟費用の見直しについても検討されてきたけれども、実現したものではなかったという御指摘もあったかと思います。

　思い返してみますと、法制審の部会よりも前のIT化研究会のときの議論だったかもしれませんが、決済方法を多様なものにした方が良いだろうという意見をユーザーサイドに立って申し上げたこともありました。ただそのときには、多様な決済方法に対応することができるようにするためには、当然、裁判所において、コストを必要とするものであって、どの程度のニーズがあるのかということを見定めてからでないと、そのような対応を当然に裁判所に求めるということは、適切ではないのではないかという御意見もあったように思います。

　それから、訴訟費用についても、当時、かなり議論をした記憶はあるのですけれども、インターネットを利用した訴訟追行がどの程度一般化してきて、従来考えられていた訴訟費用の妥当性の見直しを必要とする程度に実務に変容が生じているのかというのを見てから考える方が適切ではないかという思考があ

Ⅶ　民事訴訟費用等に関する法律の見直し

って、今般の法改正では訴訟費用の項目の見直しまでは踏み込まないということになったのかなと、個人的には理解していたところです。

脇村　御指摘の金額ですが、最高裁判所において実施しました全国の裁判所における郵便費用の使用状況の調査結果を踏まえて定めたものであると聞いています。そして、書面による訴えの提起の場合、典型的な訴訟では原告に対する判決書の送達のための郵便費用に相当する1100円が必要となりますが、これがオンラインによる訴えの提起ですと不要になりますので、1100円の差額を設けることとしたと聞いています。このように、書面による場合よりもオンラインによる場合の手数料を低額とすることによりまして、オンラインによる訴えを選択することにインセンティブが生じることとなるものと考えられます。

笠井　今、被告が1人の場合に幾ら郵券を予納しているのでしょうか。

橋爪　原告に予納を求める郵券の額は、庁や事件類型、当事者の人数によっても異なるのですが、例えば東京地裁では、民事訴訟事件又は行政訴訟事件の訴えの提起の場合、当事者（原告、被告）がそれぞれ1名の場合6000円とされています。

◆手数料を支払う時点

笠井　続く大きな問題は、最初に日下部さんからお話があった、手数料を払うのを後にできるかというものです。これはシステムのつくり方にもよるところでありますし、訴え提起のフローという問題であろうかと思います。私などが自分の身近なところで思い浮かべるのは入試の出願で、学部入試の出願は電子出願に今はほとんどの大学でなっていると思うのですけれども、電子出願の場合はクレジットカードなどの各種の方法で決済しないと受け付けてもらえないシステムになっていると思います。ですから、訴え提起が、もしそうなるのだったら、どうなるかという話だと思いますけれども、一番違うのは、受験料は同じ方式であれば定額ですので、一義に決まることになるのですけれども、日下部さんもおっしゃったように、提訴手数料の場合は金額について見解の相違がある場合があるという、そういうことも前提にしなければいけないところで、その辺りが問題となると思っております。これについては橋爪さんから、今はその辺り、どのように考えられているのかを少し伺えればと思うのですけれども。

橋爪　Ⅳ1でも少し御紹介申し上げたのですが、今現在、裁判所の方で考えて

いるシステムとしましては、まず訴状の必要的記載事項である請求の趣旨とか原因のデータを入力してから、手数料の納付の手続に進んでいただいて、納付番号等に基づいて、インターネットバンキング等で手数料の納付をした後に、訴状提出のボタンを押すことで提出が完了するといったイメージで考えています。もちろん訴訟救助の申立てをされる方は、そういった納付の手続をスキップすることができるわけですが、その代わりに、訴訟救助の申立てを疎明資料等の提出と併せて行っていただくことを想定しております。手数料の額が一義的に定まらないというのはおっしゃるとおりだと思いますし、システムが正しい額の手数料を判断できるというわけでもありませんので、そこでは最低額の手数料である 2400 円が納められていれば、システムで訴状の提出ができるようになりますが、手数料の納付か、訴訟救助の申立てのいずれかは経ていただくというのが、民訴費用法も含めた法律的に正しい手続の在り方かと思いますので、それに基づいて、システムを構築するのが合理的ではないかというふうに今、考えているところです。

　先ほど、ペイジーの障害の話も垣内さんのほうからありましたが、我々が認識しているところでは、そういった事態はこれまでほとんど生じていないというふうに認識しておりますし、万が一、生じた場合については、やむを得ない事由等に当たるということで対応するのかなということを思っております。

笠井　今のお話からすると、むしろシステム障害の場合というのは、申立て自体をできないという場合の方に入りそうな感じですよね。民訴法 132 条の 11 第 3 項の方に入りそうな感じではあります。責めに帰することができない事由ですね。書面で訴状を提出する人に関しては、それはペイジーであらかじめ支払った上で、書面で訴状を、その番号か何かを付けて出すということになるのですか。

橋爪　書面の場合が悩ましいところは、郵便で書面が送られてくることもありますので、その場合にペイジーでの納付が済むまでは立件しないといった扱いにできるのかという問題はあるかと思いますが、いずれにしても、書面で訴えを提起する人に対しても、何らかの形で裁判所から納付番号をお伝えして、それに基づいて ATM を利用したり、インターネットバンキングで納めてもらったりするということを想定しています。

笠井　ちなみに京都大学の法科大学院の入試はいまだにというか、大学院は割

Ⅶ　民事訴訟費用等に関する法律の見直し

と多いのですけれども、書面で願書を出してもらっていて、あらかじめ払ったという証明書を貼付して願書を送ってもらうという方法です。だから払ったことは出願を受ける前に分かるということになっていますが、そんなイメージもあるのかなとは思います。

◆時効の完成猶予効、控訴期間遵守等との関係、事件管理システムの仕様の在り方

笠井　今のやりとりについて、何か御意見、御質問等あれば、お願いしたいのですけれど、いかがでしょうか。時効の関係に関しては、確かに難しい問題があって、多分、一応、訴えを提起するという意思が表れていれば、例えば手数料が少なくて、後から補正されたとしても、訴え提起をして、訴訟物が特定していて、その訴訟物について訴えが提起されているということで、時効の完成猶予は認められると思うのですけれども、手数料を納めないと訴えが受け付けてもらえないという、そういう状態のときにどうするかという話があるのではないかということですね。他にはいかがでしょう。日下部さん、どうぞ。

日下部　今の点はとても難しい問題をはらんでいるのかなと思っています。とりわけ、不幸にして時効の完成のタイミングで、申立手数料の支払が間に合わないけれども、それ以外の訴状の記載内容の電子的な提出はできましたという場合に、時効の完成猶予効が認められるのかどうかが、立件されたかどうか、訴えとして受理されたかどうかとは必ずしも一致しない問題として、別途、判断し得るということであれば、恐らく、手数料の納付がないと受理されないという扱いに対する弁護士側の抵抗感は、かなり弱まるのだと思います。ただ、時効の問題については、手続法にも関わっていますけれども、実体法的な判断も必要とすると思いますので、なかなか議論するのが難しいのかなとも感じています。個人的には、実体法的な判断で、実際上のニーズといいますか、訴え提起をしようとした者に想定外の不利益が生じることがない解決がもたらされることを期待しておりますし、それが当然に否定されるということはないように考えたいなと思っています。中途半端なコメントで申し訳ありませんが、今のところはお伝えできるのはその程度です。

脇村　147条では、時効の完成猶予等のために必要な裁判上の請求は、書面が裁判所に提出された時にあったものとされていますので、少なくとも、書面のケースでは、裁判上の請求があったことと、請求の受理は別の問題ではないか

なと思っていました。

橋爪 先ほど私、書面が郵送で届いた場合に受理するかどうかという問題として発言しましたが、確かに今、脇村さんがおっしゃったとおり、書面が届いた場合は書面が提出されたということになりますので、裁判上の請求があったということで、時効の完成猶予等の効果が生じることになるのだろうなというふうに思いました。ただ、問題はシステムで訴え等を提起する場合に裁判所のファイルに記録できるようになるタイミングであり、訴訟費用の納付等のプロセスを経た上で初めて、訴えの内容等を裁判所のファイルに記録できるようなシステムにするのか、若しくは、そういったプロセスを経ない状態でファイルに記録することができるようにするのかといった問題かと思いますので、そこは、御懸念があることも理解しつつ、裁判所の方でも検討を進めていきたいというふうに思います。

杉山 私も時効の完成猶予のために必ずきちんと印紙が貼られたり、費用が払われていたりする必要まではないと思っています。書面で提出されるときには、橋爪さんがおっしゃったような処理になると思いますし、オンラインの場合でも、システムをどうつくるかによるのですが、申立てをする場合に、アカウントをつくってログインした後に、書類のアップロード、支払まで一気に進めて、提出をしなければならないのではなくて、途中で保存、更新できるような制度になるのだろうと思っております。そうであれば、ある程度の段階、つまり費用を支払う直前のところまで作成されて、保存がされていれば、それで裁判所の請求があったとみなすことはあり得るのではないかと思います。ペイジーでの支払の場合、システム上で作成、保存した段階と実際の支払の間には時差が生ずるので、そういう処理ができるのであれば、これまでの書面の場合と同じような取扱いになり、逆に書面の場合と異なる処理にしていくのは、適当ではないとは思います。

垣内 書面の場合は恐らく、実は今でも似たような問題はあるということで、訴状は持ってきたけれども、印紙がないといったときに、それが夜遅くであったりするとどうなのかといった話があり得て、そこは今後も同じ問題があるということなのかなというふうに思います。オンライン申立ての場合ですと、ペイジーの方が本当に何か問題があって使えないという場合、先ほど笠井さんに整理していただいたように、システムの仕様によっては申立てそのものができ

Ⅶ　民事訴訟費用等に関する法律の見直し

ないということに帰着するので、書面でできる場合に当たるということになり、そうすると書面で行った上で、ペイジーが使えないのであれば、収入印紙で納めるという例外の適用もあり得るということになりますね。他方、杉山さんがおっしゃっていた、途中で保存するというのは、そういう仕様になるのかどうかも分からないのですけれども、仮に可能であるとして、裁判所のシステム上で情報が保存されているということにはなるのかと思いますが、書き途中で保存していて、後でまたいろいろ変わることもあり得ると考えると、これは事実認定の問題ということになるのかもしれませんけれども、保存していれば当然、そこで時効の完成猶予の効果が生じるという話には必ずしもならないのかなという感じもします。いずれにしても脇村さんもおっしゃったように、147条でいう提出の解釈問題であるというのは、位置付けとしてはそのように整理できる話だろうと思います。

笠井　そもそも訴訟物が特定していないと、何について訴えられたかが分からないというところがあるので、保存をした段階で特定していたのかどうかという問題が出てきて、しかも保存の場合は普通、途中で作っているものを保存しても、インターネット上のデータは上書きされて、どんどん更新されてしまって、履歴が残らない可能性もあって、そうだとすると、どの時点の保存分がどのような内容の訴状だったのかが不明になってしまうように思います。そこがはっきりするのであれば、先ほど垣内さんがおっしゃったように事実認定の問題として、そこははっきりするからいいのだという話になるかもしれませんけれども、もし保存分が残らないのであれば、証明はできないような気もします。いずれにせよ、システムのつくり方として、手数料が払えていないというだけで、何か最後、送信ボタンが押せないというようなものにならない方が、弁護士の方たちの御意見からすると、安心だという感じは受けております。

日下部　そうですね。まとめのような発言になるのかもしれませんけれども、弁護士の立場からすると、一番気にしているのは時効との関係ですので、裁判所において事件として受理をして、その後の手続をしなければいけなくなるかどうかという問題と、当事者の方が意図している時効の完成猶予効がどの時点で発生するのかという問題が、当然にタイミングとして同じでなければいけないのか、そこは必ずしもそうではないのかというところが1つのポイントなのかなと、本日のお話をお伺いしていて感じました。それがイコールであるとい

うようにシステム設計していただいて、時効の観点からも、手数料納付をしない段階でも事件として受理される。つまり今の書面による申立ての状態と同じになるのであれば、弁護士の観点からすると、胸をなで下ろすようなものかなと思うのですけれども、オンラインの場合にそこをどうするのかというのは、もう少し、先ほど申し上げたイコールなのかどうかという点も含めて、柔軟性を持った考え方もあり得てよいのではないかというのが、私が感じたところです。個人的な意見で恐縮です。

脇村 何を前提にこの議論をしているのかについて確認したいのですが、例えば、1万円ぐらいだと思っていたら、実は2万円の手数料が必要になったというケースについて、最初の段階で差し当たり1万円を払っていただいた時点で請求があったことについて議論をしているのか、そもそも請求をする際に明らかに不適法というか、費用を全く納めないケースについても、後で納めることを前提にそれを許容するような議論をしているかによって、多分、受け止め方が違うのではないかなということを少し思っていました。

　最終的にシステムのつくり込みによりますが、議論を伺っていて、どういった申立ての方法を認めるかについて、最低限の費用ぐらいは納めてもらうことにしないと、それは明らかに不適法なものとして受け付けないのだという発想も、あり得るのかなと思いまして。仮に、そうだとすると、申立てに際しては、そういった準備をした上で、きちんとやるべきという話ではないかなという気もしました。

垣内 あるいは日下部さんが御紹介された弁護士の先生方の多くが考えられていることは、私がこれから申し上げることとは違うのかもしれないのですけれども、私が先ほど申し上げたのは、例えばペイジーが本当に使えないようなことはこれまでも例がないようですけれども、仮にそうした事態が生じたときには、それは払えないということになります。にもかかわらず、オンライン申立てそのものは、その点を除ければできるというような場合を考えると、その場合にはそもそも先ほど御紹介いただいた仕様ですと、最後の申し立てるというボタンが押せない、そこに進めないという形になりそうですので、その場合は問題が残るのではないかということをお尋ねしました。ただ、先ほどの繰り返しになりますけれども、その場合にはオンライン申立てそのものができないということだとすれば、一応、対応は用意されているということになります。

Ⅶ　民事訴訟費用等に関する法律の見直し

　それに加えて、ペイジーを使った支払はできるのだけれども、しかし一切しないし、救助申立てもしないという場合で、時効の関係で申立てだけ、訴え提起だけ、先の時点で認めてもらえないかというのは、質の違う話ということにはなるのだろうと思います。実際に従来、書面による申立てで、かつ、印紙による納付で考えていたときに、印紙をぎりぎりのところで用意して、訴状を提出するといった場合との対比において、オンライン申立てをする際に、ペイジーでの支払は、一般的には利便性がより高いのではないかとは思いますけれども、何か例外的にそちらの方が遅くなってしまうというような具体的な状況がどの程度想定できるのか。私自身は今のところ、具体的なイメージを持てているわけではないので、差し当たり、そこは問題にはしていなかったということになります。

日下部　考えられるのは、本当に時効の完成時期がぎりぎりになっていて、オンラインによる訴えの提起はできる状態にはなっているけれども、その者がふだんインターネットバンキングを利用していないとか、あるいは利用している金融機関では、その時効の完成のタイミングにおいて、システムのメンテナンスでペイジーでの納付ができず、最寄りの ATM まで行けば払えるかとも思うけれども、それも交通機関なりの問題で、時間ぎりぎりには間に合わなくなってしまったというようなケースです。こういうようなケースで、訴状のデータを送ったというところで、申立てとしては完結はしていないかもしれないけれども、時効の完成猶予という観点での申立てはなされているのだと判断することができるのかどうかという問題意識を持っていたところで、例えば少ない金額を支払って、後で追加するという状況を問題としていたものではありません。払う気はあるのだけれども、そのときの事情によって手数料の支払ができない、その支払の部分だけできないという状況を問題視しているということでした。

　なお、これまでは時効の完成猶予効との関係を気にしておりましたが、控訴のような、時効そのものの問題にはならないものの、手続上の不変期間の問題に関わる状況も生じますので、実体法上の観点からの分析の切り分けでは対応できないようにも思えました。また、訴え提起に関しては、改正法により新設される 137 条の 2 第 1 項が、手数料が納付されない場合には書記官は納付を命じる処分をしなければならないと定めていますが、仮に原告が訴訟救助の申立

140

てをせずに手数料を全く支払わない場合には訴え提起ができないというシステム設計にしますと、同項はそのような場合には適用され得ない規定ということになり、その文言に照らして、そうした解釈・運用が適切なのかどうかという疑問も生じるのではないかとも思えました。

橋爪 裁判所のシステムの話ですので、最後に発言させてください。今日、いろいろな御意見を頂いて、皆さんのおっしゃることは十分に理解のできるところではあるのですけれども、まず、書面での取扱いと同じにしなければいけないのかという点につきましては、今までの書面での運用というものが本当に合理的なものであったのかを改めて考えてみる必要があると思うのです。要は、一切、印紙を貼ることもなく裁判所に書面を提出しさえすれば、当たり前に訴えを提起することができるというのが本当に在るべき姿であったのかというと、このような運用が、部会の場でも問題となった濫用的な訴えといったものをやりやすくしてきた面もあるのではないかという気がします。法律上、訴えを提起するには、手数料の納付か訴訟救助の申立てのいずれかをしなければいけないということが定められているわけですし、民事訴訟法137条の2第1項の規定があるからといって、費用を納めずに訴えを提起して補正命令を受ける権利というものが法律上、保障されているわけではないだろうと私は思っているのですけれども、そうだとすると、今、裁判所が考えているようなシステムというのは、1つの合理的なシステムの在り方と言えるのではないでしょうか。あとは、ペイジーの納付というものが一般的にはそこまで手間とか時間がかかるものではなく、更には訴訟行為の追完のような規定もある中で、皆さんがおっしゃったような、ある意味極限的な事例を念頭に置いて、そういう場合にも配慮した形でシステムを構築すべきなのかどうかといった問題かと、私としては理解しているのですけれども、いずれにしても、裁判所の方で引き続き検討を進めていきたいと思います[1]。

◆訴訟費用の低額化・定額化

垣内 日下部さんや杉山さんからもあったと思うのですけれど、費用を更に低額化すべきではないかという点に関しては、確かにIT化によって、事務が合

---

[1] その後の検討の結果、改正民訴法の施行のために構築予定のシステムでは、手数料の納付がなくても訴状の提出を可能とする仕組みとなった。

Ⅶ　民事訴訟費用等に関する法律の見直し

理化されるということはメリットとして期待されるところではあるので、その反映というか、利用者に対するメリットの還元の仕方として、手数料をより低いものとするというのは1つあり得る選択肢なのだろうと思います。ですので、今後、コストが実際にどうなっていくかに応じて、あるいはインセンティブの問題も含めて、より低くするということは検討に値することではあるかと思います。

　ただ効率化のメリットをどういう形でいかすのかについては、他にもいろいろな可能性があるところで、例えば審理そのものをより質的に充実させるであるとか、迅速化する、あるいは人的リソースをより充実させたものにするといったことも考えられます。ですので、必ず費用を低額化するという形で還元しなければいけないというものでもないように思いますので、そこは利用者が求めているものが何なのか、そしてそれにどういう形で応えていくのが一番いいのかということを総合的に考えて、判断していくべき問題だというふうに私は捉えています。

杉山　垣内さんが既にまとめられましたが、費用を、低額化及び定額化していくべきかという問題については、IT化とは関係なく、今のような逓増制がいいのかという議論が従前からあったので、IT化のメリットをどう還元していくかという問題と関連させつつ検討し続けていく必要性はあると思っています。先ほど申し上げた支払方法、決済方法の多様化の議論があったことは、日下部さんが御指摘されたとおりなのですが、決済手数料といった費用を一体、誰が負担したらいいのかという課題があったと理解しています。そのため、多様な決済方法を認めるニーズがあるからといって直ちに導入すべきだという簡単な話ではないと思います。差し当たりペイジーであれば、その辺りの問題がないという理由でまずは導入されたものと理解しておりますので、この問題についてはもう少し検討を続け、今後のニーズに対応していく形で適宜見直していくのがいいと思っています。

Ⅷ　送達

1　電磁的記録の送達

（1）　全体的な事項

笠井　送達に関して定めた民事訴訟法第1編第5章第4節（98条から113条まで）については、「総則」、「書類の送達」、「電磁的記録の送達」、「公示送達」という4つの款に分けられるなどの大きな改正がされました。ただし、そのうち「総則」と「書類の送達」の部分は、条文の番号の入替えなどがありますが、基本的に現行法と同様の内容と理解しています。そこで、以下では、**1**で「電磁的記録の送達」、**2**で「公示送達」を取り上げます。

　まず、「電磁的記録の送達」について議論したいと思います。ここでは、いわゆるシステム送達ということで、届出をした者には電子送達もされることになりますので、これがどのように運用されるのかも関心の高いところだと思います。

　なお、インターネットによる「直送」（現行民事訴訟規則では47条1項）については、電磁的訴訟記録の閲覧と関連しますので、この後のⅨで扱います。ではまず脇村さんから、法制審部会での審議の状況、改正規定の内容と趣旨等について、御説明をお願いいたします。

　◆**法制審部会での議論の概要・改正法の内容**

脇村　いわゆるシステム送達の問題は、法制審議会でも最初の段階から議論がされていました。今回の民事訴訟法の見直しでは、インターネットを利用して申立てをし、インターネットを活用した迅速化等を図ることを想定しているものでございますが、これまで送達は紙の書類を郵便等を利用して直接手渡しするという方法によっておりましたので、これについてもインターネットを活用

143

Ⅷ　送達

することで、より迅速にできないか。具体的には裁判所のサーバーの方にアクセスをしてもらって、それを見てもらうことによって送達ということにできないかということが、当初から議論されていました。中間試案においても、そういった方向を前提に規律を設けることが提案され、最終的な答申についても、基本的にそのような答申になったところでございます。

　それを受けまして、法務省の方で案を作成しました民事訴訟法等の改正については、次のようなものになっています。まずこれまでは送達の客体につきましては、紙のみを前提にした構造になっておりましたが、これを紙のほか、電磁的記録自体を客体にするということを併せて規定することにしております。法律上は書類の送達と、電磁的記録の送達という2種類が分かれたところでございます。書類の送達については、正に従前通りというところなのですが、電磁的記録の送達について、新たに規定を置いていまして、原則としては電磁的送達といったものであったとしても、電磁的記録の内容を書類に出力して、それを相手に渡すということにしています（109条）。これは法制審等の議論でも、インターネットを利用した送達を可能にしようという議論はしていた一方で、実際にはインターネットにアクセスしない方、あるいは例えば被告などに訴状を送達するようなケースなどでは、そもそも相手方にアプローチする方法が分からない。正に住所に紙を送る以外の方法が分からないケースがあり得るということを前提に、電磁的記録の送達といったとしても、その具体的な方法については、原則型としては出力した書面を出す、それを相手に渡すということになったところです。

　その上で、送達の名宛人のうち、私はインターネットを利用した送達をしたいという届出をしていただいた方については、文字通り、インターネットを利用した送達を可能とすることにしております（109条の2～109条の4）。そういった届出をされた方については、裁判所書記官の方で送達すべき電磁的記録そのものを裁判所の使用するサーバーのファイルにアップロードさせていただいて、送達の名宛人の方がそれにアクセスして閲覧をしたり、ダウンロードしたりすることができる状態にし、その上で届出があった連絡先にそういった状態になっていますということを通知するということで、送達を完了する手続を設けたところです。

　効力の発生時期について、様々御議論あったところですが、最終的には、送

達の名宛人が実際にインターネットを利用して閲覧をしたり、あるいは自分の
パソコン等にダウンロードしたりした場合に効力が発生し、さらには通知が発
出されてから1週間たったケースについては、その閲覧、ダウンロードがなく
ても効力が発生すると、そういった規律になったところでございます。私から
は、差し当たり以上でございます。

笠井　それでは橋爪さんから、裁判所としての改正案策定への対応や、改正法
の内容の受止めについて、御説明いただきたいと思います。今後、定められる
ことになる最高裁判所規則の内容や、今後の運用等に関して、現時点で見通し
がある範囲で結構ですので、御説明をお願いできればと思います。

◆裁判所の受止め・問題意識

橋爪　訴訟記録が電子化する以上、オンライン申立てが広く用いられるのが望
ましいということは以前も申し上げましたが、裁判所から当事者への伝達とい
う反対方向の局面でも、オンラインの活用が広く図られるべきということは、
全く同様であろうかと思います。今回の改正法では、弁護士などの士業者など
に限って、システムで送達を受ける旨の届出をすることの義務付けの規定が設
けられましたが、システムを使った申立てを義務付ける以上、システムを使っ
ての受領も同様に義務付けるというのは、至って自然な帰結と思われます。ま
た、裁判所がシステム送達をした場合に、通知発出の日から1週間を経過した
ときにシステム送達の効力が生じる旨の、いわゆるみなし送達の規定が設けら
れたことも、民事訴訟手続がIT化された後の世界でシステム送達によって安
定的に送達を行うことができるようにするため、不可欠の規律であったと考え
ています。

　システム送達を幅広く活用する上で、一番問題となるのは、訴訟が係属する
前の訴状送達の局面かと思います。その局面においても、紙の訴状を被告に送
達するのではなく、システム送達を活用するための工夫は何か考えられないか
ということで、部会の場でも、訴えの提起があった旨や事件番号、そして事件
管理システムに誘導するためのURLや二次元コードなどを記載した1枚紙を
送達するといったアイデアが示されるなどしましたが、それに限らず、システ
ムで訴状を送達することを可能とするための運用上の工夫については、今後も
検討していく必要があるというふうに考えております。

笠井　電磁的記録の送達については、幾つか検討すべき問題があると思います

Ⅷ 送達

ので、以下では幾つかの項目に分けて、順に自由討論ということで進めていきたいと思います。この進め方や項目については、あらかじめ日下部さんから御示唆を頂いたものです。

（2） システム送達の構成要素となる各行為の法的な位置付け

笠井 システム送達については、先ほど御説明があったように、109条の2第1項で、システム送達を受けることをあらかじめ届け出ている受送達者に対しては、電磁的記録に記録されている事項について、裁判所書記官が、109条の3第1項1号にいう閲覧又は同項2号にいう記録（受送達者のコンピューターへの複写）をすることができる措置をとる、要するに事件管理システム上へのアップロードをするとともに、受送達者に対し、そのようなアップロードがされた旨の通知を発する方法によってすることができるとされています。そして、このようなシステム送達の効力は、109条の3第1項により、①受送達者が閲覧をした時、②自分のコンピューターに複写（ダウンロード）した時、③通知が発せられた日から1週間を経過した時のいずれか早い時に生ずるとされています。また、訴訟代理人である弁護士や司法書士等については109条の4第1項で、システム送達を受ける届出をしていなくてもシステム送達ができ、その場合は、通知が発せられず、同条2項で、109条の3第1項3号の1週間の経過は通知が発せられた日の代わりにシステム上へのアップロードがされた日からということになります。

　そこで、これらの各種の行為、すなわち、記録されている事項の事件管理システムへのアップロード（措置）、通知、閲覧又は複写、通知の発信又はアップロード（措置）から1週間の経過というそれぞれが、法的にどのような意味を持つのかが問題となろうかと思います。

　この点について、今回問題提起をしていただいている日下部さんからまず御発言をお願いします。

　　◆通知の位置付け、通知と無関係に送達対象記録の閲覧がされた場合の効果
日下部 ありがとうございます。これらの行為の法的位置付けを議論する前提として、これはシステムの設計の仕方に関わることかなと思いますけれども、1つ、確認することができればと思う点があります。システム送達の通知と関係なく、誰でも送達対象の内容を訴訟記録の閲覧により認識できるとします

146

と、受送達者が、送達の効力発生を回避しながら、あるいは回避するという意図を持つこともなく、第三者を使うなどして、あるいは自らということもあるかもしれませんが、送達対象の内容を把握できるということになるかと思います。そのような事態がシステムの設計の方法によって回避又は抑止されることになるのか、あるいはそうした閲覧は自由にできるのかという点について、議論の前提として定まっていることがあれば、お伺いしたいと思っています。その点は私自身はまだ存じ上げないところですけれども、一応、仮定的に、通知がなされる可能性とは関係なく、送達対象の記録の内容を閲覧することもできる、不可能ではないという想定で考えてまいったことを述べたいと思います。

　先ほど笠井さんからお話がありましたとおり、システム送達につきましては、対象となる記録を閲覧又は複写できるアップロードの措置、通知、閲覧又は複写、そして、起算点については特則があると思いますけれども、通知から1週間の経過、おおむねそうした4つの行為や事実が関係していると思っています。私自身は、アップロードの措置と通知が送達行為を構成する要素であって、閲覧若しくは複写、又は1週間の経過は送達の効力を発生させる要件であると理解しておりまして、法制審の部会でもそのような理解を前提として示した上で、様々な意見交換、議論をさせていただいたところでしたが、そもそもそのような理解でよいのかどうかという点については、皆さんのお考えをお聞きできればと思っています。

　その上で、具体性のある問題意識としては、次のようなものを持っています。仮に受送達者が実際上、通知よりも先に送達対象記録の閲覧又は複写をすることができるとしますと、そのような先後関係であっても、送達の効力発生を認めることができるのか、認められるとすると、その時期はいつになるのかという問題があるように思います。また、閲覧又は複写が通知よりも先行してよいということなら当然かと思いますけれども、閲覧又は複写が通知を受けたことが契機となってされたという因果関係は必要ないと理解してよいのかどうかも問題になるかと思いました。なお、オンライン申立てを義務付けられる者が通知アドレスの届出をしない場合には、通知は不要となって、1週間の経過は通知からではなく、アップロードの措置からカウントすることになりますけれども、これはシステム送達の特則に当たると理解しています。この特則の場合には、通知が閲覧又は複写に先行しなければならない、あるいは、閲覧又は

複写の契機になっていなければならないという考えは成り立ち得ないわけですけれども、それは通知がなされる本則的な方法が採られる場合の解釈にも影響するのだろうかという問題意識も持ちました。

笠井 最初におっしゃったことの前提のような話になりますけれども、通知がされる前に、誰でも見られる状態で訴状の副本に当たるものを閲覧できるという状況が生じ得るのかどうかという辺りは、私は生じ得ることはあるのだろうかと疑問に思ったのですけれども、これについて何かこういう場合はどうですかといった話も含めて、いかがでしょうか。

脇村 基本的に私の理解としては、送達行為というのは裁判所書記官の処分行為だと捉えておりますので、そういった意味では閲覧をさせる状態になっているかどうかと、処分行為は別だろうということを前提に考えていました。例えば、原告が訴状に当たるものをインターネットを利用して裁判所のファイルに記録すると、誰でも閲覧できる状態になることがあるというふうに思います。もちろんその閲覧の前提としては、インターネット上で見るための、アクセスするためのコードといいますか、パスワード等を交付していただくのでしょうけれども、閲覧ができる状態自体は起きることだろうと思っており、そのときに裁判所書記官の方で送達に付すということをしていないということであれば、送達行為がされる前に見られるということはあるのだろうなということを思っていたところです。

　また処分行為がどこの時点でされたかという点を卒然と考えると、恐らくアップロードがされていた状態で通知をした時点と考えるのが一番明確なのだろうと思いますので、通知をした時点で送達に付すという処分行為があったとするのは考えやすいのかなと思います。一方で今、日下部さんがおっしゃっていたとおり、弁護士が義務を怠っているケースについては、通知すらされないということだと思うのですけれども、恐らく通知をしないにしても、処理としては何らかの形で、送達に付しましたよということを記録上、明らかにしないといけないのかなとは個人的に思っていました。そうしなければ（効力発生のための1週間の）起算点が分かりませんので、そういった意味で考えますと、前提としてはそういった処分行為があったかどうかと閲覧がなされたかどうかというのは、リンクしないのではないかと思っていたところです。恐らくこれまでも訴訟記録上、何か送達をしないといけないケースについて、理屈上は送達

をする前に誰かが閲覧をするということは可能だっただろうと思いますけれども、そういったことが起こったとしても、送達は送達として、別途行っていたのではないかなと思いますし、そういった意味では、そこを結び付けなくてもよいのではないかというふうには思っていました。

　ただ一方で、恐らく日下部さんから御指摘があった、部会でも御指摘があったところですけれども、そういった送達すべきものを送達以外の方法として閲覧することの是非というのは、従前から議論があったところかと思いますので、送達をしないまま閲覧を認めるかどうかについて、別途、検討をすべきなのだろうと思います。

笠井　これは、裁判所のシステムのつくり方にもよると思いますし、アクセスをできる権限が事件ごとに割り振られるかどうかや、それから訴状の送達と、訴訟係属中の訴えの変更の申立書とか、そのような既に係属している訴訟の当事者が受け取る場合とでもまた違う話なのかなと思いますけれども、取りあえず訴状の送達の段階で、被告に訴訟が起きたこと自体が知らされていないという状況で、被告に当たる人が訴状を見ることが可能な状況というのはあり得るのでしょうかね。橋爪さんから今、御発言いただくと思いますけれども、しかもそもそも訴え提起後の当事者からのアップロード書面についても、これもシステムによると思いますが、法制審の部会の割と古い段階では、第1段階としては、裁判所と提出当事者だけが見られる領域があって、その後、誰もが見られる状態のところに置くという、第2領域みたいなものがあるというような話もされていたと思いまして、その辺のシステムのことも含めて、橋爪さんから教えていただければと思います。

橋爪　訴状の審査中などの段階ではなく、裁判所が被告に訴状を送達しようとしている段階であることを前提に考えますと、被告が送達を受ける前に訴状の内容を閲覧等することができるかどうかについては、インターネットを利用して訴訟記録を閲覧等できるのは、当事者か利害関係がある第三者に限られていますので、自分自身が被告であるといった情報を入力すればシステム送達の届出をすることが求められるという話なのだと思います。被告が裁判所に実際に来庁して訴訟記録の閲覧等をしようという場合も、名前の記載等が当然求められると思いますので、やはり、被告本人だということが分かれば、その場で訴状を受け取ってもらうという話のような気がします。一方、被告本人ではな

Ⅷ　送達

く、第三者を介して訴訟記録を閲覧等しようとする場合がどうなのかといった問題は今も理屈の上ではあり得るのかもしれませんが、余り現実的にそういった事態は生じておらず、そういった事態への対処の在り方も把握していないというのが正直なところです。

　あとシステムとの関係で、閲覧と通知の先後関係ということで申し上げると、システム上は受送達者が閲覧、複写可能な状態になるのと同じタイミングで、通知が発出されることになりますので、少なくとも通知が先にあって、その後、受送達者の閲覧とか複写が生じ得るということになり、通知を受送達者が認識していたかどうかという主観的な問題はあり得るかもしれませんが、客観的な先後関係が問題になることはないのではないかというふうに思っているところです。

笠井　私も措置がされると同時に、通知が発せられるというようなシステムになるということを前提に、法制審部会で話をしていたように承知していますので、今の橋爪さんの御発言については得心がいったのですけれども、日下部さん、お願いします。

日下部　訴え提起時における訴状の送達を議論しますと、訴訟係属前ということもありますし、被告側で事件管理システムの利用登録をしていない状態の方がむしろ通常かと思いますから、少し議論が難しくなってしまうのかなと思います。むしろ判決の送達の場面で考えた方が、送達プロパーの問題を検討する上では、取り組みやすいのかなというように思いました。その上で今、橋爪さんの方からコメントいただきました、閲覧できるための措置をとるのと通知をするタイミングが、システム上はほぼ同時になるだろうということでありますと、通知と閲覧又は複写との先後関係を問題にする必要はないということになるかと思いますので、これは問題が解消されて、すっきりするのかなと思いました。

　そうしますと、先ほど私が申し上げた問題点としましては、閲覧又は複写をしたことが通知を契機としているということを要するのかどうかという問題が、一応、考えられなくはないのですけれども、私は個人的には、特に通知を契機とする必要はないのではないかと考えていたところでもあります。それは、システム送達の特則の場合、つまり通知がそもそもなされないで、システム送達される場合との一貫した説明という観点からも、通知が契機であるとい

う必要はないのだという理解でいたところなのですが、これについても何かご意見等を頂けると有り難いなと思いました。

笠井　私も個人的には因果関係は必要ないと思っておりましたし、現在の送達でも、分からずに受け取ったという場合だってあるのかなとは思っておりますけれども、いずれにせよ、今のお話はそのとおりかなと思います。日下部さんから各送達行為の法的な位置付けというお話もあって、送達は、措置と通知の発信によってされるのではないかという。日下部さん、通知の到達ではなくて、通知の発信でいいのですよね。

日下部　そのように考えておりました。

笠井　送達は措置と通知の発信でされるのではないかというお話もありました。そういう法的な位置付けというようなものについては、理屈の上では有意義なことだと思いますので、その点も含めて、今までの議論も踏まえて、他の方から御意見を頂ければと思いますが、いかがでしょうか。垣内さん、お願いします。

垣内　よろしいでしょうか。先ほど笠井さんからも御発言があった、通知を契機とする必要があるか、あるいは因果関係が必要かという点については、結論的には私もそれは必要ではないと考えております。ただ他方で、これも部会で意見として申し上げた点の繰り返しのような話になりますけれども、通知に期待されている機能というのは、私の理解では2つの側面があって、1つは具体的な送達書類が送達の対象になっているということを知らせて、閲覧を促すという機能がありますし、そのことは同時に当該書類が正に送達の対象となっているということを認識させる、認識可能性を提供しているということなのだろうと思います。

　そういう意味では、普通は通知がされて初めて見るのでしょうけれども、通知を契機として見るのでなくても、まず書類の内容を見れば、書類の内容の了知可能性はあったということになります。ただ、若干問題がありますのは、その書類が送達の対象になっている書類であるということの了知可能性の点です。ここは正にシステムのつくり方に関係するところなのかと思いますが、ある書類をシステムで閲覧するときは、それが送達書類であるということは恐らく分かるような形になるのではないかと思っております。そうであれば、特段、通知について認識をして、それを契機としてといったことは必要がないと

151

Ⅷ　送達

考えているところです。

　それから、日下部さんから問題提起のあった、送達行為の構成要素と効力発生要件の区別というところについては、どうも私自身はその区別の法的な意味というところが、十分に把握できていないような気がしているのですけれども、いずれにしても効力発生要件だとすれば、その点を欠いていれば原則として効力は発生しないということで、送達の効力という観点から見た場合には、アップロード等が構成要素なのか、効力発生要件なのかという問題の設定は、直接には結論を左右するものではないと思われます。むしろ、恐らく閲覧が外国でされたときの取扱いといった点が主として念頭に置かれている議論なのかなという感じもしましたけれども、そうした問題を除けば、どちらと考えても同じなのかなと感じたところです。

杉山　部会での議論を正確に理解できているか自信がないのですけれども、私自身は、送達行為自体はアップロードで完了する、ないしはそれに加えて閲覧、ダウンロードの段階で完了すると考えることができると思います。これに対して、通知については、システム上、アップロードと同時に通知されるような形になっているかどうかにかかわらず、単に当事者等に閲覧ができる状態になっていることを知らせる機能を有するだけものにすぎないと考えていました。どちらが原則か、例外かという問題については、日下部さんの御説明ですと、オンライン申立義務者について、システム送達による方法を特則として認めたように位置付けられていましたが、こちらが原則となる、つまりアップロードをして、閲覧、ダウンロード可能な状態になったところで基本的に送達がなされていて、通知は更に追加で、申立義務者以外に対して行うという位置付けとなると理解しておりました。したがって因果関係の問題についても、通知と関係なく閲覧、複写をすることもでき、かつ、それで送達が完了するものであると理解をしておりましたが、このような考え方が多数説なのか少数説なのかはよく分からないところです。

　なお、民訴法でみなし送達も含めて送達の規定の改正がされたことは、他の分野の手続にも影響を及ぼす可能性があり、関心が向けられています。例えば、特許法では送達は原則として郵送で行われますが、特定通知等についてはオンラインでできるところ、通知の相手方となる出願人が出願ソフトを通じて、自分のパソコンに書類をダウンロードすることによって到達したものとさ

れています。ただそうしますと、今回の改正時にも問題となったように、出願人が出願ソフトにアクセスせず、ダウンロードを放置していたときにどうなるのかという問題が生じてきたのですが、一定期間ダウンロードがないときには、書類を郵送していたそうです。しかしそれではオンライン化のメリットがないので、出願ソフトを立ち上げた段階で通知が送付され、あるいは通知をせずに、出願人がダウンロードをした段階、又は、書類がアップロードされたのち一定期間経過後のいずれか早い段階に書類が到達されたとみなす案や、電子メールで通知をした上で、出願人がダウンロードをした段階、又はメール通知を受けてから一定期間経過後のいずれか早い段階に書類が送達されたとみなす案などが検討され（「知財活用促進に向けた特許制度の在り方」）、今（研究会収録時）、パブリックコメントに付されています（その後 2023 年 3 月 10 日に結果が公示された）。

　このような案は、民訴法のみなし送達制度の影響を受けているようですが、特に前者の案の背景には、出願後は継続的に出願ソフトにアクセスをして、送達の対象となっている書類があるかをチェックする義務を負うという発想があると思います。民訴法でも同じようなことが言えるのであれば、オンライン提出義務者は継続的にシステムにアクセスをして送達書類を確認すべきということになります。通知はアクセスをする機会を付与するものですが、通知そのものは送達の一要素にはならないのではないかと思っています。

脇村　多分、いろいろな御議論があるので、解釈の問題だろうと思うのですけれども、一応、法律上は通知も含めた措置というか、方法という書き方をしているのと、恐らく送達行為として通知が関係ないということを言ってしまうと、閲覧による効力の発生のケースでは通知が送達要素になり、1 週間の経過による効力の発生のケースでは送達要素ではないという形になるような気がしていて、そこが何となく送達行為という捉え方からすると、通知を要素から外しにくいのかなとは思っていたところです。そういった意味で一番初めに申し上げたのも、私はどちらかというと実際、見たかどうかというよりは、観念的に何をもって送達行為と言えるのかという点から考えていたこともあるので、実際に閲覧したかどうかと送達行為が完了したかどうかというのは区別してもよいのではないかと思っています。閲覧とかダウンロードは日下部さんの言葉を借りると、効力発生要件にすぎないのではないかという気がしていまして、

Ⅷ　送達

書記官の送達行為という面で見ると、通知はそれに含まれると思っていたところです。

またその関係で、後で出てくる話としては、システム直送の問題があります。改正法の準備書面に関する161条3項では、送達された準備書面と別に、相手方が閲覧をした準備書面については、相手方が欠席したケースでも陳述をすることができるという規定になっているところですが、送達行為があるかないかのケースと、実際、見た、閲覧したケースを分けることを前提とした記載になっているところでございますので、そういった意味では、見るかどうかという閲覧と送達行為は一応、分ける方が理屈というか、思考がやりやすいかなという感覚で言ったところです。そうすると、結局、通知をしないケースの問題になると思うのですけれど、ただそれは通知のいらない送達を作ったということに尽きているのかなと思っていまして、その2つをある意味、並べて議論しなくてもよいのではないかと私は思っています。

また、先ほど少し話をしましたが、通知のないケースについては、何をもって送達したかを何らかの形で明らかにしないといけないのではないかというのは、私は、別の問題として考えています。それは（効力発生のための1週間の）起算点の問題が出てくるからだと思うのです。そこは送達報告書の作り方を含めて、今後、考えていく問題かなと思っているところです。

日下部　4つというように分けた、いろいろな行為や事実が、システム送達との関係でどのような法的位置付けに立つのかということについては、様々な考え方があり得るのだろうとは思っておりました。法制審の部会でも、先ほど杉山さんがおっしゃったのと同じような考え方の御意見を話された方もいらっしゃったと記憶しているところです。何が正解というように決め付けられるものでもないようにも思うのですけれども、先ほど脇村さんからお話しいただいた内容は、立案担当者としてのお考えを示されているように思いました。

あと垣内さんのほうから御指摘いただいた、何が送達行為の構成要素なのか、効力発生要素は何なのかという区別をすることについては、何が満たされれば送達の効力発生を認めてよいのかを判断する上では、特段、区別する必要はないのではないかとの点は、おっしゃるとおりかと思います。むしろ念頭に置いておりましたのは、法文を見れば明瞭なのですけれども、裁判所が送達をしなければいけないというときに、どこまでをしなければいけないのかという

ことの判断基準の整理であり、その背景には、これも垣内さんにおっしゃっていただきましたけれども、国際的な送達がなされるときに、裁判所の送達行為はどの範囲なのかを示す意味合いもあるのだろうということでした。このような考えについては、私自身、法制審の部会で言及したこともありましたので、やや強めのこだわりを持っているところでありました。

垣内 先ほど脇村さんの御説明にあった処分行為というところは、確かにそうした裁判所、あるいは具体的には裁判所書記官の行為として送達があって、それは具体的にはどのような行為なのかという形で問題を捉えるということは十分、理論的には考えられて、日下部さんの問題意識にも重なるところがあるのだろうと受け止めています。

　通知の位置付けということに関して申しますと、これも十分に深い研究ができていないのですけれども、処分行為といった場合には、それを外部に何らか一定の方式にのっとった形で表現するというか、示すということが必要で、書記官が内心思っているといったことではなく、そのために必要なステップを踏むという形で外部に接続されるというか、表現されるということが何らかの形で必要なのではないかと思います。そのことは、通知が必要ないとされている場合については、それが送達書類であることが表示された形でシステムに記録され、閲覧可能な状態に付される、そういう措置がとられるという形で、そのことが表示されているのであり、通知が必要とされている場合には、通知を発する方法でそのことが表示されるというふうに捉えることができるのかなという感じがします。ただ、通知を発しない場合でも、今申し上げたように捉えることができるのであれば、通知を発する場合でも、通知以前に送達行為がされているという捉え方もあり得るのではないかという指摘が部会でもあり、杉山さんからも御発言があった考え方につながっていくところかとも思われまして、そうした捉え方もあり得るのだろうと思います。

脇村 多分、その関係で1点、垣内さんからお話があった件で言うと、送達があったことを相手が知る機会をどう捉えるのかという問題はあるのだろうと思います。私としては少なくとも通知を発するケースについては、通知をすることで、相手に送達があったことを知る機会を与えるということで、それは担保されているのかなと思っております。それがもし日下部さんがおっしゃっていた、前後してしまったケースを認めるとしても、それは事後的に見てもそうだ

Ⅷ　送達

ということは分かると思いますので、担保されているのではないかと思っています。

　そういった意味では、問題はどちらかというと義務に反して届出を怠ったケースについてどうするかということで、今後の実務として、送達がされたかどうかをどういった形で明らかにするかが問題になります。先ほど話をしたとおり、私個人としては1週間の起算点がどうしても気になっているので、何かどこかでそこは分かる形にするのかなという感覚的なものはあるのですけれども、全般的に送達報告書の在り方も含めて、システムのやり方を考えていくのかなとは思っていたところです。

笠井　理論的にも興味深いところですけれども、実益としては垣内さんがおっしゃったように、効力という意味では条文に書いてあるとおりではないかというのは、そのとおりです。ただ送達の構成要素として、書記官の行為である必要があるというのは間違いないと思います。それを前提として、措置まででいいのか、措置まででいいという考え方に立てば、通知はいわゆるサービスだという話になるわけですけれども、相手に知らせようとするのが送達なのだからという考え方に立てば、通知まで入れるのが原則であって、例外的に通知もいらない場合があるという捉え方になるのかなと思いました。

（3）　通知から1週間の経過での効力の発生

笠井　109条の3第1項3号が、受送達者が閲覧又はダウンロードをしなくても、通知が発せられた日から1週間を経過した時に送達の効力が発生すると定めていることについてです。2項で、その期間に算入しない期間として、受送達者がその責めに帰することができない事由によって閲覧又はダウンロードできない期間が定められています。この1週間の経過での効力の発生についても、日下部さんから問題提起をしてくださればと思います。

日下部　今の事項につきましては、2つ、問題提起をさせていただければと思います。

　まず1つ目は、みなしの対象外の設定に関することです。これにつきましては、日弁連は、受送達者が対象電子書類を閲覧又は複写しなくてもシステム送達の効力が生じる仕組みが必要であること、具体的には通知がされてから1週間の経過で効力発生を認めることには賛成しておりました。しかし、送達の効

156

果が受送達者の権利や法的地位に重大な影響を及ぼすものであって、かつ、当事者が将来の送達を予見できないようなものについては、そうした仕組みを及ぼすべきではないとの意見も述べておりました。

　その理由は、将来の送達が予見不可能ないし困難なものについては、適時に通知に気付いて、閲覧又は複写することができなかったり、仮に通知に気付いたとしても、送達の効力が生じるまでの1週間のうち、残された期間内で適切な対応を取り得なかったりすることもあり得るからというものでした。改正法はそのような例外は設けていないところです。訴訟係属後の多くの送達対象については、その送達が予見できると思うのですけれども、例えば即時抗告の対象となる決定がシステム送達により告知されるという場合には、予見できるとは限らないので、不安視する意見もあるところです。通知を見逃さなければよいといえば、そのとおりなのですけれども、本人訴訟の当事者のことも考えますと、実務上、システム送達が不意打ちにならないようにする運用上の配慮が必要ではないかと思われました。

　2つ目は、受送達者の責めに帰することができない事由についてです。日弁連は、受送達者がその責めに帰すべき事由以外の事由により通知を受領できず、あるいは対象電子書類の閲覧又は複写ができない場合には、1週間の経過での送達の効力発生を認めるべきではないという意見も述べておりました。改正法においては、そうした事由で閲覧又は複写ができない場合には、その期間を1週間の期間に算入しないこととされております。これらの手当ての方法は異なっておりますが、日弁連の問題意識は酌み取られていると評価はできるかと思います。

　しかし、改正法が定める規律においては、受送達者が、自らの責めに帰することができない事由の存在と、それにより閲覧又は複写することができなかった期間を立証しなければならないように思われます。前者につきましては、オンライン申立てを義務付けられる者が書面申立てをすることが認められる要件（132条の11第3項）や訴訟行為の追完が認められる要件（97条1項）と同様の立証上の負担があるように思われます。それに加え、後者については、そのような事由により、閲覧又は複写ができなかった期間を立証しなければならないという点で、更に負担が重くなるようにも思われます。どの程度の立証が求められるのかという運用の問題になるのかもしれませんが、実務に役立つ示唆

VIII 送達

が得られればと考えております。

垣内　この点は、先ほどの話とも関連する問題で、通知が送達行為の構成要素、送達行為なのであって、通知があれば、普通は見るのだろうということなのですが、見なくてもよい。閲覧の方は原則として効力発生要件ではあるけれども、1週間経過すれば閲覧は不要とされるわけです。そこで、こういったみなし送達がなぜ認められるのかについて考えますと、出発点としてはシステム上で、当該当事者が見ようと思えば見られる状態に既になっているということがまずあって、その限度での送達行為というのはされていて、通知もされている。そうである以上、実際には見なくても、1週間経過すれば、もはや受送達者の支配領域に到達しているのだという評価が可能で、だから送達の効力を生じさせてもかまわないということになっている。仮に通知がなくても見られる状態になっていることには変わりがありませんが、しかしながら通知はされるということが前提とされていて、通知に気を付けていれば、具体的にある書類が送達されているということが分かり、実際に自分で確認する機会も提供されているわけです。これに対して、日下部さんによる問題提起の前半の部分は、場合によっては、そのことが必ずしも妥当しないことがあるのではないかという問題意識によるものだったのかと思います。

◆通知等の方法や回数に関する工夫の可能性

垣内　この関係で、これもシステムの仕様に関わるのですけれども、通知の具体的なやり方として、1回あったらそれで終わりで、あとは何もないというものなのか。サービスとしては、見ていなければ何回も促すというようなことが、より親切なサービスということになるのかもしれないのですけれども、通知が飽くまで送達行為なのだとすると、それは1回だけすることが想定されていて、何回も、3日ごとにやってくるとか、そういうことは想定されていないということになるのか。そうするとかえって不親切な感じもするのですけれども、その辺りをどう捉えるのかという問題が1つあるのかなと思います。

　ちなみにこれは余談になるのかもしれませんけれども、中国のオンラインの送達では、携帯電話会社と連携して、送達を知らせるためにショートメッセージなどを送った場合に、それを受領したスマートフォンの所持者がショートメッセージを確認しない限り、その携帯電話が使えない状態が続くといった取組があるという話を耳にしたことがあります。日本ではこれは難しいのかもしれ

ませんけれども、システムの設計や運用の形として、通知があったのであれば、それにできるだけ気付いてもらえるような工夫をするということも1つ、大事なのかなと思います。

　それから部会でも話題になりましたけれども、通知が例えば電子メールでされる場合に、電子メールが届かないということも、社会生活上、時に経験されることで、先に出てきたペイジーが使えないというのよりは、相当ありそうな事態だと思われますけれども、その場合に受送達者の責めに帰することができない事由に当たるかどうかは、これも解釈問題ということになるのだと思いますが、私自身は当たることがあり得るのだろうと考えています。例えば判決書類の送達等で問題となった場合には、確かに立証の問題というのはあるのだと思いますけれども、通知メールが到達していなかったというようなことで、いつ初めて分かったのであるということが言えれば、上訴期間との関係でそのことを考慮した形で送達の効力発生時点を考えるということも、場合によってはあり得ると考えていたところです。この辺りも他にいろいろ考え方があり得るところなのかと思いますので、もし他の方々から御意見等あれば、伺ってみたいと思います。

笠井　「ショート・メッセージ・サービスでの」というのは、今でも付郵便送達の場合に普通郵便で取りあえず通知する（民訴規44条）というサービス的なものはあって、そういうものがオンラインの場合にもあってもいいと思わなくはありません。それから、垣内さんが言われたことにも関係するのですけれども、責めに帰することができない事由の証明責任について、証明責任を負うのがなかなか大変だという話になると、今度は相手方が責めに帰すべき事由に該当していたという証明をしなければいけないのかというと、そのような話になるのも不自然な感じがして、判決の送達の場合の控訴の適法性の問題だといっても、職権で何か探知をするという話にもならないような気がしますし、その辺りがなかなか難しいところだなということを感想としては思いました。他に何かございますでしょうか。

日下部　御指摘がありましたとおり、受送達者の方が責めに帰することができない事由なのだということを立証するというのは、大変なことにもなり得るのかなというようにも思いますが、他方で送達の効力が発生することで利益を得る当事者から見ると、十分な理由がないのに、責めに帰することができない事

Ⅷ　送達

由があったのだという主張が認められてしまうことには納得感はないだろうなと思いますので、法的な仕組みとしては、今の改正法のようなもので妥当性はあると個人的には考えています。しかし、それはそれとして、実務的に重要であるのは、見逃してしまいましたというようなことを簡単に言われないようにするための運用上の工夫なのかなと思いました。確かにシステム送達における通知が送達行為の構成要素なのだと考えた場合には、一度通知をすれば、それで足りると考えられるのですが、裁判所には、受送達者が閲覧も複写もしていないという状況であれば、自動的にきちんと見てくださいねという連絡が最初の通知の後にも送られるようにシステム設計をしていただけると、無駄な議論が発生しにくくなるかと思いますので、送達行為そのものではもはやないのかもしれませんけれども、2回目、3回目のお知らせというのも、是非御検討いただけたらなと思いました。

（4）　システム送達を受ける受送達者の通知アドレスや送達受取人に関する事項

笠井　通知アドレスと受送達者との関連性等は、非弁行為の禁止との関係でも重要な問題になろうかと思います。またシステム送達受取人を認めるかどうかというのも、法制審の部会でかなり議論になりました。審議の終盤にかなり議論をしていたと思います。この2つを区切った方がいいのかもしれませんけれども、取りあえず日下部さんから問題提起やお考えについて、敷衍していただければと思います。

◆通知アドレスの届出の在り方等

日下部　それではまずはシステム送達受取人以外の点について、問題提起をさせていただければと思います。何点かございます。まず1点目ですが、複数の通知アドレスの届出に関するものです。問題意識を持ちましたのは、1人の当事者や1人の訴訟代理人が複数の通知アドレスを届け出ることが可能なのかどうかというものです。訴訟代理人にはそのニーズは余りないように思いますけれども、希望する人は間違いなくいるだろうと思います。また、当事者には、通知の見落としの可能性を減らすために、複数の通知アドレスを届け出ることを希望する者は多いのではないかと思います。さはさりながら、無制限に通知アドレスを届け出ることができるという結論には合理性はなく、事件管理シス

160

テムの運用をする裁判所にそのような対応を求めることはできないとも思います。このような届け出ることができる通知アドレスの数の問題は、どのように解釈すべきなのかという問題意識です。

2点目は、届出者と通知アドレスの関係についてです。日弁連は、中間試案に対する意見書の中で、当事者等に通知アドレスの届出をさせるに当たっては、非弁活動の抑止の観点からですが、現行民訴規則41条3項における受送達者と送達場所の関係と同様に、受送達者と通知アドレスの関係を明らかにさせる規律を設けるべきとの意見を述べておりました。これは法律レベルでは規律されず、規律されるとしても、規則事項と考えられるのですけれども、法解釈としてはどのように整理すべきなのかという問題意識を持っております。なお、この点は当事者がシステム送達受取人の届出をする場合としない場合とで違いがあるようにも思われますので、それも含めて、御意見をお聞きできればと思っています。

3点目は、届出者が複数の場合です。日弁連は、一方当事者側で通知アドレスの届出をしている者が複数いる場合、例えば当事者本人とその訴訟代理人がいずれも通知アドレスの届出をしている場合に、受送達者をそのうちの一部の者に限定する届出をすることができるとする考え方を支持しておりました。これは、訴訟代理人の意図しないところで、当事者本人が先行して送達対象の電子書類を閲覧又は複写してしまうことで生じる支障を回避することを意図するものでありました。改正法はそのような考え方を採用していませんので、そうした支障の回避は代理人側の実務上の工夫に委ねられているものと理解しています。この点については感想めいたもので、御意見を頂くという性質のものではないかもしれません。

最後の4点目です。これは、オンライン申立てをしている者が通知アドレスの届出をしない場合についてです。改正法ではオンライン申立てを義務付けられる者は、通知アドレスの届出も義務付けられておりますけれども、オンライン申立てを義務付けられていないけれども、オンライン申立てをしている者には、通知アドレスの届出は義務付けられていませんので、申立てはオンラインでしながら、送達は書面で受けるという者が発生する状態が想定され得るかと思います。このような状態は許容されるべきではないようにも思うのですけれども、何らか実務的な対処あるいは法解釈として、考えられるものがあるのか

Ⅷ　送達

どうかについては、御意見を伺えればと思いました。以上でございます。

笠井　今の各点について、その一部でも結構ですので、他の方から御意見や、質問への回答的なものもあれば、お願いしたいと思いますけれども、いかがでしょうか。複数届け出られるのかという話については、私も部会で、法人の場合にどうなるのですかという質問はしていました。法律上、それが禁止されているわけでもないとは思うのですが、しかし一応、法の趣旨としては１つであるということが何となく前提になっているようでもありまして。脇村さん、お願いできますか。

脇村　今、笠井さんがおっしゃったとおり、法律上は特に規定はないということなのだと思いますけれども、一方で恐らく複数届け出たとしても、裁判所は必ずその全員に送らないといけないということにもなっていませんし、実際、送達受取人等がある場合に誰に送るかについては、最終的には裁判所の判断事項だと思いますので、そういった意味では届出ができるかという問題と、裁判所がどうするかという問題を、分けて考える必要があると思います。

　ただ一方で、今、笠井さんからお話があったとおり、そもそも法制審部会が必ず複数でやることを許容していたかと言われると、恐らく許容していたということまでのコンセンサスはなかったような気もしていて、正に通知アドレスの問題については、今後、システムを考える上で、法人なり、事務所なり、いろいろな問題がある中で誰にするのかについて、どうやって運用していくかという問題なのかなと思います。ただ余り多いと、発信時期の問題はどうしても出てくるでしょうし、恐らく最速で考えるのだと思いますけれども、その問題がきちんとクリアできるのかというのは実務の上では、考えないといけないのかなと思っています。

　あと他の問題についても、恐らく規則事項の話は多いと思いますが、通知アドレスに管理を及ぼしていくことが必要かどうかについて、法律上はそこは何も言っていないのだと思います。ただ一方で部会でも話題になっていたとおり、いわゆる非弁活動の関係をどうするのかについて、何か考える際に少し議論があるのかもしれません。もっとも、少なくとも法律上は、通知先の届出をしてもらえればよく、その届出先にどうアクセスするかはその者が考える問題であるように思われ、そうだとすると、法的なものとして必ずそこについて管理を及ぼしていくかどうかは問題とならないように思われます。どうやって、

162

その届出をした人が通知を見るのかという実際上の問題はありますが。

笠井　1つ目の、複数のアドレスの届出があったときに先に通知した方がどうかというのは、技術的に可能であれば、措置と同時に発信されるものが全部、複数のアドレスに同時に送られるように組まれていればいいような気もします。新幹線の予約サイトで、私は複数のアドレスを登録していて、大体、同時に通知が来るみたいなことですけれども。

杉山　余り理論的な話ではないのですが、複数アドレスの登録に関しては、1人の人が複数のアドレスを登録する場合と、複数人が複数のアドレスを登録する場合の、両方が問題になるのだろうと思います。先ほど通知が届く、届かないという話がありましたが、1つのメールアドレスには届くけれど、他のアドレスには届かないということもあり得るので、通知の法的な位置付けとも関連するとは思いますが、一般には、1人の人が複数の通知アドレスを登録するとか、あるいは本人と代理人が両方、登録すること自体は認めた方がよいと思います。先ほど笠井さんがおっしゃったように、システム上、自動的に通知を発信するような制度にするのであれば、それほど負担が重いといった問題は出てこないのであろうと思います。

　あと、後ほど（165頁）議論がされるように、通知アドレスの管理の話なのですが、実際に送達を受けることができる、つまり、システムにアクセスする権限を有するのが誰なのかという話とも関わると思います。普通は当事者と訴訟代理人だけが自身のIDを持って、アクセスをするのだろうと思うのですが、誰かに使わせるということも実際は可能であるし、行われるのではないかと思います。私がイギリスの法律事務所でインタビューをしたときには、こういうシステムを使える人は基本的に若い人なので、若い弁護士1人のみがIDを取得して他の弁護士が担当する事件についても責任をもってアクセス等をする例もあると伺いました。通知アドレス自体以外にも、実際にIDをどう共有等しているのかという問題と両方が出てくるかと思います。ただ、送達の効力を考えるに当たっては、非弁行為があるかどうかという見えないところまでの判断を厳格に求められるというのは、難しいのではないかと思います。

橋爪　今、杉山さんがおっしゃったように、複数の人がそれぞれメールアドレスを届け出る場合と、1人の人が複数のメールアドレスを届け出る場合とは、別々の問題として考えた方が良いように思います。私の理解としては、例えば

VIII　送達

本人と代理人、若しくは代理人のA先生とB先生というように、複数の方がシステム送達の届出をして、複数の人にシステム送達をするということは当然、あり得るのだろうと考えておりました。他方、1人の当事者が複数のメールアドレスを登録するということについては、法律上は特定の1つのメールアドレスを登録するということになるのだと思うのですが、それも先ほども話のありました、ある意味、付加的なサービスの話として、それとは別のメールアドレスにも通知を送ることができないのかという点については、正にこれから裁判所がシステムを構築していく中で検討していく問題かというふうに考えております。

　あと、もう1点、日下部さんがおっしゃった、確か4番目の点だと思うのですが、オンライン申立てとシステム送達の届出との関係につきましては、法制審の部会でも、弁護士等でない一般の方であっても、その方がシステムを使ってオンライン申立てをする場合には、同時にシステムの送達の届出をしていただくのが当然ではないかといったことを申し上げまして、日下部さんも同様の趣旨の御発言をされていたところと記憶しております。この点は法律事項と整理されなかったため、改正法の内容にはなっていないものと理解しているのですけれども、今後、規則やシステムの検討を進めていく上では、念頭に置く必要があるのではないかと考えております。

垣内　複数のアドレスについては、今、橋爪さんがおっしゃったことや、先ほど私が申し上げた点とも関連して、笠井さんからも御発言があった、付加的なサービスとしてというふうに考えるというのは1つ、あり得る方法かなと思います。正式な通知行為としては1つのアドレスへの送付を考えるということで、他については付加的なサービスとして、しかし連絡はしてあげるというようなことは十分あってよい、親切なやり方だろうと思いました。

　それから実質的関連性ですね、通知アドレスが本当にその人のものなのかどうかというような話に関して、これは現在ですと、送達場所の届出との関係で似たような問題というか、民訴規則41条3項ということだと思います。その関係では1つ、非弁の問題もあるのかもしれませんけれども、なりすましとか、判決の騙取とかいったことへの懸念というのも背景にはあるのかなと思います。ただ一応、従来は、関連性について書いてはもらうにしても、問題があるからといって受け付けないということは認められていなかったということ

で、基本的には問題状況は今後も同じということかと思います。一応、実質関連性について何か説明をしてもらうというようなことはあり得ると思いますけれども、住所等とも比較して、メールの場合には結び付きをどう示すのかがやや難しいようなところもあるような感じもいたしますし、かつ、効果として、そこは問題があるから、このアドレスは認めないというところまでは言いにくいというところで、なかなか難しい話なのかなという気がいたします。

　最後に、オンライン申立てをしている人が通知アドレスの届出はしないということは、法律上は禁止はされていないというか、できそうにも見えるけれども、実際には合理性がないというのは、そのとおりかと思います。この点に関連して規則等で手当てするということも、あり得るように思います。

日下部　特に1人の人間が複数の通知アドレスの届出をすることについては、いろいろな御意見を伺いまして、私自身も、1人の人間が当然に複数の通知アドレスの届出が法律上できる、例えば法的権限なのだとか、権利なのだというように考えるのは、おかしな話ではないかというように考えておりました。それゆえ、法律的には1つの通知アドレスの届出は当然できるけれども、それを超える部分については、裁判所の方での、サービスという言い方がよいのかどうか分かりませんが、付加的に認められ得るものというような整理をしておいた上で、例えばですけれども、1人の人がメインの通知アドレスとして、法律上、届け出られるものと、サブのものとして1つなり2つなり、3つは多すぎるような気もしますが、そういったアドレスも同時に届け出てもらうこともできますというような形で御対応いただけると、ユーザーとしても満足感が高くなるのではないかというように思いました。

◆システム送達受取人

笠井　では続きまして、送達受取人（109条の2第2項後段）のところについて日下部さんから、問題提起いただければと思います。

日下部　システム送達受取人につきましては、中間試案の段階では示されていなかった事項かと思います。この制度について、日弁連の正式な意見というのはないのですけれども、訴訟代理人以外の者が本人のためにシステム送達を受けるためには、システム送達受取人にならなければいけないのか、あるいは従来の実務に倣って、他者が本人の使者として、システム送達を受けることも考えられるのか、もしそうであるなら、システム送達受取人は使者と異なる、ど

Ⅷ　送達

のような意義を持つのかが問われるのではないかと思いました。

　実務的には、システム送達受取人については資格が求められないものの、訴訟法上の地位が認められているため、非弁活動の温床にならないか、また、逆にまっとうな支援者を得られにくくならないのかという懸念がございました。他方、使者については、民事訴訟法上の制度の外に位置付けられるため、本人との一定の関係を求めるべきか、その関係の担保措置をどうすべきか、使者に通知の受領のほか、閲覧や複写も許容するのかといった点が問題となるように思います。

　また、システム送達受取人の制度の細目を検討しますと、法制上は、通知アドレスは本人が届け出て、その通知アドレスに対して、システム送達のための通知が送られるというだけであって、システム送達受取人が自らの通知アドレスを届け出ることは規定されておらず、またシステム送達受取人が本人に代わってできることが何であるのかも、明示的には規定されていないと思います。法制審の部会での検討のときにおける部会資料では、システム送達受取人の法的地位は、送達すべき電磁的記録の閲覧又は複写をする代理権のみを有するものであって、そうした電磁的記録以外の訴訟記録の閲覧等については、第三者として実施すると整理されておりました。これは部会資料 28 に記載されていることでございます。

　これらを前提としますと、私は今のところは、システム送達受取人の届出をする本人は、システム送達受取人が通知を確認できる通知アドレスのみを届け出てもよいけれども、自らが通知を確認できる通知アドレスを併せて届け出てもよく、また、仮に複数の通知アドレスの届出がされた場合には、通知はそれらのいずれにも送られることとなり、本人がシステム送達受取人よりも前に送達対象の電磁的記録を閲覧又は複写したら、その時点で送達の効力が生じるように理解しているのですが、本当にその理解で適切なのかどうかということについても、御意見を頂ければと思っております。

笠井　それでは今の問題指摘、あるいは御質問に対してのコメントなどを頂ければと思いますけれども、いかがでしょうか。

脇村　まず送達受取人が何ができるかについては、部会資料に書いているとおりで間違いないというふうに理解をしています。その上で名宛人というか、当事者が受取人の届出をした際に、当事者と受取人の両方ともについて通知する

ことができるかどうかについての議論もあったと思いますけれども、法制審の方の議論では、先ほどの話と似た話かもしれませんが、当事者が、送達を受けないまま、送達するべき、受けるべき記録にアクセスすることについて、問題があるのではないかという御指摘がありました。確か日下部さんからも頂いていたような気がしているのですけれども、そういった御指摘もあったので、両方とものの通知先を届け出ることはあるのではないかという御議論もあり、特にそれがよくないという議論にはなっていなかったというふうに私としては記憶しております。もっとも、多少、人によって、いろいろ捉え方があるかもしれませんので、また教えていただければというふうに思います。

日下部 特に最後の部会資料 28 に関して、今、申し上げましたのは、当時の部会資料 28 そのものと、それを基に法制審の部会で議論がされた際の議事録を読み直して、整理したものといいますか、そのときの自分自身の理解をお伝えしたものですので、脇村さんのほうから、そのときの議論としてはそういうことだったのではないかというのをお聞きして、少しほっとしたような気はしているところです。

　ただ、法制審の部会の議論のとき、あるいは法律上、どうするのかということについては、比較的、整理ができた状態だったのかなと思うのですけれども、そのようにしてできた法制度を基にして、従来行われているような、使者として本人に代わって送達を受けるという考え方が、システム送達受取人の制度が設けられることで使えなくなってしまうのかどうかということについては、問題意識を持っていたところです。私自身は、実は法制審の部会で議論をしていた際には、システム送達受取人の制度が入ることによって、少なくとも受送達については、使者を利用して行うことはできなくなるだろうというように考えておりまして、それゆえにシステム送達受取人の制度を導入することについては、消極的な意見を述べていたという経緯がございました。それについて、心配しすぎといいますか、必ずしもそうではないのではないかという考え方もあり得るようにも、今となっては思うところもありますので、その辺も御意見を頂ければと考えていた次第です。

笠井 部会の第 19 回の会議での部会資料が 28 です。

脇村 もともとの出発点として、手続は送達を前提に積み重ねるものですので、できるだけ、送達が有効かどうかは明確にしていこうという観点から、受

Ⅷ　送達

取人制度を導入したというところでして、もちろんその前提として、デジタル
が余りお得意ではない方であったとしても、例えば息子さんなり御親族の方な
りを経由して、受け取った方が早いケースがあるだろうということも考え、制
度としては作ったというのが率直なところだと思います。

　その上で今お話が出ている使者の話は、恐らく解釈とか運用の話になってき
ますので、それは送達受取人制度を踏まえながら、今後、考えていくべき課題
なのかなと思います。もちろん私としては、送達受取人制度を制度として用意
した以上は、使える場面では使っていただきたいと思う反面、全てのケースに
ついて、何か絶対これは駄目だと言うほどのこともないのかなということも思
っております。ただ、そういう使者構成で本当にうまくいくかどうかについて
は、よく考えないといけない点も多いのではないかと思っているところですの
で、運用に際しては、注意していただきたいと思います。

橋爪　システム送達受取人制度に関する部会の議論では、使者構成のみで本当
にシステム送達がうまくいくのかといった議論がされていたと記憶しておりま
すが、他方で、この制度が設けられたからといって運用上の工夫の余地といっ
たものが否定されたというようには、私としては考えておりません。典型例は
法人だと思うのですが、法人に対するシステム送達を行うときに、代表者のメ
ールアドレスに通知を送っても、代表者本人が自ら見ることができない事態に
備えて、一定の社員の方も送達内容を了知できるようにしてほしいといったニ
ーズは、それなりにあると思われますが、システム送達受取人の制度を用いる
以外の方法が何かないのかという点については、今、システムの要件定義を進
める中で、検討をしているところです。

　あともう１つは、システム送達受取人の権限として、先ほど日下部さんがお
っしゃったことは、法律上の整理としてはそのとおりではあるとは思うのです
が、送達受取人の方が、受け取る局面だけではなく、裁判所に書面を提出する
という局面でも、何か本人をサポートしたいというようなニーズはあり得るか
と思いますし、その場合にシステムを使ったどのようなサポートの形があり得
るのかということは、別途、検討していく問題かなというふうに思っておりま
す。

日下部　システム送達受取人の制度が設けられたから、受送達の局面では従来
の使者のような扱いが一切できないのだということになりますと、現状、実務

168

の要請に応え切れないということもあるかと思いますので、使者による何らか
の支援というものも許容していく必要はあるのだろうと考えているところで
す。ただ、それを前提としますと、法律的に、ではシステム送達受取人という
のはどういった独自の価値といいますか、意義があるかということが改めて問
われることになってしまうのかなというようにも思っておりまして、その点に
ついては、私自身は、これこそが使者と違うシステム送達受取人の意義なの
だ、価値なのだというものが、いまひとつ、つかみ切れていないというのが現
状でございます。その点について、他の方々から、こういう点はとりわけ有意
な価値があるのだというような御説明などを頂けると、私もすとんと腹落ちで
きるなというように考えている次第です。

垣内　私は日下部さんがすとんと腹落ちできる説明ができるということでは全
くないのですけれども、使者構成の意義について、従来の実務についてよく分
かっていないということもあって、つかめていないところがあります。少なく
とも今後、システム送達で考えた場合、送達の通知があって、システムに見に
行くというときに、使者構成といった場合には何が想定されるのか。何か使者
が使者として届出をして、通知アドレスに使者のアドレスを届け出て、そこに
通知があると、使者が自分の ID を用いてシステムにアクセスし、閲覧等をす
るということなのか。事実上の問題としては、本人が代わりに誰かに見てもら
いたいというときには、ID とパスワードを、本当はいけないのかもしれませ
んけれども、これを使って見てくれということは、実際上はなかなか制限でき
ないようにも思われます。これはシステムにログインするときの本人確認とか
の方法がどうなのかということにも依存するのかもしれませんけれども、使者
構成に期待されているものは何なのか。システム送達の下で使者構成を使うと
いうことに、具体的にどのような期待、メリットを見いだしていらっしゃるの
かということについて、少し更に御説明いただけると有り難いなという気もし
たのですけれども。

笠井　今の日下部さんへの御質問と関係しますが、私も大きな会社とかを考え
ると、また、それほど大きくなくても、例えば、大学とかを考えても、会社や
大学の代表者であるところの社長や学長がいちいち見るわけではなくて、大
体、法務とかをやっている所の担当者がアドレス指定されていて、そこの担当
者だったら 10 人でも 20 人でも見ようと思えば見られるという、そのようなも

のが普通であると思います。それは使者と言えるのでしょうけれど、あえて禁止されているわけではないと思いますし、しかしそれで送達受取人という 1 人の人とか複数の人とかそういった話にもならないような感じがしますので、そういうのであれば、言うまでもなく認められるのかなとも思います。ですから、あえて使者と言うことの意味がどの辺りにあるのかというのは、気にはなっていました。

橋爪 日下部さんの問題意識と違っていたら訂正いただきたいのですけれども、私の方も使者という言葉を使うかどうかには余りこだわりはなくて、問題はシステム送達受取人のような制度を使わなくても、正に今、笠井さんがおっしゃったような法人の場合の対応であるとか、若しくはこれまでの実務との連続性という観点からしますと、例えば弁護士事務所の事務員の方が弁護士の印鑑の押してある受領書面を持ってきたときに、送達書類を渡すようなことを認めるのかということかと思うのです。このような限られた特別の局面において、そういった事務員や従業員の方にシステム送達受取人になることを求めるのか、若しくはその方が弁護士や代表取締役の ID、パスワードと同じものを使用することを認めるのかというと、それは、必ずしも相当でないような気がします。今、政府においても、法人が電子申請をする際に、代表者ではない従業員や職員に一定のサービスを利用させるための仕組みというものが存在するようでして、そうであれば、それと同じような仕組みを裁判所が構築しようとする事件システムでも取り入れることができるのではないかといったことを考えており、そのことの法的な意味合いを問われた場合には、それが使者ということになるのかもしれないといった程度の意味合いで、私としては理解しておりました。

笠井 よく分かりました。日下部さんがおっしゃっていた使者というのは、それとは違うのですか。

日下部 同じことだと思います。要はシステム送達受取人のような民訴法上の地位なり、立場なりを持っているわけではないけれども、本人のために何かしらの行為をして、その効果が本人に生じるという、そのような役割を担う人の存在へのニーズがあって、それを何らか、法的に説明するなら、使者ということになるのではないかという話で、使者という構成に特段こだわりがあって、お伝えしているということではないのです。

170

それで今、お話をお伺いしていて、1つ、前提として考えなければいけないのは、本人の ID やパスワードを、たとえそれが使者なり、あるいは会社の従業員であるとしても、使っていいよというように別の人に任せてしまうということは、これはシステムの設計上はタブーであって、それを前提として考えてはならず、それは飽くまで駄目ですよというベースでないといけないのではないかということです。それゆえに、本人に代わって、システム上、何らかのことをする人は、その人自身の ID やパスワードを保有した状態でなければならないということになって、そうすると、それがどういう立場の人なのだということを整理する必要が出てき得るということなのかなと思っていました。その上で、仮にその人がシステム送達受取人となっているわけではなくとも、本人に代わって送達の効力発生を生ぜしめる閲覧等ができるのだということだとすると、翻ってシステム送達受取人の独自の意義や価値はどこにあるのだろうかということが分からなくなってしまったというのが、私が先ほど申し上げたことです。

垣内　ですから、これも使者構成と言われるものが結局、どういう形で運用されるのかということにもよるのかなと思いますけれども、基本的にその人の名前で ID なり、パスワードなりをもって、アクセスをする権限を与えられて、しかし送達等の効果はその人ではなくて、当事者に生ずるということであれば、これはシステム送達受取人の制度というのは正にそういうものを想定しているわけです。これに対して、使者の場合にも固有の ID とかパスワードとかアカウントを与えられるということだとしますと、そこは余り違いはないというようにも思うのですけれども、そういう形で使者というものが使われるのかどうかというのは私自身はよく分からないので、その辺りの見通しの違いということなのかもしれません。

　それとは別に、システム送達受取人の制度について、部会での議論は、先ほど初めの方に日下部さんや脇村さんのほうから御説明があったところだったと思うのですけれども、改めて出来上がった条文を見ますと、109 条の 2 第 2 項の後段ということで、この場合においては送達受取人も届け出ることができるということになっていまして、これは、昔からある 104 条 1 項後段の文言と全く同じような形になっているということかと思うのですけれども、従来ですと、送達受取人が指定されると、正にその人が受送達者になるのであって、他

の人に送達しても駄目だという議論もあったかと思います（秋山幹男ほか『コンメンタール民事訴訟法II〔第3版〕』〔日本評論社、2022年〕402頁参照）。同じような規定ぶりではあるのだけれども、今回のシステムの方の送達受取人の場合には、本人と同時に並行して受送達者たり得るという解釈が、部会での審議でも前提とされていたのかなと思うのですけれども、法律の文言からはどう理解すべきか、受送達者を限定する効果を持つものではないのだと理解すべきなのか、その辺りの概念の整理など、法案の作成過程で検討されたことがもしおありであれば、教えていただけると参考になるかと思います。

脇村　恐らく現行法の送達受取人制度の下では、実務上は、送達は受取人に対してしか行っていないというふうに理解をしています。ただ一方で法律上、受取人以外やってはいけないのかというと、そこまでの話ではなかったのではないかという気もしています。もちろん普通はしないので、余り問題になっていなかったかとは思います。仮に受取人が受け取らないといったケースについて、本人にできなかったのかというと、それはできたのだろうと理解しておりました。

　その上で今回の立案に当たっては、まず前提として、受取人の届出はしつつ、受取人だけでなく、当事者自身も、インターネットを利用した送達の通知先になるという届出をしていいのかどうかという問題があり、それは否定されていなかったのではないかと思っています。そのようなケースについて、送達受取人にだけするのがいいのかどうかという問題については、届出をしているのであれば、両方にしてもよいのではないかということでしょうし、更にもともと先ほどから出ているとおり、紙と違ってアクセスは基本、当事者はできてしまうということからすると、受取人にだけ送達行為をしたようなケースについて、受取人が実際にはまだ見る前に、本人が見てしまって、事実上、送達と同じようなことが起こっていながら、送達の効力が生じないということは、それはまずかろうという御意見も強かったのではないかと思います。

笠井　出発点としては、紙の送達の場合は1人しか受け取らないということを想定するのに対して、電子的な送達の場合は複数が、しかも同時にでも、あるいは異時にでも受け取れるという、そういうところが違うのかなと思います。問題点としては、送達受取人を届け出ていて、先ほど脇村さんがおっしゃったように、自分も受け取っていいけれども、送達受取人が受け取ってもいいよと

いう場合は余り問題ないと思うのですけれども、送達受取人が届け出られているときのデフォルトの意思ということで、それを送達受取人が受け取るのだと普通は考えているとすると、そうすると本人に送達を電子的に送信したからといって、そこの時点から例えば1週間とか、そういうようなことで送達の効力が発生してしまうと考えるのは、まずいのではないかという話も出てきそうなのですけれども、その辺り、いかがですか。

脇村 そういった意味では、少なくとも受取人が届け出られているケースについて、受取人に通知をしないということは、裁量としても、それは逸脱しているだろうと私は考えています。基本的には受取人の届出がされている以上は、受取人に対して通知するということは正にデフォルトだと思いますが、そのときに同時に本人に対してもするということが否定されているかというと、否定されていないでしょうし、これまでの議論からすると、そうやった方がよいのではないかという御意見があったのだろうというふうに理解をしています。受取人に対する通知から1週間が経過するよりも前に、送達の効力が発生するのはよろしくないと思うので、基本的には、同時、あるいは受取人に通知後に期間をほとんど置かずに本人に通知をするといった配慮は必要でしょう。いずれにしても、従前は、紙の書類が1通しかないときに、それを受取人ではなくて、本人に渡すことはまずいのではないかという議論がされていたのに対し、今後は1つのデータについて、同時に複数に通知し、複数がそれにアクセスができることを前提にしており、前提が違ってきているのかなというような印象を持っているところです。

笠井 どちらも法律的な意味での送達なのですか。

脇村 はい。先ほど言ったとおり、本人が見てしまっても、送達の効果が発生しないということを許容するかどうかにつき、恐らく法制審の議論は、それはまずいのではないかという意見が強かったのだと私は理解していたので、受取人だけでなく、本人にも、法律的な意味での送達をするという議論だと思います。

笠井 分かりました、ありがとうございます。垣内さん、お願いします。

垣内 実質のところは今、正に御説明があったとおりで、本人が閲覧できる場合に、それに送達の効力が生じないのはおかしいということで、それは部会での議論のとおりかと思います。それで先ほどの私の発言に関しては、一部のコ

Ⅷ　送達

ンメンタールの記載などが念頭にあったのですけれども、考えてみますと、送達受取人は代理人だと解されてきたわけなので、受送達者の代理人なのであって、送達受取人が受送達者になるというわけではないという方が、より正確な説明なのかなという気もいたします。ただ、従来の送達受取人は、送達場所の届出とリンクしていたので、本人の住所に行って、本人に渡したりしても、それは送達にならないということだと思いますから、その関係で専ら送達受取人に送達しないと意味がないということになっていたということだとすると、システム送達の場合には、場所というのが正にシステム上という話になるわけで、そこはどちらでも同じということになるので、状況が変わってきているということなのかなと思いました。

日下部　ありがとうございます。今のお話をお伺いして思いましたのは、結局、当事者が送達受取人の届出をしたとしても、当事者本人が受送達者であるということ自体は変わらないということだとしますと、送達の効力の発生においては、当事者本人が送達対象記録を閲覧又は複写した場合であっても、送達受取人が閲覧又は複写した場合であっても、先のタイミングで送達の効力が発生するというように考えるのが、今の規律からすると自然なことになるのかなということです。

　もともとシステム送達についての当初の議論でもありましたけれども、閲覧や複写をするということが、例えば通知の後になされなければいけないといった先後関係や、あるいは通知を契機とするという因果関係を、特段要するものではないのだというように整理すると、今お伝えしたような、システム送達受取人の届出をした本人が、自ら閲覧又は複写した場合でも、少なくともそのタイミングでは送達の効力が発生するという理解とも整合するのかなというように聞いていて思ったところです。

笠井　日下部さん、問題提起としての送達受取人のところは、この辺りでよろしいでしょうか。

日下部　そうですね。恐らく実務上、どの程度使われるのかというのが、まだよく分からないところでもあります。例えば本人が届け出る通知アドレスが、必ずしも本人との関連性を厳密に求められることも特にないのだということだとすると、送達受取人の制度を使わなくても、本人に代わって通知に気付くべき人を別途、用意することができるということになるのかなとも思いましたの

174

で、どの程度使われるのかというのは今もよく分からないところではあります。

しかし、実際に使われるようになるのだとすると、本人がどの程度の数の通知アドレスの届出をすることができるのか。先ほど一当事者については１つであって、それを超える部分については、言うなれば裁判所のサービスのようなものになるのではないかというお話もありましたけれども、送達受取人の届出をしているときには、自分自身が見るための通知アドレスと、送達受取人が見るための通知アドレスと、少なくとも２つは届け出ることができるのだというような解釈にもなり得るのかなとも思いまして、その辺が本日の御議論をお聞きしていても、必ずしもはっきり決まっているものでもないのかなという印象を持ったところです。

したがって、システム送達受取人の法律的な整理とか、あるいは実務でどうしなければいけないのか、どうすることが許容されるのかということについては、もう少し議論を深める場所が必要になることもあり得るのかなというようにも感じたところです。いずれ、新しい改正法の条文の該当部分について、解説を書かなければいけない研究者の方などが苦労されるのかなと思いましたけれども、よろしくお願いしたいと思います。

脇村 法的構成について、先ほど垣内さんがお話しになった点で付け加えるわけではないのですけれども、確かにものの本を見ると、名宛人になるのは受取人であると書いている一方で、任意代理人になると書いてあるものもあり、恐らく実務的には、受取人自身が名宛人になり、名宛人の代理人として受け取っているものではないという発想が多分、近かったのだろうと思います。私もこれまではどちらかというと名宛人になるということを前提に、つまりＡがＢを受取人にした場合に、Ｂに対して送達をする、受取人Ｂに対してするものは、Ａに対してしたものをＢが受け取ったというよりは、Ｂに対して直接やっているのだという構成で考えていました。その前提でもなお、先ほどからお話しさせていただいたのは、要するに名宛人が２人いてもよいのではないかということを前提に、Ｂに対する通知等もし、実際に閲覧等をする機会を与え、Ａに対しても同じようなことをするということをやってもよいのではないか、部会の議論としては、少なくとも結論的には、そうではないかということでお話をさせていただいたつもりです。

175

Ⅷ　送達

　一方で正に日下部さんがおっしゃっていたとおり、今の実務というか、考え方に縛られずに任意代理であるという構成を突き抜けて考えると、恐らく名宛人は１人、固定されていて、つまり届出をしたＡしか名宛人はおらず、代理人であるＢも、代理人としてそれは見られるのだという構成もあるのかなと思います。この構成だと、極論をすれば、Ａに通知をすれば、代理人Ｂに通知の効力が生ずることにもなるように思いますが、名宛人が２人になるとすると、恐らく通知が２ついるのではないかという点に多少、違いが出てくるのかなと思います。私としてはどちらかというと実務は名宛人はＢ、受取人だと思っていたので、複数の名宛人がいるという発想では考えていたのですけれども。両方が見たときに送達の効果が発生するような実務があればいいのかといったことを思っていました。

笠井　今、両方が見たときには効力が発生するとおっしゃったのは、どちらかがということですか。

脇村　はい。恐らく構成をどちらにしたとしても、受取人の届出がされているケースであったとしても、御本人が何らかの形で閲覧をした場合に、その時点で送達の効力を発生させる運用が適切ではないということからすると、法的構成は別にして、それを踏まえた運用をしていけばいいのかなと。名宛人を２つつくるのか、そういう意味で送達行為を２つと見るのか、１つと見るのかというだけの話かもしれませんけれども、そこは今後のシステムの在り方等を踏まえながら、適宜、構築していけばよいのではないかと思っています。

笠井　ありがとうございます。私が確認したいのは、両方がとおっしゃったので、どちらかがという趣旨ですねというだけなので。

（5）　その他

◆送達書面の出力をするのは裁判所書記官か当事者か

笠井　電磁的記録に記録された事項を出力した書面での送達をすることが必要な場合（109条）に、その出力主体が裁判所、これは具体的には裁判所書記官が送達をするためにやるのか、あるいは訴状であれば、訴状を提出する原告が、紙媒体の副本を用意する必要があるのかという問題があり、部会でも議論がありました。また、その他にも、システム送達等に関する問題意識を持っておられる方がいらっしゃるかもしれません。まず日下部さんから、今の点も含

めて、御発言をお願いします。

日下部　今の点につきましては、これまた日弁連の意見について御紹介いたしますと、事件管理システムを通じて提出された送達対象の電子書類が、通知アドレスの届出をしていない当事者に送達される場合に、そのための書面の出力は裁判所が行い、そのための手数料は徴収されるべきではないという意見を述べていました。出力手数料は今回の改正法による民訴費用法でも特に求められていないと理解しているのですけれども、出力主体については法律レベルでは明確にされているものではないように思いますので、今後、どのようになるのかということについては、非常に強い関心が持たれているところかと思います。

脇村　法制審議会の議論を前提にしますと、いろいろあったところだと思うのですけれども、私の認識している限り、第16回の会議の中でこの点が議論されて、部会資料21の4頁以下のとおり、事務当局の方からこの問題については、現行の法令下における取扱いと同様に、当該電子書類を提出する当事者において、書面への出力を行い、裁判所に提出することとし、その具体的な内容は最高裁判所規則で定めるという提案がされ、最終的には部会長の方の取りまとめとしては、この方向で考えていきましょうということで、法制審としては議論が終わったというふうな認識でいます。もちろんそこで異論があったという点があったというのは承知はしているのですが、一応、御紹介としては、法制審議会としてはそういったことの方向で、恐らく議論は終えているので、あとは今後の運用をどうするかについては、現行の法令下というのは民訴規則ですかね。そういったことを踏まえながら、適宜、運用も含めてされていくということかなと、私としては認識しています。

笠井　部会での取りまとめ、取りまとめといっても書面になったとか、そういう話ではないのですけれども、部会での議論の状況についての認識は私も同じです。日下部さんと私は共に、それとは反対の方向のこと、つまり、裁判所が書面化すべきであるという意見を言っていたのですけれども。

2　公示送達

笠井　法制審議会の部会での審議の状況、改正規定の内容と趣旨等について、

脇村さんから御説明をお願いいたします。

◆法制審部会での議論の概要・改正法の内容

脇村 法制審議会におきましては公示送達についても議論がされております。具体的には、現在、裁判所の設置している掲示場等で掲示していることを踏まえつつも、その実効性をより確保する観点から、インターネットを利用して、ウェブ上で公示することについて議論がなされ、中間試案においては、インターネットを利用して、ウェブ上で公示する方法によって、公示送達することが取り上げられ、基本的に、賛成意見が強かったものと認識しています。

　一方で、中間試案の後、改めて検討した際に問題となったのは、公示送達をインターネットを利用したものに限ってすることにしますと、インターネットを利用できない方は、その公示内容を見ることができないという点であり、最終的な答申につきましては、現在行われている裁判所の掲示場での掲示に加えて、裁判所に設置する端末において閲覧を認める方法のどちらかは必ずしなければならないことを条件としつつ、インターネットによるウェブ上の公示もするということになり、インターネットを利用できない方は裁判所に行けば、そこに掲示された書面、あるいは端末を利用して公示内容を確認することができるものとするのと同時に、インターネットを利用しても確認することができるということになりました。また、法制的な観点ですけれども、先ほどからインターネットを利用した方法というふうに言っておりますが、法律上は、そのことは明記されておらず（111条）、最高裁判所規則で定めるということになっておりまして、その具体的内容が先ほど申し上げたインターネットの利用を想定しているというところでございます。

笠井 それでは、橋爪さんから裁判所としての改正案策定への対応や改正法の内容の受止めについて御説明ください。今後、定められることになる最高裁判所規則の内容や今後の運用等に関して、現時点での見通し等についても可能な範囲で御説明いただければと思います。

◆裁判所の受止め・問題意識

橋爪 公示送達を行っても受送達者が現実に送達書類を受け取るケースというのはほとんどないという実情にありますので、そういった点も踏まえますと、改正法においてインターネット上のウェブサイトに掲載する方法を原則として、現行の掲示場での書面の掲示といった方法を必須とはしないというように

2 公示送達

規律が改まったことは、IT 化の趣旨に沿うものであったと受け止めています。

　他方で、インターネットを利用した方法で公示送達を行うことによって、送達を受けるべき者のプライバシーや名誉を侵害することにならないかといった問題も部会では提起されました。公示送達の制度上、公示送達で書類を受け取るべき者が、自分に対する書類を裁判所が保管等していることを認識できるようにする必要はあるわけですので、例えばその方の氏名を記載することは必須ということになろうかと思いますが、具体的な記載事項については、情報の悪用のリスク等についての部会での議論を踏まえて、適切な実務運用ができるように努めていきたいと考えています。その関係では、呼出状の公示送達は呼出状を掲示場に掲示してする旨を定めた現行民事訴訟規則 46 条 1 項をどうするかといったことも、今後検討していく必要があろうと考えております。

◆弁護士・弁護士会の受止め・問題意識

笠井　それでは、日下部さんから弁護士として、及び弁護士会としての改正案策定への取組や改正法の内容の受止めについて御説明いただければと思います。また、今後、問題となると思われる事項等があるか等についても御説明ください。

日下部　日弁連は、電磁的方法による公示送達につき、改正法が定める内容と同じ方法、すなわち、インターネット上の公示のみならず、裁判所設置端末で閲覧できる状態にする措置又は裁判所の掲示場での掲示が必要であるという意見を述べておりましたので、改正法の内容を歓迎しているものと思います。もっとも、改正法が定める公示の内容は、送達対象が書類の場合は、従来と同じく書類の保管といつでも交付すべき旨、送達対象が電磁的記録の場合は、いつでも出力書面を交付すべき旨又はシステム送達の通知をすべき旨のみであり、受送達者に向けて具体的にどのような情報が公示されるのかは今後の問題であると思います。

　特に、先ほど橋爪さんからも言及があったと思いますが、訴え提起の際における訴状の公示送達につきましては、当事者の住所や氏名、原告（代理人）が付した事件名までインターネット上で公示されますと、たとえそれらが訴訟記録の閲覧を通じて誰でも知り得る情報であるとしても、現実問題としてプライバシーや名誉の侵害の問題を生じさせることが考えられます。弁護士の中では、いわゆる破産者マップのように、インターネット上の公示情報が本来的で

179

Ⅷ　送達

はない意図で拡散する可能性に配慮すべきという意見が強いところです。

◆研究者の受止め・問題意識

笠井　それでは、垣内さんから以上のような改正法の内容についてどのように受け止めているか、また、問題となると思われる事項などがあるか等について御自由に述べていただければと思います。

垣内　今回の改正内容はIT化に伴う改正として当然に期待されていたものだと思いますので、基本的には妥当なものだったのだろうと考えております。ただ、既に何人かの方から御指摘がありましたように、実際にどういった情報を、誰でも閲覧できる形でインターネット上で公示するのかという点については、大変微妙な問題を含んでおりますので、慎重に検討する必要があると思います。氏名や訴訟が提起されている事実の記載は最低限必要だとしても、事件名などについては、公示しないという考え方も十分あり得るだろうと思われるところです。送達を受ける者にとってはできるだけ具体的な情報があったほうが判断の手掛かりになりますが、その他の者との関係では余り公示されないほうがよい面があるわけで、どこで線引きをするのかは悩ましいところだと思います。

　それと若干関連して、これも今後どういう形でウェブサイト等が実際に運用されるのかという運用レベルの問題かもしれませんけれども、改正法111条の規定で、不特定多数の者が閲覧することができる状態に置く措置というものを取るとされているわけですけれども、これは恐らく裁判所のウェブサイトなどで一定の情報を掲載するということになるのだと思います。現在でも裁判所のウェブサイトがあって、各種一般的な情報が掲載されておりますけれども、どういう形でウェブサイトが設計されるのか。例えば、裁判所ごとに別のサイトになるのか、それとも、全国の公示送達は全て1カ所に集約されたような形になるのか、といった若干細かい仕組みの設計ということも問題になってくるかと思います。これも送達を受ける者に対する利便性というか、情報の発見のしやすさという点では、一元的に情報を集約したほうが見やすいということだと思いますが、そのことが同時に悪用等のリスクも増大させるという裏表の関係にもあるというところで、その辺りがなかなか判断が難しいところかなと思います。

笠井　それでは、杉山さんから以上のような改正法の内容をどのように受け止

めているか、問題となると思われる事項等があるか等について、御自由にコメントいただければと思います。

杉山 そもそも公示送達の制度は、通常の送達ができない場合であっても、原告の裁判を受ける権利、紛争解決の機会を保障するための制度であって、衡量の結果、被告の了知とみなす、つまり手続保障を擬制する制度です。実際に公示送達が行われた場合に、裁判所の掲示板を見る方もいるかもしれませんが、先ほど橋爪さんから御指摘があったようにそのような場合は実際にはほとんど考えられず、文字通りの擬制であったわけです。そのため、今回の改正で導入されたインターネットを用いた公示送達を使うことによって、裁判所から遠く離れていて掲示板を見ることができなかったり、あるいは、いろいろな裁判所で訴えが提起される可能性があるけれども、どこで提起されるか分からなかったり、様々な事情があって裁判所の掲示板を見ることができなかったりするような場合でも、訴えが提起されたことにより気付きやすくなるわけですので、今回の改正自体には賛成をします。

他方で、商事法務のIT化研究会の段階からも、また法制審においても既に御説明があったように、プライバシーをどのように保護するのかといった問題が指摘されていました。また、脇村さんの御指摘のように、法制審の中でインターネットを利用できない方に擬制を成り立たせていいのかといったような指摘があったようですので、そもそもこれまでの公示送達についてもその要件は慎重に判断されてきたと思いますが、インターネットを用いた公示送達は、別の意味でもより慎重さが求められるとは思っております。そのため、例えば電磁的記録の送達が可能である場合には公示送達をできないとしたことは適当だと思いますし、裁判所での掲示もしばらく大変かもしれませんけれども併用していくことも必要とは思っているところです。

ただ、裁判所での物理的な掲示というのをどの程度続けるのかというのは気になっています。オンライン申立ての全面義務化の時期に合わせるのか、あるいは、それとは別の問題であるとして、もう少し長く続けていくのかは、今後問題になるかと思います。プライバシーの問題が一番大きいと思いますが、今のような裁判所で掲示をする形で公示送達をする場合であっても、例えば写真を撮って拡散をするといったことはできるわけです。日下部さんが御指摘された破産者マップの問題とか、あるいは、以前も御指摘くださった訴訟記録を撮

Ⅷ　送達

影したりして、そこに載っている情報を流すといった問題自体は既にあるわけでして、インターネットを用いた公示送達がなされることによるプライバシーの侵害が行われる可能性は高まるかもしれませんが、程度問題なのかなという気もします。

　ただ、現在の制度の下での情報の漏れ方と、インターネットでの公示送達が用いられた場合での情報の漏れ方は大分違うと思いますので、垣内さんが御指摘されたように、例えば裁判所ごとのサイトで掲載をするとか、階層を幾つか分けて区切るとか、あるいは、裁判所に問い合わせれば分かる程度の情報の記載にとどめるといった工夫が必要だと思います。その一方で、自分が訴えられたことが名前などを検索してすぐに分かることができるようにすることも必要と思いますので、実際の公示送達のウェブサイト等を作るに当たっては、プライバシー保護と検索の便宜との調整が必要であろうと思っています。

◆不適切又は違法な行為への対応等

笠井　やはりどういう内容のものになるのかということと、それから裁判所ごとなのかという辺りがかなり問題になりそうだという御指摘だと思います。どなたからでも何か御補足、御意見など頂ければと思いますがいかがでしょうか。これは一番伺いにくいところですけれども、橋爪さんに、今のような御意見を踏まえて、裁判所としてどのように考えることができるのかについて、もしお話しいただけるようであればお願いしたいのですけれども。

橋爪　公示送達に関する情報を裁判所ごとに掲載するのか、一元的に集約した形で掲載するのかという問題は、本日の御議論の中でもメリットとデメリットの両方が出ていた話かと思いますので、正に裁判所のほうでも検討をこれからしていかないといけない問題だというふうに認識しています。

垣内　ネットが絡むと悪用の問題がいろいろなところで出てくるという点で、私自身は対応方法についていい知恵があるわけではないのですけれども、破産者マップといったこれまで問題とされた例についても言及がありましたが、これまでの議論では、何か犯罪組織等が裁判所の名前を騙って偽のメールとかSNSのメッセージを送りつけて、裁判所で訴えを提起しました、こちらのサイトに公示送達がされていますというようなことで偽サイトに誘導するといった問題事例が発生するという恐れはあるかもしれませんが、そういった事態が仮に生じたような場合に、裁判所として何か措置を取られるとか、対応を考え

182

ておられるといったことはありますでしょうか。

笠井 今でも、裁判所を騙った文書などには注意をしてくださいといったことは裁判所のウェブサイトにも書いてあることがあるとは思います。

橋爪 そうですね。裁判所からの郵便物は本物であるということが分かるような形の工夫等はもちろんしていると思いますし、裁判所を騙った郵便物等の情報が寄せられた場合には、当該郵便物の具体的な情報とともに注意喚起を促すメッセージを裁判所のウェブサイトに掲載するなどしていますが、それ以上に、このような違法行為に対する対策として、今、具体的に思い当たるものはありません。

垣内 あらかじめ準備を整えておくということも難しい面があるかと思われますので、今後、オンライン化が実際に進展していった段階で、本当にこれは対応しないといけないというようなことがあれば、周知等も含めて、改めて検討する機会が出てくるのかもしれないなと思います。現状については理解いたしました。

日下部 インターネット上で他者の名前を騙って不適切な行為をする者が出てくるのは避けられようもないことかと思います。今後、裁判所の名義を騙って不正行為をしようとする者が現れることもどうしてもあるのだと思うのですけれども、一般の企業、特に大企業ではそのような名義の利用をされているところはありまして、その場合に各企業において、ホームページなどで一般の方に対して注意喚起をすることはさほど珍しくはないと思います。裁判所におかれても、そういった既に被害者としての経験を蓄積している民間企業の取組も参考にすることはできるのではないかと思いました。

◆IT 化に対する誤解への対応

杉山 民訴法の改正法案が国会を通ったときに、SNS などを見ておりましたら、今後はメールで訴えが提起されるとか、あるいは、裁判所からショートメッセージで訴状などが送られてくる可能性があるといったような誤解をしているものも見られました。民事裁判の IT 化といってもそのような形になるのではない、ということについて積極的に周知を図っていかないと、間違った情報が伝わってしまわないかという懸念もあります。

笠井 今の点はおっしゃっていただいたように裁判所などで、法務省などもそういうことをやっておられるとは思いますけれども、名を騙った連絡に気を付

Ⅷ　送達

けてくださいという周知とともに、制度の仕組みの周知を図ることだろうと思います。また、マスメディアのウェブサイトなどでも正しい情報を流していただくようにするといったことも大事なのだと思います。他にはいかがでしょうか。公示送達に関しては以上のようなことでよろしいでしょうか。それでは、公示の具体的な内容は、今後注視していきたいと思います。

IX　訴訟記録の閲覧

1　電磁的訴訟記録の閲覧

笠井　訴訟記録の閲覧については、まず 1 で「電磁的訴訟記録の閲覧」を扱います。既に研究会で取り上げましたように（Ⅳ 2）、訴訟記録が原則として電子化されますので、それを前提として、電磁的訴訟記録の閲覧、謄写（ダウンロード）、訴訟記録の内容を証明する書面の交付や電磁的記録の提供、訴訟に関する事項の証明等に関する規定が置かれます（91 条の 2・91 条の 3）。また、現行法下の書類の直送（民訴規 47 条 1 項）の仕組みも、電磁的訴訟記録の閲覧と謄写に関連して変わってくると考えられます。ここでこれらについて取り上げますけれども、直送に関しては後でまとめて（195 頁）御議論いただければと思いますので、取りあえずそれ以外の点についてということで、脇村さんから法制審議会の部会での審議の状況、改正規定の内容と趣旨等について御説明をお願いします。

◆法制審部会での議論の概要・改正法の内容

脇村　法制審議会では、当初から、このインターネットを利用した訴訟記録の閲覧の問題について取り上げられておりました。現在の訴訟記録は紙で構成をされておりますので、実際に訴訟記録を見たりするためには、裁判所に現実に赴いていただいて、見ていただく必要があります。そういったことから、この現在の取扱いを改めて、インターネットを利用するなどして、裁判所に現実に赴かずに、この記録を見ることができるようにしないかが議論されておりました。中間試案では、これを認める観点から、自宅等にある端末を用いてインターネットを利用し、電子化された訴訟記録を見ることができるようにする方向での提案がされていたところでございます。

　また、現在の法律では、何人も訴訟記録の閲覧をすることができるというこ

とになっていますが、自宅等にある端末からの閲覧について第三者についても認めるかどうかが議論となり、中間試案についてもその点について問題提起がされておりました。

　さらに、インターネットを利用した閲覧等を認めることと併せて、実際に今行われている裁判所における閲覧等も引き続き認めるのかも問題となり、そのことについても検討がされておりました。特に今回の改正では訴訟記録自体が電子化されておりますので、情報を表示する端末が必要になり、裁判所に設置した端末を利用して見られるようにするのかが取り上げられていたところでございます。

　最終的にはそういった中間試案を踏まえて、改めて検討がされたところでございますけれども、答申におきましては、基本的には何人も裁判所に設置した端末を利用して、記録の閲覧等をすることができるとし、自宅等の端末を利用した閲覧等については当事者と利害関係を有する第三者に限って認める方向での取りまとめがされたところでございます。また、法律上の明文をどこまで置くのかについてですが、今回の閲覧等の内容につきましては、基本的にはシステムの内容をどうするかに大きく関わってくることもあり、法律上は最高裁判所規則で定める方法によることとし、先ほどから出ている具体的な方法については、あくまでも規則で定めるということにされているところでございますが、改正要綱で言えば、第1部の第10の1の注の形でそういったものについての具体的な内容を記載しているところでございます。

笠井　それでは、橋爪さんから裁判所としての改正案策定への対応や、改正法の内容の受止めについて御説明いただきたいと思います。先ほども出ましたように、改正要綱でも書いてあるのですが、今後定められることになる最高裁判所規則の内容や今後の運用等に関し、現時点での見通し等についても御説明いただければと思います。

◆裁判所の対応・受止め

橋爪　訴訟記録が電子化された後の閲覧等、とりわけ利害関係のない第三者のインターネット閲覧を認めるかどうかという点については、裁判の公開の実質化という閲覧制度の趣旨と、当事者のプライバシー保護との調和を図る必要があり、幅広いステークホルダーの意見を踏まえて決めるべき問題であると考えておりました。そのような趣旨で法制審の部会では、裁判所からも、利害関係

のない第三者のインターネット閲覧を一切認めないとまではせずに、閲覧できる範囲を電子記録の一部に限るといった形でのバランスの取り方も考えられるのではないかといった提案もしたところです。パブリックコメントの結果も踏まえた部会での御議論の結果、最終的には先ほど脇村さんから説明のあったような内容を最高裁判所規則において定めるということが改正要綱で定められましたので、その内容を踏まえた最高裁判所規則の制定に向けて検討を進めているところです。

インターネット閲覧の意義という観点からしますと、代理人のみならず当事者本人も事件記録にアクセスすることが容易になることの意味合いが大きいと考えておりまして、訴訟の進捗状況をリアルタイムで把握することができるなど、審理の透明化にも寄与するところが大きいと思われますし、我々法曹の意識にも変化をもたらすのではないかと思っています。

笠井 それでは、日下部さんから弁護士として、また弁護士会としての改正案策定の取組や改正法の内容の受止めについて、御説明を頂きたいと思います。また、今後、問題となると思われる事項等があるか等についても御説明をお願いいたします。

◆弁護士・弁護士会の対応・問題意識

日下部 日弁連は、改正法が採用した電磁的訴訟記録の閲覧等の仕組みにはほぼ賛成しておりました。したがって、ここでは日弁連の意見が改正法の内容と異なっていた主な点に焦点を当てて、どのような問題意識が持たれているのかについて言及したいと思います。

1点目です。日弁連は、電磁的訴訟記録の閲覧等の請求の方法として、電磁的方法以外の方法、具体的には書面による方法を認めるべきであるという意見を述べておりました。改正法では、この請求の方法は最高裁判所規則に委ねられましたので、今後の課題と認識されていると思います。

2点目です。日弁連は、第三者閲覧等制限決定の対象である秘密につき、その決定の申立てをした当事者の相手方当事者は、正当な理由なく当該訴訟の追行の目的以外の目的に利用し、又は第三者に開示してはならないという規律を設ける案に関して、相手方当事者に不服申立権を認めるなどの手続保障をすることを条件に賛成し、併せて、特許法の規定を参考に秘密保持命令制度を創設することを検討すべきとの意見を述べておりました。改正法ではこうした目的

187

IX　訴訟記録の閲覧

外利用や第三者への開示を禁止する規律は、第三者閲覧等制限との関係では盛り込まれませんでしたので、相手方当事者の手続保障の問題も取り上げられることはなかったのですが、秘密保持命令制度の創設については引き続きの課題と考えています。

　3点目は2点目に関係するものです。改正法では、当事者の住所等につき、それが相手方当事者に知られた場合に社会生活を営むのに著しい支障を生ずるおそれがあることを理由として、相手方当事者に対する閲覧等制限決定がある場合で、例外的に閲覧等の請求が許可されたときには、相手方当事者に対し、目的外利用や第三者への開示を禁止する規律が設けられています。これは、当事者に対する住所、氏名等の秘匿の制度の一部になっているもので、条文としては133条の4第7項かと思います。第三者に対する閲覧等制限決定の場合にはそうした規律がない理由や、営業秘密が問題視される場合との扱いの相違の理由が、実質的観点からはどのように整合的に説明されるのかについて、関心を持っているところです。

　4点目です。法制審議会の部会では、提出された書面が電磁的訴訟記録に編綴されますと、第三者による閲覧等に付されますが、第三者閲覧等制限の申立てをする機会を当事者に付与するため、第三者による閲覧等が可能になるまでに一定のタイムラグを設け、当事者にそうした書面の存在を告知する仕組みも検討されていたかと思います。改正法ではそのような法制的な対処は一般的にはされなかったものですけれども、電磁的訴訟記録にかかるシステム運用上の工夫などで対処されることはあり得るかにも関心が持たれているかと思います。なお、改正後の92条6項から8項までは、当事者の私生活についての重大な秘密に関する第三者閲覧等制限の申立てが既にある場合で、第三者が訴訟参加してきたときに、当事者に対する閲覧等制限の申立てをする機会を付与するものになっているかと思いますけれども、これは一般的な規定というよりは、特定の状況に対する手当てだろうと理解しています。

　最後の5点目です。日弁連は、訴訟記録の電子化に伴い記録の保存期間を伸長することを検討すべきという意見を述べておりました。この点は改正法では手当てはされておりませんけれども、引き続きの課題と考えています。

笠井　それでは、杉山さんから以上のような改正法の内容をどのように受け止めているか、また、問題となると思われる事項等があるかなどについて、自由

に御議論いただければと思います。

◆研究者の受止め・問題意識

杉山　一般的な話になりますけれども、記録を電子化することや、電子記録を閲覧できるようにすること自体は、民事訴訟のIT化の中核と言いますか、柱の1つでもあって、特にこの電磁的訴訟記録の閲覧について、代理人による訴訟の準備や、当事者の利便性を考えると、現行法のように記録のある裁判所に物理的に出向かなければならなかったり、あるいは事件が移審していたり、記録を誰かが使っている場合には閲覧できないというのでは不便であったので、その辺りが良くなると期待がされます。実際、当事者となっている人以外にも、潜在的な利用者、裁判に関わり得る第三者、あるいは、私たちのような研究者などが、研究や教育の目的のために記録を閲覧したいときなどにも、より利便性が高い制度になっていくであろうと思っています。

　他方で、当面の間は紙による提出も本人訴訟の場合には認められ、その場合でも基本的に電子化はされるのですが、困難な事情があるときには電子化しなくてよいので、電子記録にならないものは残されます。また、保存期間はあるものの、改正法施行前の記録については紙のまましばらく保管されることになるでしょうから、これらについて閲覧したい場合には、裁判所に行かなければならないという不都合はしばらくは残ることになります。そういうケースがどれくらいあるかは分かりませんが、全面的なオンライン化がされるまでは、不便な場合もあろうと思います。もちろん、この問題は、ファイルに記録することについて困難な場合がどの程度あるのか、そのような記録に対して、第三者にアクセスを求める必要性等がどの程度あるのかという問題とも関連すると思います。

　それから、当事者はもちろん、利害関係を疎明した第三者が裁判所外から閲覧、複写等ができることになり、ユーザーにとっては使いやすい制度になると思いますが、その一方で閲覧できる第三者の範囲が問題になってくると思います。現在でも、例えば91条2項では、公開を禁止した口頭弁論に係る訴訟記録を第三者が閲覧する場合には、第三者には利害関係について疎明が求められますが、この利害関係については法的利益があればいいという程度で、かなり緩やかに認められているようです。ただ、今後、第三者が電磁的訴訟記録の閲覧、ダウンロードなどをどのように行っているのかチェックできるかが明らか

IX 訴訟記録の閲覧

ではなく、今のような紙の記録の閲覧であれば他の誰かがある程度監視等することができるかもしれませんけれど、そのようなコントロールができなくなっていく可能性がある中で、これまでどおり利害関係を緩やかに認めてもいいのかといった問題があると思います。第三者による記録へのアクセスの便宜を図る必要性はありますが、その一方で、先ほど日下部さんからも御指摘があったような悪用される危険性をどう監視、チェックしていくのか、その辺りの調整が、運用面になるかもしれませんが、必要になってくると思います。92条それ自体を見直す方法も考えられますが、記録を閲覧することのできる人の範囲を制限したとしても限界がありますので、閲覧することによって得られた情報がどのように利用されるのかという点を、規律していくことが望ましいのではないかと思います。

少し細かなことになりますけれども、記録の閲覧について、91条の2第4項で、前条5項を準用していて、記録の保存とか裁判所の執務に支障があるときにはできないとありますが、今でも、例えば紙の記録の閲覧を求めるときに、裁判官が使っているから見せられないといったことがあるのですけれども、電磁的記録の場合に、このような裁判所の執務に支障があって、閲覧ができないという場合がどの程度あるのかが、若干気になりました。

笠井 それでは、垣内さんから以上のような改正法の内容をどのように受け止めているか、また、問題となると思われる事項等があるかなどについて、自由に御議論いただければと思います。

垣内 はい。既に取り上げられた点が多いですけれども、基本的に現状では妥当な規律が整備されたものと思っております。特に当事者との関係では、先ほど杉山さんからも御発言があったかと思いますけれども、非常に利便性が高まった。つまり、記録へのアクセスがしやすくなったということで、これは橋爪さんからも御発言があったかと思いますが、手続の透明化を促進する効果があるということかと思います。そのこと自体は一般的に言えば好ましい変化ということなのだと思われます。ただ、先ほど、法律家の意識を変えるという御発言もあったかと思いますけれども、ある意味では当事者本人と代理人弁護士との力関係と言いますか、関係にインパクトを与え得るというところで、当事者本人にとって透明性が高まるということは、別の言い方をすれば、代理人がどういう訴訟追行をしているかということがより見やすくなるということで、一

190

般的に言うとそのことは当事者が代理人に対していろいろとチェックすると言いましょうか、ある種、監視しやすくなるということを意味するわけです。その結果、そういった手続が先行している韓国ですと、本人が事件の記録を閲覧しやすくなったので、本人から弁護士に対する要求水準が上がったりであるとかクレームが増えたりであるとか、そういう話もあるようです。

このことは、弁護士が本人の利益を追求するために、より誠実に職務遂行するということを促すというように捉えればプラスと言えるわけですが、他方で、法律のプロフェッショナルとして弁護士がある程度、当事者からは独立した立場で公益等にも配慮すべき側面もあるという観点からしますと、全て当事者の言いなりになるのが理想的な代理人の姿であるとは言えないという部分もあるわけですので、その辺り、今後どうなっていくのかということは関心を持っているところです。

それから、当事者や利害関係のある第三者を除いた一般的な第三者との関係では、先ほど御説明がありましたように、自宅等からインターネットでアクセスすることはできないということになりました。現状ではこれはやむを得ないところかなというふうに考えておりますが、IT化の議論の過程では、もう少し広く、一般にもアクセスが拡大するということを期待する声もかなりあったように思われます。判決等については、オープンデータ化等の検討も進んでいると思いますけれども、記録についても今後、もう少しアクセスを拡大していくことができないか、引き続き検討課題なのかなと考えております。

また、先ほど日下部さんのほうから弁護士会の従来の御提案等との関係で残された課題について御指摘があったところですけれども、保存期間の問題であるとか、特に閲覧制限が当事者あるいは第三者との関係で問題となる場面についての規律の在り方等については、今後とも検討すべき課題が残されているというところは私も同じ認識です。

◆訴訟代理人を選任している当事者本人が閲覧することの意義
日下部　何人かの方々から、訴訟記録を当事者が日常的に閲覧できるようになることによって、裁判手続の透明性が高まることは良いことであるという御指摘がありましたが、そのとおりだと思います。また、それによって代理人による訴訟追行の状況も透明化されることで、依頼者と代理人の関係にも影響がもたらされるのではないかという御指摘もあり、それもそのとおりだと思ってい

ます。これにつきましては、代理人の訴訟追行に当たっての姿勢や、その質を向上させる非常に良い効果をもたらすものだと考えておりまして、とりわけ代理人が不適切な、あるいは怠惰な訴訟追行をしているということであれば、そのことがその訴訟記録を閲覧している当事者にも看取できるようにしていただきたいというのが、私自身の個人的な意見です。特に、今回の改正法により、提出期限を徒過して準備書面が提出された際の理由説明義務が設けられましたけれども（162条2項）、代理人がその説明義務をどのように果たしているのかについては、当事者も確認できるようにすることが良いと考えています。

　また、垣内さんのほうから、そのように透明性が高まり、依頼者と代理人の関係にも影響が生じることによって、代理人の訴訟追行における独立性との間で何らかの問題が生じることもあり得るのではないかという御指摘もあったかと思います。確かに当事者本人である依頼者に訴訟追行の状況がよく見えるようになるということは、代理人において、より依頼者を意識した訴訟追行をしなければならなくなるわけです。しかし、それで弁護士が訴訟代理人として担っている本来的な機能が損なわれるというのは本来あってはならないことであって、各弁護士は矜持を持って、依頼者に対しても言うべきことはきちんと言って、理解を求めていくべきと思います。自戒を込めてですが、弁護士としては、今後の訴訟追行における自らの姿勢を律していくことが必要なのだろうと考えています。

笠井　今の点は私も同感で、弁護士の緊張感が高まり、依頼者との関係について取り組まなければいけない必要性が生じることは、総体的には良いことだと思っております。それは、裁判所の調書にどのくらいのことが書かれるのかにも少し影響してくるのかなという感じもします。準備書面の提出期限を徒過した理由の説明義務は法律に書いてあるわけですから、その関係のやりとりは当然としましても、他のもう少し細かいことで、裁判官が弁護士に言ったことが分かるようになるかも気にはなるところですが、その辺りは運用の問題かなという感じはしております。

　他にはいかがでしょうか。日下部さんから5つほど御意見がありましたけれども、特に何か議論をしていただきたいことはおありでしょうかね。

◆目的外利用の禁止の在り方

日下部　そうですね。アカデミックに言うと、改正後の133条の4第7項に言

及いたしましたけれども、これは当事者の住所等につき、それが相手方当事者に知られた場合に社会生活を営むのに著しい支障を生ずるおそれがあるとして、相手方当事者に対する閲覧等制限決定がある場合で、例外的に閲覧等の請求が許可されたときに限って、明示的に定められている目的外利用や第三者への開示の禁止の規律かと思います。その規律には合理性があると思いますが、第三者閲覧等制限決定が出されている場合であっても、その申立てをした当事者の相手方当事者に対して第三者への開示を禁止する規律があっても、そうおかしくない気もしますし、目的外利用の点についても、併せて禁止することも完全に不合理というわけでもないような気もしております。

　また、ここでは社会生活を営むのに著しい支障を生ずるおそれのケースだけが規律されておりますので、営業秘密の場合については現在の民事訴訟法や改正法では手当てされていないと思うのですけれども、それで良いのかという問題意識は強く持っています。例えば、営業秘密に関わる不正競争防止法に基づく営業利益侵害訴訟のケースですと、秘密保持命令の対象になり得るようになっていますが（不正競争10条）、そうではない事件類型であっても、営業秘密が訴訟上問題になるというケースはあり得て、そのときには秘密保持命令の手当てがされるとは限りませんので、当事者に対して目的外利用や第三者への開示の禁止をどのように実現していくのかという課題があるのだと理解しています。それに対して日弁連は、民事訴訟法においても秘密保持命令の制度を創設することが1つの解決になるのではないかと以前から述べているのですけれども、これは現時点では法制的には実現しているものではありません。立法論になってしまうので、この研究会でどこまで議論できるのかという気もいたしますけれども、可能な範囲でどなたかからコメントをいただけると有り難いと思います。

脇村　今回、インターネットを利用した記録の閲覧等を認めるに際しては、それによる弊害がないかという観点からいろいろ議論がされたところでございます。この後、この研究会で取り上げる和解記録の閲覧ですとか、補助参加人の記録の閲覧なども同じ文脈で議論がされており、これまで、記録が紙媒体であることをベースに、実際に裁判所に来ないと閲覧等をすることができなかったという一種の制約があったところ、オンラインやインターネットを利用し、より簡便に閲覧等が認められることによって、弊害が広がるのではないかという

IX 訴訟記録の閲覧

点で議論がされたところです。その関係で、先ほどから日下部さんから御指摘があったような形で、中間試案等でも秘密保持命令そのものの拡大というよりは、まずは92条の第三者閲覧等制限がされているケースについての公法上の義務として、それを目的外に使用してはいけないという、そういった規定を置くかどうかが議論されたところです。

最終盤までこの方向での取りまとめに向けた議論がされたと思うのですけども、一方で、最終的に採用されなかった理由としては、1つには目的外使用を禁止することによって影響が大きい、例えば、その他の訴訟で、その資料を活用するようなことができなくなるのではないかといった御意見が寄せられていたのではないかと思っています。それは企業の方だけではなくて、一般的な消費者からの目線も含めて、例えば、消費者訴訟等で利用する際、類似の訴訟について利用することができなくなるのではないかといった御指摘があったと記憶していますし、また、日下部さんがおっしゃっていたとおり、秘密保持命令のようなきちんとした形で制度を作り、それについて提案するわけではなくて、中間試案等はあくまで、既存の制度を前提に公法上の義務を課しましょうとした関係で、不服申立てなどのいろいろな制度の組み方の作り込みが、最終盤でも甘かったところがあったということから、最終的には今後の課題ということに落ち着いたものと認識しています。将来的に、秘密保持命令のようなものが一般化するかどうかといった点などは、その必要性や許容性を踏まえながら考えていくのかなと思いますので、なかなか、今のように特定の情報に限って認めているケースではなく、一般論として作るとなると、いろいろと考えないといけない点があるのかなとは個人的には思っています。

また、この義務の議論、法制審の議論でも、私法上の義務が発生するというような議論にまで至っていなかったと思いますが、これまでの解釈でも92条の第三者閲覧等制限がかかっているものについて、正当な理由もなく他の人に開示するケースでは、不法行為が成立することが少なくないといった議論も、平成8年の民訴法改正から言われていた話としてあります。

日下部 脇村さんがお話しされた当時の議論の経緯は正にそのとおりだったかと思います。目的外利用や第三者への開示の禁止をより実質化していくべきだという意見がある一方で、弁護士の中には逆にそこを余り厳しくされると、自分たちが必要としていることができなくなってしまうのではないかという思い

を抱く者もおりまして、その意味で日弁連としても白黒という形で単純な方向性を示すには至らなかったという経緯があったと思います。

笠井 今のところ、そういうことで、特段の規定が置かれていないということになろうかと思います。

◆電磁的記録の閲覧と裁判所の執務への支障

笠井 それから別の話として、杉山さんから91条の2第4項・91条5項で閲覧ができない、保存や裁判所の執務に支障がある場合というのは、電磁的記録についてあるのでしょうかという御質問もありましたけれども、何かこれについての御意見はございますか。

脇村 御指摘のとおり、電磁的記録について支障があるケースがどの程度あるのかという点については、それほどない、今よりも当然少ないだろうと思っています。

　ケースが少ないので、規定がいるのかということも少し考えましたが、他方で、非電子と言いますか、書類のほうについてだけあって、電子のほうにないということになりますと、例えば、フォルダの整理をしていて、閲覧等ができないといったケースをカバーできないかなと思いました。ただ、電子化のメリットの1つが同時に複数の人がアクセスして閲覧することができるということですので、そういった意味では今と同じような頻度というか、ケースで支障要件が該当するということはないのだろうとは認識しています。

笠井 バランス上、置かないわけにもいかないということかなという感じです。

◆利害関係のある第三者の範囲

垣内 杉山さんから御指摘のあった点で、利害関係の解釈については従来必ずしも明確でない部分もあったように思いますし、実際にはかなり柔軟な取扱いがされているのかなと思われる節もあったわけですが、今後はもう少し厳密に考えていくべき必要性があるのではないかという点は、確かにそうなのだろうと思います。特に、この後でふれられる和解調書の閲覧の場合には非常に議論があるところだと思います。

笠井 私もこの辺の利害関係については厳格に解したほうがよいのではないかと、法制審の部会で、このあと出てくる（後記**2**）和解に関する訴訟記録のほうも含めて言っていました。

IX　訴訟記録の閲覧

日下部　個人的には、研究者の方が研究のためにということであれば、利害関係のある第三者と同じ扱いでいいのではないかと思っているのですけれども、現行法の下では書記官の御判断として難しいでしょうから、今後の課題として考えていきたいと思います。

◆直送との関係

笠井　これにつきましては、直送をされる弁護士の方であるということで、日下部さんから問題提起、問題意識等、お話しいただければと思いますが、いかがでしょうか。

日下部　日弁連は、直送の方法として、対象となる電子書類を通知アドレスの届出をした相手方がインターネットを用いて閲覧等できる状態において、当該相手方の通知アドレスにその旨が自動的に通知される方法によることに賛成していました。送付の方法は規則事項でありますので、そのような規律が民事訴訟規則に盛り込まれることになると理解しています。なお、現行法の132条の10の下での民事裁判書類電子提出システム（mints）を用いた電子的な申立てに関する規則、正式には「民事訴訟法第132条の10第1項に規定する電子情報処理組織を用いて取り扱う民事訴訟手続における申立てその他の申述等に関する規則」（mints規則）が令和4年4月1日に施行されましたが、その5条において、今申し上げましたような電子的なシステムを通じた直送を認める規律が設けられています。個人的には、その5条のような規律が、令和4年の改正法による民事訴訟法の改正がフェーズ3の段階に至っても維持されることになるのかなと思うのですが、そこはどのように御予定されているのか、可能であれば橋爪さんにお伺いしたいなと思っております。

　話を本題に戻しますと、電子的なシステムを通じた送付はシステム送達に非常に近似するものですけれども、相手方が在廷していない口頭弁論において主張することができる事実に関する規律においては、準備書面が相手方に送付されただけでは、そこに記載された事実を主張することはできず、相手方が受領書面を提出するか、電磁的訴訟記録により当該準備書面を閲覧又は複写していなければならないとされました（改正後の161条3項）。システム送達におけるように、通知から1週間の経過によって閲覧又は複写がされたのと同様に扱われることはないということでもあります。そのため、相手方が期日に出頭せず、システムを通じて直送された準備書面につき、無反応の状態になったら、

196

期日の1週間以上前に裁判所に準備書面を提出するとともに、裁判所にそれを
システム送達してもらうよう申し出る（民訴規47条4項）ことが考えられる
のではないかと思います。

　その他、関心を持っている問題に幾つか言及します。1つは、通知アドレス
の届出者間においてはシステムを通じた直送が考えられるとしましても、何ら
かの事情でそれができないこともあり得ると思います。その場合に従来どおり
の紙ベースでの直送が認められるのかどうかという問題です。次が、当事者の
双方が通知アドレスの届出者ではない場合には、現行法の状況と同じですの
で、従来どおりの紙ベースでの直送が認められると予想しておりますが、現在
のようにファクシミリの利用を引き続き想定するのか、また、送付対象書類を
添付したEメールの送信といった他の方法も想定されるのかという問題です。
また、当事者の一方が通知アドレスの届出者でない場合に、直送の方法がどの
ようになるのかという問題もあろうかと思います。

　あと、派生的な問題かと思いますが、裁判所が行うシステムを用いた送付も
考えられるかと思いますが、その具体的な方法はシステム送達と同じになるよ
うに思われます。そうしますと、法制的にはあくまでシステム送達ではない送
付であると整理されるのか、それとも、そもそも裁判所がシステムを用いて送
付することはなくなって、それらは全てシステム送達そのものをすることにな
るのか、どのようなことが想定されているのかということにも関心を持ってい
ます。

笠井　なかなか難しい問題も入っていたような気もするのですけれども、ま
ず、規則の内容と裁判所での運用等について、橋爪さんから、今お話しいただ
けるところがありましたらお願いいたします。

橋爪　正直、今後制定することになる規則の内容については、なかなかお答え
しづらいところもあるのですけれども、直送に関しては規則事項というのはお
っしゃるとおりですし、その規定ぶりについて参考になるものとして、日下部
さんから、mints規則5条の規定の御指摘がありました。mints規則5条はあ
くまで現行法の下での規律ですので、mintsで直送を受けた場合であっても受
領書面は提出しなければいけないという前提の規定であるわけですが、改正後
の161条3項で、受領書面の提出ということに加えて、データの閲覧又は複写
ということも定められましたので、こういうことが直送の規定ぶりにどういう

ふうに影響していくのかを検討する必要があるのかなと考えているところです。

　また、双方がシステムを利用する場合に用いられるシステム直送とは別に、一方ないし双方がシステムを利用できない場合のために、紙ベースの直送ということも維持されるのだろうという点はおっしゃるとおりかなと考えておりますし、その方法として、現在のファクシミリが維持されるのか、若しくはEメールという方法を新たに加えるのかという点についても、確かにそういった問題があるなというふうに思いましたが、同時に、Eメールを利用できる方なのであればシステム登録をしていただきたいなという気もしました。

　また、裁判所が行うシステム送付といったものを観念する必要があるのかないのかという点についても、システム上、システム送達との違いがないものになるのであれば、およそ概念としても設けないということも、1つの考え得る方向であろうという気はしますが、そういったことも含めて検討していかなければいけないという認識でおります。

笠井　今回のことを考えると、裁判所がするものは全部送達にしてしまったほうが明確かなという感じもします。

脇村　直送に関しては、法律的には、以前から少し話をさせていただいていますが、1つ関係する規定があり、この改正後の161条3項がそれに当たります。法律上は直送という概念はもともとないところですけれども、一方でその効果の関係ではこの規定がございまして、相手方が在廷していない口頭弁論においては、これまでは送達がされた準備書面と受領書面が出ている準備書面のみが陳述できるということになっておりました。今回の改正では相手方が閲覧、又は複写をした準備書面が加わっています。

　具体的な条文は、161条3項3号ですが、オンライン上での閲覧やダウンロードしたケースを念頭に追加したものです。

　最終的にどういった形で、いわゆる直送がされるのかというのは今後の検討だろうと思います。なお、今後、受領書面を提出するケースがあるとした場合に、インターネットを利用して、受領書面を裁判所に出す方法と、相手方に渡す方法は少し別かなと思っていまして、裁判所に対してインターネットを利用して出す方法については、改正法132条の10を使うことになるのに対して、相手方に渡す方法については、法律上は特に規定はないので、メールを許容す

るといったことが問題になるのかなと思います。

垣内 現時点で十分に整理ができているということでは全然ないのですけれども、日下部さんから発言があった、裁判所からのシステム送付とシステム送達の関係については、確かに同じことをやっているのであれば区別の必要性がなくなるとも考えられます。ただ、その関係では、前にも話題になりましたが、渉外性のある事件などで送達が問題となる場合に、送達がどの範囲で実施できるのかとの関係で、送付だとうまくいくという場合が仮にあるのだとすれば、その限りで何か区別を残すということも、もしかするとあるのかなという感じもします。

笠井 送付だと権力性が薄いので、相手がそれを受け取りましたということであればそれで効果があるといったことがあり得るという話ですね。分かりました。他にはいかがでしょうか。

日下部 先ほど、脇村さんから言及していただいた、改正後の161条3項に関してお伺いできればと思う点があります。161条3項で新しく設けられている3号では、電磁的訴訟記録によって準備書面を閲覧又は複写したことという内容になっていると思うのですけれども、それ自体は送付を受けたということを必ずしも前提としているとは限らないようにも思われます。2号でいうところの受領書面については、何らかのものを受領したことを示す書面ですので、それは送達なり送付なりがあったことを含意しているようにも思うのですが、3号でいうところの閲覧又は複写は、システムの設計次第かもしれませんが、送達や送付がなかったとしても実現し得るもののようにも思えたところです。

　そこで個人的にこの点に疑問を持っていたのですが、先般公開されておりますNBL1226号5頁に記載されている法務省担当官の方々からの御解説の中でも、この161条3項の3号につき、当事者は事前に相手方に対して閲覧等をするように通知し、相手方に閲覧等をさせることで、従前の直送に代えることができるという御説明があり、送達や送付を必須のものとしているわけではないように思います。そこで、この規律は少なくとも法律レベルでは送達や送付とは切り離して構成されているという理解でよいのかについて、確認することができればと思います。

脇村 結論的にはこの条文に尽きていると思っていまして、閲覧するか複写をすれば後は何もいらないということを考えていました。結局、何が提出されて

いるかが分からないまま、その準備書面に基づき主張がされるのは相当でないというのがそもそもの規定の趣旨だとすると、閲覧とか複写をしているケースであれば、それは当然やっていいのではないかというふうに考えていました。

161条3項の前提としてシステム送付とかシステム直送という概念を、どこまで議論しないといけないのかが、私自身はしっくりきていないところがあったのは、条文的には、そのような概念を前提にしていないからかなと思っています。ただそれは法律上はそうだという話でして、実際には閲覧とか複写の前提として、何らかの行為が介在するケースがほとんどかなと思います。

笠井 私もNBL1226号のその部分を、今、見ていたところなのですけれども、当事者が準備書面を裁判所に提出し、相手方がその準備書面をインターネットを通じて閲覧又は複写をしていればということで、そこが必ずしもつながっていなくてもいいという、そういう話ですか。

日下部 そのように理解しています。システム直送を前提とすると、裁判所に対して準備書面を提出すればシステムから自動的に相手方に対して通知が発せられるということになって、それで自動的に直送ができてしまうということなのだと思うのですけれども、例えば何らかの事情で通知が発せられなかった場合であったとしても、実際上、相手方が閲覧又は複写をしたということであれば、その当事者が期日に出頭しなくても、準備書面を提出した当事者が記載事項を主張することができるという法律効果を認めることができるという理解でいるところです。システムの設計の仕方が現実的にどうなるのかということで見ると、ほぼ100パーセント、システム直送がなされている状態が前提となるのかなとも思うのですけれども、理論的にはそれは必須ではないという理解です。

脇村 正に日下部さんがおっしゃっているとおりだろうと思っています。ただ一方で、おっしゃるとおり機会がないとなかなか見ないので、実際上は今後の議論というか、何らかの手当てをする可能性もあります。システム上、当然にその通知がされるということも御指摘にありましたが、いずれにしても、先ほど話をした通り、法律上は、特にそこは規定していないということかと思います。

2　和解に関する訴訟記録の閲覧の制限

笠井　今回の改正で口頭弁論期日に成立したものを除いて、訴訟記録等の和解調書等については、当事者及び利害関係を疎明した第三者に限って閲覧の制限ができるものとされ、それ以外の者は閲覧ができないものとされます（91条2項後段・91条の2第4項）。これを取り上げます。まず、脇村さんから法制審の部会での審議の状況、改正規定の内容と趣旨等について、御説明をお願いいたします。

◆法制審部会での議論の概要・改正法の内容

脇村　法制審では先ほどから出ているとおり、①インターネットを利用した閲覧等を認めた関係で、記録の閲覧の在り方について整理する必要があるのではないか、②これまでよりも簡便に閲覧ができることからすると、その規律内容についてもそれに見合ったものにすべきではないか、③その中でこの和解に関するものについても見直すべきではないかという御意見があったところです。例えば、和解をされているケースについては、一般的に、当事者はその内容は外に漏れないと思っているケースが少なくないのではないかとして、見直しをすべきではないかという御指摘がありました。

　中間試案におきましては、そういった問題意識を踏まえまして、和解を記載した調書などについて取扱いをどうするのかということが第12の1の注3で取り上げられたところでございます。その上で中間試案の後、改めて審議をした結果、最終的には一般的な閲覧は何人もできますけれども、和解に関するものにつきましては、口頭弁論でされたものを除き、当事者又は利害関係を疎明した第三者に限って閲覧等をすることができるという規定が置かれました。

　また、この後御紹介があると思いますが、閲覧が制限されるための要件として、和解されたものというだけではなくて一定の特約、例えば、口外禁止条項がある場合に限るべきではないか、あるいは、そもそも利害関係を疎明した第三者についても閲覧を認めるべきではない、当事者だけに認めるべきであるといった御議論もあったところでございますが、最終的には先ほど言った形になったというところでございます。

IX　訴訟記録の閲覧

◆改正法についての受止め

笠井　この辺りは日下部さんも、法制審の部会では、最終的な形とはやや違う、脇村さんのお話にもあったような御意見を述べておられたかと思いますけれども、その辺りも含めていかがでしょうか。

日下部　実はこの点については、日弁連としての明確な意見が表明されたことはありません。個人的には一定の和解調書等について当事者以外の者による閲覧等を認めないようにすべきニーズはあると考えておりました。しかし、そうしたニーズとしては、和解内容を第三者に知られずに和解で紛争解決したいと考える当事者の意向以外には考え難いと思っておりまして、そのような当事者の意向がない場合には、従来どおり、裁判の公開原則を尊重して、第三者による閲覧等を認めることが適切だという考えを持っていたところです。

　改正法は、当事者の意向とは関係なく一律に、一定の和解調書等について、利害関係のない第三者による閲覧等を認めない扱いとしておりますけれども、従来の規律をその点でほぼ正反対に逆転するようなものかと思いますので、それがどのような合理性に基づくのかという点の整理が必要なのだろうと考えているところです。

　実務的観点から申し上げますと、これも法制審の部会のときに出た意見ではありましたが、利害関係があるとは言い難いけれども、類似する事件の和解での処理がどのようなものであったのかを調査したいというニーズを持っている弁護士はおりますので、それが難しくなることが懸念されているところです。今は、民事判決のオープンデータ化のプロジェクトが進行していて、判決については一定の匿名化処理がなされた上で、広く国民が利用できるようになる方向で検討が進められていると思うのですけれども、和解につきましては、匿名化をする、しないということと関係なく、その結論がオープンデータ化されることは想定されていないと思いますので、今後の実務において、訴訟代理をする弁護士が類似事件での和解の状況をどのように調査していくことができるのかということには関心が持たれているかと思います。

橋爪　現行法の下では、口外禁止条項のある和解がされても、それが92条の閲覧等制限の対象になっていない限りは、第三者からの閲覧等の請求があった場合には閲覧等を認めざるを得ないという状況にあり、そのことは、口外禁止条項を定めて和解をした当事者が和解条項の内容を当該当事者間の秘密とし、

これが外部に漏れないことを期待しているということであれば、和解に応諾した前提を覆すことにもなりかねず、当事者としては安心して和解的な解決に応じることができないといった場合もありました。

　今回の改正法では、口外禁止条項の有無にかかわらず、和解調書一般について、利害関係を疎明した第三者に限って閲覧等の請求をすることができるといったように規律が改まりましたので、少なくとも利害関係のない第三者の目には触れることにならないという限度で、第三者には知られることなく和解的な解決をしたいという当事者のニーズにも一定の手当てがされたと考えているところです。

垣内　この点は法制審の部会でもいろいろと議論があった問題で、先ほど日下部さんが言われたことは部会でも御意見として言われたところだと思います。口外禁止条項のような形で非公開、開示をしないという当事者の希望が示されている場合に限って、閲覧を認めないという形にしてはどうかということでした。利害状況の実質的な調整という点ではそういう考え方も十分あり得るところではあります。ただ、当事者が公開は好ましくないと考えれば当然に公開されなくなるというのは、結局、それはもともと公開しなくてもいいものだからなのだろうというふうに考えると、改正法のように一般的に公開はしないものとし、公開したければ、当事者のほうで別途、口外禁止条項などがない限りは自由に開示をすればいいということになりますので、これも1つの考え方として十分あり得るものなのかなと考えております。

　結果としては、従前から規律があった民事調停とパラレルの規律になっているというところで、法制審の部会では、民事調停においても利害関係がある者の閲覧をそもそも認めることが相当なのか、見直す余地があるのではないかという議論もあったように思いますけれども、現行法との整合性ということで考えれば、改正法のような規律ということになるのかなと考えております。

　理論的な観点から少し付け加えておきますと、そもそもおよそ非公開で和解をしたいということを考えた場合には、裁判外で和解をして、訴えを取り下げるという形での対応ということも一応、あり得るわけです。ただ、その場合、訴訟上の和解として調書が作成され、それに確定判決と同一の効力、特に執行力が付与されることもないということになるわけですので、非公開としたければ取り下げればよく、和解は全て公開でいいということには必ずしもならな

い。仲裁手続等も記録も含めて非公開なわけですが、仲裁判断は確定判決の効力が認められるという例もあり、一般公開でなくても確定判決と同一の効力を認めるということはあり得る。民事調停もそうなっているというようなことで、取りあえずは改正法の線で落ち着いたということなのかなと考えております。

◆別事件で和解調書が証拠とされる場合、利害関係のある第三者の範囲

垣内 それで、改正法の解釈上、問題となり得ると思われる点として2点ほど触れておきたいと思います。1点目は、これは念のための確認ですけれども、改正法91条2項では、和解条項案に係る部分、和解条項の定めに係る部分、和解に係る部分というものが掲げられています。典型的には和解調書で、これは「和解……に係る部分」ということだと思いますけれども、これが別事件で証拠として提出されたというような場合は、これは当該事件においてそれが書証なのであれば書証としての取扱いを当該事件の記録の閲覧との関係では受けるということなのであって、そういう意味では一般の第三者が閲覧することができる状態になる。ここで言う「和解……に係る部分」というのは、あくまで、和解が成立した事件との関係で言っているのであって、性質上和解調書であればどの事件との関係でもこの規律が妥当するというわけではない、と理解をしているところですけれども、それでよいかという点です。

2点目は、先ほど来出ている利害関係の問題で、部会の議論では、特に消費者関係の事件などで同種の被害を受けているような消費者はどうなるのかといった問題提起がされていたところかと思います。改正法の規律が、例えば既存の規律で申しますと、民事調停法の規律と同様であるということからしますと、そこでの解釈はどうなっていたのかというようなところが問題となるところですけれども、法律上の利害関係だという文献が多く、しかし、一部には事実上の利害関係で足りると言っているようなものもあり、また、法律上の利害関係が必要だとしても、間接的なものでよいとする文献が多いという状況のようで、また、間接的というのがどの程度のものを具体的に指すのかという辺りについては、必ずしも十分な議論が尽くされていなかったように思われます。

先ほど、口外禁止条項ということも話題になったわけですけれども、従来、訴訟上の和解は、特段制限がなく誰でも閲覧ができるという状況であったわけですが、他方で口外禁止条項が盛り込まれるという事例も存在したと理解して

おります。そこでどのようなことが意図されていたのかですけれども、抽象的には閲覧される可能性があったとしても、口外されないということであれば、実際にそこに和解調書があるということを知る人というのは限られているわけですので、実際に閲覧がされるという可能性は、それほど心配しなくてもよいということがあり、そのような条項を盛り込んだ形で訴訟上の和解を行うということも、それなりの合理性が当事者に感じられてきたということなのかなと考えております。そうした前提的な状況は、改正法の下でも変わるものではないとしますと、閲覧できる者の範囲は狭くなったわけですけれども、これで従来とどれほど現実に生ずる事態が変わるのか。従来も、多くの人が利害関係もないのに和解調書をどんどん閲覧しているということでは必ずしもなかったのではないか、特に口外禁止条項が定められている場合にはそうだったのではないかとも思われまして、その意味では状況が本質的に変わるわけではないという感じもしております。

　そうしますと、改正法によって消費者被害の訴え等がどの程度、困難になるのかというのも実はよく分からない面もありますけれども、利害関係の範囲という点で申しますと、単に類似の被害であるということで利害関係が認められるかというと、それは少し難しいのかなという感じがします。ただ、例えば、同一の事業者から損害を被ったと主張している消費者がいて、当該事業者が被告になっている訴訟事件の存在を何らかの形で把握したときに、当該事業者がどんな形で和解に応じているのかについて知りたいといった場合には、当該、閲覧を請求する消費者としては、その閲覧をすることで、自己の請求についてどのような解決が可能なのかについての情報を得ることができるということだとしますと、そのことをもって利害関係が認められるという解釈も、あるいはあり得るかなという感じもしております。それでは足りないのではないかという御議論もあるかもしれませんけれども、どこで線を引くかということが、今後の解釈問題として検討課題になるところかなと考えております。

日下部　口外禁止条項を設けて裁判上の和解をする当事者の動機について、思うところを少し述べたいと思います。垣内さんから御指摘がありましたとおり、現行法の下では、口外禁止条項を設けたとしても、その和解調書は、利害関係の有無にかかわらず誰でも閲覧できるわけです。そうすると、なぜ口外禁止条項を設けているのかという疑問も生じるかと思うのですけれども、これは

IX　訴訟記録の閲覧

恐らく、訴訟の当事者において、第三者に対して口外することを禁止すれば、おおむねその条項を入れた目的が達成できると考えられるケースがあるからだろうと思います。

　具体的には、例えば労働事件で不当解雇が争われたケースで和解されることになりますと、多くの場合はその従業員の会社での就業はなしにして、しかしながら、会社側も従業員側も、その事件に関して、お互いにあれこれ言わないと約することがよくあります。そのように会社と従業員が口外しないことにしておけば、たとえその事件や和解の内容を他者が訴訟記録を閲覧することで知り得るのだとしても、それほど実害があるというようにも考えられず、そうであれば、裁判上の和解であっても口外禁止条項を設けることで対応としてはよいだろうという判断になることはあると思います。

　ただ、このような扱いで全て説明できるというわけでもなく、例えば、著名な企業同士で、社会の注目を集めるような訴訟が行われているというケースですと、当事者である企業同士が口外禁止を約したのだとしても、関心を持つ競合他社やマスコミなどによって、和解の内容が閲覧されることが大いに予想されます。そのような場合には、口外禁止条項を設けるとしても、裁判上の和解をしたくないという判断に結びつきやすいことがあるだろうと思います。結局のところ、当事者に対して口外禁止の義務を課せば、秘密扱いにしたいというニーズが達成できるケースと、それでは達成できないケースというのが両方あるというのが、実務の状況かと思うところです。

　今回の法改正がどのような影響を与えるのかということについて言えば、前者のような当事者に口外禁止の趣旨を及ぼせば十分であるという事案であれば、今回の法改正が特段大きな影響をもたらすということはないのだろうと思います。他方、どうしても他の人から詮索されたり、和解の内容を調べられたくなかったりするケースでは、今回の法改正によって裁判上の和解をしやすくなるということはあるだろうと思います。しかしながら、利害関係のある第三者はやはり閲覧できるということなので、利害関係のある第三者による閲覧も懸念する当事者の場合、やはり裁判上の和解はできないという判断になることはあり得るように思います。その場合には、債務名義の取得を諦めて、裁判外での和解をして、訴えの取下げをしたり、余り大企業同士ではないかもしれませんけれども、訴えの取下げをするとともに、ひっそりと即決和解をしたりす

206

るということもあるかもしれません。垣内さんからの御指摘について思ったことは以上です。

脇村 垣内さんから他の事件で書証を出したケースについての御質問があったと思うのですが、法律でいう閲覧の制限はあくまで当該事件の和解のみを対象とするとの前提で考えています。他の事件で書証として和解調書等が出されたケースについては、それは飽くまで書証として扱われるので、それについて閲覧の制限はかからないと思っています。

また、利害関係の有無は正に今後の議論だろうと思います。一般的に、利害関係が認められるのは、法律上の利害関係があるケースであると思います。仮に、和解がされた事件と別の事件の当事者について、和解につき利害関係を認めるとしても、それには、少なくとも、両事件の相手方が同一であり、両事件の紛争が同一といいますか、同一の原因といえないといけないと思います。もっとも、そういったケースでも利害関係を認めることができるのかは議論があり得るように思われますし、最終的には事案ごとの判断だろうと思いますけれども、少なくとも、これまでの議論を聞いていても、相手方が同じというだけでは難しいのだろうなと個人的に思っていました。

杉山 法律上の利害関係の話は先ほども出たのですけれども、同一の当事者と同一の事件であれば認めてもいいのではないかと考えています。コンメンタール等を見ても、あまり例は挙げられていないのですけれども、判決の場合には、判決の理由中の判断が事実上の影響を与えるくらいの関係であれば利害関係を認めているようですので（秋山幹男ほか「コンメンタール民事訴訟法Ⅱ〔第3版〕」〔日本評論社、2022年〕245頁）、今後の課題にはなりますが、その辺りまでは認められるように考えています。

和解調書の閲覧の規律自体は個人的には理解できる一方で、和解が成立する事件については、事件の性質とか和解の内容とか、当事者の属性など様々なものがありまして、日下部さんがおっしゃったように社会的に非常に影響のあるような企業同士の和解とか、公益性が高い事件であって、当事者も開示されてもかまわないと思っているものもあると思いますので、一律に不開示とした影響については若干心配もしているところです。そうすると、選択肢としては、社会的に影響がある事件や公益性が高い事件については、公開の期日で和解をするとか、記録閲覧のできる利害関係を今よりも柔軟に認めていくとか、ある

IX　訴訟記録の閲覧

いは、なるべく消費者紛争のように集団的な紛争については個別的な処理ではなく、集団的な処理をしていくといったことが考えられますが、万能な対策かどうかはよく分かりません。公開の期日で和解をするかという問題についても、誰がどのような形で判断していくのかという課題もあると思いますし、繰り返しにはなりますが、利害関係の範囲についても、今後、検討していく必要性があると思います。

　あと、和解の内容に関してですが、今回、和解調書だけが非開示で、請求の放棄、認諾調書については公開のままになっていると思います。もっとも、和解の中には、事実上は認諾ではあるけれども、和解として取り扱っているようなものもあると思います。今回の改正法のような規律になると、これまではそれほど結果は変わらないから認諾でなくて和解として処理していたようなケースの取扱いについても、気を遣っていく必要があるのではと思っています。いずれにしても、和解調書の閲覧をめぐる問題は、開示の範囲と、今回手当てがなされていなかった、情報を知った人の守秘義務とか、あるいは閲覧者による情報の利用の仕方を含めてセットで考えていかないと、解決できない問題であろうと思っています。

笠井　利害関係の範囲についてはいろいろとこれから具体的な事案で問題となり得ると感じたところです。

3　補助参加申出人の訴訟記録の閲覧等

笠井　それでは、続きまして3の「補助参加申出人の訴訟記録の閲覧等」というところに入りたいと思います。補助参加の申出をした人による訴訟記録の閲覧等について、民事訴訟法45条5項の規定が置かれました。これにつきまして、まず、脇村さんから法制審の部会での審議の状況、改正規定の内容と趣旨等について御説明をお願いいたします。

脇村　改正前は、補助参加の申出をした人は、申出をした段階で、基本的に、補助参加人と扱われますので、申出をした人は、その申出時から、当事者と同様に、訴訟記録の閲覧等をすることができます。しかし、補助参加は、最終的には異議等があった場合には、覆る、すなわち認められないことになりますので、補助参加人として参加することができるか確定していない段階で、閲覧等

を認めて本当によいのか、そういった御指摘があったところです。

　そのため、中間試案におきましても、第12において、この問題が取り上げられております。その後の法制審の議論では、やはりいったん見てしまうと後で取り返しがつかない、見なかったことにではできないといったことなどを踏まえ、基本的に補助参加の申出をしただけでは足りず、補助参加人として参加することが確定した場合に初めて、当事者と同様に、閲覧等ができるということになりました。簡単には以上でございます。

日下部　また日弁連の意見の御紹介ということになりますけれども、実はこの点については日弁連としての明確な意見が表明されたことはありません。ただ、個人的には補助参加の申出をしただけの者が当事者と同様に訴訟記録の閲覧等をすることができるということですと、第三者閲覧等制限の制度の趣旨を失わせてしまいますので、補助参加が認められることが確定するまでは、訴訟記録の閲覧等との関係では補助参加人を当事者として扱わないという改正法の仕組みは合理的だと考えています。

◆45条5項と92条6項から8項までとの関係

日下部　他方で問題意識を持っていることもあります。この45条5項の規律を前提としますと、それとは別に設けられました92条の6項から8項までの規律にどのような独自の意味があるのかに関心を持っています。御案内のとおり、92条の6項から8項では、当事者の私生活についての重大な秘密に関する第三者閲覧等制限の申立てがある場合に、第三者が訴訟参加してきたときには、書記官に当事者に対する通知を求め、かつ、その通知から2週間は参加人に申立てに係る秘密記載部分の閲覧等を認めないという規律になっておりますので、機能的には45条5項の規律と重複する部分もあるのかなと考えています。そうしますと、それぞれが独立に設けられていることにどういった合理性があるのかという問題意識です。45条5項は補助参加人についてのみで、それ以外の類型の参加人はカバーしていないこととか、あるいは45条5項があったとしても、92条の6項から8項が想定しているような2週間の期間という、当事者に対する住所、氏名等の閲覧の制限を求めていく申立てのための期間の保証がされるとは限らないこと辺りがポイントになるのかなというようにも思っているのですが、可能であれば法務省のお立場で、脇村さんからどういった整理をされていらっしゃったのかについて御説明を頂けると有り難いなと

IX　訴訟記録の閲覧

思っております。

脇村　92条において、主に想定していたケースは、独立当事者参加があった
ケースです。独立当事者参加があったケースについては、まず、この規定は必
要であろうと思い検討を開始しました。ただ、補助参加した人も含めて閲覧制
限をかけたいというニーズがあるだろうなと思っていましたので、補助参加が
あったケースにも機会を与えるのは必要ではないかと思っていたところです。
そういった意味では92条は、参加があったケース一般につき射程に入れてお
りました。補助参加のケースは、確定するまでは閲覧等ができないので、そち
らで一定の対応が図られるとは思いますが、外すまでもないと思っていたとこ
ろです。

笠井　そもそも補助参加人が当事者と同じように記録の閲覧等をできるかどう
かについては、きちんと条文に書かれていたわけでもないので、45条5項は、
改正要綱案の取りまとめでも制限のことだけを書いているわけではなくて、記
録の閲覧について定めたということだと理解しております。補助参加人を当事
者とみなすという柱がまずあって、しかし、異議があってそれが確定するまで
は駄目ですよという規律も入ったという整理をするということではいけないの
でしょうかね。それはおかしいのですか。

脇村　その整理で、大丈夫だと思います。

笠井　まずそもそも論がそうかなという感じはしたのです。制限については、
日下部さんがおっしゃったようなところは、重複するところがあるのかなとは
思いましたけれども。他にはいかがでしょう。

垣内　45条5項の規律と92条の6項から8項までの規律との重複という点に
ついてですが、92条の6項から8項は、同条1項の申立てのうち、1号を理由
とするものがされた場合の話ですね。そうしますと、2号の営業秘密はカバー
されていないという点もあるのではないかという気もします。

笠井　営業秘密も重複しないですよね。

日下部　92条の6項から8項は前提としては営業秘密のことは横に置いてお
いて、私生活についての重大な秘密に関して第三者閲覧等制限の申立てがある
ことを前提とした上でどうしようかという規律になっているという意味では、
45条5項より限定的なケースでの適用が想定されているということで、そこ
には違いがあるのだろうと思います。

垣内 分かりました。

4 訴訟記録の電子化の例外

笠井 ここで、訴訟記録の電子化の例外として、改正後の民事訴訟法 92 条 9 項・10 項等が紙で記録を残すことなどについて定めていますので、これを取り上げたいと思います。まず、脇村さんから御説明をお願いします。

◆改正法の内容

脇村 改正後の 92 条 9 項及び 10 項では、いわゆる営業秘密が記録された部分について、92 条の規定による第三者による閲覧等の制限の申立てがあった場合には、当該営業秘密がその訴訟の追行の目的以外の目的で使用され、又は当該営業秘密が開示されることにより、当該営業秘密に基づく当事者の事業活動に支障を生ずるおそれがあり、これを防止するため裁判所が特に必要があると認めるときは、当該部分を書面に出力し、又は他の記録媒体に記録するとともに、電磁的訴訟記録から消去するなど、安全管理のために必要かつ適切なものとして最高裁判所規則で定める措置を講ずることができるとの電子化例外の規律を設けています。

この電子化例外は、オンラインで出された電子データを紙媒体等の形にして保管することを許容するものです。実務上、営業秘密が記載され、特にその秘密を保持すべきと考えられる文書について、具体的に念頭にあるのは、特許法 105 条の 4 等に基づき秘密保持命令が出されている文書ですが、実務の運用上、訴訟記録の書類のファイルとは別にして、厳重に保管されているといった実情があるとの指摘を踏まえ、改正後も、他の記録とは別に、紙媒体等の形で保管することを許容しようとするものです。

なお、閲覧等の制限がされているケースにつき、その閲覧等の制限がされている情報を厳重に保管する観点から、オンラインで出された電子データを紙媒体等の形にし、その紙媒体等の形で保管することを認める電子化の例外としては、以上のほかに、当事者等による閲覧等の制限の申立てがされているケースのものがあり、133 条の 2 第 5 項及び第 6 項等に規定されています。

同じような問題ですが、逆に、提出された書面等を電子化せずにそのままの形で保管することを認める意味での電子化の例外については、132 条の 12 第 1

項の各号と132条の13の各号に規定があります。第三者による閲覧等の制限や当事者等による閲覧等の制限の申立てがされているケースが列挙されています。

　なお、電子化例外としては、そのほかに、132条の12第1項ただし書と132条の13ただし書に規定があるファイルに記録することにつき困難な事情があるときや、132条の12の本文に規定があるオンライン提出の義務付けに反したときなどがありますが、これらはその目的等が異なるものです。

日下部　いま脇村さんから御説明いただいた電子化の例外については、その趣旨の観点からは、①秘匿性のある情報の安全管理のため（132条の12第1項各号・132条の13各号）、②電子化が困難であるため（132条の12第1項ただし書・132条の13ただし書）、③オンライン申立ての義務違反であるため（132条の12第1項柱書第1括弧書）に大別できるのかなと思いました。このうち、最初の①の場合は、どのように安全管理をするのかが、対象となる情報の種別に応じて、92条9項及び10項、133条の2第5項及び6項、並びに133条の3第2項で定められているという理解です。

◆秘匿事項届出書面の管理、提出又は送付に係る文書の取扱い（訴訟記録か）

日下部　これにつき、2つ疑問を持っております。1つ目は、当事者に対する住所、氏名等の秘匿の制度の関係で、秘匿事項等の届出（133条2項）が書面又は記録媒体の提出によりされた場合、そこに記載又は記録されている事項は電磁的訴訟記録のファイルに記録しないものと思いますが（132条の12第1項2号・132条の13第2号）、当の書面又は記録媒体をどのように安全管理するのかについては、特に規律は設けられていないのかという疑問です。

　2つ目は、提出又は送付に係る文書について、電磁的訴訟記録のファイルへの記録を定める132条の13を適用しないと定める227条2項に関してです。227条は、もともと、書証のために当事者が提出し、又は第三者が提出若しくは送付した文書を留め置くことができると定めていましたが、改正法は、その規定を1項として、新たに2項を設けました。これは、そのような文書であっても、形式的には132条の13が定める「民事訴訟に関する手続においてこの法律その他の法令の規定に基づき裁判所に提出された書面等」に該当するため、適用除外の定めが必要であると判断されたものかと思いますが、逆に言え

ば、132条の13は（申立て等に関する132条の12と併せて）少なくとも電磁的訴訟記録を必要的に構成する事項を定めたものとして、今後は訴訟記録とは何かを考える上でのよすがとなる規定なのかという問題意識です。

脇村 日下部さんの1つ目の点ですが、裁判所において、適切に管理することは当然の前提となっていますが、明文の規定は特段ありません。これまでも、92条の規定により第三者に対する閲覧等の制限がされていた資料については、裁判所において、これを適切に管理し、第三者に閲覧等させないようにしていたと思いますが、特段の明文の規定はないのと同じかと思います。2つ目の点ですが、227条2項は、文書送付嘱託等に係る文書は、これまでも解釈上、そのままでは、訴訟記録を構成しないと解されており、実務上は、その文書を当事者が改めて書証として提出すれば、それが訴訟記録になると解されていること等を踏まえ、形式的には132条の13に該当するものの、例外を設けて、嘱託等があっただけでは電子化の対象としないとしたものです。電子化は、書証として提出された段階でされることになります。なお、今回の改正では、訴訟記録の範囲については、特段の規定は設けていません。132条の13等は、提出された書面等を電子化すると定めていますが、何が訴訟記録かは、この規定が特に定めているものではなく、引き続き解釈に委ねられている問題だと思います。

日下部 1つ目の点とも関連するのですが、秘匿決定の申立てに対する却下決定や秘匿決定の取消決定が確定した場合の扱いについても疑問を持っています。132条の12第1項2号や132条の13第2号では、秘匿事項届出書面又は記録媒体における記載又は記録事項は電磁的訴訟記録のファイルに記録されませんが、秘匿決定の申立てに対する却下決定や秘匿決定の取消決定が確定した場合には、むしろそうした事項は電磁的訴訟記録のファイルに記録されなければならないと思われたところ、それを可能とする92条10項や133条の2第6項のような規定が欠けているようにも思われたので、疑問を持ったという次第です。脇村さんのご回答を踏まえてつらつら考えますと、132条の12第1項2号や132条の13第2号は、秘匿事項届出書面又は記録媒体における記載又は記録事項を、電磁的訴訟記録のファイルに記録しなければならない対象から除外しているだけで、92条10項や133条の2第6項とは前提が異なっており、それ故に、秘匿決定の申立てに対する却下決定や秘匿決定の取消決定が確定し

IX　訴訟記録の閲覧

た場合には、そのような記録をしてもかまわず、むしろ法はそれを想定していると解釈すべきということかなとも思えましたが、いかがでしょうか。

　また、2つ目については、91条の2第1項により、民訴法その他の法令の規定によりファイルに記録された事項は電磁的訴訟記録を構成するといえるのではないか、そして、132条の13では、「民事訴訟に関する手続においてこの法律その他の法令の規定に基づき裁判所に提出された書面等」に記載等されている事項は、一定の例外を除いて、ファイルに記録しなければならないとされているため、その例外にあたらない事項は、ファイルに記録される結果、少なくとも電磁的訴訟記録を必要的に構成するものといえるのではないかと思われたため、お尋ねをした次第です。ただ、脇村さんのご回答を受けて91条の2第1項をよく見ますと、電磁的訴訟記録に該当するためには訴訟記録に該当することが前提であり、訴訟記録は改正後の民訴法でも定義されていないため、「民事訴訟に関する手続においてこの法律その他の法令の規定に基づき裁判所に提出された書面等」に記載等されている事項が民訴法その他の法令の規定によりファイルに記録されたとしても、それ故にその事項が当然に電磁的訴訟記録に該当するとは限らないということになるように思えました。そのようにしてファイルに記録された事項でありながら訴訟記録に該当しないものが実際にあるのかどうかはよく分からないものの、理屈としてはこのようになるのかなと思えましたが、こちらもいかがでしょうか。

脇村　秘匿事項届出書面については、その前提となっている秘匿の申立てが却下されたとしても、特段、ファイルに記録することを義務付けることはしていません。132条の12第1項の他の号と132条の13の他の号との文言の違いにも、現れていると思います。例えば、原告の真の氏名を記載した秘匿事項届出書面がされ、原告の真の氏名が記載されていない訴状が提出されているケースにおいて、秘匿の申立てが却下されても、当該秘匿事項届出書面はファイルに記録することは義務付けられていません。ただし、このケースでは、真の氏名を訴状に追記するような措置をしないと当該訴えが適法になることはなく、記載が追完されると、その氏名はファイルに記録されることになります。また、例えば、準備書面やその他の書類等に秘匿しようとしていた事項が記載されており、秘匿の申立てがされていても、その申立てが却下されれば、当該事項はファイルに記録されることになります。その意味では、秘匿の申立てが却下さ

214

れると、そもそもの書面等に秘匿しようとしていた事項が記載されており、それがファイルに記録されるということになろうかと思っています。

　電磁的訴訟記録についてですが、今回の改正では、訴訟記録の定義を置かないこともあり、電磁的訴訟記録の定義については、訴訟記録中ファイルに記録されている事項としています。その意味では、文言としては、訴訟記録ではないファイルに記録されている事項というものが存在するようになっていますし、実際にも、ファイルに記録がされていても、どういった経緯でファイルに記録されることになったのかにもよりますが、現在の解釈では、訴訟記録の範囲に入らないものもあるのではないでしょうか。

日下部　1つ目の点については、秘匿決定の申立てが却下された場合と異なり、秘匿決定が取り消された場合は、既に代替氏名や代替住所が記載された訴状や準備書面等が蓄積していますので、真の氏名や住所等を追記するような措置をするのではなく、秘匿事項届出書面又は記録媒体をファイルに記録することで一括して対処するということも考えられるかもしれません。今後の実務運用に注目したいと思います。

X 口頭弁論等

1 口頭弁論の期日等

笠井 それでは、ここから、口頭弁論の期日に関する改正に入っていきます。便宜上、審尋の期日についてもここで取り上げます。民事訴訟法に87条の2という規定が新たに加わりまして、これは2024年3月までに施行されることが想定されています[1]。これにより、口頭弁論の期日における手続が、ウェブ会議の方式で実施することができるようになります。また、審尋の期日の手続がウェブ会議、又は電話会議の方式で実施できるようになります。いずれもいわゆる「e法廷」に位置づけられます。

これらについて議論したいと思いますが、まず脇村さんから、法制審部会での審議の状況、改正規定の内容と趣旨等について、御説明をお願いいたします。

◆法制審部会の議論の概要・改正法の内容

脇村 法制審の部会では、第1回会議から、インターネットを利用して映像と音声を送受信する方法、便宜上、ウェブ会議と呼びますが、ウェブ会議を利用して口頭弁論の期日に当事者が参加することの是非等が論点として取り上げられておりました。

法制審の部会では、ウェブ会議を利用して口頭弁論の期日に参加を認めることに賛成する意見が多く出されており、中間試案でもその方向での提案が出されておりました。その後の部会でも特段異論はなく、引き続き賛成する意見が多く出され、最終的にこれが認められたということになっています。最終的な

---

1) 2024年3月1日に施行された（令和5年政令第356号）。

条文は、87条の2第1項及び第3項になります。裁判所が相当と認めるときは、当事者の意見を聴いて、最高裁判所規則で定めるところにより、ウェブ会議の方法によって口頭弁論の期日における手続を行うことができる、などとされているところでございます。

このウェブ会議の利用につきましては、あくまでも当事者の参加について認めるというもので、口頭弁論の期日が法廷で開かれるということには変わりがなく、裁判官は必ず在廷していないといけないということを前提にしていますし、傍聴も基本的に法廷でするということを前提にしています。また、先ほど御紹介があったとおり、いわゆる口頭弁論に代わる審尋の期日についても、法制審の部会で議論がされ、ウェブ会議や電話会議を利用して、当事者が参加することができるとされております。審尋の期日については比較的といいますか、簡易な手続ですので、ウェブ会議に限らず電話会議も認めるということになっています。

その他、証拠調べに関しまして、この証人又は当事者尋問におけるウェブ会議の利用や、証拠調べとしての参考人審尋又は当事者審尋におけるウェブ会議や電話会議については、別途、議論がされましたが、恐らく証拠調べのところ（ⅩⅢ）で議論されることになると思いますので、ここでは割愛させていただこうと思います。

以上は、基本的に地方裁判所、簡易裁判所共通の話なのですけれども、法制審の部会では、簡易裁判所における口頭弁論の期日の当事者参加につきまして、ウェブ会議を利用する方法のほか、電話会議を利用することについても議論がされたところです。最終的には、様々な御意見がございましたので採用されておりませんが、この後、皆さんの御意見等を頂ければ幸いかと思っております。

笠井　それでは続きまして橋爪さんから、裁判所としての改正案策定への対応や改正法の内容の受止め、公開法廷でのウェブ会議実施に向けた準備の状況、最高裁判所規則の内容や今後の運用等について、御説明を頂ければと思います。

◆裁判所の対応・受止め・問題意識、最高裁判所規則

橋爪　裁判所では、法改正の前からウェブ会議等を用いた争点整理手続の運用を開始・拡大してきたところですが、今回の改正法において、口頭弁論の期日

X 口頭弁論等

についてもウェブ会議の方法により実施可能となったのは、民事訴訟の手続全体を通じて、実際に裁判所に赴かなくても手続参加が可能になったことを意味するものであり、当事者の利便性向上の観点から、意義のある改正であると受け止めております。

　ただ、改正法の下でも、ウェブ会議の方法により手続を実施するのは、裁判所が「相当と認めるとき」ということになりますし、現実の出頭ではなくウェブ会議の方法による参加が相当と言えますのは、当事者の本人確認を適切に行うことができて、第三者によるなりすましや不当な第三者の関与のおそれもないなどの前提条件が満たされた場合であるかと思われます。

　こういった点の重要性に鑑みまして、ウェブ会議による口頭弁論に関しましても、民事訴訟規則30条の2を新設して、ウェブ会議の方法により参加する通話者や、その通話者の所在する場所の状況がウェブ会議の方法によって手続を実施するために適切なものであることを確認の対象として定めるなどしたところですが、本人訴訟の場合も含めて、どのような場合に、ウェブ会議の方法により口頭弁論の手続を実施するのが相当であるかというのは、これから改正法の施行までに、裁判所でも更に検討を進めていきたいと考えているところです。

　また、ウェブ会議の方法により口頭弁論を実施する場合は、公開の法廷で傍聴人も入れた上で手続を行うことになるという点で、これまでの非公開の争点整理手続の場合とは異なり、検討を要する実務上の課題も少なくないと考えています。例えば、実施場所1つにつきましても、通常の法廷で実施するのか、それともラウンドテーブル法廷で実施するのかといった問題があり、個々の庁舎の施設状況なども踏まえて検討していく必要がありますし、ウェブ会議の方法で参加する当事者の訴訟活動の様子を、どのようにして傍聴人に把握可能とするかといったことも、実務的には重要な問題かと思われます。第1回の口頭弁論期日につきましては、これまで複数の期日を同一の日時に指定するといった運用も広く行われていましたが、ウェブ会議の方法により参加する当事者が存在する場合にも、この運用を維持することになるのかなどの問題もあろうかと思います。

　このように、ウェブ会議の方法により口頭弁論を実施する上では、様々な検討課題があるところですが、改正法の施行までに十分に検討を進めていきたい

218

と考えております。

笠井 それでは日下部さんから、弁護士として及び弁護士会としての改正案策定への取組や、改正法の内容の受止めについて、御説明いただければと思います。また今後、問題となると思われる事項等があるかについてもお願いいたします。

◆弁護士・弁護士会の対応・受止め・問題意識

日下部 日弁連は、改正法により新たに加わる、民事訴訟法 87 条の 2 の内容には賛成しておりました。その上で、問題意識として、なりすましや非弁活動の防止の観点から、出頭者の本人確認、所在すべき場所の確認や、その者に対する不当な影響の排除に関して、引き続き検討すべきであるとの意見を述べておりました。そして、その方法としては、最高裁判所規則により、本人確認が必要であることを定めるほか、実務運用として、訴訟代理人が同行する場合を除き、当事者等について顔写真付きの身分証明書の提示等により、本人確認をすべきと述べておりました。

この点、今、橋爪さんからも御説明がありましたとおり、改正後の民事訴訟規則 30 条の 2 第 1 項では、通話者、及び通話者の所在する場所の状況がウェブ会議の方法によって手続を実施するために適切なものであることを確認しなければならないとされており、日弁連の問題意識も酌んでいただけたものと評価されていると思います。

その上で問題意識についてですが、こちらも橋爪さんがお話しくださったものと、かなり共通しております。実務的には、通話者及び通話者の所在する場所の適切性の確認を、具体的にどのように行うのかが気になっております。訴訟代理人が付いていれば、それに同行する依頼者本人の確認は不要と思われるのですが、本人訴訟の本人や補佐人の確認は、少なくとも初回の口頭弁論期日では必要性が非常に高いと思われますし、場所の適切性につきましても、代理人の法律事務所であれば、それ以上の確認は不要かとも思いますが、そうでない限り、周囲の状況の確認を裁判所がどのようにすべきかについては、確認が形骸化しない実務慣行の確立が、裁判所には期待されているように思います。

笠井 それでは垣内さんから、以上のような改正法の内容をどのように受け止めているか、また問題があると思われる事項などがあるか等について、自由に御発言をお願いできればと思います。

X　口頭弁論等

◆研究者の受止め・問題意識

垣内　ウェブ会議等を使った口頭弁論を可能にするということは、もともと、ｅ法廷の一環として言われてきたことで、今回、それが実現することになったこと自体は、一種の正常な進化というように受け止めております。

　この点に関連して、対面での、物理的に双方が出頭する形での口頭弁論を求める権利というような形で問題を設定するとしますと、今回の改正法によりまして、裁判所が相当と認める限りはウェブ会議等を利用できることになったわけですので、相手方当事者も対面で出頭してほしい、対面でのみ口頭弁論をしてほしいというような形での、対面での口頭弁論を求める権利というものは、当事者には保障はされていないということになるだろうと思います。

　他方、これは冒頭の脇村さんからの御説明にもありましたけれども、一方の当事者が、自分は法廷で、対面で弁論をしたいという権利、これは今回の改正では特に損なわれてはいないという形になっていて、この点は条文の文言だけを見ますと、必ずしも明瞭でないような印象も受けるところですけれども、立案過程以来、そのような了解の下で検討がされており、そういう考え方に基づいて立法されているということかと思います。

　この点は、これも脇村さんの御発言にもありましたように、裁判所、あるいは具体的には裁判官がどこに所在するかという問題とも密接に関わるところですけれども、改正法においても裁判官は法廷に所在するということが前提にされているということで、私自身は、今回の改正に関する限り、それでよかったのだろうと考えております。公開の問題等とも関わるというのも、既に御指摘のとおりです。

　ただ、比較法的には、この点についても更に進んだ動きというものも、見られるようだと思います。例えば、ドイツ法でも、従来日本と同様に、当事者が法廷にオンラインで出頭することを「許す」という形での、ウェブ会議での口頭弁論を認めており（ドイツ民訴128a条）、法廷で手続を行うことによって公開を確保する、という日本とよく似た考え方をとっているわけですが、立法論としては、それではいろいろと不都合がある、裁判官が法廷にいなければいけないということのほか、実際に使う可能性が乏しいのに法廷を確保しておかなければならない等々、実際上の不都合があるというようなことで、オンラインでの出頭を「命じる」ことができるようにすべきではないかといったような立

法論も提唱されているようです。日本においても、なお今後の課題として残されているものと理解しております。

それから、改正法では「相当と認めるとき」という要件になっているわけですけれども、その意味内容についても、これは橋爪さんのほうからお話がありましたように、今後の検討に委ねられた部分があります。基本的には、当事者の意見を聴いてということになっているわけですので、当事者双方の意見が一致している場合には、そうした意向を尊重するというのが通常であろうと思われます。もちろん、当事者双方が通謀しているとか、何か不当な目的がうかがわれるような事情があれば別かもしれませんが、それは例外的な場合にとどまるだろうと思います。

問題は、当事者の意見が対立している場合にどうするかだと思われますけれども、この場合には、法律の要件は相当と認めるときということですので、オンラインでの口頭弁論を希望する当事者のほうで、どういう理由でそうした希望を持っているのか、それが相当と認めるに足りるものなのかという形で、問題が設定されることになるかと思います。

その際には、例えば物理的な出頭に要する時間であるとかコストであるとかといったことが当然、考慮の対象となるかと思いますし、それに加えて相手方当事者との物理的な対面での接触を避けたいような事情の有無であるとか、あるいは逆に、相手方のほうでは物理的な出頭を求める理由が何かあるのかどうか、といったような諸事情を判断するということになるのだろうと思いますけれども、個別の事案で具体的にどういった判断がされるのかということは、これは今後の実務の積み重ねということになると考えております。

この点に関しては、学界では裁判所が相当性という抽象的な要件の下で裁量的な判断をする場面が、今回増えたということとの関係で、裁量権行使の適正性をどのように確保していくのかというような問題意識も改めて出てきているところかと思います。そうした学説上の議論の進展も、今後注目されるところかと考えているところです。

笠井 垣内さんに1点、確認なのですが、ドイツの話をされたときに、オンラインでの出頭を命ずるという話があったと思いますが、それは、裁判官が当事者に、法廷に来ないでオンラインで出頭するように命ずるという、そういう話ですね。

X 口頭弁論等

垣内 ええ。今はオンラインでの出頭を命じる、逆に言えば対面での出頭を禁じるということができないので、それをできるようにしたほうがいいのではないかという議論が見られるということです。

笠井 分かりました。それは、法廷を使わないという話になるのでしょうか。

垣内 そうですね。

笠井 分かりました。それでは、続きまして杉山さんから、以上のような改正法の内容をどのように受け止めているか、また、問題となると思われる事項等について、御自由にお願いいたします。

杉山 ウェブ会議を用いた口頭弁論自体は、脇村さんや垣内さんの御発言の中にもありましたが、将来的にバーチャルな法廷を設けるのかといった課題は残されているとしても、e法廷を実現したものでありまして、方向性自体には全く反対するものではございません。

　海外では、このようなウェブ会議を用いた口頭弁論は、オンライン申立ての制度を先につくった後に導入するというところも見られましたが、これはⅢでも申し上げたように、日本がIT化の点では少し出遅れたところもあって、導入がしやすいウェブ会議を先に実現して、システムをつくるのに時間がかかる、オンライン申立ては後で実現していくことになりました。それも日本の特殊性とも言えますが、運用に当たっては大きな支障はないと思っています。

　ただ、どこかで議論をしたほうがいいと思いつつ、私自身もまだ整理し切れていないのが、口頭弁論の諸原則との関係です。商事法務のIT化研究会の段階でも、また法制審の部会の中でも、若干の議論は見られてきたところでもありますし、本書でも証拠調べのところで議論になるとは思うのですが、主張と証拠は弁論の全趣旨を通じて、主張も裁判官の心証の基礎となり得るので、証拠調べのところでの議論と共通しているところもありますので、ここで述べますが、特に研究者の立場からはこの問題について検討する必要性があると、改めて感じているところです。

　垣内さんが紹介してくださったように、ドイツでもウェブ会議での口頭弁論が可能になっているようですが、ドイツ法の先行研究（高田昌宏「ウェブ会議方式の訴訟審理の規律について」越山和広ほか編『手続保障論と現代民事手続法』〔信山社、2022年〕351頁等）などを見てみますと、ウェブ会議方式の口頭弁論も、公開主義、口頭主義や直接主義には反しないと解されているようで

すし、日本でも、これらの原則には反しないことを前提に議論がされてきたと思います。ただ、これらの原則も、それが導入された時期と、特に近年、技術が大幅に進歩した時代では意義が大きく違っていると思いますので、改めて考え直さなければならないと思います。とはいえ、将来的に通信技術や環境が発展して、バーチャルの世界とリアルの世界で余り差がなくなるようであれば、リアルの口頭弁論を前提とした議論がそのまま適用されて、諸原則の変容といった議論の必要性も少なくなってくるかもしれませんが、差し当たり、どう考えているのかについて、少しだけお話ししたいと思います。

　後でまた議論があるかもしれませんが（224頁）、公開主義については、傍聴者がこれまでどおり裁判所の法廷に来る必要性は残りますが、少なくとも現状よりは害されていないと言えます。もちろん、将来的にオンラインでの傍聴を認める可能性は残っているにしても、少なくとも現状よりも公開の程度は害されていないので、公開主義には反していないと理解されていると思います。口頭主義の原則も、これも歴史的には公開主義とセットで導入されたものでありますが、生き生きとした弁論をするための、そして集中的な審理を可能にするための原則であったものの、長年形骸化していると指摘されており、その克服が課題でした。今回の改正で、当事者がウェブ会議を用いて参加をすることが可能になり、物理的に出頭することができないために準備書面だけ提出して終わりというのではなく、実際に参加して文字通り口頭で弁論をする機会が増えていくと考えられ、口頭弁論が活性化していくことが期待されます。そのため、口頭主義は害されないと考えられましょう。

　直接主義の原則も、歴史的にはこれも公開主義とセットで導入されたもので、第三者が介在する間接主義へのアンチテーゼとして導入されたものです。ウェブ会議を使っても、受訴裁判所の裁判官が弁論を直接聴取する点は変わりないので、この原則も害されないと考えられていると思います。双方審尋主義につきましても、物理的に法廷に出頭できない当事者とか、法廷で相手方当事者と直接対峙したくないような当事者であっても、十分に参加の機会が与えられるものであり、より実現されていくであろうと考えられるところです。

　ただ、そうは言っても、公開主義とか口頭主義とか直接主義も、現在の通信状況や法廷にどのような機材を配置するかによっては、リアルで法廷に来て口頭弁論を実施する場合よりは、若干は害される可能性もあるだろうと思ってい

X　口頭弁論等

ます。双方審尋主義につきましても、物理的に法廷に来なくてもいいのだけれども、ウェブ会議に参加するための費用負担などが当事者に生じてくることになります。このようにデメリットも実はあるけれども、現状よりは害されない、あるいはメリットのほうが上回るので、諸原則は害されず、ウェブ会議も許されると考えられていると思います。

　もっとも、先ほど申し上げましたように、この問題は、通信機器とか環境などが今後いかに発展して、対面で弁論を行うのとオンラインで行うのと、どれぐらい近づいていくかによるところでもあるので、状況を見つつ検討し続けていく必要性があると思います。また、これは研究者の仕事だと思いますが、口頭主義とか直接主義も、本当に弁論の内容などを口頭で、つまり音声で発することが重要なのか、あるいは今では、文字情報であっても、チャットなどを用いて即時に表現することもできるのであるから、リアルタイム性のほうが重要であって、音声か文字かは重要ではないのか、どの点を重視するかによってその存在意義自体も違ってくると思います。直接主義の原則も、これまでは裁判官以外の第三者が弁論を聴取しないという意味で使われてきたのですが、それ以外の意義を問い直さなくてもよいのか、例えば、裁判官と当事者との間に、機械とか、機械に搭載された修正アプリのようなものが介在したり、当事者の発言が裁判官に届くまでに若干の時差が生じたりして、文字通りの"直接性"が害されてくるときに、直接主義の本来的な意味から外れるのだけれども、そのような直接性が害される点をどう評価したらいいのか、問題視しなくてもよいのか、様々な理論的な課題はあるとは思っているところです。

　ただ、繰り返しになりますが、これまで考えられてきた意味での諸原則は、若干害される部分もあるのだけれども、促進される部分もあるので、少なくとも害されていないという評価がされているのが現状なのであろうと思っているところですが、もう少し検討を深めていく必要はあるとも思っているところです。

　その他、「相当と認めるとき」の解釈については、今後問題になっていくと思います。垣内さんもおっしゃったように、改正法では裁判所に大幅な裁量を認めつつ、当事者の異議権とか、相手方当事者の出頭を求める権利などは、認めないことになっています。これはウェブ会議であっても、先ほど申し上げた諸原則は害されないという考え方が背景にあるのだと思いますが、果たしてそ

224

のように言い切れるのか、もしかしたら、ウェブ会議だと権利が害されると考える当事者の争う権利を、本当に度外視していいのかは、今後注意深く見ていくべき問題であって、差し当たりは、なるべく当事者の意向をより尊重する形で運用していくことが必要であろうと考えています。

笠井 それでは今の御意見につきまして、どなたからでも、何か御質問やリアクションなどあれば、お願いいたします。

日下部 今、垣内さん、杉山さんから、研究者の視点でのコメントを頂きまして、非常に参考になりました。口頭弁論につきましては、公開原則のほか、直接主義や口頭主義などの、民事訴訟法における原理原則との関わり合いがダイレクトに出てきますので、研究者の方々には、是非御検討を深めていただければと思います。 実務家の視点から1点、コメントさせていただきますと、口頭弁論期日を、ウェブ会議の方式をより進めて、純粋な意味でのバーチャル法廷で行うということは、立法論としては将来的にはあり得る話だというように私も考えておりまして、これまでに執筆した記事の中でも、そういった考え方にも触れているところがございます。

　弁護士の観点からは、実務的には、裁判官の所在場所に制約がなくなるということをどう捉えるのかが問題視されるだろうと予想しております。バーチャル法廷ということであれば、裁判官は物理的な意味での法廷に所在する必要はなくなるわけですので、もしどこにいてもいいということになりますと、裁判所の組織の中でも、例えば本庁にいる、支部にいるということが意味を失うということになります。そうしますと、例えば常駐している裁判官がいない支部が増えるのではないかといった、地域司法の問題への関わり合いを懸念する弁護士が出てくるであろうことは、想像に難くありません。こうしたバーチャル法廷の問題がより現実的に議論される状態になったときに、今現在と同じような感覚で地域司法の問題が論じられるのかどうか分からないのですが、実務的には気になっているところです。

◆ウェブ会議の方法で関与する当事者と第三者が同席することについて

日下部 コメントとしては今、申し上げた1点なのですが、口頭弁論の公開の方法に関して、今回の改正法の下で、どのように扱われることになるのだろうかという問題意識も持っていますので、言及させていただければと思います。今回の改正法では、口頭弁論の公開の方法については、特段取り上げられては

おらず、法廷の傍聴席での傍聴を認めることで、憲法上の公開の要請に応えるということには変わりはないものと理解しています。そうしますと、口頭弁論期日にウェブ会議の方法で関与する当事者が第三者をその場で同席させていても、その第三者が傍聴人として手続を傍聴することが当然に認められるということはないと理解しています。

　しかし、そのように理解したとしましても、裁判所がそのような傍聴を認めることが許容されるかという、別の問題があるように思われました。個人的には、ウェブ会議の方法で関与する当事者は、法廷における当事者席にいるものと同じように捉えることが妥当であって、その当事者席に第三者が同席することは認められないのと同様に、ウェブ会議の方法で関与する当事者の所在場所に第三者が同席することは認められるべきではないが、その第三者が裁判所の許可を得た補佐人である場合には、当事者との同席が認められると解釈すべきかなと思っているのですが、そのような扱い、ないし解釈について、他の方々からの御意見も頂ければと思っております。

笠井　それではまず、今の日下部さんの最後の御意見と御質問で、どう思われるかというお話があった部分について、何か御発言はございますでしょうか。

　私も同じように考えてはいたところです。口頭弁論に関しては、傍聴人は当事者側の空間にいるのではなくて、法廷で聴いているものと理解していました。また、弁論準備手続での関係者を考えると、訴訟代理人は弁護士事務所で、会社の人は訴訟代理人の弁護士事務所ないし、自分の会社の事務所にいてもいいのではないかという、公開法廷であるかないかを分けたようなイメージを持っていました。

　他の方から御質問や御意見等、お願いいたします。

脇村　今の日下部さん、笠井さんが指摘された話の関係では、いわゆる傍聴という言葉をどういったケースに使うのかが少し気になっています。私の理解を先に述べさせていただくと、法制審の部会の議論を前提にすると、原則として、いわゆる傍聴については、傍聴者が裁判所に赴かずにウェブ会議を使ってすることは認めない、認めるとしてもそれは例外的じゃないのかということかと思います。一方で、関係者というのでしょうか、原告とか被告の関係者、あるいは補助者的なものが裁判所に赴かずに手続に関与することは、傍聴という表現で議論をするべきではないと、私自身は思っています。

具体的には、今の実務とそれほど変わらないのではないかと思っています。裁判の実態を考えると、いわゆる法廷のバーの外で、つまり傍聴席で傍聴する者と、バーの中に、つまり当事者の席に同席している者の扱いは、実務的な感覚は大体、定まっていると思っています。例えば、会社とか法人が問題となっているようなケースについては、法人の従業員的な立場の人が、弁護士と一緒にバーの中に入っている、当事者席に座っているケースはあるのではないかと思っています。補助者的な扱いだと思うのですけれども。

それを傍聴といっていいのかどうかというのは、私は傍聴とは呼ばないと思います。ウェブ会議を使った際に、ウェブ会議を利用してそういった人が参加するということは、今の実務を前提にするとあり得るのじゃないかと思っていますし、それは傍聴とは違うものになると思っています。なお、その際に、代理人とは別のウェブ会議のシステムを使っていいのかどうか、代理人の事務所など代理人が実際にいる場所に同席をして同じウェブ会議のシステムを使わないといけないのかについては、今後の課題というか議論かと思っています。

笠井 私が言ったのも、基本的なイメージとしては、傍聴というよりも、確かに補助者的なものです。日下部さんが補佐人という法律用語的な言葉を使われたのですが、そういう補助者的なものも含んでの意味でおっしゃったのでしょうか。

日下部 私自身の問題意識をもう少し説明したいと思います。弁論準備手続のときと同様に、口頭弁論期日において当事者や訴訟代理人以外の関係者がウェブで参加する、例えば訴訟代理人の横に会社の関係者の方が同席しているという状況が、実質的に何か大きな問題を生じさせるかというと必ずしもそういうことではないし、実務的な観点から言えば、そこにいてもらったほうがいいという評価も可能なのだろうとは思っています。

気にしておりますのは、通常であれば余り問題視されないことであっても、訴訟当事者間の対立関係が非常に強いというような場合に、相手方当事者のほうから、第三者、ないし訴訟の当事者などの何らかの訴訟法上の立場を持っていない者がウェブで参加しているという状況を捉えて、これは不適切なことではないか、口頭弁論における傍聴は、法廷における傍聴席からの傍聴だけであって、根拠がないことであるし、認められるべきではないといった意見が出たときに、裁判所がどのように対応することが適切なのか、理由を含めて説明の

Ⅹ　口頭弁論等

付く話になるのかということでした。

　これについては、裁判所が許可を与えた補佐人であるということであれば、1つの説明としては通るかというように思ったのですが、反面、今まで頂いた御意見を踏まえますと、必ずしも訴訟法上の補佐人という位置付けがないとしても、許容される場面は、実務的にはあるのではないかというお話でもあったかと思います。それで対立関係の強くなっている相手方当事者を納得させることができるのだろうか、それによって、実際の口頭弁論期日で混乱が生じることがないだろうかということを気にしているというのが、私の問題意識でした。

笠井　よく分かりました。他の方から、何か今の点についてございますでしょうか。

橋爪　結論的には、私も、先ほど脇村さんがおっしゃったことと同じようなことを考えておりました。要するに、一般の傍聴人の方の場合とは違って、特定の関係者の方が、ある意味、裁判所の個別の許可を得て、ウェブ会議を利用して同席することができるかどうかは、解釈・運用に委ねられた話ではないかと思います。

　先ほど日下部さんがおっしゃったような、対立関係の激しい事案で、そういった会社担当者の方が、弁論の場で、当事者や訴訟代理人の横にいて助言等をするかもしれないことがけしからんということであれば、その事案については、そういったことは認めない方向の判断がされるように思いますし、個別事案ごとの解釈として考慮すればいいのではないかといった感想を持った次第です。

垣内　なかなか難しい問題だと思います。今までのお話の中で想定されていた例に含まれているのか分からないのですが、例えば、一方当事者がそれなりに広い会場か何かを用意しまして、そこに応援団的な人なのか、あるいは一般の第三者に入ってもらうということもあるのかもしれませんけれども、皆さん、大きなディスプレーを見て、当事者が法廷にオンライン出頭をして、手続をしている様を眺めることができるような環境を用意して、そこからオンラインで手続に参加するというようなことを、例えば考えたときに、公開主義の観点から考えますと、このような形での「傍聴」が当然に禁止されるべきことになるのかは、必ずしも明らかでもないような感じもします。

他方、今回改正された民事訴訟規則の30条の2で、この場合には通話者の所在する場所というのが適切なのかどうかが問題になり得るように思います。その関係で出てくる解釈問題として、その方々がやじを飛ばすとか、明らかに手続の進行にとって問題があるという場合には、これは普通に考えれば、それは適切でないということで、やめてもらう。あるいは、その場所からでは参加できませんということになるのだろうと思います。しかし、特にそうした問題を起こすことなく静粛に傍聴している、いわば非常にお行儀よくやっているというような場合に、所在場所としての適切性をどう判断するのかというような点は、なかなか悩ましいようにも感じます。

杉山　私も垣内さんと同じような感触を持っています。非公開の弁論準備であれば、ウェブ会議で参加している当事者の隣に第三者がいるというのは望ましくないかもしれませんが、最終的にはウェブでの傍聴は認めない形になったとしても、本来は法廷は公開されるものであるので、当事者のいる場所に第三者がいること自体、絶対に許されないとか、禁止すべきかというと、そうとも言い切れないような気もします。

　第三者が傍にいることの何がいけないのか、よく考えてみると、非弁行為のようなことをしているのであれば、問題であると思いますが、改正法ではウェブでの傍聴は認められませんでしたが、ウェブ参加をしている当事者の横で聞いているだけで、本当に問題なのかはやや疑問にも思いました。他方で、傍聴者以外の形で認めるとすると、補助者といった規定がない形での参加になるとのことですが、先に問題が指摘されたように、根拠規定もなく、また、相手方当事者から、この人は誰であるのかと問いただすことができるような規定もありません。では補佐人として認められるのかというと、何も補佐をすることなくいるだけの人を補佐人として呼んでよいのかという疑問も生じてきます。

　ただ当事者の傍にいるだけではなくて、何らかの関与をしてくる可能性がある、非弁行為をする可能性があるのであれば、本人確認の話もありましたけれども、当事者だけでなくて、そこにいる人がどんな人であるかの確認ができるようにする必要があると思いますが、今の民事訴訟法や民事訴訟規則ではその辺りができることとなっておらず、すべて運用に任せてよいのかなど悩ましい問題があると思います。

垣内　若干の補足なのですが、今、杉山さんの発言でもありましたように、あ

X 口頭弁論等

からさまに騒ぐとか、問題になるようなことがなかったとしても、隠れてやりとりをして、それが非弁行為的な評価を受ける可能性があるといったようなことは、問題として考えられるところかと思います。

　その関係では、法廷に来ている人であれば、裁判所がそれを把握することができる環境ということで、そうした問題が抑止される、あるいはもし問題を発見すればそれを制止するということも、相対的には容易であるのに対して、オンラインでつながっている先の場所で何が起こっているかというのは画面上からしか把握ができないという制約から、裁判所としても十分な把握が難しいということだとすると、そうした問題行為の可能性が十分に払拭できているのかという懸念がある、といった考慮から、そういった場合には認めないという判断も、十分にあり得るのだろうと思います。

　最終的には、具体的な事情に応じてということにはなるのだと思いますけれども、そういう観点からすると、ある程度、慎重に考えなければいけないようにも感じます。

日下部　いろいろな見方から、様々な御意見が出たところかというように思います。弁護士の観点からは、特に杉山さんからも言及がありましたけれども、非弁活動を許容してはならないという考えが非常に強いところでありますので、口頭弁論期日にウェブで参加している当事者本人の横に、弁護士資格のない者が実質的に訴訟代理人と同じような活動をする者として同席するということは、許容されてはならないという考えが強いところです。そのため、参加している人が見覚えのない人であるというときには、緊張関係が高まることも大いにあるだろうと思います。

　具体的にどのように対処するのかは、個別の事件における裁判所の判断にかなり委ねられるのだろうとは思うのですけれども、こういった考え方で臨むのだといった問題状況の整理は、これから2024年3月末頃までの改正法の該当部分が施行される時までには、裁判所において論点の整理といいますか、具体的な事件での処理の仕方についての考え方を整理していただくことが望まれるところかと思いますし、可能であれば、弁護士会との間でも、その点の意見交換などをしていただけると有り難いと思っております。

◆ウェブ会議の接続先が多い場合の相当性の判断

橋爪　先ほど、垣内さんから問題提起のありました、第三者の方がウェブ会議

の接続先に大勢集まるというケースを聞いて思いましたのは、現在のウェブ会議等を用いた争点整理手続の運用の中でも、最近、現場の裁判所から、ウェブ会議の接続先が多くなり過ぎたり、あるいは接続先にいる当事者の数が多過ぎたりすると、裁判所として接続先の状況をきちんと把握して、適切に訴訟指揮をすることが困難になることがあるといった声を耳にしています。

　そうしますと、これは、第三者に限った話ではなく、当事者が参加する場合も含めて、ウェブ会議の方法として問題になる事柄でして、先ほど、相当性について裁判所の裁量をどういうふうに規律するかというお話もありましたけれども、ウェブ会議の接続先や接続先にいる人数といったものも、相当性を判断する上での考慮要素になり得るのだろうと思いました。

◆傍聴の問題と非弁活動の問題

脇村　伺っていて1点思ったのは、不特定とは言わないにしても、多くの方が御覧になるといったケースについては、正に傍聴そのものの問題ではないかということです。その議論をする際に私としては、そこで非弁活動の観点から検討をするのは、違和感があるとは思っています。非弁活動の可能性があるから認める、認めないという議論をするのではなくて、インターネットを通じて傍聴的なことをすることを許容するかどうかの議論ではないかと思っています。

　ウェブ会議を利用する傍聴に関する法制審の議論では、当然には認めない方向の議論だったと思います。非弁活動の可能性がないからいい、とかいう以前の問題として、そもそも法廷の様子をインターネットを通じて広く見せることが、プライバシーというかどうかですけれども、そういった問題、あるいはそもそも裁判の有り様に変容を来すのではないかという議論かと思います。非弁活動の可能性がないので認めてもよいという議論は、一般にはウェブ会議を利用する傍聴を認めるべきであるということを前提とした議論なのかと思いますが、法制審の議論では、そうはなっていなかったのではないかと思っています。

　私自身、どちらという立場ではないんですけれども、やはり裁判をインターネットを通じて見せることの是非については、また別の視点で考えるべきじゃないかというのが、少なくとも法制審の議論だったのではないかと思って聞いていました。

垣内　私自身は、インターネットで公開すると、オンラインでアクセスすると

X 口頭弁論等

いう形で誰でも見られるというのは、差し当たりは認めない、あるいは将来的に認めるかもしれないので、禁止はしないけれども、そこは差し当たり動かさないという了解が、法制審ではあったと思うのですけれども、境界事例といいましょうか、当事者がオンラインでアクセスしている、その所在場所に見に来るというタイプのものをどうするのかということについて、一致した了解があったのかどうかは、よく分からないところもあり、部会に参加していた者の1人としては、その点はいろいろ受け止め方があったような感じもいたします。

笠井 私もお話を伺っていて、脇村さんと同じような感想を持っていました。傍聴の話にどうしてもなりますので、インターネット傍聴を認める話との整合性をどう考えるのかという問題で、非弁行為の話とは違う話ではないかと思って聞いておりました。

私は、やはりこれは傍聴だと思います。当事者と同じ部屋にいる場合でも、傍聴は傍聴だと思いますので、私は、やはり裁判所に来て、そういう人は傍聴をすべきではないかと考えています。ただ、今、垣内さんがおっしゃったように、では法制審の部会の議論で、そういうものまでインターネット傍聴を否定する中に入っていたかと言われると、それを確たる意味で、入っていましたとまで言うことはできないかなとは思っています。

具体的な事件類型を挙げるのが適当かどうかは分からないのですけれども、すぐに思い浮かびますのは、労働組合が当事者である訴訟において、労働組合の組合員が、これは当事者ではないですね、当事者ではない人がたくさん傍聴されている事件があります。そういう傍聴している人が、当事者である組合の代表者と代理人弁護士だけではなくて、何十人も同じ部屋に入って聴いているというのは、やはり、これは傍聴だと私は思いますので、形式的な区別かもしれませんけれども、法廷で聴いていただくのが原則なのだろうと思って聞いておりました。

日下部 冒頭、この問題点について言及させていただいた中には含めていたのですけれども、考え方として、ウェブ会議の方法で口頭弁論期日に参加している者の、ウェブでの接続先は、比喩的に言えば法廷における、いわゆるバーの中であって、当事者との関係の有無は問わず、いろいろな第三者がそこで手続を聞いているということは、正に傍聴を法廷の傍聴席ではない場所で行っているということを意味するんだというように整理すべきかと考えていたところで

す。それは、今回の法改正の中で、認めるという議論にはなっていなかったところなので、不適切である、バーの中に傍聴人が入ってくるということは認められない話だということになるのだろうと思っていたところです。

　それゆえに、ではバーの中に誰が入っていいのかということで言えば、当事者本人であったり訴訟代理人であったり、何らか訴訟上の立場のある者ということになるのかというように思っておりましたところ、実務的にはそこにある程度、柔軟な対応もあり得るのではないかということで、少し境界線が曖昧になっているのかというように感じました。

　ただ、現実の法廷と異なって、ウェブ会議で参加している当事者の接続先における状況を裁判官が十分に把握することや、そこでの秩序を維持することが難しい面があることを考えると、法廷におけるほど柔軟な取扱いを認めていっていいのか、むしろウェブ会議の場合には、そこはきちんとルールにのっとった対処をする必要性が高くなるのではないかという問題意識を持っているところです。

垣内　法制審の部会で皆さんがどのように理解していたのかについてはひとまずおくとしまして、傍聴として認められるものではないのだとすると、当然に許容されるものではないということですから、そのことを前提として、所在場所としてそういう人がいるというのが適切なのか、あるいはそういう人がいるところで、出頭しようとしている当事者がいるというときに、ウェブ会議等を使って口頭弁論するのが相当と認められるのかどうかという問題に、最終的には帰着するのだろうと思います。その点は先ほど、橋爪さんの発言にもありましたように、考慮要素としてその点も判断の上で、オンラインでやるのかどうか、あるいはそこへの接続を認めるのかどうかということを判断しなければならない場面というのが、理論的にはあり得るのだろうと思います。

◆口頭弁論の基本原則との関係──国際的な動向

垣内　それから、別の点になるのですが、杉山さんが最初の発言で触れられていた、公開主義あるいは口頭主義、直接主義等々の関係というところに関連しまして、私自身も、先ほどドイツ法での議論に少し触れましたが、若干の国際的な動向について、触れておきたいと思います。御存じのように、コロナ禍ということがありましたので、どの国でもオンラインでの手続の実施がここ数年非常に関心を集めたわけです。そこでは、先ほど、私の冒頭の発言で、対面で

X　口頭弁論等

の口頭弁論を求める権利というようなものがあるのかどうかという話をしましたが、そうした議論も進んでいるところかと思います。

この点については、仲裁の関係で、ICCA（International Council for Com-mercial Arbitration）（国際商事仲裁協議会）という団体が、78 カ国の比較研究というものをしております（https://www.arbitration-icca.org/right-to-a-physical-hearing-international-arbitration）。どの国の民事訴訟法でオンラインでの手続がどのような条件で認められるのか、といった点を比較しているのですが、それによりますと、ほとんどの国で、オンラインでの審理の実施に当事者の同意は不要となっているようで、そういう意味では日本の改正法も、国際的な潮流に沿っているという評価が可能だろうと思います。

その点に関する数少ない例外としてフランス法があったのですが、フランス法では、従来、全ての当事者の同意がないとオンラインでの審理はできないという形になっていたところ、これもコロナ禍の影響があるようですが、2021年の改正で、同意は不要だという形になっていて、こういった潮流が一方であるということかと思います。

ただ、他方で、正にコロナの流行がピークで、ロックダウンなどが問題になる時期には、オンラインでの審理が、ロックダウン中で移動の自由がないという状況で司法へのアクセスを実現するためにはほかに方法がなく、やむを得ないということだとしましても、コロナ禍が落ち着いた後に、いわゆるニューノーマルの一環として、オンライン審理を幅広く活用していくという方向がいいのかどうかという点については、改めて議論がされつつある状況かと思います。

国際学会等の議論では、この点について慎重な、あるいは批判的な議論もあるようで、その中では、先ほど杉山さんのお話にもありましたが、やはりオンラインでのコミュニケーションが、現状の技術水準を前提としますと、対面と全く同じというわけにはいかない。3 次元ではなくて 2 次元、しかもスクリーンの画面のサイズに限定された形でのコミュニケーションですし、誰を見て話しているのかといった、アイコンタクトのようなものが機能しないとか、音声が、僅かではあっても少しずつ遅延しているであるとか、様々な影響があるので、それを無視していいのかどうかといった点、あるいは、厳粛な法廷で実施されるという裁判手続の儀礼的な側面には、やはり無視できないものが含まれ

234

ているのではないか、この点は制度に対する信頼であるとか、手続やその結果の受容というところにも関わっているので、慎重に考えていかなければいけないのではないか、といった指摘もされているところかと思います。

こうした様々な限界を伴うオンラインによるコミュニケーションを利用することが、公開主義、口頭主義、直接主義、あるいは双方審尋主義の違反となるのかと言えば、それは必ずしも違反とはならないということなのだと思いますけれども、これらの原則の趣旨をよりよく実現するのはどちらなのか、という観点からは、対面とオンラインとの間にはやはり差もあるのではないかという議論もあるということかと思いますので、そうした点も、今後、更に議論が必要なところかと考えております。

◆写真の撮影等の制限（民訴規 77 条）との関係での自動文字起こし

日下部　今回の法改正に合わせて民事訴訟規則も改正されており、その中で 77 条、写真の撮影等の制限に係る規律も改正されたものと承知しております。

この改正は、従来は法廷で行われる写真の撮影等について裁判長等の許可を得なければならないという規律であったところ、期日における写真撮影等に対象を改めるという修正が主眼であると理解しています。ここでいう期日は口頭弁論期日に限る話ではなく、また、ウェブ会議の方法で行うかどうかとも関係しない、共通するルールだという理解ですので、本日の研究会のテーマになっております、ウェブ会議の方法で行う口頭弁論期日プロパーの問題ではないと思っております。しかしながら、具体的にウェブ会議の方法で口頭弁論期日を行う際にはどういった問題が生じるだろうかということには、実務的な関心を持っています。

この 77 条の改正については、例えば、いわゆるスクリーンショットを撮影する行為や、オンラインによってストリーミング再生をするといったウェブ会議に伴い得る行為は、77 条でいうところの「写真の撮影」や「放送」に該当すると解釈するという考え方が示されているように思います。それについては特段、違和感を持っておらず、それでよろしいというように思っていますが、必ずしも扱いがどのようになるのかが説明されたことがない、しかし実務的には重要性があるのではないかと考えている行為として、自動文字起こしをどのように評価するかという問題があろうかと思います。

自動文字起こしの機能は、ウェブ会議のためのアプリケーションに付随する

機能、又は別のアプリケーションの機能として、利用が可能になっていると聞いております。これは人が自らの手を使って口頭でのやりとりを文字として記録するわけではないものの、個人的には、機械的に行われることを理由に、77条でいうところの「速記」に該当しないとは解釈し難いように思っています。しかしながら、そのような文字起こしが口頭でのやりとりに追従して行われるだけで、文字が記録として残らないのであれば、速記を裁判長等の許可にかからしめるべき趣旨が該当しないようにも思われ、速記に該当しないとも解釈できるのではないかとも考えていたところです。

　なぜ、この点に強く問題意識を持ったのかと申しますと、この自動文字起こしの機能は、特に聴覚障害者の方がウェブ会議の方法で口頭弁論期日などの手続に参加する場合に重要なものでありますので、それが許可を必要とするものなのかどうかということは、整理をしておく必要があると思ったからです。2023年3月1日に施行されたばかりの規律に関わるところではありますけれども、何らかの考え方を教えていただけますと有り難く思います。

橋爪　77条の速記の解釈という観点になるかと思いますので、その点は、私のほうから説明させていただきます。文献によりますと、速記というのは、速記機械又は特殊な速記技術を利用することによって、法廷内の状況を正確に筆記する行為と解されているようですので、そうしますと、音声を逐語的に固定するような自動文字起こしというものはこの速記に当たるのであろうという点については、日下部さんの解釈と同意見です。

　そのようなものを今現在、一律に裁判長の許可にかからしめる規律に合理的な理由があるのかという話ですと、法廷内での出来事といいますのは、メモとか記憶に基づいて、ある程度は外部の人にも伝わる可能性があるわけですけれども、一言一句の形では伝わらないという前提で、自由な訴訟活動を保障することが適正な審理との関係で必要であって、そのために、速記については裁判長の許可を必要としているものと理解しています。そのような趣旨が今の時点で失われているとはいえないのではないでしょうか。

笠井　障害者の方への配慮の観点から、そういう合理的な理由がある場合に、裁判長が許可をしないことはおよそ考えられないという感じもしますので、そういう運用でという話になりますかね。理屈としては、速記ではあるというところですが。日下部さん、お願いします。

日下部 機械的に行われるから速記にはならないとは、私も考えておりません。しかしながら、必要性があるものですので、裁判長等の許可を必要としないという解釈の余地もないだろうかと考えており、それゆえに、この自動文字起こしの機能による文字化が、特段、記録として残ることなく、口頭でのやりとりに追従して、現れては瞬時に消えていくということであれば、裁判長等の許可にかからしめるまでもないということで、速記にも当たらないと解釈してもいいかと思っておりました。現時点でそのようなことを言っているのは、多分、私だけではないかという気もしているところでもありますが、いろいろな方の御意見等で整理が付けば、そのほうが障害者の方の立場からすると、納得感が高いかと思っております。

　実務的に、それを必要としている人に対して裁判長等が許可を与えないということは、およそ考えられないところですし、実害が生じるということもないだろうと思っているのですが、許可をいちいち求めなければ駄目なのか、何も言わずにやってしまったら問題があるのかということで、不安を生じさせるということだとすると、余り生産的でもないというようにも思っているところです。

垣内 今の日下部さんの問題提起は、速記というときの「記」というのが、出てきては消えていくというものも含むのか、というようなところに関わるもので、大変興味深い問題提起だと思いますし、障害者の方等との関係では、実際上もある程度、意味がある話なのかと思って伺いました。確認なのですが、仮に、速記には当たらないという解釈をとったといたしますと、これは日下部さんのお考えとしては、障害者等の方に限らず、誰でもそのようなことは、許可なしに許されても構わないはずであるという、そういう御趣旨になるかと思うのですけれども、そこはそういう理解でよろしいのでしょうか。

日下部 はい、そのように考えております。もちろん、自動文字起こしということにとどまらず、それをストリーミング再生するといった別の行為も加わると、許可を必要とする部分が出てくるということになると思いますが、記録に残らない自動文字起こしの機能だけということであれば、障害者の方であろうと誰であろうと、許可は必要ないのではないかというように考えておりました。

笠井 私は自動文字起こし機能をよく理解していないところがあります。起こ

X　口頭弁論等

した文字が全く残らずに消えていく、要するに映画の字幕みたいなものだという話で、映画を録画するわけでもないということであれば、橋爪さんがおっしゃった、後に一言一句、正確に残ってしまうこととの関係でいくと、記録や速記に当たらないという解釈もあり得るという気がしました。

◆ウェブ会議への出頭困難と双方審尋主義

笠井　1点だけ、私からよろしいでしょうか。杉山さんから先ほど、ウェブ会議に出にくい人のことを考えると、双方審尋主義との関係も出てくるのではないかという御指摘があったと思いますけれども、そういう人は、裁判所に来ればいいのではないかという気もしましたが、それでは当事者の公平が図られないとか、そういう御趣旨でしょうか。これは杉山さんへの質問です。

杉山　確かに、双方審尋主義の問題については、ウェブ会議での参加に不安があれば、法廷に来ればいいということではあるのですけれども、特にコロナ禍では、実際に法廷に来ることに障害があり、裁判所に来なくてもオンラインで参加することができることが重要で、双方審尋主義がより活かされるようになったという評価もあったように思われます。もちろん、そもそも全くオンラインで参加することができない人については、裁判所に来るしかないのですが、裁判所に来るためにもそれなりに費用がかかりますし、ウェブ参加が不可能でない人であっても、ウェブ参加する場合の費用やコストを比較判断しなければならなくなると思います。

　結局は、費用等を考えて裁判所に実際に出頭するかウェブ参加をするのか各自で選ぶことになるのですが、双方審尋主義が、ウェブ会議を認めることによって必ずしも保障されるわけではないのではとも思います。例えば裁判所から遠く、出頭するのも大きな負担であるし、ウェブの参加にも支障があるという人にとっては、依然として最適な制度にはなっていないのかもしれません。

◆期日外の審尋

日下部　すみません。条文の適用といいますか、解釈の確認を、専ら脇村さんにお尋ねできればと思っている点がありまして、それを1つだけ、よろしいでしょうか。

笠井　どうぞ。

日下部　期日外で行われる審尋の方式に関してです。今回の法改正によって設けられた、民事訴訟法87条の2第2項は、審尋の期日をウェブ会議や電話会

議の方法で実施することができることを定めておりますけれども、期日外で当事者を審尋する場合の方法については、187条が定める簡易な証拠調べとしての審尋の場合を除いて、特に定めがないように見受けられます。そのような期日外の審尋については、方法の制約は存在しておらず、ウェブ会議や電話会議の方法で行うことは、裁判所の判断により、当然に可能であると理解しているのですけれども、それでよいでしょうかというお尋ねです。

笠井 今の点について、脇村さんからお願いいたします。

脇村 日下部さんの御指摘は、期日指定等を明示的にすることなく、裁判所が、当事者とウェブ会議の方法であったり、あるいは電話を利用して、陳述を聞いたりすることができるのかという御趣旨だと思いますが、結論的には、可能だと思っております。もっとも、いわゆる期日は、裁判所と当事者等が会合して訴訟行為をしあうための時間などといわれているので、ウェブ会議を利用して審尋をしているのであれば、期日指定を明示的にしていなくとも、それは期日で審尋をしているといえるのかなとも思っています。もちろん、実務上は、審尋というよりは、事実上の打ち合わせをしているケースといったこともあるかもしれませんが。

笠井 期日外と言うか期日と言うかは見方が分かれ得るところと理解しました。よろしいでしょうかね。

脇村 あと、先ほど、可能だと言いましたが、もちろん前提として、証拠調べに当たらないという前提ですね。そこの制約はかかってくると思っています。

◆期日の変更の裁判長権限化

笠井 なお、口頭弁論の期日等については以上のほかに、2026年3月までに施行されると見込まれる改正として、期日の指定と変更一般について、93条1項が改正されて、期日の変更が裁判長の権限とされました。

橋爪 裁判所絡みの改正ですので一言だけ。期日の変更権限が裁判所から裁判長に変更されたということで、より機動的な変更が可能となると思いますし、とりわけ、何らかの自然災害とか非常事態の関係で、期日の一斉変更が必要になるような局面なども念頭に置きますと、事務の合理化につながる、意義のある改正であったと受け止めております。

X　口頭弁論等

2　準備書面等の提出期間

笠井　民事訴訟法162条2項という定めができまして、準備書面の提出や証拠の申出について裁判長が期間を定めたときに、その期間の経過後にこれらの提出や申出をする当事者は、裁判所に対し、その期間を遵守することができなかった理由を説明しなければならないとされています。この研究会でも、これまでに訴訟記録の閲覧との関係で、少し触れられていますけれども、これについては、期間の定めに関する裁判所の運用や弁護士の方々の受止めも気になるところです。

　まず、脇村さんから、法制審部会での審議の状況、改正規定の内容と趣旨等について、御説明をお願いいたします。

　◆法制審部会の議論の概要・改正法の内容

脇村　この準備書面等の提出期間の問題につきましては、法制審部会の第3回会議等で、弁護士の一部の方や、裁判所といった実務家のメンバーの方から、現在の実務上、準備書面の期間が定められていたとしても、提出期限に提出されていないということがあり、何らかの対応を検討すべきではないかとの御指摘がありました。そういった指摘を踏まえ、中間試案では、定める期間を経過しても準備書面等が提出されない場合に提出が遅延している理由を説明しなければならないとする考え方や、裁判所がその提出を命ずることができるものとする考え方、正当な理由なく違反した場合に、157条の2と同様の制裁を設けようとする考え方が取り上げられていたところです。

　法制審の部会では、その後、議論がされ、提出期間を徒過することを防止するための必要性についてはおおむね肯定する意見が多かったのですが、その具体的な方法については、過度の効果を伴うものについては異論があったと認識しています。最終的に、部会では、定めた期間の経過後に準備書面等の提出をする当事者は、裁判所に対し、その期間を遵守することができなかった理由を説明しなければならないとすることとされ、理由のない期間の徒過を防止するということを期待するものとなったところです。条文としては、162条2項がそれに当たります。

笠井　それでは橋爪さんから、裁判所としての改正案策定への対応や改正法の

240

内容の受止め、今後の運用等について、御説明をお願いいたします。

◆裁判所の対応・受止め

橋爪　現在、各地の裁判所では、審理の運営改善ということを目指して、様々な取組が進められているところですが、当事者と裁判所が膝を突き合わせて突っ込んだ口頭議論をするなど、期日のやりとりを実質的なものにするためには、それに先立つ事前検討・準備が必要であるということに異論はないかと思います。

準備書面が期限までに提出されずに、ひどい場合は期日の当日に準備書面を持ってこられるといった事態が生じてしまいますと、その場でいきなりかみ合った議論をするというのは困難で、期日が空転してしまうことになりますので、定められた期間までに準備書面等を提出するということが、充実した審理のために非常に重要であるということは、改めて強調しておきたいと思います。

準備書面等の提出遅延に対しては、これまでも裁判官から遅延した当事者に、期限に遅れた理由を尋ねて、特段の理由がない場合には同様の事態が生じないように注意するとか、相手方当事者の側でも、提出期限の遵守を強く求めるなどの対応をしてきたわけでして、そういうことを地道に繰り返していると、徐々に期限が遵守されるようになるといった経験も有しています。

今般の改正では、提出期限を徒過した場合は、裁判所や相手方当事者から求められるまでもなく、当然に期間を遵守することができなかった理由を説明しなければならないとの規律が設けられたわけですので、このような規律が設けられたことで、当事者の側でそのような説明をしなくても済むよう、きちんと提出期限を遵守しようといった意識付けが働くことを大いに期待しているところです。

もう1点、法制審の部会では、当事者が定められた期間内に準備書面等の提出をしない場合について、裁判長の命を受けた書記官による提出の促しの規律を設けることについても議論がされました。このような規律を設けることについて特段、異論はなかったものの、規則事項と整理されたものと認識しておりますので、今後、そのような規定を民事訴訟規則に設けることについて、検討していきたいと考えています。

笠井　それでは日下部さんから、弁護士として、及び弁護士会としての改正案

X 口頭弁論等

策定への取組や改正法の内容の受止めについて、御説明をお願いしたいと思います。弁護士に直接関係する話でもありますので、問題となると思われる事項等についても御説明をお願いいたします。

◆弁護士・弁護士会の対応・受止め・問題意識

日下部 日弁連は、裁判長が定めた期間内に準備書面等の提出がされることが重要であることには異存はなく、中間試案の段階で示されていた考え方のうち、期間が経過した場合の、書記官による促しについては賛成しておりました。これは先ほど、橋爪さんからも御説明がありましたとおり、今後、民事訴訟規則の改正により明文化されるものと理解しております。

他方、日弁連は、中間試案の段階では注として示されていた、提出遅延時の説明義務については、慎重に検討すべきとしており、また、裁判所の提出命令及び違反時の攻撃防御方法の却下については反対しておりました。今回の法改正では、前者の説明義務については採用され、後者は採用されなかったわけですが、この結果は日弁連としては了解できるものと思います。

その上で、今後、解釈や運用上の問題となる点が2つ考えられます。1つ目は、期間経過後に準備書面の提出等をする当事者や訴訟代理人が、プライバシーや守秘義務との関係でどの程度の事情の説明が求められるか、です。個人的には、162条2項の説明義務は、安易な期間徒過を抑止するために設けられたものであって、当事者が、私生活についての重大な秘密を開示してでも説明しなければならないとか、訴訟代理人が、弁護士法23条や弁護士職務基本規程23条の下で負う、秘密保持義務に違反してでも説明しなければならないとまでは考え難いと思っておりますが、他方、それらを理由に一切説明しないことが正当化されるとも考え難く、可能な範囲で率直に理由を説明しなければならないと解すことになるのではないかと思っています。

2つ目の問題点は、当事者が説明した理由が、訴訟記録上、どのように扱われるかです。書面又は電磁的記録により理由が説明された場合は、それが訴訟記録に含まれることになるのは当然と思うのですが、理由の説明には方式の要件はありませんので、口頭で理由説明された場合には、調書などに記録して、訴訟記録に含めることになるのかと思っています。あるいは、これは裁判所のシステム設計の仕方によると思うのですけれども、少なくとも準備書面等が事件管理システムを通じて提出される場合で、期間を徒過しているときは、シス

テム上でも理由説明が求められるようにすることも考えられるかと思います。

　個人的には、どのような方法であれ、そうした理由説明は訴訟記録の一部として一般の閲覧に供されるべきであり、また、必要な理由説明がなされていない場合には、そのこと自体が訴訟記録上も明示されるようにして、規律ある手続進行が実現されるように、裁判所には工夫をしていただきたいと考えています。

笠井　それでは杉山さんから、以上のような改正法の内容をどのように受け止めているか、また、問題となると思われる事項があるかなどについて、自由に御発言をお願いいたします。

◆研究者の受止め・問題意識

杉山　この問題の背景には、いかにして民事訴訟の審理を迅速化、充実化、効率化していくかという問題意識があると思います。そもそも論に戻りますと、今の民事訴訟法が制定された際には、争点整理を充実させて、口頭弁論を活性化し、証拠調べは集中的に行って審理を迅速、かつ効率的なものにしていこうという、大きな理想がありました。そして、この理想を実現するためには、口頭弁論期日にいきなり現れて主張などを提出しても十分な主張立証活動はできないので、準備書面等を通じて事前に入念に口頭弁論の準備をすることが必要であるという考え方が、特に改正時の、実務家の方もそうですし、研究者のほうでも共有されていました。民事訴訟法が大きく変わり審理期間も短くなるという期待があり、それなりに成果は収めてきたところと理解しています。

　他方で、笠井さんや垣内さんも書かれており、また実務家の方からも指摘があるところですが、集中証拠調べは実現できているのだけれども、争点整理手続自体が五月雨式の審理となり、長期化してきており、その背景には、当事者や代理人がなかなか準備書面を出してこなくて、期日が空転することがあるといった事情があるといった指摘にも触れてきました。そのため、最終的な手段にはなりますが、準備書面の提出期間について、遵守できなかったときの制裁を検討すること自体は、このような結果になったのは残念ではありますけれども、仕方がなかったと思っているところです。

　ただ、これまでも、確かに準備書面の提出が遅れた場合には、特に制裁は用意されていないのだけれども、注釈書などを見ていると、場合によっては157条却下とか、63条の費用負担のところで配慮されることもあるといった記載

X 口頭弁論等

も見られるのですが（兼子一原著『条解民事訴訟法〔第2版〕〔弘文堂、2011年〕967頁）、実際にそのような措置は発動されてこなかったために、今回のような提案が出てきたのではないかと思います。

そうであるとすると、この理由説明義務の規定が置かれたことによって、本当に期限を守ってくれることになるのか、やや疑問に思うところもあります。理由説明義務の規定は現行法の争点整理手続のところでも置かれていますが、これも注釈書などでは、遅れた場合にきちんとした理由を説明しないと、156条違反となり、157条却下もあり得るといった記載も見られるのですが（兼子原著・前掲984頁）、実際にはそれほど厳しく運用されてこなかったのではないかという印象を抱いています。

そのため、何かしらの理由を述べれば遅れての提出が認められてしまうことになるのであれば、今回の改正が骨抜きになってしまわないかという懸念もあるところです。その辺り、特に157条の運用にもなっていくと思いますけれども、余り甘過ぎない形で運用をしていかないと意味のない規定になってしまうのではないかと思います。

笠井 それでは垣内さんから、以上のような改正法の内容をどのように受け止めているか、また、問題となると思われる事項があるか等について、自由に御発言をお願いいたします。

垣内 私もこの改正の方向性については賛成といいましょうか、よかったのではないかと思っております。この点に関しては、今、直前に杉山さんからも御指摘がありましたように、もう少し踏み込んだ、具体的には、場合によっては却下する、しかも、これは部会でも、その点を強調する意見があったかと思いますけれども、裁量的に却下できるというだけではなくて、必要的に却下しなければならないといったような形の規定を設けるということも、あり得たかもしれません。

ただ今回、こういう形で改正されましたので、まずはこれがどういう成果を上げていくかということが一番の問題で、これで多少なりとも期間の遵守が促進されていくということになれば、それはそれでよろしいのだと思いますし、もし万が一、そうでもないということになってきますと、どうするのかということは、また改めて考えていかなければならないだろうと思っております。

それから、説明義務についてはもとより、よろしいのではないかというふう

に思っているところですけれども、先ほど、これは橋爪さんだったか、部会でも出ていた、書記官による促しとの関係についての御発言があったところです。規則で、この点はしかるべく規定されるということかと思いますけれども、その点と関連しまして、システムの仕様との関係ということもあるかと思います。書記官が、様々な形で連絡を取って促すということもあるかと思いますし、場合によっては、これは促しなのかリマインドなのか分かりませんけれども、期間の徒過などについて、システム上、自動化された形で通知をするであるとか分かるようにするということを、工夫することも考えられるかと思います。

また、これもシステムの仕様に関することで、少し違うお話ですけれども、この説明義務の履行の在り方について、先ほど日下部さんのほうから、システム上でも説明ができる、入力できるようにするということが考えられるといったお話がありました。立案の過程では、この説明義務というのはあくまで訓示規定的なものであって、違反に対して何か法律上の制裁があるものではないという前提で、検討がされてきたものだと考えておりますので、説明しないと、そもそも準備書面の提出であるとか、関連する証拠の申出ができないというようなシステムの仕様というのは想定されていないと思いますし、そもそも出発点として、期間が徒過したからといって提出そのものができなくなるという仕様も、想定されていないというところなのだろうと思います。

現在、民事裁判書類電子提出システム（mints）のほうで、準備書面のやりとりが一部可能になっているということかと思いますが、そちらのほうでも、私の承知しているところでは、期間が徒過したからといって、提出そのものができなくなるというわけではないという取扱いとなっていると思われまして、その点は、今後もそういうことなのだろうと理解しているところです。

また、日下部さんからは、説明についての記録化の点について御指摘があって、確かにそこも重要な観点だと思いました。ただ、説明内容が合理的で、十分理由があるというような場合に、そうした説明をいちいち全部記録するということにどの程度の意味があるか、といった問題もあるかと思いますので、どういったものを、どういう形で記録として残しておくのがいいのかということは、少し具体的に考えてみる必要があるという感想を持ったところです。

Ⅹ　口頭弁論等

◆理由説明の内容とその記録化

日下部　訴訟代理人には、大いに関わり合いのある改正内容ですので、コメントさせていただきたいと思います。先ほど、私が発言させていただいたときには、2つの問題を挙げさせていただきました。1つ目は、どのような理由説明が求められるのか、適切なのかということと、2つ目は、それがどのように記録化されるのかということでした。

　この1つ目の問題点につきましては、期間の徒過が常習化している訴訟代理人の場合、理由説明として、単に、期間を徒過してしまい申し訳ありません、と述べるだけで、実質的に理由説明をしなかったり、毎度、多忙により、と述べるだけで、具体性のある理由説明をしなかったりすることが予想されるかと思います。前者は理由説明義務を果たしていないので、理由説明を改めて求めるべきかと思いますが、後者は理由説明が全くないわけではないので、それ自体は、いかんともし難いかという気もしているところです。少し身近な表現で言えば、開き直っているような人には、この理由説明義務を課しても、それ自体では余り実効性がないということもあるかもしれません。

　その上で私が重要と思っておりますのが、記録化と、それがどのように一般の人、あるいは依頼者に示されるかというところです。弁護士の観点からは、期間を徒過しても何らかのペナルティーが与えられるということが現状はなく、ましてや攻撃防御方法の却下という、裁判所にしてみると、ある程度、勇気が要るといいますか、本人に悪影響を与えてもいいのだろうかといった、いろいろなことを考えなければいけない、そのような制裁あるいは不利益を課すことができないということがあって、それゆえに実務が弛緩している面があると思うのです。

　それを前提としますと、弁護士の観点からより気になるのは、依頼者にどう見られるのか、あるいは、同業者を含めて社会一般からどう見られるのかというところだと思っています。それゆえに、理由説明をしたときに、あるいはしていないときに、説明の有無や、どのような説明をしたのかということが、訴訟記録の中で明示されて、依頼者がいつでもそれを見ることができる、あるいは裁判所の端末でということになるでしょうけれども、一般の人も見ることができるという状態になっているということが、この理由説明義務の規律が実効性を持つ上では、非常に重要なのではないかと思います。

先ほど、垣内さんのほうから、合理的で、十分理由がある説明がなされていることを記録化することにどの程度の意味があるのかという御指摘もあったかと思います。確かに、きちんとした説明がたくさんなされていることを見ても、余りそれ自体には意味はないと思うのですけれども、説明がきちんとなされていないことが表面化するということには、非常に価値があるだろうと考えているところです。

それゆえに、裁判所がシステムをつくられるときには、そのような説明の有無や内容も、依頼者や一般の人が見ることができるように設計していただきたい、それによって、怠惰な訴訟代理人に自省と改善を促していくというのが、今回の改正法の内容が実効性を持つ上で重要ではないかというのが、私の意見です。

橋爪 システムの関係の御発言もありましたので、まず、提出期限については、今の mints におきましても、提出期限の前にリマインドメールが出せる仕組みになっていますので、恐らく、今後開発していくシステムについても、提出期限を当事者の方にお知らせするような機能は備えていくことになるのかと考えています。日下部さんからも、期限を徒過した場合の説明をシステムでといった御提案がありましたが、そういった様々な御提案を伺いながらシステムを検討していくことになるものと思います。

◆時機に後れた攻撃防御方法の却下の運用

橋爪 あと、期限を徒過した場合の裁判所の対応としましては、攻撃防御方法の却下というものが、裁判所にとってもドラスティックな方法ですので、これまで慎重だった面があるというのは、おっしゃるとおりかと思います。期限を徒過したことで直ちにという話ではないとは思いますが、時機に後れた攻撃防御方法の却下の運用がこれまでどおりでいいのか、もう少し積極的に活用していくべきではないのかという問題は当然、あろうかと思いますので、裁判所としても検討を進めていきたいと考えています。

杉山 裁判所のほうではこれまで157条却下がなかなかしにくいという点は認識しているところでありますが、少なくとも、このような理由説明義務の規定を、訓示規定であれ、置くことによって、合理的な説明をすることができない場合や、全く説明してこないといった場合には、これまでより少しは却下しやすくなる、そういう方向に実務が動いていってくれればよいと思います。

X　口頭弁論等

◆理由説明の内容とその記録化（事件管理システムの仕様等）

杉山　また、システム上で理由を述べさせる点ですが、実際に記入させるのではなくて、例えば複数理由が挙げられていて、その中で選んでチェックを入れる形もあるのではと想像したのですが、仮にそうだとすると、結局のところ、先ほど日下部さんがおっしゃったように、①多忙のためとか、②本人病気のため、③その他、といった感じのリストになってしまって、取りあえず理由を挙げれば提出が認められてしまうことにもなりかねないのではと思います。もちろん、依頼者のほうから、提出が遅れた理由を見る機会があったとしても、多忙であるという理由を見たらそれ以上の追及をせずに終わってしまうことになり、監視の目もうまく機能しないのでは、とも思います。

　そのため、読むのは大変なのだけれども、やはり文書で理由を書かせることにすると、書く作業は面倒なので、準備書面を期限どおりにきちんと出すようになるかもしれません。他方で、裁判所のほうで遅延の理由を確認する作業は大変だと思うので、理由をどのような形で説明させていくのかは今後、実務上の課題になるのではと考えています。

笠井　チェックリストにチェックを入れるというのは、余り考えたことがなかったのですが、やはり、それでは法の趣旨に合わないような気がします。ですから、理由は何かを書かせるものだと思っております。

杉山　チェックリストの例は極端かもしれませんが、理由として定型文ばかり出てくる場合も同じような問題があるのではとは思っています。

笠井　ほかにいかがでしょうか。垣内さん、どうぞ。

垣内　記録に残すという点に関しては、日下部さんがおっしゃるように、おざなりな説明しかしていないとか、およそ説明をしていないというようなものについて、それは記録に残して閲覧等ができるような形にするということには、これは意味があるのではないかと思いますので、この制度を活かしていくための工夫として、十分あり得るものではないかと感じます。

笠井　私は日下部さんのお話を伺って、難しい問題があると思ったのは、当事者が病気で弁護士が会えなかったというような話を、どのぐらい明らかにすべきなのかというところです。それなりにセンシティブな情報にもなり得ますので、悩ましいところだと思います。抽象的に、体調不良でというぐらいであれば、一応いいのかなと思いますけれども、それ以上に、病気の内容まで書けと

いう話になると、ちょっと難しいという感じがします。その辺りは、守秘義務との関係もあり、プライバシーとの関係もありますので、常識的な範囲で書けばいいのではないかと、今回、思いました。

いかがでしょうか。それでは、今の提出期間の点は以上とさせていただきます。なお、口頭弁論等に関する事柄として、これまで相手方が在廷していない口頭弁論において陳述することができる準備書面として161条3項3号に定めるものが加えられたことについては、IX1に準備書面の直送との関係で議論がされましたし、また、電子調書（160条・160条の2）についてはIV2の最後のほうで言及されています。

XI 争点及び証拠の整理手続

1 弁論準備手続

笠井 それでは次に、争点及び証拠の整理手続に移ります。まず、弁論準備手続のうち、双方当事者が不出頭でもウェブ会議又は電話会議で期日の手続が実施できるものとする、などの民事訴訟法 170 条 3 項の改正については、Ⅵで取り上げたところで、2023 年 3 月 1 日に改正法や関係の民事訴訟規則が施行されています。そこで、ここではまず、民事訴訟法 170 条 2 項が改正されて、弁論準備手続の期日においてすることができる訴訟行為の範囲が拡大すること、その前提として、調査嘱託の結果等の口頭弁論の期日における裁判所による提示等が関係の箇所に明文化されたこと（186 条 2 項・205 条 3 項・215 条 4 項・218 条 3 項）を取り上げたいと思います。

　まず脇村さんから、法制審部会での審議の状況、改正規定の内容と趣旨等について、御説明をお願いいたします。

◆法制審部会での議論の概要・改正法の内容

脇村 今回の改正では、ウェブ会議等を利用して、弁論準備手続を利用しやすくする方向での改正がされましたが、改正前の民訴法では、書証については弁論準備手続で取り調べることができますが、調査嘱託の結果などの顕出はできないといったこともあり、利便性向上の観点からも見直すべきではないかと、そういった御指摘があったというところでございます。

　中間試案では 170 条 2 項の規律を見直し、弁論準備手続の期日において、調査嘱託の結果、尋問に代わる書面、鑑定人の意見を記載した書面及び鑑定嘱託の結果を顕出することができるものとする考え方が取り上げられておりました。最終的にはこの考えをベースとしまして、要綱が取りまとめられ、民訴法が見直されました。

見直しに際しましては、弁論準備手続の期日で行うことができるかどうか以前の問題として、そもそも、この調査嘱託の結果の顕出等の概念が、判例上、解釈上の概念であり、そういった行為が必要であることが法律に記載されていませんでしたので、まず、そういった行為が必要であるということを明記しています。その上で、それを弁論準備手続でも行うことができると明記しています。

また、明文化に際しては、これまで、実務上は「顕出」という用語が使われていたところなのですけれども、内容的に何かこれを大幅に変えるというものではなく、基本的な考え方を維持しつつも、他の法律の用語例等を参考に「提示」という表現にしているところです。なお、この提示は、改正法では受命裁判官でも、弁論準備手続においてすることができます。大枠について、私のほうからは以上かと思います。

笠井　それでは橋爪さんから、裁判所としての改正案策定への対応や、改正法の内容の受止め、今後の運用等について、御説明をお願いいたします。

◆裁判所の対応・受止め

橋爪　争点整理手続の中で、金融機関などに調査嘱託を行うということは、それなりに頻繁にあるわけですが、これまでの実務では、調査嘱託の結果については口頭弁論に顕出するとの取扱いがされておりましたので、金融機関等からの回答が返ってきて、当事者がそれを踏まえて主張を展開しているといった場合でも、その時点では結果の顕出といった行為は行わずに、私個人の経験を申し上げると、弁論に戻したときに手続を取ることを忘れることがないように、調査嘱託の顕出と書いた紙を記録の表紙ポケットに挟んでおくなどの対応を取っておりました。

ですので、改正法の下、弁論準備手続において調査嘱託の結果の提示ができると定められたことにつきましては、その時点で判明した調査嘱託の結果を踏まえて争点整理を進めているという実務的な感覚と非常にフィットするもので、手続が分かりやすくなったという印象を有しています。調査嘱託ほどではありませんが、争点整理手続の中で、例えば医師に対する書面尋問を実施した上で、その結果を踏まえて争点整理手続を進めるといった場合もありますので、尋問に代わる書面が弁論準備手続で提示できるという点についても、同様の印象を持っております。

XI　争点及び証拠の整理手続

笠井　それでは日下部さんから、弁護士として及び弁護士会としての改正案策定への取組や、改正法の内容の受止めについて、御説明をお願いいたします。また、今後、問題となると思われる事項等についても御説明をお願いできればと思います。

◆弁護士・弁護士会の対応・受止め、口頭弁論での証拠調べとの境界

日下部　日弁連は、弁論準備手続期日において、調査嘱託の結果等を顕出できるようにする考え方に賛成しておりました。改正された後の民事訴訟法170条2項の内容は、顕出ではなく提示という表現を用いていますが、実質的な違いはなく、従前から弁論準備手続期日においても事実上、顕出はされていたとの理解の下、その内容にも賛成しているところかと思います。

　また、その前提として、調査嘱託の結果等を口頭弁論期日において提示できることの明文化については、日弁連は特に意見を示していたものではありませんけれども、こちらも改正内容に異存はないものと思います。なお、従前から弁論準備手続期日において文書の証拠調べが可能であったところ、改正後の民事訴訟法170条2項では、電磁的記録の証拠調べも可能とされています。特にこの点について日弁連が意見を述べたことはありませんが、こちらも異存はないものと思います。

　その上で、弁護士の観点からの問題意識について、若干、言及したいと思います。弁論準備手続期日における調査嘱託の結果等の提示については、従前からの実務に制度的な根拠を与える程度のものという理解から、率直に申しまして、弁護士としては余り関心を持っていないところではないかと思います。しかし、弁論準備手続は本来的には争点整理手続であり、そこで文書の取調べが認められてきたことは、実務上のニーズに応える最小限の手当てであるという理解を前提としますと、今回の改正法により、電磁的記録の証拠調べはともかくとして、調査嘱託の結果等の提示まで認めることは、弁論準備手続において可能な証拠調べ、ないしそれに関わる訴訟行為を正面から拡大するもので、口頭弁論と対比した場合の弁論準備手続の意義をより不明瞭にするという、消極的な評価が当てはまるかもしれないと思っています。

　また、そもそも提示が、訴訟法上どのような意義を有するのかについても、人ごとのようには言えないのですけれども、多くの弁護士には十分に理解されていないのではないかと思います。これらの点については、是非研究者の先生

252

方から御意見、お考えをお伺いできればと思っておりました。

笠井　それでは垣内さんから、以上のような改正法の内容をどのように受け止めているか、また、問題となると思われる事項があるかなどについて、自由にお願いいたします。

◆研究者の受止め、口頭弁論での証拠調べとの境界

垣内　私は、この改正の内容そのものについては、争点整理の充実・促進という観点から、合理的なものと考えております。弁論準備手続においてすることができる行為について、直前に日下部さんからも御発言がありましたように、従前から文書、書証の取調べができるとされてきたところですけれども、今回の改正で、書証の取調べ以外でも、書面化されたものについては提示ができるという形で、一般に参照できるということが明確化されたということで、これは争点整理を効果的な形で進めるためには必要で、合理的なのだろうと考えております。

それとともに、これも日下部さんから問題提起があった点ですけれども、手続における口頭弁論という方式の意義という観点から考えますと、今回の改正は、考えさせられるものを含んでいるように思います。一方で、弁論準備手続における取扱いの前提として、一般的に調査嘱託の結果等の提示ということが規定として明確化されましたが、これはある意味では、口頭弁論にそうしたものが顕出されるということの意義を法律でも正面から承認しているという点で、理念としての口頭弁論の重視を反映しているという見方もできそうです。

ただ他方で、日下部さんのコメントは、こちらのほうに焦点を当てるものであったかと思いますけれども、弁論準備手続においてすることのできる行為が更に拡大されたということで、結果として口頭弁論に何が残されるのかという観点から申しますと、これは人証調べを内容とする集中証拠調べに、より一層、純化される形になってくるということかと思われます。そのことは、口頭弁論という方式が持つ位置付け、手続にとっての実際上の重要性という点からすると、ある意味では、より意義の薄いものになっていくという方向に進んだということも、できそうなわけです。

だからといって、それが問題だということには直ちにはならないのだろうと思いますけれども、日本の民事訴訟は、歴史的には、口頭弁論というものを中心に組み立てられてきた手続であるわけですので、それが最近になって、こう

253

XI　争点及び証拠の整理手続

いう動きが進んでいるということを、どういうふうに受け止めるべきなのか。
これは「X1　口頭弁論の期日等」の項目で、杉山さんからも問題提起のあっ
た各種の諸原則の理解、位置付けといったところとも関連して、引き続き検討
が必要な課題かと思っています。

笠井　それでは杉山さんから、以上のような改正法の内容をどのように受け止
めているか、また、問題となると思われる事項があるかなどについて、自由に
お願いいたします。

杉山　この問題は恐らく、法制審で初めて出てきた議論であって、商事法務の
IT化研究会のほうでは議論されていなかったと思われ、この問題が出てきた
背景等を、正確に理解している自信はないのですが、個人的には、これまでの
御発言のように、争点整理の充実化のために手続内でできることを増やしたこ
と自体に、反対するものではございません。ただ、日下部さん、垣内さんがお
っしゃったように、口頭弁論での証拠調べとの関係も問題になってくるとは思
います。実務家の方、特に裁判官の方のお話などを伺うと、争点整理のための
証拠調べと、心証形成のための証拠調べとがあるような感じもしており、それ
自体は検討の余地はあるのですが、そのような発想も背景にあるのかもしれな
いと議論を伺っていました。

　弁論準備手続においてできるようになった訴訟行為の中に、調査嘱託の結果
の顕出があります。これも今まで規定がなかったところを明文化したものです
が、この点については古い裁判例があるため、まずはその判例法理を明文化に
した点に意義があると思います。ただ、この判例においても、顕出とか提示と
いう儀式的な行為に大きな意味を見いだしていたのかは、疑問に思っていたと
ころです。

　調査嘱託それ自体が、位置付けが難しい制度ではありますが、簡易な証拠調
べの1つであるというのが1つの考え方であり、そのような考え方によれば、
嘱託してその結果が戻ってくることで、証拠調べ自体は終わる、当事者自身の
援用という行為がなくても、証拠資料にはなりそうです。ただ、当事者に示し
て顕出して、意見の聴取の機会を与えることが必要であるというのが判例の立
場でありますが、個人的には、この判例については、顕出という行為そのもの
より、当事者に意見聴取の機会を与えなければならないとした点に意味がある
と考えていました。

254

もちろん、提示という行為はあったほうが分かりやすいかとは思いますけれども、重要なのは、判例もいうとおり、当事者に意見聴取の機会を与えるという点であったと思っております。事実上行われていた実務を認める形で新しい規定ができたということ自体は、反対するものではありませんけれども、元となった判例の意図したところを軽視してはいけないのではないかとは思っているところです。

笠井　これは確かに、法制審で出てきた話であったように、私も思います。今、IT化研究会報告書を見ていますけれども、少なくとも、弁論準備手続のところには何も書いていないように思いますので。私は、先ほど橋爪さんも意識しておっしゃいましたけれども、尋問に代わる書面については、人証調べの性質をもっているのに、弁論準備手続の段階で出てしまうのが、手続の流れとの整合性という意味で、本当にいいのかということで、法制審部会では疑問を呈しておりました。弁論準備手続での提出の必要性があることについては他の事項と同じであり、当事者に異議がないのであればそれでよいということで、今、それに反対だというわけではないのですが、法制審部会では、それぞれの事項を分けて分析する必要はあるのではないかと思っておりました。

◆提示が明文化されたことの意義

脇村　これまでも、そういった調査嘱託などの結果が返ってきたときについては、弁論準備手続の中で、事実上、それは提示と言いますか、当事者に説明をして、それを前提に、訴訟が進行していたのだと思います。

ただ一方で、弁論準備手続ですることができないとされていたこともあったので、記録上、いつ、それをそうしたかというのは、分からない状況でしたので、今回の改正では規定を置くことによって、実際にされていたことを法的に裏付けることによって、それが記録上も明らかになっていくということで、より、後になってみて、どういった形で進んできたかということが検証しやすくなるのではないかとは思っています。

また、この顕出という概念については、先ほど述べたとおりこれまで手続法には、文言上はない状況ですし、文字としてそのまま使えなかったということもあり、改正に際しては、どういう用語を選択するのかということを考えたのですけれども、杉山さんからも御指摘があったとおり、これは意見を聴く前提にしているものだということかと認識しておりましたし、実務的には、意見聴

取自体は、どうですかと聴くというよりは、調査の結果等が裁判所に戻ってき
ていますので、何かあったら言ってくださいという形で手続を進めるというこ
とからすると、正に提示というのは1つの有り様かと思っていたところです。

　それはもちろん、意見を聴くことを軽視しているというよりは、意見という
のは基本的に、どうしたら言えるだろうということを前提に、その機会を保障
するという意味では、提示というのが1つのやり方という感覚でして、そうい
った意味では、従前の考え方を何か変えたいとか、あるいはそれ以上踏み込ん
で何かを考えたということはありません。

笠井　今まで、実務的にやっていたことを明確に法律上、位置付けて、記録に
も残しやすくして、後で、忘れていた、ということがないようにしたという感
じはしますね。

◆専門委員の関与

笠井　なお、付け足しみたいな感じになっていますけれども、弁論準備手続、
口頭弁論等との関係では、専門委員の関与についても、92条の2に説明の電
子的な方法による提出を認める2項が追加され、92条の3で音声の送受信の
方法による関与が認められる範囲が広がるなどの改正がされています。これに
ついて何か御発言はおありでしょうか。

杉山　この問題自体は、商事法務のIT化研究会の段階から指摘されてきて、
専門委員が遠くにいるわけではなくても、なかなか適切な分野の人を確保する
のが難しいので、遠隔参加ができる要件をより緩くして、専門委員が参加しや
すくすることが望ましいという考え方に基づくものであり、特に反対はなく、
法制審でも、この点については反対はなかったのであろうと思います。私自身
も、今回の改正は専門委員の負担を軽減する方向での改正であり、このこと自
体は特に問題ないと思っています。

　他方で、鑑定と比較すると、鑑定人の場合にはウェブで参加をする必要があ
る一方で、専門委員の場合は音声での参加ができるとしている点の背景には、
専門委員の関与の程度がそれほど大きなものではないという発想があると思い
ます。ただ、法制審でも議論はされなかったようですが、近年では専門委員の
関与の在り方が、鑑定人のそれに近づいており、実務上は"意見"に近い、かな
り踏み込んだ"説明"まですることもある点を考えると、将来的には鑑定人と専
門委員の役割分担を見直していく必要性はあると思いますし、それと関連して

専門委員と鑑定人で手続が大きく違ってくるのが望ましいのかという課題は残されていると思います。

笠井 最後の点は、専門委員の用い方ということで、研究者も関心を持っているところではありますが、現行法で音声の送受信であるということで、かつ、専門委員と鑑定人の役割分担の在り方については、杉山さんの御発言の中でもありましたように、そこまで今回の改正での課題ではなかったということだと思っております。

2　書面による準備手続

笠井 それでは続きまして、2の「書面による準備手続」のところに移っていきたいと思います。書面による準備手続につきましては、民事訴訟法175条を改正して、いわゆる遠隔地要件を外し、また、176条の改正と176条の2の追加によって、裁判所が行う手続であることを明確にした上で、地方裁判所でも受命裁判官に手続を行わせることができるようにするという改正がされています。

　また、書面による準備手続については、弁論準備手続期日の手続を双方が裁判所に現実に出頭しなくても、ウェブ会議又は電話会議の方法によって実施できるようになるということ、これはⅥで取り上げたものですけれども、それを前提に、法制審部会や、それに先立つ商事法務研究会のIT化研究会の議論では、書面による準備手続をそもそも存続させる必要があるのか、さらに、準備的口頭弁論も含めて、3種類の争点証拠整理手続を一本化するのがいいのではないか、という意見も表明されていました。

　こういった意見については、最終的には採用されるところとはならず、書面による準備手続を含む3種類の手続を維持した上で、書面による準備手続については、先ほど挙げたような改正がされたということになります。なお、書面による準備手続と、そこで用いられる協議という方法は、双方不出頭で弁論準備手続期日を実施できるようにする改正が2023年3月1日に施行されるまでの、いわゆるフェーズ1の段階では、新型コロナウイルス禍の影響を避けるためもあって、盛んに用いられたということが知られていますけれども、この方法が、同日に始まったフェーズ2、更にフェーズ3の段階でも用いられ続けて

いくのかというところも興味深いところで、これについてもⅥの双方当事者不出頭の弁論準備手続等のところの中で少し触れられておりまして、橋爪さんからは、裁判所のほうでは、個別の事案や進行段階に応じた適切な手続選択をされることになる、といった御発言もあったところでございます。

そういったことも含めて、議論になり得るところかと思います。まず、脇村さんから、法制審部会での審議の状況、改正規定の内容と趣旨等について御説明をお願いいたします。

◆法制審部会の議論の概要・改正法の内容

脇村 書面による準備手続については、法制審の部会資料等では、正にこれ自体の改正項目という形式で取り上げられており、今、笠井さんから御紹介があったとおり、遠隔地要件廃止や受命裁判官について高等裁判所に限らず認めるといった、最終的に結実した論点などが出されていたほか、そもそも電話会議システムを使うことの是非なども検討されていました。

恐らくこの問題は、書面による準備手続をそのまま残した上で活用すべきであるという意見とは別に、書面による準備手続の役割分担を見直して、役割を少し減らしていくべきではないかという意見もあったのかと思っています。そういった意味では、形式上は単独の問題として取り上げられていたものの、先ほど笠井さんから御紹介があったとおり、争点整理手続の一本化を見据えながら議論がされていた点もあったのかと思います。

結論的には、先ほど言った論点につきまして、書面による準備手続を残す、すなわち3類型について残すという判断をされたことを前提に、手続の利便性をある程度図るという観点から、先ほど言った、遠隔地要件の話ですとか受命裁判官等について見直しがされたというふうに、認識しております。

笠井 それでは橋爪さんから、裁判所としての改正案策定への対応や改正法の内容への受止め、そして今後の運用等について、御説明をお願いいたします。

◆裁判所の対応・受止め

橋爪 法制審部会の場では、裁判所からは、現在3種類ある争点整理手続を一本化すべきではないかといった発言をしてきたところですが、それは従前は、争点整理手続と言えば専ら弁論準備手続が用いられていたのが、フェーズ1の運用を通じて、書面による準備手続における協議というものが頻繁に用いられるようになっていき、その中で、準備書面の陳述とか書証の提出といった訴訟

行為をすることができない協議であるからこそ、ノンコミットメントルールの下で、裁判所と双方代理人が率直に口頭議論を行うといった審理をやりやすい面もあるというように、協議に積極的な意義が見いだされていったこと、そしてIT化を契機に、争点整理手続の在り方も変わっていく中で、正式な訴訟行為をして争点整理を進める期日と、その準備段階的に位置付ける協議をシームレスに行き来できる形にすると使い勝手がいいのではないかといった実務的な感覚が生まれたことなどを理由とするものでした。

　結果的に法制審部会では、今、3種類ある争点整理手続のフォーマリティーを維持するべきであるなどの御意見が示されて、結果的に3種類の争点整理手続はそのまま存続するということになりましたが、先ほど申し上げたような争点整理の在り方や工夫というのは、今後も続いていくものと思っております。その意味では、手続選択の形として、弁論準備手続が再び広く用いられるようになるのか、それとも必要に応じて手続を切り替えるといったことが行われるのかは、現時点ではよく分かりませんし、これは今後の運用によって徐々に見えてくると思うのですが、いずれにせよ、重要なのは、それぞれの期日ないし協議で何を目的にどういったことを行うかを事前に明確にして、期日等を運営していくということだと思います。更に言えば、こういった期日とか協議の場を設けなくても、事案の内容や進行段階によっては、裁判官と代理人がチャット等を用いて、必要なコミュニケーションを取ることで審理を進めるのが効率的な場合もあるといった声も出ているところです。

◆弁護士・弁護士会の対応・受止め・問題意識

笠井　それでは日下部さんから、弁護士として及び弁護士会としての改正案策定への取組や改正法の内容の受止めについて、御説明をお願いいたします。また今後、問題となると思われる事項等があるか等についてもお願いいたします。

日下部　日弁連は、書面による準備手続に関する改正法の内容に、ほぼ全て賛成しておりました。唯一、日弁連の意見と改正法の内容が異なっているのは、中間試案の段階で示されていた、判事補のみが受命裁判官となって書面による準備手続を行うことはできないという規律についてであり、日弁連はそれに賛成しておりましたけれども、改正法では採用されませんでした。しかし、それが採用されなかったことを格別問題視している弁護士はほとんどいないのでは

259

XI　争点及び証拠の整理手続

ないかという感覚を持っております。

　また、争点整理手続を一本化する考えについては、日弁連は賛同せずに、3種類の手続を置く規律の在り方を維持すべきとの意見でありました。その主な理由は、当事者にとっての手続の透明性や、予測可能性を損ねないようにすべき、また、司法への国民の関心を弱めないように、手続が公開される準備的口頭弁論を残すべきといったものでありました。改正法はこの一本化の考えを採用しなかったので、日弁連はこれを肯定的に評価していると言えると思います。

　なお、従来の実務では、書面による準備手続は、期日の開催に困難がある事件、より具体的には、期日に出頭や電話会議などの方法での関与ができない、刑事施設被収容者が当事者である事件や、裁判官が常駐していないような、そもそも期日が入りにくい、中小規模の支部の事件などで利用されてきたように認識しています。そうした期日の開催に困難がある事件が存在しているという現状に鑑みれば、弁論準備手続の規律の改正を踏まえても、書面による準備手続を実質的に廃止することは相当ではないというべきと、個人的には考えておりました。もっとも、弁護士の中には、刑事施設被収容者が期日に出頭も関与もできない状況や、裁判官が常駐していないような支部の存在自体が是正されるべきという考えが強いこともありまして、日弁連がそうした現状を理由に、書面による準備手続を存続させるべきと公式に述べたことはなかったと思います。

　その上で、問題意識についてですけれども、書面による準備手続は、もともと期日開催の困難さとは別に、書面のやり取りのみで争点整理をすることができ、それが相当な事件が存在しているという理念もあって、平成8年（1996年）に現行の民事訴訟法が成立した際に導入されたものと理解しています。しかし、平成10年（1998年）にこれが施行されてから四半世紀が経過したものの、実務的にはどのような事件が書面のやり取りのみで争点整理をすることができ、それが相当であるのかは不明瞭のままであったように思われますし、先に述べました刑事施設被収容者が当事者であるような事件を除いて、協議なしの書面による準備手続、換言すれば、純粋に書面のやり取りのみでの争点整理が進められることは、ほとんどないものと理解しています。この現実は率直に受け入れるべきで、先に述べました理念は理念にすぎなかったのではないかと

260

いうのが、実務家としての私の感覚です。

　令和 4 年（2022 年）の法改正に際しては、弁論準備手続期日に当事者双方がウェブ会議や電話会議の方法で関与できるようになることを前提に、書面による準備手続を維持する必要があるかどうかが議論されました。これも、書面による準備手続の必要性・有用性は、当事者双方がそうした方法で協議をすることが可能である点、言い換えますと、協議方法の柔軟性ぐらいにしか、書面による準備手続の必要性・有用性が認められないのではないかという感覚が、背景にあったのではないかと思っています。

　そうしますと、令和 4 年の改正法によって、弁論準備手続期日においても当事者双方がウェブ会議や電話会議の方法で関与できるようになったことを踏まえて、協議方法の柔軟性とは異なる観点から、弁論準備手続と書面による準備手続の使い分けをどのように考えるべきなのかが問われているというのが現状であろうかと思います。この点については、先ほど橋爪さんのほうから、裁判所の中でどういった検討、考え方がされつつあるのかということについて御紹介がありましたけれども、弁護士としても非常に強い関心を抱いているところかと思います。

笠井　それでは杉山さんから、以上のような改正法の内容をどのように受け止めているか、また、問題となると思われる事項等について、自由にお願いいたします。

◆研究者の受止め・問題意識

杉山　まず、書面による準備手続を少しだけ改正して残した点につきましては、もちろん、どれほどこの手続が活用されるのかという点について議論があったことは承知していますが、基本的にはよかったのではないかと思っております。

　弁論準備手続が改正されて、ウェブ会議が使えるようになったことで、これまでのように書面による準備手続を借用するといった使われ方はされなくなっていくかもしれませんが、先ほど橋爪さんのお話にあったように、準備書面のやり取りに加えて、書面というよりはチャット等でやり取りをして、期日は設けずに争点整理をするということはあり得るので、将来的にも検討する必要があると思っています。そういう形での利用可能性がある以上は、残しておいてよいと思いますし、従来の利用のされ方とは違った形での活用も考えられるの

XI　争点及び証拠の整理手続

ではないかと思っているところです。

　争点整理手続の一本化につきましては、これは商事法務の IT 化研究会の段階から、特に裁判所サイドから、手続を切り替えるために、その都度決定をするのが煩雑であるといった理由から、手続を一本化するという提案が出てきたのだと思います。私自身は、かつての弁論兼和解の実務への反省から、裁判官の裁量を制約するために、今のような 3 種類の争点整理手続が整備されたという背景自体は理解しているつもりでしたが、少なくとも、現行の民事訴訟法は、どの争点整理手続を使うかによって、使えるツールがかなり大きく違っており、技術の発展に伴い不便な点も出てきたところでもあるため、手続の一本化自体は、検討の余地はあると考えておりました。

　ただ当時、私が考えていたのは、例えば社会的に関心を集める事件で、準備的口頭弁論を使ったほうがいいのだけれども、場合によっては弁論準備手続を使ったほうがいいとか、あるいはその逆のようなパターンで、公開と非公開の手続を行き来する必要があるときには、一本化した手続のほうが柔軟に対応できるのではないかと考えておりました。改めて振り返ってみますと、これはコロナ禍前から出てきた議論であって、当時は弁論準備手続がメインで、書面による準備手続は基本的には使われていなかったようですので、本当にこの手続を切り替えるのが負担になっていたという実務の実態があったのか、確認しておくべきだったと思うところであります。つまり、一本化自体は見送られましたが、一本化をする実務的な必要性は、特に弁論準備手続がより使いやすくなった改正後は余りないのではと思っているところです。

　また、法制審の議論などを拝見していて、特に現行の民事訴訟法、3 種類の争点整理手続が掲載された立法過程に参加されていた先生方から、裁判官に過大な裁量を認めるべきではなく、法律で規制していく必要性があるのだと、そのため争点整理手続を一本化することによって、無制限の裁量を認めていくことが望ましいのかといった問題意識に触れました。

　そういった見解に触れ、当初は私自身も手続の一本化自体はよいと思っていたのですけれども、余り自由すぎる裁量を認めていくことにも問題があることを改めて認識し、最終的にはこれまでどおり 3 つの手続を残す結果になったことでよかったのではないかと思うようになりました。もっとも、基本的には弁論準備手続が使われていくことには変わりはなく、むしろ裁判官の裁量権の行

使は、ウェブ会議の相当性の判断等の側面で発揮されることになっていくと思います。そのため、裁判官の裁量が働く余地というものは依然として、手続選択も含めて残っていくと思いますけれども、垣内さんからも御指摘があったように、そこをどうやって制御していくのかは、研究者サイドから考えていく必要性があるかと思います。

　少し話題がそれますけれども、日下部さんから、司法過疎問題といいますか、特に支部の裁判所がなくなっていく危険性が指摘されていたかと思います。かつて、イギリスの制度を調べたときに、IT 化を進めることと並行して、裁判所の庁舎そのものをなくしていく動きがあり、そのことに反対する意見にも触れました。確かに IT ツールを使うことによって裁判所へのアクセスは容易になったのだけれども、物理的なアクセスがなくなって困ったという問題意識も見られたところです。したがって、支部の問題などをどのようにしていくのか、今後、司法制度の在り方の１つとして見守っていきたいと思っています。

笠井　それでは垣内さんから、以上のような改正法の内容をどのように受け止めているか、また、問題となると思われる事項等があるかについて、自由にお願いいたします。

垣内　私も一本化の議論については、確かに柔軟な工夫を可能にしていくという観点からは、メリットがあり、考えられる方向だという感じがする一方で、一定のメニュー、あるいはモデルというものを幾つか決めておいて、その中から基本的には選んでいくというほうが、手続の透明性、あるいは予測可能性という点ではメリットがあると思いますので、３つ残すということは、これで現時点ではよかったのだろうと考えています。

　また、内容としても、口頭弁論の方式によるのかよらないのか、あるいは、よらないというときに、期日を中心として進めていくのか、それとも期日ではなくて、書面を中心として進めていくのかという区別は、合理性のある区別であるというように思いますので、現行法のこの３つの手続というものの区別は、基本的には合理性があると考えています。その上で、運用上は様々な工夫があり得るのだろうと考えております。

　１点、若干気になっておりますのは、これは正に運用上の工夫に関わるのですが、現行法の書面による準備手続における協議というものが、かなり柔軟と

263

XI　争点及び証拠の整理手続

言いましょうか、使い勝手がいいということで、そこに着目した工夫もされてきたということかと思うのですけれども、従来、この協議というのは、それ自体としては期日ではないという整理がされてきたということですが、今般の改正で、当事者がいずれも裁判所に出頭しなくても、双方ともウェブ会議、あるいは場合によっては電話会議でやり取りをするという形での期日が幅広く認められるということになったわけですので、この書面による準備手続における協議のように、一定の日時に、基本的には口頭で、同時双方向的なやり取りを行うというプロセスは、これは、実質的には、広い意味での期日そのものではないかと思われるところです。

　そうなりますと、従来は、確かに期日とは違うのだという整理がされてきたわけですけれども、今後、そういう整理でいいのかどうかについては、理論的には再考の余地が出てきているという感じもしております。期日とされることによって、いろいろと不都合が生じてくるということなのであれば、それは期日の規律として、様々な手続の特性を考慮した特則を設けるということは考えられるのかもしれませんけれども、これはそもそも期日ではないという形の区別を今後、続けていくのかどうかというのは、検討課題であるように感じます。

　それとともに、これは橋爪さんからもチャットでのやり取りといった話が出ていたかと思いますけれども、そういった意味での、期日とは異なる形でのコミュニケーションというものも、今後、様々な形で、技術の発展によって活用できるということになってきているわけですので、そういったものを生かしていく形での手続の進行も、今後考えていかなければいけない。それを理論的に、どういうものとして位置付けていくのかという辺りは、まだ十分に研究者の側では検討が進んでいない部分もありますので、これも研究課題と感じております。

◆弁論準備手続と書面による準備手続の使い分け、弁論準備手続における裁判官の所在場所

日下部　ありがとうございます。今、いろいろな方々から御意見がありまして、その中で特に注目されているのが、弁論準備手続と書面による準備手続の今後の使い分けの話かと思います（前記Ⅵも参照）。

　先ほど私が述べましたのは、弁論準備手続期日においても、当事者双方がウ

ェブ会議や電話会議の方法で参加できるようになるということで、その点で柔軟性を持っていた書面による準備手続の持つ意義は相対化されてしまい、そうすると、何が違いとして残るのだろうかということを考えたときには、今、垣内さんからも関連する言及があったと思いますが、口頭でのやり取りをする場を期日とするのか期日としないのかというところが、分水嶺になっているのだろうと思っています。

その観点から、2つの視点があるのではないかと感じています。1つは、期日を設定することに伴う便宜なり負担なりをてんびんに掛けるという視点かと思います。つまり、期日設定をする弁論準備手続の場合には、準備書面の陳述が可能であることで自白が成立し得るなど、くさびを打つように争点整理を進めていくことができるわけですが、反面、例えば、当事者双方がウェブ会議による関与を予定していても、当事者が出頭できる期日の場所として準備手続室の指定が必要であり、裁判官はその場所からウェブ会議をしなければならないという、物理的な制約を受けるのだと理解しています。

他方、期日設定をしない書面による準備手続の場合、協議をするときでも裁判官は裁判官室の自席でウェブ会議をすることが可能であって、準備手続室という物理的制約を受けずに済むわけですが、反面、準備書面の陳述がされないので、争点整理が漂流するという危険も考えられ得るところかと思います。そのため、あえて、くさびを打つように争点整理を進める必要性が乏しい事件においては、期日開催に伴う物理的制約を回避するために、書面による準備手続を利用するという考え方には、当該事件の審理を迅速に行う上では、一定の合理性はあるように思います。

しかし、これは、先ほど杉山さんからも言及があったと思いますけれども、弁護士の観点からは、裁判官が常駐していない支部に係属している事件において、裁判官が本庁勤務日に、本庁の自席から書面による準備手続の協議を行うという実務を示唆しますので、地域司法の充実という観点からは、問題含みと評価されるのだろうと思っています。

もう1つの視点は、書面による準備手続及びそこでの協議を、正式な期日における争点整理の前さばきのように捉えるというものかと思います。これは先ほど、橋爪さんのほうからも言及がありましたが、裁判所の中で争点整理手続の在り方を御検討されていたときに出てきた考え方でもあったのかと思いま

265

XI 争点及び証拠の整理手続

す。この視点の下では、口頭弁論や弁論準備手続に先立って、書面による準備手続における協議を用いて準備書面の交換と口頭協議を行うものの、争点が未整理の段階の準備書面を陳述させないで、というかできませんので、陳述せずに、争点整理が十分に進んだ段階で提出された準備書面だけを別途指定する口頭弁論期日や弁論準備手続期日において陳述させることで、整理された争点を明確にするということも考えられるかと思います。これには、判決起案の際の裁判所の負担を軽減するという、実務的な意義も認められるかとも思います。また、書面による準備手続では期日は開催されませんので、いわゆるノンコミットメントルールの下で口頭協議を闊達に行うことができるという評価も言及されたかと思っています。

しかし、こういった視点で書面による準備手続を捉えるということは、書面による準備手続を弁論準備手続と並ぶ争点整理手続と位置付けている民事訴訟法の構造と整合するのかという点で疑問を感じますし、初期の段階での準備書面を陳述させないという意図で書面による準備手続が利用されるのだとすると、訴訟代理人の立場からは、訴訟法上の意味のない書面の作成・提出を求められることとなって、抵抗感は拭えないのではないかと思います。ノンコミットメントルールにつきましても、弁論準備手続期日における口頭協議について議論されてきた実務上の工夫ですので、書面による準備手続の協議に固有のものでもないだろうと思っています。

つらつら考えますと、こうした期日の有無に由来する新たな視点で書面による準備手続を利用することの当否を判断することについては、今後の実務の状況を見なければいけないと思っているのですが、個人的には、準備手続室の利用を効率的にすることで期日設定の負担を軽減しつつ、弁論準備手続を主に利用していくというのが本来あるべき姿ではないかという気がしているところです。

脇村 話を伺っていて考えていたのは、弁論準備手続は、確かに双方不出頭と言いますか、双方がウェブ会議を利用して参加できるということになっているのですけれども、それを弁論準備手続のデフォルトモデルとして見るのかどうかについてです。弁論準備手続というのは、期日を準備室なり、物理的な場所で開くことを前提に、仕組んでいる制度だとすると、最初から、完全に両方とも来ない前提のときに使うものかどうかというのは、前から少し気にはなって

いたところです。

　弁論準備手続を採用するケースとしては、ある期日では、どちらかが来る、あるいは両方来る、一方で、流れの中で、ある期日では両方が来ないというケースに使ったりするのかな、などと少し思ったりしていました。日下部さんのお話を伺っていて、確かに準備室の問題はあるのだというのは、改めて思ったのですけれども。

橋爪　先ほど日下部さんのおっしゃった、物理的制約という点に関しては、弁論準備手続の期日であれば準備手続室で開かないといけないのかというと、そこは必ずしもそうではないように思います。

　弁論準備手続であれば、当事者の方が実際に来られる可能性がありますので、実際に来られるのであれば、そのための部屋を用意しているべきだと思うのですけれども、あらかじめ、双方がウェブ会議で参加されるということが分かっている場合にも、そういった部屋を必ず用意しておくべきなのかという点については、正直、よく分からないといった印象を持ちました。

　もう1点、物理的制約とは別に、準備書面の陳述ができないことの当否についての話があったかと思うのですけれども、先ほど述べた審理運営改善の取組というのは、準備書面がなければ争点整理ができないとの考えとか、双方が準備書面を陳述しますというだけの期日を設けることへの疑問や反省の声もあって、生まれてきたものと理解しています。準備書面が陳述された場合にも、それを踏まえた実質的な口頭議論が重要であるわけですが、そういったことを踏まえますと、事案や場合によっては、準備書面という形では明確に主張・陳述はできないときでも、ある程度、事案の見立て等を率直に話し合うことによって、争点整理をより迅速に進めることを目指すといった工夫は、当然あり得ると思っています。

日下部　まず、弁論準備手続の場合に準備手続室の指定が必須なのかどうかということについては、私自身は、期日というからには場所の指定が必要で、それは出頭してきた人が受け入れられる場所であることが必要であるという理解でいたものですから、準備手続室の指定が必要不可欠であって、それゆえに物理的な制約になるのだろうと思っていたところです。

　これが現実的に問題になる場面を考えてみますと、例えば当事者双方が、次の口頭での協議の機会にはウェブで参加するつもりですと言っていたとして

XI 争点及び証拠の整理手続

も、実際にその日、その時間帯になったときに、自分はたまたま裁判所にいるので、裁判所内の指定の場所に行って、そこで物理的に参加したいというニーズが生じ得るように思います。そのような可能性も想定した上で、書面による準備手続による協議ではなく、場所の指定を伴う弁論準備手続期日にしておいたほうがいいということはあり得るのではないかというように思っておりました。

東京ですと、余り関係ない話のようにも聞こえますが、例えば地方に行きますと、同じ時間帯、あるいは近い時間帯に、幾つも裁判所での手続が予定されていて、その間、裁判所にいたりいなかったりが頻繁に変わるというようなスタイルの弁護士もいますので、そういう場合には、ウェブで参加するつもりだったけれども、急きょ、物理的に出頭したいということも大いにあり得るのではないかと思っています。そういう人のことも念頭に置きますと、当事者双方がウェブで参加する予定だったからといって、書面による準備手続の協議にあらかじめしておけば足りるとも、実務的には言いづらいのかなと感じたところです。

それから2つ目のポイントとして挙げた、争点整理の進め方の問題として、準備書面の陳述を必須のことと捉える必要はないのではないか、陳述しますという一言を言えるかどうかという話よりは、中身について実質的な口頭協議がどれだけできるのかということが重要ではないかというのは、おっしゃるとおりかと思うのです。しかし、反面、弁論準備手続において準備書面の陳述が可能であれば、そこで自白が成立するということで、争点整理の一部分については固まっていくという意味合いもあるように思いますので、そういう意味合いを無視してしまうわけにもいかないのではないかと考えているところです。

脇村 そこまで深く考えてはいなかったのですけれど、どちらかというと、日下部さんが最初におっしゃっていた点を踏まえると、正に、もう両方が現実に出席しないのだったら期日指定や場所の指定が必要な弁論準備手続ではなく、書面による準備手続を採用するのではないか、というぐらいの感覚の話をしたつもりでして、弁論準備手続をするということは、基本的には期日をきちんと開く前提で準備をするのかと思いました。

橋爪さんがおっしゃっていたとおり、弁論準備室を必ず用意しないといけないかという問題は確かに、そういう問題もあるのかと思いました。今後、恐ら

く弁論準備手続とか書面による準備手続の使い分けを考える際には、そういったことを踏まえながら検討していくのかと思います。

笠井　議論の前提というか整理のような感じになるのですけれども、まず、争点証拠整理手続をしましょうというときに、裁判所が弁論準備手続に付するか、書面による準備手続に付するかという、どの手続に付するかという段階でまず、決定しなければならないですね。そうしますと、個々の場面を期日というか協議の日時というかは別にして、その後何カ月か、整理の手続が進むわけで、何回もそういう場面はあるわけです。

　その争点証拠整理手続に付する時に、裁判所にどちらの当事者も絶対に来ませんという手続というのが、そもそも想定できるのかという疑問があります。次の期日からはもう来ません、という話ですと、これは手続相互の乗り降りの関係のような、最初の話にも関係してきます。そうすると、書面による準備手続にするのか弁論準備手続にするのかは、付する段階で取りあえず決まるので、およそ来ませんという場合だと、書面による準備手続でいいと思いますけれども、来る可能性がありますとか、先ほど地方のお話が出ましたけれども、後から同じ日に別の手続が入って、それが人証調べで絶対来ないといけないという場面もありそうなので、争点証拠整理手続に付する時点で、裁判所には来ないで協議をする個々の時間帯をピンポイントで考えることができるのかどうかが、気にはなりました。

　それから、これは仮に弁論準備手続であったとしても、裁判官室でできないとまでは言えないと思っております。実際、来られた場合にどうするかという問題はあるのですけれども、裁判官室にもソファなどはあると思うので、そこに座ってもらって、手続を進めるということも、また、和解の話になったら、廊下で待っていただくというようなことで、弁論準備手続だからといって、必ず、準備室を用意しておかなければならないとまでは言えないのではないかという感じも、受けたところです。私の乏しい実務的な経験しか踏まえていませんが、そんなことを思いました。

◆チャットでのやり取りの位置付け、期日又は協議での訴訟代理人の応答の実質化

笠井　それからもう1つだけ、私のほうで質問があります。橋爪さんがおっしゃった、チャットでのやり取りは非常に興味深いです。今でも、期日外のチ

ャットのやり取りは、大阪のほうの裁判所でもやっているらしいのですけれども。

　チャットでのやり取りは、弁論準備手続に付された場合だと、これは期日があることが前提なので、期日外の釈明権の行使と、それに対する期日外での応答みたいになる、あるいは期日に向けた前さばきの準備行為みたいなものになる、それから書面による準備手続に付されているとすると、それ自体が書面というふうな扱いになるのかどうかという辺りが、興味深いところです。

　それを書面とまではいわないという言い方もできるのかもしれないのですけれども、その辺りは、チャットの扱いも、今後、理論的に真面目に考えていかなければならないのではないかという感じがしました。以上が私の感想です。

橋爪　チャットの扱いとしては、期日外釈明として、民訴法149条4項の定める重要な変更を生じ得る事項に当たるなどという場合は別だと思うのですが、通常は、そういうものに当たらないものとして、事実上、やっているということかと思います。その内容が重要な変更を生じ得る事項に当たる場合には、別途、記録化の方策を検討しなければいけないというのは、おっしゃるとおりかと思います。

　あと、先ほど、日下部さんとの間で議論があった争点整理の進め方について、もう1点だけ追加したいと思いましたのは、私の経験上、期日の場で、代理人の先生に口頭で釈明等をした場合に、少なくないケースで、この点については次回までに準備書面に書いて提出しますからということで、その場では一切お答えいただけないという経験をしたことがあります。

　そこで開かれるのが期日ではなく協議であったとしても、結局、そういう対応をされる先生は同じような対応になるのかもしれませんが、ただ、協議であることによって、裁判所の釈明に答える以上は、間違いないことをしっかりと確認した上で、次回まで待って準備書面で出すしかないといった意識のハードルのようなものが若干下がる可能性はあるのではないかと思っているところです。

笠井　チャット自体は、これは記録には入らない場合があるということなのですかね。今の1つ目のお話は。

橋爪　入らない場合があるというよりは、訴訟記録には残らない事実上のものとして、チャット機能が用いられているという認識です。

笠井 分かりました。実は橋爪さんも日下部さんも書かれている「法の支配」208 号に少し書いたのですけれども（同 83 頁）、チャットで期日外釈明を行えば、民事訴訟法 149 条 4 項の重要な変更を生じ得る事項であろうとなかろうと、全部双方当事者と共有されるので、149 条 4 項が自然に満たされるという感じがして、これは大阪の日本法律家協会のシンポジウムで山本克己教授が言われたことについて、なるほどと思ったので、載せているのです。そもそもそれが釈明権の行使なのか、あるいはそれ以外の事実上のものなのかという辺りも、微妙な問題があるということと理解しました。ありがとうございます。

◆対面出頭の機会の保障、書面による準備手続の協議への当事者の出頭

垣内 十分に整理できていないのですが、先ほど笠井さんのほうで言われていた、裁判官室でも対応できる場合もあるのではないかというお話に関して、問題としては、当事者が、期日であるからには裁判所に出頭して、裁判所と物理的に対面する方法で何かコミュニケーションをするという機会は保障されていると考えるのかどうかということと、それを実現するための場所として、適切な場所が準備手続室に限られるのかという点があるかと思います。

　第 1 の点に関しては、これは恐らく、先ほど口頭弁論のときにも似たような話が出てきましたけれども、少なくとも口頭弁論であれば、公開の関係もあって法廷に来るということは必ずできるという前提でしたが、それ以外の場合であっても、期日に関しては、一般的に裁判所に来るということは排除されていないという前提で、民事執行の関係の期日などの関係でも、若干、そういうことが話題になったこともあったかと思うのですけれども、裁判所に来ることはできるという前提だったと理解しています。

　そうすると、そのための場所として、準備室には限られないかもしれませんけれども、何らかの対応はする必要があると考えられます。

　それに対して、書面による準備手続の協議に関しては、これは条文上、「裁判所及び当事者双方が音声の送受信により同時に通話をすることができる方法によって」、となっているのですけれども（改正 176 条 2 項）、裁判所に来て話をしたいという人がたまたまいるというときに、それは駄目ですということが、この規定上はあり得ると理解されるのか。あるいは、期日ではないという性質決定が、そのような点で意味を持ってくるということなのか。その辺りは、検討過程で何か共通理解があったのでしょうか。

XI 争点及び証拠の整理手続

　私自身は、仮に、期日なのかどうかということの意味の1つが、そこにあると従来考えられてきたとしても、将来的には、期日であっても、一定の要件の下ではオンラインのみということも考えられるとすれば、全体を期日に含めた上で、オンラインだけで、物理的な出席は認められない期日、オンラインでも出席できるが物理的な出頭も保障されている期日、オンラインでの出席は認められず、物理的に来なければならない期日、というように幾つかあるという話になっていく、といったイメージを持っていたところではあります。

脇村　私の理解するところでは、今回の改正は従前にできたことは否定しないことを前提に全部、組んでいるという理解をしています。

　すなわち、期日について、当事者は出席する権利があるかどうか、あるいは当事者以外にどういった範囲の人が出席する権利があるかどうかは、当該手続の期日の種類によって決まってくるのかと思っています。例えば民事執行とか、破産などは、いわゆる申立人とか、形式的な当事者以外の参加もあったりするケースもあるので、難しいことがあるのかもしれませんけれども、民事訴訟における期日については、私の理解するところでは、基本的には、少なくとも当事者はそこに出席というか参加をすることができる、弁論準備手続などでは意見を述べることができる権利があるということが前提になっていると思います。ですから、弁論準備手続を実施し、期日を開いているケースについては、当事者が参加をしようと思えば、することができ、そこで裁判官に対して意見を言うことができるということかと私としては思っておりました。

　その上で、その期日場所としてどこを用意するのかについては、そこが確保されていれば、極端な話、先ほど笠井さんがおっしゃったとおり、公開である必要はありませんので、裁判所の中であれば、しかるべき場所というのがあればいい、場所さえ確保していればいいという議論はあり得るのかというふうには、伺っていて思っていたところです。

　一方で、書面による準備手続については、正にそういった問題はこれまでになかったのだろうと思いますので、書面による準備手続を選択したケースについては、裁判所に来たとしても、場所が当然にはないということかと思っていました。

笠井　私も、垣内さんがおっしゃったように、期日がある場合には、来る権利はあるというのが前提で、ですから、裁判官室でもできるというのは、来る権

272

利があることを前提にできるという趣旨で話をしております。

　それから、書面による準備手続の協議の場合、176 条 3 項（改正後の 2 項）は、音声によると書いてありますので、来ることは予定していないものと思っております。

日下部　期日が設定されるときの物理的な場所の指定の要否については、私も脇村さんが今、おっしゃったことと同じような理解をしていたところです。それゆえに、裁判所において期日の場所を指定するときには、弁論準備手続期日であれば、準備手続室ということになると考えておりましたけれども、それが裁判官室の横の、ソファのある区画であってはいけないということも、別にないのかなと思っています。その事件を担当していない他の裁判官には甚だ迷惑というか、うるさくてかなわないということはあるかもしれませんけれども、理屈の上で、できないということではないように思っています。

　他方、そのような裁判所の庁舎内での場所の指定を必要とする期日という考え方が、今後もずっと維持されるべきなのかというのは、また別の問題としてあるのではないかと思っています。訴訟の目的で裁判所に対して自分の意見を言う、その機会が得られるというところに期日の中核的な意義があるということであれば、期日には裁判所内の物理的な場所が必須であるという現在の考え方は、現時点ではオンラインによる訴訟追行が一般化されているわけではないから、という理由に基づくことになるのではと思うのです。

　しかし、例えば将来、10 年先か 20 年先か分かりませんが、どんな人でもオンラインによる申立てが義務付けられて、電子的に訴訟手続を追行することが当然であるというように変わったとすると、口頭での議論をする機会の場所としても、物理的な場所が必須であるという考え方を脱却して、期日であっても物理的な場所の指定は不要である、オンライン会議のための設定と、ID なりパスワードなりがあれば十分であるというように考え方を変え、立法上もそのような措置にしておき、物理的に会って話をしたいという場合には、例外的な規定で対処するというような形にしていくこともあり得るのではないかと、お聞きしていて思いました。これは恐らく、将来の立法論という話なのではないかという理解です。

垣内　将来の立法論という点については私も同様で、どんな要件でということは、いろいろ考える必要はあるのだと思いますけれども、将来的にはそういう

ことも検討課題にはなってくるかと思っています。

　なお、文言という点で申しますと、書面による準備手続の協議に関する176条3項（改正後の2項）の規定の文言では、確かに音声によるとなっています。ただ、それが裁判所に来ることを予定していないと読むべきかどうかというと、改正前の弁論準備手続でも、170条3項で、「裁判所及び当事者双方が音声の送受信により同時に通話をすることができる方法」という同じ文言になっていて、しかし当事者の一方が出頭した場合に限っていたわけです。ですから、当事者の一方が裁判所にいて、もう1人がオンラインでつながっている、という方法をこの文言そのものが排除しているわけではないように思われます。従来、それは想定されていなかったことは確かなのですが、考えてみると分からない感じもするところです。

杉山　裁判所の実情をよく存じ上げないのですが、当事者の参加形態が多様化し、かつ予測が難しい場合にまで、弁論準備手続の期日が必ず準備室で開かれなければならない、とまでは思いませんが、ある程度閉鎖的な空間で、他の裁判官とはいえ関係者以外が容易に傍聴できないような空間は保障されなければならないとは思っており、裁判官室横のソファで大丈夫なのかなとは思いました。

　公開の法廷であっても、当事者の出頭の仕方も変わりますし、将来的にオンライン傍聴もあるとすると、裁判所内の部屋の配置も含めて、建物としての裁判所の在り方も併せて考えていなければならないという感想を抱きました。垣内さんが最後に御指摘された、176条3項（改正後の2項）で当事者が裁判所に来てしまったときは想定はしていないとしても、裁判所との対面による手続の機会を認めることは、条文の趣旨には必ずしも反しないのでは、とは思います。

　いずれにしても、実務的にも理論的にも大変興味深い問題が残されていると思いました。

XII　電磁的記録についての書証に準ずる証拠調べ

1　総論と問題提起

笠井　民事訴訟法231条の2・231条の3が追加され、電子契約書とか電子カルテ、電子メール等が思い浮かびますけれども、電磁的記録に記録された情報の内容に係る証拠調べを申し出る際の証拠申出者による提出、それから文書提出命令及び文書送付嘱託に応じたそれらの内容の提出が電子データを用いる方法によってされることになります。なお、これに応じて、再審について民事訴訟法338条1項6号、手形訴訟について352条が改正されています。既に研究会で取り上げましたように、Ⅳの1・2の部分ですけれども、各種の申立てについてインターネットを用いてすることができるようになり、訴訟記録も電子化されます。そのことからすると、この電磁的記録の証拠調べに関する改正は必然という感じもしますが、元の電磁的記録との関係で言うと、提出されたデータは原本ではなく写しであるようにも思いますし、データ提出の方法との関係では裁判所のシステムの仕様なども興味深いところです。解釈論としては、「電磁的記録を利用する権限を有する者」というものが従来の「文書の所持者」という概念とどういう関係に立つかといった辺りも問題となりそうです。他の点もいろいろと問題提起をしていただくところがあろうかと思います。これについてこれから議論をします。まず、脇村さんから法制審の部会での審議の状況や、改正規定の内容と趣旨等について御説明をお願いいたします。

◆法制審部会での議論の概要・改正法の内容
脇村　法制審の部会では電磁的記録に関する証拠調べに関しては第1回から検討項目として取り上げられておりました。現実の社会において電子署名を用いた契約書等が実際に作成されており、そういったものの取扱いについて明確化

275

XII　電磁的記録についての書証に準ずる証拠調べ

するというのは、デジタル対応の１つとして必要であるということかと思っております。部会では、その規定を整備することに賛成する意見が多く、中間試案においては書証に準じて電磁的記録に関する証拠調べを設けることが提案されていたところです。

また、そこで問題となりましたのは、後ほど御意見が出ると思うのですが、電磁的記録に関する証拠調べをする際の電磁的記録についても、書証と同じように原本や複製などの概念を使うかどうかというところについて議論がなされ、中間試案においても複製について検討がされていたところと承知しております。

また、今回の改正全般ですけれども、申立て等をインターネットを利用してすることができるようにし、また、訴訟記録自体を電子化しようということを議論しておりましたので、提出方法としても、電磁的記録を出力した紙を提出するのではなく、電磁的記録そのものを何らかの形で出すということが中間試案でも提案されていました。最終的な法制審の要綱ではそういった議論を踏まえながら、更に議論がされていったところであり、最終的には電磁的記録については書証に準ずる証拠調べの規定を設けるということが提案され、証拠調べの申出については当該電磁的記録を提出し、又は当該電磁的記録を利用する権限を有する者に提出を命ずることを申立ててしなければならないということが提案されたところでございます。

この最後の議論をする際に、先ほど笠井さんから御指摘があったとおり、文書提出命令か文書送付嘱託かに相当するものを作るに際し、その電磁的記録を提出することになる人をどう表現するのかというところで、先ほど言いましたとおり、「利用する権限を有する者」に命ずることになったところですが、これについては、この後、議論があるところでありますので（後記**4**）、また議論を紹介させていただきたいと思っております。

いずれにしても、そういった形で電磁的記録についての書証に準ずる証拠調べに関する規定が今回、設けられており、今後、書証との関係等も含めた議論がなされると承知しております。

また、規則事項ではありますけれども、別の話としまして、証拠となるべきもの、文書、準文書、電磁的記録の事前準備としての写しの提出についても議論がされていたところです。

1　総論と問題提起

笠井　それでは、橋爪さんから裁判所としての改正案策定への対応や、改正法の内容の受止めについて御説明をお願いできればと思います。なお、今後定められることになる最高裁判所規則の内容や今後の運用等に関しても、可能な範囲で、現時点での見通し等についてお聞かせいただければと思います。もし可能であれば、改正要綱第1部の第6の3にある、「証拠となるべきもの……の事前の準備としての写しの提出」に関する規則にも言及していただければと思います。

◆裁判所の対応・受止め、事件管理システム・最高裁判所規則

橋爪　社会全体が電子化していき、例えば契約の締結1つを取っても、契約書への押印といった形ではなく、電子契約のような形態が今後更に広まっていくのであろうと思いますので、そういったことを踏まえますと、電磁的記録それ自体を取調べの対象とするといった今回の改正の内容は、先ほど笠井さんもおっしゃったように、必然のものであったというふうに受け止めております。

　その関係で実務上重要なのは画像とか動画といったものも含めて、具体的にどういった種類、どういったファイル形式の電子データを裁判所のシステムで取り扱うことが可能になるかという点かと思います。これを規則事項として定めることになるのかどうかという点はさておき、いずれにせよ、これから裁判所で構築するシステムでは当事者から送信を受けて取り扱うことのできるデータ形式と、そうでないデータ形式の区別ということが生じることになると認識しています。当事者の利便性の観点からしますと、システムでできる限り幅広い種類のデータを提出可能とするのが好ましいということになろうかと思いますが、他方でデータ形式というのは技術の進展等に伴って様々に異なってくるものですし、余り汎用性の高くないようなデータ形式にも対応しようとすると、システム構築や提出データのセキュリティチェックの負担が増して、不具合の発生可能性も高まるといったことになるかと思いますので、こういった点を踏まえて、システムで送受信することのできるデータ形式の範囲について今後、検討を進めていきたいと考えています。

　最高裁判所規則につきましては、書証について取調べの対象である原本とは別に民訴規則137条で事前の準備としての写しの提出が求められ、これが訴訟記録として編綴されていることとパラレルに考えますと、電磁的記録につきましても、裁判所が取り調べるためのデータと、事前にファイルに記録して電磁

的訴訟記録の一部となるべきデータとを別々に観念して、民訴規則137条のような規定を置くことになるのかといった気はしておりますが、その辺りは今後、最高裁判所規則の立案作業を進めていく中で検討を進めていきたいと考えております。

笠井 それでは、日下部さんから弁護士として、及び弁護士会としての改正案策定への取組や、改正法の内容の受止めについて御説明をお願いできればと思います。また、今後、問題となると思われる事項等について問題提起を頂ければというふうに思います。

◆弁護士・弁護士会の対応・受止め・問題意識

日下部 日弁連は改正要綱に先立ってパブリックコメントに付されていた中間試案で示されていた考え方、すなわち電磁的記録であって情報を表すために作成されたものの証拠調べについて書証に準ずる規律を設けるものとするとの考えに賛成しておりました。電磁的記録に記録された情報の内容に係る証拠調べに関する改正後の民事訴訟法231条の2第1項は書証に関する219条に倣うものであり、同じく231条の3第1項は書証に関する諸規定を準用するものでありますので、日弁連は改正法の考え方に基本的に賛成していると言ってよいと思います。その上で細かいルールを検討していきますと、大きく分けて少なくとも3つ議論を必要とするポイントがあるのではないかと考えています。

1つ目は、新たな証拠調べの規律の対象についての概念の整理です。改正後の231条の2第1項では「電磁的記録に記録された情報の内容に係る証拠調べ」という表現になっておりますけれども、ここで言う証拠調べの対象が具体的にはどのようなものを意図することになるのかの概念整理は必要ではないかと考えています。

2つ目は、電磁的記録の証拠調べにおける証拠申出としての提出の在り方についてです。これに関しては既に何名かの方々から言及がありましたけれども、電磁的記録の提出において、従来の書証において考えられていたような原本と写しの区別が当てはまるのか、当てはまるのだとしてどのような基準を用いることが適切であるのか、また、書証において考えられてきていた原本に代えて写しを提出してする証拠申出や、原本として写しを提出してする証拠申出が電磁的記録についても当てはまるのか、さらに、それに関連して電子署名及び認証業務に関する法律（いわゆる電子署名法）の3条が定めている成立の真

正の推定をどのように理解すべきなのか、最後に、証拠申出がなされた後に裁判所に提出されている電磁的記録において改変がされていたことが判明した場合の手続上の扱いがどのようになるのかといった点を整理する必要があると考えています。

　最後の3つ目は、電磁的記録についての提出命令及び送付嘱託に関してです。ここでは、先ほど脇村さんからも言及がありましたけれども、「電磁的記録を利用する権限を有する者」という法律の条文で用いられている主体がどのような意味を持つのかという点についての整理が必要と考えております。この後、議論されることになると思いますけれども、弁護士会としての理解と問題点の指摘をさせていただきました。

笠井　それでは、垣内さんから以上のような改正法の内容についてどのように受け止めているか、また、問題となると思われる事項があるか等について御自由に御発言いただければと思います。

◆研究者の受止め・問題意識

垣内　最初に笠井さんからもお話がありましたように、今回の改正は基本的には必然的なものだったのだろうと考えております。先ほど日下部さんから問題提起があったところにも関わるかと思いますが、今回、もともと想定していたような「情報を表すために作成されたもの」といった媒体に着目する表現ではなく、むしろ、「情報の内容に係る証拠調べ」という形で情報内容そのものに焦点を当てる規定が整備されたというのは非常に興味深いと考えております。先ほどこれも日下部さんから問題提起がありましたように、実際この規定を運用していく際には、様々な議論の余地があると考えています。先ほど言われたことの繰り返しですけれども、原本として何を考えるのかというような点、また、その点について争いが生じた場合の対応がどうあるべきか、あるいは、利用する権限を有する者を文書の場合の所持者との関係でどのように理解すべきなのかといった問題があるのは、御指摘のとおりかと思います。

笠井　続きまして、杉山さんから以上のような改正法の内容についてどのように受け止めているか、また、これまでの御発言の繰り返しになっても結構ですので、問題となると思われる事項があるか等について御自由に御説明いただければと思います。

杉山　今回の電磁的記録も含めて書証の見直しに当たっては、1つは民事訴訟

XⅡ　電磁的記録についての書証に準ずる証拠調べ

のIT化、つまりシステムを通じて電子文書などを提出できるようになること、その方法としては電子データをそのまま提出する方法と、紙で保管している書類をPDFファイルなどに変換して提出する方法といずれもありますが、そのようなことが可能になることにどう対応するかという問題のほかに、これまで明文規定がなく解釈に委ねられていた電子データと言いますか、電子文書の取り調べ方についてどのような規定を置くかという両方の問題があったと思います。結果として明文の規定が新たに置かれたわけですが、改正後もシステムを使って提出する場合だけでなく、システムを使わず提出する場合もあるところ、その双方の場合を想定した規定であり、新しい規定は意義があるものだと思います。

　ただ、これから議論があると思いますが、商事法務研究会の報告書の中では解釈論とか実務的な問題、成立の真正の問題とか提出方法など、日下部さんがおっしゃったような問題も含めて様々な問題点が指摘されていたのですが、その点などは多くブランクとして残されていて、理論面のみならず、実務面からも引き続き検討の必要性があるものと思います。

　先ほど申し上げましたように、IT化の改正前から電子文書とか電子データの訴訟法上の取扱いについては議論があったところであり、現行民訴法ができたときも一部対応はなされましたが、一部は見送られました。現行民訴法ができた当時にはパソコンのハードディスクとかフロッピーディスクといった記録媒体があったと思いますが、それらに記録されたデータとそれをプリントアウトしたものぐらいを念頭に置いて、どちらを提出するべきかといった議論がなされていたように思います。その後、記録媒体やデータの保管方法も多様化したため、そもそも、これまでの問題をIT化後もそのままスライドして検討していく必要性がある一方で、先ほど申し上げたように、システムを通じて提出できるようになることで、そしてこの方法によるとおのずと元のデータに改変が加わることになりますので、これまでの議論がどのように変わるのかといった、両方の問題があるために従前よりもより議論が複雑化するように思います。

　今後の検討に当たっても、今までの電磁的記録に関する議論は参考になり、かつ生かされていくと思いますので、少し整理をいたします。現行民訴法ではコンピューター用の記録装置に記録された思想などの文字情報を取り調べる方

280

1 総論と問題提起

法については、民訴法改正時に立法論として手当てする方向での議論はあった
ものの、今後の技術の発展の可能性に鑑みて、直接規定を置くことはなく、解
釈に委ねることになりました。それまでも解釈論上疑義があったものについて
はある程度、231条の準文書の規定でカバーをしているところですが、これも
前半と後半で分けられ、前半は図面とか写真といった、そもそも思想が記載さ
れているとは限らないけれどもその意味を証拠資料とするので書証による証拠
調べが適切であるとして、書証の規定を準用するものであり、後半は録音のテー
プのように、思想が入っていない場合もあるかもしれませんが、入っている
場合であっても、文字とか記号が使われていないのでそのままでは見聞きでき
ずに、法廷で再生することによって可読化できるものについて、準文書として
書証の規定を準用すると整理をした、つまり2つのタイプを想定していたと言
われます。もちろん、このようにきれいに区別できるのかという問題はある
のですが、当時すでにあった磁気テープ自体は例示として挙げられませんでし
た。その理由は磁気テープについては思想が記載されているけれども、そのま
までは見ることができないので文書ではなく、また、録音テープなどと異なっ
て、法廷では再生できないからだというものでした。そのために学説上は依然
として、これを取り調べる方法が検証なのか書証なのかとか、何が原本なのか
と関連して問題になってきたようです。書証として取り調べるという書証説に
は、電磁的記録自体を準文書として原本とし、プリントアウトした文書を写し
として取り扱う当初の書証説のほかに、実務や多数説と言われる新書証説とい
う考え方があり、それは電磁的記録を可能文書、プリントアウトされた文書を
生成文書と呼び、後者を原本とした上で書証の手続で取り調べ、両方に齟齬が
あれば検証を行うというものでした。実務は新書証説だと思っていたのです
が、最近、弁護士さんなどが書かれているものを見てみると、立法者があえて
明記しなかったにもかかわらず、電子データは準文書として取り調べると明記
するものもよく見られます。実務上はプリントアウトされたものだけの取調べ
では足らずに、電子署名などがある場合にはデータも出さなければいけないと
いった理由が挙げられているところで、そもそも新書証説による処理の限界も
意識されてきたように思います。

　他方で検証で取り調べるという検証説は、データの内容よりも媒体の特殊
性、つまり紙でないという点に着目しています。その中でも新検証説と呼ばれ

XII　電磁的記録についての書証に準ずる証拠調べ

るものは、磁気ディスク等の媒体は検証で証拠調べをするけれども、プリントアウトしたものは文書であり書証として取り調べ、プリントアウトした文書は原本の存在を推定させるものであるといった見解も見られました。そもそも231条で準文書の規定ができる前も、検証よりも書証が好まれていたようですが、その背景には検証の場合には調書の作成が必要であるのに加えて、記載の意味内容自体を証拠資料とするのであれば書証とするのが自然であるということもあり、そのような流れから、多数説が書証説をベースにしていたと思われます。そのため、今回のように整理されて解釈上の疑義を明確にした点は評価しているところです。

　ただ、取調べの対象に関係して、商事法務研究会の報告書や、その他の法制とは少し違って、情報自体を取り調べるとしたところは興味深いと思っています。文字情報だけでなくて、映像とか動画なども電子的なデータの形で保存されていて、これらの意味するところが証拠調べにとって重要な場合も多いことを考えると、情報を取り調べるとした点は、法制としては特殊な感じはしますが、意義はあるものと思っています。

　他方で検証説の背景にあるのは、そもそも偽造が問題になり検証をする必要があるということではなく、鑑定とか専門家の補助を使いながら元のデータを取り出して、可視化する必要があるという考え方のようです。そうであれば、後で議論があるかもしれませんが、電磁的記録について書証と検証の領域は曖昧なのではないか。データの記録媒体の多様性を考えると、書証だけでなく検証も併せて必要な場面も出てくるのではないかとも考えています。

　もう少し雑な言い方をしますと、立法論としては電磁的記録だけを切り取って、あるいはそのものに記載された情報のみ切り取って、特別な規定を置くことも考えられたところです。比較法的には今の日本のように、検証か書証のいずれかに近づけていく考え方と、あとは電子証拠についてひとくくりにして独自の規定を置くところがあるため、後者のようなアプローチも考えられたように思います。ただ、その方法にも難しい問題があるため今のような形になったと思いますので、取り調べ方とか、検証との領域などについても、今後の課題として残っていくのではと思います。

　その他の原本、写しの問題とか、異議が出された場合の処理とかいろいろな問題がありますが、後に議論があると思います。長くなりましたが、前提とな

る点について紹介させていただきました。

笠井 かなり多岐にわたる問題提起がされていたように思いますので、少し整理をして、今から各論的に議論を深められればと思います。具体的には、「情報の内容に係る証拠調べの意義」、「証拠申出をするための提出の在り方」、「電磁的記録の提出命令と送付嘱託」といった分け方になろうかと思います。

2 情報の内容に係る証拠調べの意義

笠井 まず、日下部さんが231条の2第1項に「電磁的記録に記録された情報の内容に係る証拠調べ」と定められていることに関し、その対象は具体的にどのようなものを意味するのかという問題提起をされて、その後、垣内さんの問題提起、あるいは杉山さんの御説明もこういったところにかなり関係しているかと思います。この辺りについて、まず、議論できればと思います。そもそも231条の2第1項の「情報の内容に係る証拠調べ」とは何かということですが、今までの御発言等を踏まえて、どなたかから御意見等を頂ければと思います。

◆231条の2第1項における証拠調べの対象、検証との境界等

日下部 今の点についてですが、もともと日弁連の内部で検討していた際は、この書証に準じて扱われる証拠調べの対象を電子文書、すなわち文書の電子版と捉えておりました。しかし、改正後の231条の2第1項では「電磁的記録に記録された情報の内容に係る証拠調べ」とされており、この文言の当初の姿は準文書に関する231条の表現に範を得ていたもので、法制審の部会での議論においては、文書の電子版のみならず、準文書の電子版の証拠調べも含むものと整理されていたように記憶しております。231条によって準文書の証拠調べは文書の証拠調べに倣いますので、結論として準文書の電子版の証拠調べが書証に準ずることについても日弁連には異存のないところと考えられますけれども、「電磁的記録に記録された情報の内容に係る証拠調べ」という概念の解釈に混乱が生じないようにする必要はあると思われます。

　そうした経緯を踏まえ、この231条の2第1項の定めと準文書に関する231条の定めを参照いたしますと、私自身の今の理解としましては、この新しい改正法の条文が言っている情報の内容とは、文字、その他の記号、図面、写真、

録音、ビデオなどを意味するというように整理することができるのかなと思っております。ただ、「など」というように申し上げましたとおり、今、列挙いたしました文字、その他の記号、図面、写真、録音、ビデオには該当しないけれども、ここで言うところの情報の内容に含まれるものがあり得るという考えでありまして、その意味では、外延を明確にするというものではありません。

　また、先ほど杉山さんから御報告、御説明を頂きましたけれども、電磁的記録が対象になるものの、書証に準ずることなく、別の種別の証拠調べ、具体的には検証の規律に従って取り調べられることがあるものは存在するだろうというように考えているところです。例えば、電磁的記録がコンピューターに一定の影響を与えるプログラムであって、文書や準文書の内容と同様の文字等の情報を記録するものではないという場合には、検証により取り調べられることがあると理解しておりますけれども、他の御参加の皆様もそのような御理解であるのか関心を持っているところです。もちろん、それらの切り分けを明確にするというのは難しい話なのかもしれませんが、その前提でも結構ですので、お考えをお聞きできればと思います。

笠井　電磁的記録に記録された情報の内容ということになりますと、正に文書と同じような、私が先に例を挙げたような電子契約書とか電子カルテとか電子メールなどであれば、その思想の内容という今までどおりの文書の意味内容と同様のものが証拠調べの対象になるということであるのに対して、今挙げられました 231 条も、杉山さんがおっしゃったように、2 つに分けて説明されていることが多くて、図面とか写真は思想の意味内容とは対象物として少し違う内容であるということになりますが、それも 231 条の 2 第 1 項の情報の内容には当然入り得ると考えられます。

　それから、日下部さんが録音、ビデオということをおっしゃいましたけれども、そこでも音とか映像、画像が対象になるというのであれば、それは書証としての証拠調べに似ているのかというと、むしろ、検証のほうに似ている場合もあるところです。公害訴訟などで騒音がこんなにすごいのですという、電子的な IC レコーダーによる録音だと検証に似てくるのではないかとも思います。日下部さんは、そういう問題意識と伺ってよろしいでしょうか。

日下部　はい。おっしゃるとおり、例えば電磁的記録に記録されている情報が音声であるとか動画像であるという場合には、実質的には検証に近いことにな

ると思うのですけれども、法律上の規律の当てはめということで言いますと、書証に準ずる扱いをするという点では今の231条が定めている準文書の扱いと結局、同じことになるのではないかというように考えていたところです。もっとも、先ほど挙げました一定のプログラムのように、文書や準文書の内容と同等の内容を持つとは言い難い情報について取調べをする場合には、検証の規律によることになるのではないかという問題意識を持っておりました。

笠井 私の整理がいいのかどうかもよく分かりませんけれども、今までの問題提起等を経て、御発言等を頂ければと思いますが、いかがでしょうか。

脇村 私の理解では、対象物が何かで、新しく作った証拠調べなのか検証なのかの区別をする必要はないのではないかと思っています。単純に言いますと、同じものについて新しくする証拠調べの申出をすることもあれば、どういった情報があるか、生のそういう状態とかそういったものを調べる意味で検証するということもあるので、そういった意味では、新しい証拠調べか、検証かはやろうとしていること、立証しようとすることによって変わってくるだけではないかと思っています。

電磁的記録に記録された情報内容という表現を使っていたのも、思想内容を表現する、思想内容を調べることをどう表現するのかというところで考えました。つまり、「内容」という表現を付けたのも電磁的記録そのものではなくて、電磁的記録から読み取れる意味内容を調べるのですよということを表したいなというふうに思いました。確か日下部さんからも部会でそういった御意見と言いますか、御質問を頂いた記憶があります。また、これまで書証については紙しかございませんでしたので、表現方法が文字しかなかった、あるいは絵はあったかもしれませんが、それと異なり、声もあれば、人の動きを映像などにすることもありますので、思想内容を調べるものについては電磁的記録の性質を備えてもらえば何でもいけるのではないかなと思っています。

それと、情報の意味内容、思想内容を調べる際に、その電磁的記録が、申出をした人が主張している人が作ったものか、すなわち作成名義人とされた人が作ったものかどうかが問題となった際には、その立証に際して、検証の問題は別途出てくるとは理解しています。

笠井 要するに情報の意味内容であれば、正に今までの文書、あるいは準文書のうちの図面とか写真、少なくともその範囲では231条の2の範囲に入るとい

XII 電磁的記録についての書証に準ずる証拠調べ

う、それが電磁的だったらそれは入るという御趣旨でよろしいですか。

脇村 はい。新しい証拠調べは、いわゆる準文書に相当するものも含まれるものとして作っていて、そういった理解でいいと思っています。もちろん、先ほど杉山さんから御指摘があったとおり、231条を区分けする議論があるとすると、それに似た議論が出てくるのかなという気はしますが、それは、今後の解釈の問題かなと聞いていて思いました。

笠井 先ほど、私がお尋ねした隣の工場の騒音がこんなにうるさいのでという録音は、231条の2に当たるのか、それとも性質としては検証の対象となるものを電磁的なもので出すことになるのかというところはどうなるのでしょうか。

脇村 これまでの実務において、例えば、ビデオテープを調べるとすると、準文書として書証として扱っていたのではないでしょうか。一般的に、検証は、それほどしない気がします。ただ、思想内容を調べるというものではないので、検証ということにもなるようにも思います。

笠井 従前から231条の準文書が割と広く書かれているので、それも前提にするという、そういう御趣旨と理解しました。杉山さん、お願いします。

杉山 231条の2で取調べの対象を情報としたのは、今までの文書概念ですと記載内容が思想などである場合に限られてくるので、もう少し広い内容のものを取り調べることができるとしたものと捉えていたのですが、検証もよく考えてみると、例えば映像を取り調べる場合でも、先ほどの騒音の例もそうだと思いますし、例えば壁のひび割れの状態を見る場合であっても、その映像が示す情報を取り調べていると言えばそうとも言えそうで、検証と書証の違いについては、今まではクリアに分けているつもりでしたが、意外に区別は難しいのではないかと思います。

　ただ、証拠の取り調べ方としては、検証の場合には、部会でも指摘されたように、検証調書を作ったり、書記官の立会いが必要であったりとか、手続的に書証と違う点があり、検証として位置付けると証拠調べがしにくい場合もあるため、実務でもなるべく書証の手続で取り調べられるものは書証に引き付けて考えてくることもあったのではないかと思われる一方で、特殊なプログラムでないと意味が読み取れないような場合に純粋な書証だけで取調べができるのか、情報を可視化していく作業は誰がどのような責任で行うのかといった問題

も残っていて、その限りでは検証も必要となってくるのではないかと思います。231条も、改正当時の様々な文献などを見ると、改正前からの解釈にも応じて前半と後半で分けて説明されていることが多いようですが（宇野聡「準書証」三宅省三ほか編集代表『新民事訴訟法大系——理論と実務（3）』〔青林書院、1997年〕85頁、加藤新太郎「新種証拠の取調べ」竹下守夫編集代表『講座新民事訴訟法Ⅱ』〔弘文堂、1999年〕243頁等）、取り調べる対象の情報の内実を考えると、そのように分けて考える意義については再検討しなければならないと思っています。

垣内　今、御参加の皆様のいろいろなお話を聞いていて、何だかよく分からなくなってきてしまったなという気もするのですけれども。情報の内容と言っているわけですので、何かしら思想の内容というのに準じたようなものが連想されるような表現ではあるのかなとは思っていたところです。その点では、先ほど、杉山さんから準文書との関係で図面や写真は思想の表現とは言いにくいのだけれども、録音テープなどであれば思想が入っていることもあるというような従来の議論についての御紹介があったように伺ったのですけれども、録音テープといってもこの研究会のように人が話したことを録音したものと、先ほど笠井さんに挙げていただいた騒音とか、そういう人が何か言っているというのではないものを内容としているという場合とでかなり違ってくるというところかと思います。何か特定の人の認識なり思想なりが音声で記録されているというような場合には、紙とかそういった文字とか記号ではないという点では書証とは違うのですけれども、思想内容を表すという点では変わりがない。それが一定の媒体に記録されていて出てくるということであれば、書証と同じように扱うということで特に問題はないということなのだと思うのですけれども、騒音を記録しているというときに、例えばその作成者が誰かというようなことが思想内容を問題とする場合と同じような形で問題になるのかというと違うような感じもするところでありますので、その辺りは違いがあるということなのかなという気はいたします。

　ただ、最終的に準文書に当たるということになると、書証の規律で対応するということになっているということで、また、今回の231条の2も書証とパラレルの規律を適用するということなので、理論的にはいろいろな整理の可能性は残るものの、それが実際にどういう形で問題になるのかということはまた別

途の話なのかなという感じもいたします。

笠井 他にはいかがでしょうか。日下部さんから問題提起をされた立場として、何かあればお願いします。

日下部 今、準文書に関する 231 条の解釈に関して前半部分と後半部分を分けるという考え方も御紹介いただきましたし、また、他方で例えば録音テープについて言えば、人の思想が録音されているものもあれば、そうではないものもあるということで、境目にはかなり不明瞭な部分があるのだろうと思っています。実務的に言うと、録音テープやビデオテープを準文書として証拠申出をするという場合には、そこに人の思想が表現されているのかどうかということは余り気にせずに、いずれも準文書なので、書証に準じて扱うという証拠申出がされていることが通常ではないかなというように思われます。そう考えますと、新たに設けられた電磁的記録に関する証拠調べにおきましても、その電磁的記録が音声や映像を記録しているものであれば、検証の手続を踏むという考えではなく、その内容がどのようなものであっても、書証に準じた証拠申出がされるということが予想されやすいのかなと思います。

◆要証事実がプログラムの作用・影響・性状・機能等である場合

日下部 その上で先ほど私が例として挙げました、電磁的記録が音声や映像などではなく、他のコンピューターに影響を与えるようなプログラムであるという場合には、検証によって取り調べられることもある、あるいは検証によって取り調べられることが適切であるというように処理されていくのかなと思った次第です。要はそこに記録されているものが文字、その他の記号、図面、写真、録音、ビデオなどに該当すればすべからく書証に準じて扱われることになり、それに当てはまらないものであれば検証という手立てが残っているという整理に、実務的には落ち着いてしまうのではないかという予想をしているところです。

笠井 今の日下部さんがおっしゃった他のコンピューターに影響を与えてしまうようなデータというのは、与えてしまうかどうかが要証事実であるという前提でよろしいでしょうか。裁判所のコンピューターにつないだらいけないからという趣旨ではないですね。

日下部 要証事実との関係でどういう証拠調べ、手続が必要になるのかという観点が求められることは当然で、先の例では、証拠調べの対象となるプログラ

ムがコンピューターに一定の影響を与えることが要証事実となる場合を想定しておりました。裁判所の事件管理システムに悪影響を与えるようなプログラムの証拠調べができるのかどうかといった観点で問題提起していたものではありません。

垣内 何か、あるものが一定の危険な作用を及ぼすような性質を持っているというのは、普通の有体物などで考えますと、テレビが発火するとかそういったことがありますね。この場合、本当にそうなのかを調べるとすれば、それは検証ということになると思われますので、そのようにそのプログラムが持っている性状というか、機能というか、そういうものを調べるという観点から検証として考えるという発想はあり得るのかなという感じが一方でいたします。

　ただ、他方でテレビが発火するというのは正にある種、物理的にそういう結果をもたらす危険があるという話なのですけれども、プログラムがそういう内容のプログラムであるというのは正にプログラムという情報の内容としてそういう動作をするように設計されている、あるいは仕組まれている、そういうものであるということなので、これを231条の2で言っているところの情報の内容というふうに捉えて、この規定による証拠調べの対象とし、本当にそういう内容のプログラムになっているのかということを調べるということも、考え方としておよそあり得ないということもない感じもいたします。

　ただ、実際、どうやって確かめるのかというときに、読んで確かめるのか、それとも実際に動作させて確かめるのかみたいなことによってあるいは違ってくるのかなという感じもします。ですので、日下部さんが提起された問題と若干、違う前提で考えてしまっているところがあるのかもしれませんけれども、結論的には書証的な手続でやるということもあり得ないわけでもないのかなという気もいたします。

日下部 書証に準ずる扱いをするのか、検証で扱うことが適切なのかというその境目が必ずしも明確ではないのは、1つには、今回、導入される電磁的記録に係る証拠調べの対象が従来で言うところの文書だけではなくて、準文書のように必ずしも外延のはっきりしないものも含んでいると考えられるからかなと思っています。私自身は、裁判官が証拠調べを具体的にするときに、裁判所の法廷等の通常の執務環境において、ディスプレー上に表示される画面を閲覧することで証拠調べができるのか、音声についてはスピーカーなりから音声を出

289

XII 電磁的記録についての書証に準ずる証拠調べ

力して、それを聴くことで証拠調べができるのかという、そういうところに実務的な意味での境目もあるのかなというように感じているところです。要は、電磁的記録のファイルを一般的に可能な形で目で見たり、耳で聴いたりすることで取調べをすることができるというときには書証に準じた扱いということになってくるのではないか、対して、コンピューターに悪い影響を与えるプログラムというときには、裁判官がそのプログラムを裁判所のシステム上で実行する形で証拠調べをするわけにはいかないと思いますので、その場合には（一定の安全措置を執ることを前提として行う）検証というような仕切りになってくるのかなと思っていたところです。単純に「ディスプレー上に表れるものを閲覧するだけでできるもの」というようにすぱっと言い切れれば簡明なのですけれども、単なる音声の場合も書証に準じて扱うということになるように思われますので、少し言葉数の多い表現になってしまっていますが、今のような区別を私自身は念頭に置いていたところです。それが適切なのかどうかについては他にも御意見があるところかなとも思います。

垣内 確かにプログラムの内容というのはぱっとすぐ読んで分かるというものではないのかなという感じもするのですけれども、これも素人なので自信がないのですが、何らかのプログラム言語を使って、文字では書かれているわけなのですよね。それを表示させることはできるのではないかとも思うのですけれども、ただ、一般にそれを見ても裁判官は普通は分からないので、暗号が書かれている書面であるとか普通の常識的な経験則では読めない、専門的な人に解読してもらわないといけないという点では特殊な性質を持っている、そういう文書のように考えるということもできるのかなと思います。そうすると、文字等をディスプレー上に表示させることができるのか、あるいは音声で聞くことができるのか、そうでないのかという基準も、表示や再生が常識的な形でできるかどうかということを考えるという趣旨であれば、そうなのかなという感じもするのですけれども、考えると分からないような気もしてくるところです。

杉山 プログラムにウイルスがあるかどうかをプログラム言語などを見ながら判断するという点について、もちろん、「情報」という文言はこのようなものも含んで広く捉えられるのですが、実際には専門家を使わないと判断できないときに、検証だと検証の際に鑑定を使うことができるので（233条）、実際には鑑定人を使いながら検証をして、プログラムのチェックをすることができま

290

す。これに対して書証だとそのような方法が想定されておらず、簡易に再生できるものを念頭に置いていると考えられ、そうすると検証にならざるを得ないと思っていたのですが、実務的にはそのような理解でよろしいでしょうか。

笠井 私も鑑定との関係は気になりました。プログラムの専門家の鑑定が要るのではないかといったことです。そういう検証で鑑定をすることもあり得るとすると、ケース・バイ・ケースで考えるということになりますかね。

脇村 実際にどういった動作が起こるのかを確認するのであれば、そういう意味の検証になり、あるいは鑑定になるのではないでしょうか。垣内さんがおっしゃったとおり、裁判官が正にそのような素養があって、あるいは専門家の助力を得て、プログラムを読み取れるということで、そういった書証の扱いをする方もいらっしゃるかもしれませんけれども、機械に対する動作が問題となり、思想内容そのものが問題になっている訳ではないので、やはり検証的なものかなと思いました。ただ、少し別の話ですが、実際の裁判では、まず、当事者に対して動作を確認した専門家の報告書を出してもらうのかなとうかがっていて思いまして、実際には、そういった形でも、専門家の活用をするのかなと思いながら伺っていました。

3　証拠申出をするための提出の在り方

◆原本と写しという概念との関係、成立の真正等

笠井 次に2つ目の、日下部さんからも、あるいは他の方からも指摘があった問題として、証拠申出をするための提出の在り方という問題があります。

　従来、書証に関しては、もちろん原本を裁判所が調べるということが文書の書証としての取調べだったわけですが、その文書について原本の提出に代えて写しを提出するという方法で証拠申出がされることがあり、その場合には大審院からの判例（大判昭和5・6・18民集9巻609頁参照）で、文書の写しをもって原本に代えることに異議がなく、原本の存在及び成立に争いがない場合には原本を証拠方法として証拠調べをしたことと扱える、それで、裁判所は写しを閲読することで原本を取り調べたことになるという扱いがされていて、最近は余り書証の認否とかは明確に取っていないかもしれませんが、原本の存在及び成立に争いがないという認否の取り方もあったところかと思います。一方

XⅡ　電磁的記録についての書証に準ずる証拠調べ

で、原本の提出に代えて写しを提出する方法ではなくて、写しを原本として提出する方法という書証申出が行われてきたということもあります。写しを原本として提出する方法というのは写し自体を原本として提出するということで、写しそのものが証拠調べの対象になるということかと思います。その区別は実務的にされてきたと思うのですけれども、今回の231条の2による提出がされる場合に、それについて何か変容があるのかといった辺りが問題となりそうです。日下部さんの問題意識はそういったものと理解してよろしいのでしょうか。

日下部　はい。広く言えば、笠井さんのおっしゃるとおりです。

笠井　原本と写しの区別についてどう考えるかは他の方からも問題提起があったかと思いますけれども、今の点についてどのように考えたらいいのか、あるいは従来の延長線で考えればいいのかという辺りについて、何か御意見、御発言等ございましたらお願いします。

脇村　私の理解としましては、書証の申出は原本を提出してしなければならず、写しを提出してすることはできないとの書証の議論は、電磁的記録では当てはまらないことを前提に条文は作られていると考えています。例えば、電磁的記録についても、当事者が使っているパソコンに保存されている電磁的記録が原本で、それをUSBメモリにコピーしてそのUSBメモリを提出すると、それは写しを提出しており、それは許されるのかどうかという議論が従前されていたのだと思うのです。もっとも、今回の条文は御覧いただいたとおり、証拠調べの対象は電磁的記録そのものということにしていますので、当事者が使っているパソコンに入っている情報と、USBメモリにコピーされている情報、あるいは裁判所の使用するサーバにアップロードされている情報は、基本的に同一であると言えることを前提に考えており、そういう意味では、電磁的記録そのもの、電磁的記録の内容そのものが証拠調べの対象というのは正に原本とか写しなどという概念は使わなくてもいいという前提でいいのではないかと思っています。もちろん、裁判所に出した情報そのものというか、情報内容なのですけれども、これが実際に作成者とされる人が作ったかどうかというのは別に問題となり、これがどこかで改変がされていたということであれば、作成名義が違うということになって、偽造ということになると思うのですけれども。

笠井　情報の内容に係る証拠調べというところにそういう意味があるのだとい

うお話で、その意味では、原本か写しかというよりも、それは情報としては正に原本だと思うのですけれども、情報そのものが出されているのだというお話だったかと思います。要するに原本だということなのですね。というか、原本という概念をそもそも考えないということなのですか。

脇村 そうですね。整理としては裁判所に提出されている情報そのものが取調べの対象で、ただ、裁判所に提出された情報が、本当に作成者とされる人が作成したものかどうかという、成立の真正の問題があるということで、差し当たり整理されたという理解をしています。前提としては紙の時代は書証の原本と写しとの間には同一性がないというほかないのに対し、デジタル情報に関して言えば、元のものとコピー又はアップロードしたものとの間に同一性を保つことができるということを前提とすることができ、別の言い方をすれば、元のデータを見る必然性がないということなのかもしれませんけれども、そういったことも実際あるのかなとは思っていました。

笠井 正に情報の内容とか情報とは何かという「情報」概念の話にもなってきそうな感じがするところです。ありがとうございます。他の方からいかがでしょうか。

日下部 もともと、今の電磁的記録に関する証拠申出をする際に必要となる電磁的記録の提出に関しては、中間試案においては、当該電磁的記録又はこれを電磁的方法により複製したもので記録された情報について改変が行われていないものでしなければならないというようにされていたところだったかと思います。このような中間試案の考え方に対しては、日弁連では、電子文書を念頭に置いておりましたけれども、文書と同様に原本と写しの区別が電磁的記録にも当てはまるという理解の下、改変のない複製の提出による証拠申出を認めるという中間試案の考え方にも賛成した上で、電磁的記録の改ざん、棄損等を防止し、また、その発見を容易にするための制度を導入すべきとの意見を示しておりました。

しかし、改正後の231条の2第2項は、その提出の方法を、最高裁判所規則で定めるところにより、記録媒体を提出する方法又は電子情報処理組織を使用する方法とするのみであって、証拠申出の対象となる電磁的記録が複製されて裁判所に提出される場合の改変の問題は最高裁判所規則で対処されることになったのかなと理解をしていたところです。言い換えますと、法律レベルでは記

XII　電磁的記録についての書証に準ずる証拠調べ

録媒体かインターネットで提出をしますということが定められているだけで、何を提出しなければいけないのかということについては、法律はサイレントになっているという理解です。それゆえに日弁連としては、最高裁判所規則を見た上で、電磁的記録の改変の問題がどのように処理されるのかということについて関心を持っている状況かと思います。

　また、日弁連は、「原本に代えて」又は「原本として」写しを提出してする証拠調べに関しては、そのような考え方が電磁的記録についても当てはめられ得るという認識の下に、それらを、特に「原本に代えて」についてですけれども、法律の条文で明らかにすることが適切であるという意見を述べていたところです。この点については、写しという概念が法律レベルで出てこないということも理由だったかと理解しているのですけれども、法律上の手当てはなされていないところなので、解釈論としてではあるものの、電磁的記録についても当てはまるのだろうと、本件に関与していた弁護士の多くはそのように考えていると思います。それゆえに、電磁的記録については原本も写しも概念として必要とされないということだとしますと、「原本に代えて」又は「原本として」写しを提出するという考え方が当てはまる余地もないということになり、かなり意外であるという捉えられ方をされるように思います。

　その上で、電磁的記録に原本と写しの区別が当てはまるのかどうかということについて、特に法制審の部会でどういった議論がなされてきたのかということを少し思い出してみようといたしました。そのときの議論では、複製に際して改変が行われ得る、改変が生じ得る以上、電磁的記録にも原本と写しの区別が当てはまるという理解が一方で示されていたところです。しかし、他方で、電磁的記録は複製されても改変されない限りは論理的に同一性を維持することから、全て原作成者の作成に係るものであって、また、仮に改変があったらその改変部分については改変者の作成に係るものになるというだけであって、写しという概念を入れるべきではないといった御意見もあったように思います。

　私は、それらの意見に触れながら、自分自身は原本と写しという区別を電磁的記録にも当てはめるべきだろうという考えを持っていたのですけれども、別段の御意見もお聞きしながら、どちらもあり得るのかなと思い、そうであれば、民事訴訟の手続上、どのように整理することが望ましいのだろうかという、そういう発想で考えていました。そして、中間試案で示されていた、証拠

294

申出のときの電磁的記録の提出は、当該電磁的記録又はこれを電磁的方法によって複製したもので改変が行われていないものでしなければならないという区別は、元の電磁的記録と改変のない複製とを区別しているものである以上、それは原本と写しの区別を電磁的記録にも当てはめることを前提としているように理解していたところでした。また、今後、民訴規則が改正され、電磁的記録の証拠調べについても、書証における事前準備としての写しの提出の規律が準用され、又はそれに準ずる規律が設けられるのかなと理解をしているところです。先ほど橋爪さんからもそういった可能性があるという言及もあったように理解しています。もしもそのような規律が最高裁判所規則に設けられますと、少なくとも規則レベルでは原本と写しの区別が電磁的記録にも当てはまると解釈されやすく、それは法律レベルでの解釈にも及び得るのかなというように思っておりました。

脇村 先ほど書証における原本・写しという区別は使わないと言っていたのですけれど、少なくとも、成立の真正は問題になりますので、例えば、当事者が、Ａが作成者である電磁的記録をコピーをしたり、アップロードしたりして提出する際に、もし改変があったら、その改変された、コピー等されたものはＡが作成者であるとは言えないということになってきますので、法律レベルからしても改変されていないものであることは当然の前提になっているという理解をしています。ですから、原本、写しという概念を書証と同じように使う必要性がないのではないかということを言っているだけであって、実際の規律の中身はそれほど違わないと思います。法制審の部会の議論、特に中間試案まではどちらかというと、書証を下敷きにした議論をされており、その議論のまま条文化をするといったことも考えられていたのでしょうが、最終的には、電磁的記録の性質に即して、先ほど述べたような整理等をしたと思っています。電磁的記録が保存されているパソコンをそのまま提出するということを原則とするのであれば別かもしれませんが、電磁的記録は、基本的には、コピーをしたり、アップロードをしたりして提出するものだと思いまして、それは、書証で言えば写しかもしれませんが、231条の2は、その提出を当然に認めていて、後は、成立の真正の問題として、それが改変されていないかどうか、もし改変されていれば作成名義人が異なってくるという整理で十分ではないかと思っています。繰り返しになりますが、改変されていないものを出してくださ

XII 電磁的記録についての書証に準ずる証拠調べ

いということは、法律上、当然の前提であって、そういった意味では、審議会の議論を基本的にベースにしていて、法的に整理したということかなと、私としては思っています。

杉山 この問題は難しく、余り自信がないのですが、もちろん電子データについても原本というのか、元データと言いますか、それ自体は観念できるとは思うのですけれども、取り調べるときに原本を取り調べることが観念できるかを考えると、例えば USB メモリに保存されているデータをそのまま USB メモリの形で提出して、裁判所がそれ自体を取り調べるのでない限り、元のデータを取り調べること自体ができないと理解していました。つまり、先ほど脇村さんがおっしゃったように、何らかの形でデータを移行すると、そこで必然的に改変を伴うような複製とならざるを得ないのだと思います。もちろん、判例法理自体は例えば紙の形で保管されている証拠をコピーして紙のままで提出する場合とか、あるいは PDF ファイルに変換してシステムにアップロードする場合には妥当すると思うのですが、電磁的記録の場合には仮に判例法理が妥当するとしても、当事者が異議を出した場合に、原本をどうやって調べるのかという問題などが出てきます。結局は観念できる写しを調べざるを得ないのだろうと思います。もちろん、改変の問題への対策など別途手当てをする必要はありますし、改変が判明したときにどうしたらいいのかという問題はあるとは思いますが、原本を調べるとか、オリジナルデータを調べるということ自体は電磁的記録の場合には考えにくく、判例法理も放棄せざるを得ないのではないかと思います。

垣内 大変難しい問題だと私も思います。先ほど脇村さんも言われましたけれども、原本とか写しという言葉を使って、231 条の 2 が適用された場合の証拠調べを規律するというか、説明することはできるということで、もともとの媒体で最初に作成された当該、その媒体にある情報が原本であって、他の媒体に移っていくたびにそれは写しであるというように表現することはできるわけですので、その意味で考えますと、231 条の 2 で電磁的記録を記録した記録媒体を提出したり、アップロードして提出したりするというのは、この「記録した記録媒体を提出」という文言の意味にも関わるかもしれませんけれども、私はこれはもともとある媒体に記録されていた情報を提出するために USB メモリにコピーして記録し、その記録媒体である USB メモリを提出すれば、ここで

言っている「記録した記録媒体を提出する」ということに該当するのだろうと理解しますが、それはある意味では写しを提出しているということにはなるけれども、原本と写しを区別するという場合に従来、通常の書証の場面ではあくまで原本を取り調べなければならないという意味で原本という概念を使っていて、写しはあくまで写しなので、事前送付については写しでよかったとしても、証拠申出や証拠調べそのものは原本を対象にして行うのだという考え方を表現するための概念として原本と写しを区別していたとすると、そのような原本と写しの区別というのは、先ほど申し上げたような前提で考えれば231条の2では前提にされていない。そういう意味で、原本とか写しという概念を使っていないという、こういうお話になったのかなと理解したところです。

それから、改ざん、あるいは情報内容の改変の話ですけれども、その関係でよく分からなくなってきますのは、典型的な文書に準ずるような言語情報が記録されている電磁的記録を想定したときに、先ほども思想の内容という話が出てきたのですけれども、思想の内容は特に変わらないのだけれども、その周辺に含まれている様々な情報、これは紙の書面であれば記載内容そのもののほかに、記載されている紙がどういう紙であるとか、筆跡がどうであるとかいった様々な周辺的な情報があるわけですが、そういうものは電磁的記録の場合にも様々あり、かつ、紙の場合には余り問題にならないようなものとして編集履歴等々が含まれているということもあります。しばしばメタデータなどと言われているものがそうなのではないかと思いますが、この種のものはコピーをすると必然的に多少は変わるところがあるという話なのかなとも理解をしていました。ただ、だからといって、例えばワードファイルをコピーしたからといって、そのワードファイルを表示させたときに出てくる文章は変わっていないという場合には、これはある意味、原本そのままになっているというふうに考えれば、区別する意味がないということになるのかなと思うのですが、メタデータまで考えたときにどこまで維持されていれば同一性が維持されていると言えるのかという辺りは、場合によっては問題が生じることもあり得るのかなという感じもいたします。

特に自分でUSBメモリに入れて、それを出すということであれば、一般には余り問題ないのかもしれないのですけれども、事件管理システムにアップロードするというときの事件管理システムの仕様として、先ほどどういうデータ

XII　電磁的記録についての書証に準ずる証拠調べ

形式を受け入れるのかというお話があったのですが、割と特殊なデータ形式の
ものを、しかし PDF ファイルにして出すというようなことがあったときに
は、PDF ファイルが文章を内容としていたというときには、文章の内容は変
わらないのかもしれませんけれども、メタデータ的な部分は大分変わるという
ことがあるので、そういうものがどう扱われるべきなのか。これは基本的には
許容されているということなのかなと思うのですけれども、場面によってはそ
の辺りが相手方当事者として看過できない改変と評価されるということで、形
式を変換する前のデータについての証拠調べの必要性が問題として顕在化する
ことがあり得るのか、といった点が、残された課題として感じているところで
はあります。

脇村　御指摘いただいたとおり、そのデータを作った人が誰かという点をどう
評価するかという話だと思うのですけれども、前提として基本的にはコピーを
したり、アップロードをしたりしても、同一性は確保され得るということが前
提になると考えてはいました。ただ一方で、読み取れる文字は一緒なのだけれ
ども、データが少し違ってくるというケースについてどこまで許容されるのか
というのは難しい問題なのだろうと思います。電子署名を使ったケースについ
ては、基本的には、ずれたケースについては電子署名が無効になってしまいま
すので、ある意味分かりやすいですが。

　ただ、最後はどういった情報なのかによるのかなと。ふだん、考えているワ
ードファイルや PDF ファイルなど、普通の電子的な契約書ベースで使われて
いるものを前提にすると、そこまで議論になることは少ないのではないかと思
うのですけれども、特殊な契約で、特殊な作り方をしているケースについて、
それは読み取れる情報が変わらないとしても、データに違いがあれば、それは
改ざんされたということになるのだろうなとも思いますが、最後は、どういっ
たものが実社会で使われていくのかに影響されてくるのかなとは伺っていて思
いました。

垣内　同一性がどこまで維持されるかということの関係では、部会で議論され
たときには、圧縮されたファイルを出すという場合もあるのではないか、とい
うようなお話もありました。普通のワードファイルとかそういった文書であれ
ば、よほどのことがないとそんな必要はないのだろうと思うのですけれども、
非常に大きな容量の動画であるといったことになると、場合によっては圧縮し

なければならないということもあるのかなと思います。その場合でも、立証趣旨等にもよるのかもしれませんけれども、圧縮されても完全に復元できるのであれば余り関係ないのかもしれませんが、圧縮して、例えば、音質であるとか画質であるとかが、若干劣化するというような場合でも、それは目的に照らして余り影響がないと言える場合もあるかもしれませんし、他方、先ほど騒音の話なども出ましたけれども、音質等が結構、印象を変えるというようなことが仮にあったとすると、そこが問題になるということもあり得ます。その辺はケース・バイ・ケースで考えるということなのか、この場合は原本に代えてという意味で写しを提出するといった扱いをすることが改めて問題となり得るのか、その辺りについては若干気になるところです。

脇村　今、伺ったケースですと、実際は、相手方がそれでいいといったケースはそのまますんなりいってしまうのだろうなという気がしています。そのすんなりいくというのがどういった理論的プロセスでそうなるかと言いますと、いろいろと思考のパターンがあると思うのですが、ただ、一番単純な考え方は、圧縮したものは複製として作られたものであると捉えて、申出をする人が元データを間接的に立証する、申出をする人を作成名義人とする複製の電子データを作っていて、相手方がそのプロセスについて争わない結果、証明力が認められるという整理が一番単純な整理かなという気がしています。つまり、複製したものは元とは違うと整理しておいたほうが簡単ではないか。それはなぜかというと、争ったときにそれでは証明できないので、元のデータと同じデータを出してくださいと言いやすいのではないかという気はしています。

　先ほどから原本とか複製とか余り考えていない、使わないと言ったのは、同一性が保たれているケースを念頭においたものです。もちろん、実際、複製はされていて、その複製が大きく違ってくるケースはそういった整理もあるのかなと思っていますので、私としてはそんな感じでいいのではないかなと思っています。

垣内　今のは、圧縮までするということになると、それは情報の内容そのものが変わってはいるので、元のものを出しているというのとは違うというふうにいったん捉えた上で、そういう意味では、原本に代えて写しを提出しているという場合に準じたような形で、相手方が問題にしなければそれについて証拠調べをすれば足りると、こういうふうに捉えればいいということですかね。

XII　電磁的記録についての書証に準ずる証拠調べ

脇村　はい。ただ、何が写しの問題なのか、同一性が認められるのかは先ほどから議論があったとおりです。

◆事件管理システムで提出可能なデータ容量との関係

橋爪　本日の議論とは全然違う話なのですが、データの圧縮の関係で少しだけ。システムで提出可能なデータの種類とは別に、システムで提出可能なデータの容量につきましても、全くの無限定というわけにはいかず、通常の立証活動で想定される範囲・程度を踏まえて、何らかの制限を設けることが必要になるのではないかと考えています。その関係で我々として懸念していますのは、データを証拠として出しやすくなることによって、当事者や代理人によるスクリーニングを経ることなく、大量の電子データがシステムに送信されてしまうことにならないかという問題です。現在も事案によっては余り必要性の選別がされることなく、一定期間のメールとか LINE のやり取りというものが全てプリントアウトされて、大量の書証として提出されるといった場合もあるわけですが、システムでの提出が可能になることにより、そのような事態に拍車がかかるとなりますと、システムに負荷が掛かるというにとどまらず、審理の在り方という点からしても非常に問題が大きいと考えています。その点はデータが証拠として出しやすくなるといった利便性を享受しつつも、代理人の側で提出するデータは必要かつ相当なものにきちんとスクリーニングをしていただくといった運用を目指していきたいと考えているところです。

笠井　裁判所の方からは情報過多の問題が懸念されているというのはよく聞くところです。

◆改変が判明した場合の取扱い

日下部　先ほど何度か言及されていた、改変があったことが後で分かったという場合に手続上どのように処理されるのかという点について、お考えをお聞きできればと思っています。もう少し詳しく申し上げますと、中間試案の段階での考えに基づけば、最高裁判所規則で定められることになるであろう電磁的記録の裁判所への提出方法としては、当該電磁的記録又は改変されていない複製を記録した記録媒体を提出する方法か、又はそれをインターネットを通じて裁判所の事件管理システムにアップロードする方法となることが想定されるかと思います。そのような体裁で証拠申出がなされたけれども、その後の審理によってもともと存在していないものが存在しているとして提出されたとか、ある

いは作成者とされている者が作成したわけではないものが提出されていたということが分かってしまったという場合には、それまでになされた証拠申出や取調べが適法であるのかどうか、あるいはどういった意味合いを持つのかということについては大いに議論になるだろうと思います。

例えばですけれども、原告が被告からこういうＥメールをもらいましたということでＥメールのデータを提出したところ、被告としてはそのようなものは全く送っていないとか、あるいはそれに類する似たものを送ったことはあるけれども、自分が書いたわけではない言葉がたくさん付け加えられているといった、こういう反論が出たという場合に、審理の結果、確かに被告の言うとおりですねということが分かってしまったというときには、その電磁的記録であるＥメールのデータの証拠申出や証拠調べの結果がどのように取り扱われるのかというところは問題になり得るように思っています。これに関してはどんなふうに整理されるのか、お考えをお聞きできればと思います。

笠井　今の日下部さんのお話は、現在、紙で申し出られた書証に偽造された部分があることもあるわけですが、紙で出している場合と同じか違うかということでしょうか。それとも、そもそも231条の２だと違うところがあるのではないかという問題意識でしょうか。

日下部　紙の場合は、例えば今の偽造された文書の場合であっても、その偽造された文書そのもの、紙そのものを裁判所に持ってきて、取調べをしてもらうということはあり得ると思うのです。その場合には、中身が偽造されたものだというときにも、証拠申出そのものが違法であるというようには考えられず、形式的証拠力がないとか、あるいは一部の改変だということだとしたら、もしかすると実質的証拠力の問題として理解されるのかもしれないですけれども、証拠申出そのものが違法だというようには捉えられないのではないかと思っていたところです。

他方、今回の電磁的記録に関しては、証拠申出の方法として、当該電磁的記録又は改変されていない複製を裁判所に出さないといけませんということになってしまいますと、改変されたものであるということが分かってしまった場合には、証拠申出そのものが瑕疵を帯びているのではないか、違法性を伴っていたのではないかと評価されやすいように思いまして、それを手続上、どのように評価するべきかという問題が出てきてしまうのではないかという、そういう

XII　電磁的記録についての書証に準ずる証拠調べ

問題意識でした。

笠井　問題意識はよく分かりました。今の点はいかがでしょうか。橋爪さんからお願いします。

橋爪　今、日下部さんが問われた根本的なところに対応してはいないのですが、前提として、最高裁判所規則で、改変されていない複製を出さなければいけないといった規律を定める必要があるのかどうかについて発言したいと思います。部会で、日下部さんがそのような御発言をされていたことはもちろん認識はしているのですけれども、私個人としては、先ほど来、皆さんがおっしゃっているように、ここで言う電磁的記録に記録された情報として、システムを使うのか USB メモリを使うのかは別として、裁判所に提出するものそれ自体が本当の意味でのオリジナルデータであるということは普通は観念し得なくて、何らかのオリジナルデータは別にあるのだろうと思いますし、その意味では、文書で言えば、すべからく写しを原本として出しているような理解をしてもいい話だと思うのです。ただ、その場合に今でも写しを原本として出すときに正しくコピーしなければいけないといったことは、当たり前過ぎる話として最高裁判所規則に規定を置いていない中で、電磁的記録の場合に限ってそういった規定を置かなければいけないのかというのは、正直、よく分からないというように今の時点では認識しています。

脇村　基本的に書証と一緒の議論で大丈夫ではないかというふうに思っています。先ほど来、申し上げているとおり、電磁的情報の作成者は基本的には思想内容を表した人であるということを前提に提出をしないといけないと思うのですけれども、改変がされたということになると、それは申出としては「A さんの作ったものです」と言って出しているところ、改変してしまったものを出したということなので、結局それは、A さんではなく、改変をした人が作成名義人であり、それの提出等をすることはやってはいけないことだと思いますし、作成名義人が違っていたという意味で、これまで書証も同じ問題があり得ただろうと思っていますので、そういう意味では、何も変わらないのではないかなという気がしています。

　先ほど来、言いましたとおり、改変してはいけないのは当然の前提と言いますか、改変がされると、それは、作成名義が変わってくると思いますので、そこは書証の議論をそのまま使って大丈夫じゃないかなと。証拠調べを実際にす

3 証拠申出をするための提出の在り方

る前に判明すれば、それは採用してはいけませんし、後で分かったケースについてはその前提で対応していただく。排除までするのかどうかという議論はあると思いますけれども、認定に使ってはいけないということなのかなと思っております。

笠井 今の点は取りあえず、そういう御反応があったということでよろしいでしょうかね。

◆原本と写しの区別の可能性、電子署名による真正な成立の推定（電子署名認証３条）との関係

笠井 そのほかに、日下部さんからは、電子署名及び認証業務に関する法律３条に関する御指摘がありました。その趣旨は、同条が、電磁的記録であって情報を表すために作成されたものは、当該電磁的記録に記録された情報について本人による電子署名が行われているときは、真正に成立したものと推定すると定めているところから、この規定が民事訴訟においてどのように機能するかといったところでしょうか。まず、日下部さんから問題意識を御説明いただければと思います。

日下部 ありがとうございます。ここまで、皆さんの御議論を興味深く拝聴しておりました。いわゆる電子署名法の３条についての問題意識を持つに至った背景を、実務的観点も踏まえて、少しお話ししたいと思います。

　先ほど日弁連の意見を御紹介しましたが、そこでは、電磁的記録についても原本と写しの区別を当てはめることは可能であるという前提でいたところです。その理由は何かを翻って考えますと、電磁的記録の複製の際にも、人為的であれ、非人為的であれ、オリジナルとの変化が生じることはあり得る以上、オリジナルとの区別が必要になることはあるし、電磁的記録の証拠調べを書証に準じてするのであれば、書証における原本と写しの区別の考え方を電磁的記録にも及ぼすことが、理解として容易であるという点にあったのではないかと思います。

　より実務的に考えますと、例えば、もともとマイクロソフトのワードを用いて作成された電子文書のファイルが存在しており、挙証者がそれを証拠方法とする意図を持っているが、挙証者自身はそれをPDF化したファイルしか保存していない場合、そのPDFファイルの提出による証拠申出を、「原本に代えて」写しを提出してする証拠申出と整理することはあり得るように思います。

303

XII　電磁的記録についての書証に準ずる証拠調べ

同様のことは、挙証者が証拠方法とする意図を持っている動画像のファイルのデータ容量が極めて大きいため、そのデータ容量を大幅に圧縮した別ファイルを写しとして提出する場面でも考えられるように思います。これらは、オリジナルを提出することに何らかの支障がある場面ですが、その際に、提出できるPDFファイルやデータ圧縮をしたファイル自体を証拠方法とする証拠申出しか認めるべきではないとまで考えることが妥当なのかというと疑問を感じます。

　また、挙証者が、証拠方法とする意図を持っている電磁的記録を裁判所に提出することに支障がないとしても、訴訟記録には一定の改変を加えた複製を残してもらうことを希望する場面もあるのではないかと思います。例えば、オリジナルの電子文書が長大であるため、訴訟代理人が重要部分にマーカーを付した複製を期日前に提出し、マーカーを付していないオリジナルについては、期日において記録媒体を提出する方法で提出したり、その必要性が実質的になければ、提出済みの複製を「原本に代えて」又は「原本として」提出した写しとして扱ったりする、という場合です。

　このような実務を想定しますと、電磁的記録の証拠調べについても、書証における考え方とパラレルに原本と写しの区別をするという考え方には、一定の合理性があるように思われました。

　もっとも、この考え方には、電磁的記録固有の問題点も含まれると思います。1つは、先ほど杉山さんが言及されたと思いますが、真の原本の取調べがされることがほとんど考えられないという点です。伝統的な考え方に倣えば、真の原本は作成名義人が作成した際に生成された電磁的記録と考えられますが、そもそもそれがどこにあったのかは覚知困難であることが多く、また、それを複製せずに裁判所に提出することはほとんど無理ということかと思います。しかし、例えばPCに外付けしたUSBメモリを記録場所として電子文書が作成され、そのUSBメモリを裁判所に提出する方法で証拠申出がされるのであれば、真の原本の取調べをすることも可能であるように思われます。全くもって真の原本の取調べが不可能というわけでないなら、そのような取調べが稀有だとしても、原本と写しの区別を電磁的記録に及ぼすことが理論的に不可能ということにはならないように思います。なお、真の原本である電磁的記録の提出ができない場合でも、「原本として」写しを提出して証拠申出をするこ

3 証拠申出をするための提出の在り方

とは可能と考えられますので、実務が回らないということはないと思います。

もう1つの問題点は、電子署名法3条との整合的な理解です。電子署名法3条は、電子署名の付された電子文書について、それがたとえ複製であるとしても、電子署名を行った本人による成立の真正を推定しています。これは、真の原本は作成名義人が作成した際に生成された電磁的記録であり、その複製はすべからく原本とは区別された写しであり、その作成者も真の原本の作成名義人とは区別される、という考え方とは不整合であり、何らかの整理が必要になるように思います。

個人的には、電子署名法3条は、電子署名の付された複製について作成者を電子署名を行った本人とするという法的効果も含むものと解釈できるだろうかと考えたこともありました。しかし、同法の立法過程においてそのような法的効果を想定した痕跡は見つけられず、また、電子署名が付されたことが複製の作成者を変更するという帰結をもたらすという説明を合理的に行えるとは思い難かったところです。そこで次に考えたのは、人為的な改変がされていない電磁的記録の複製は、作成者の意図する情報の内容に変更がない以上、作成者の点も含めてオリジナルそのものと評価すべきであって、電子署名が付されている電磁的記録はその一例である、という整理です。これは、電磁的記録の性質に基づく整理なので、電子署名法3条に複製の作成者を変更するという特殊な法的効果を認めるような解釈よりは、あり得るかなと考えています。

このように考えると、たとえ電子署名が付されていない電磁的記録であっても、挙証者がそれを証拠方法として、インターネットを通じて裁判所のシステムにアップロードする方法又は記録媒体を提出する方法で提出し、証拠申出をしたのであれば、アップロード又は記録媒体の提出それ自体の過程で電磁的記録に人為的な改変は生じない以上、裁判所が認識できるアップロードされた電磁的記録又は記録媒体に記録された電磁的記録は、挙証者が証拠方法とする意図を持っていた電磁的記録と法的に同じであり、「当該電磁的記録又はその改変のない複製を提出して証拠申出しなければならない」という規律が存在していると仮定しても、証拠申出は適法になされていると整理できるのではないか、仮にその電磁的記録の内容に挙証者の主張と異なる改変があったことが後の審理の過程で分かっても、それは証拠力評価の問題を生じさせるにすぎず、手続の安定を害することにはならないということになるのではないかとも思わ

305

れました。

　上記は、結局のところ、電磁的記録についても原本と写しの区別を当てはめつつ、電磁的記録の性質に照らして、人為的な改変がない複製は原本として扱うというもので、それにより、手続の安定を含む実務的な要請に応えつつ、電子署名法3条とも整合的な解釈を図るものなのですが、出発点である原本と写しの区別の是非について、上記と異なる御意見も多く、そうした御意見によれば、電子署名法3条の評価もまた異なってくるのだろうと思っております。

　長くなってしまいましたが、私が電子署名法3条について問題意識をもった背景は、このようなものでした。

脇村　日下部さんの問題意識は、分かりましたし、現実にどこかに保存されていた電磁的記録がコピーされたり、アップロードされたりして、書証で言えば写し的なものができることもそのとおりだと思います。私もそこは否定するつもりもないですが、少なくとも改正法では、アップロード等されても、改変がされない限り、作成者、作成名義は変わらないことを前提にしており、そのことは、アップロード等をして提出することを当然に認めている231条の2第1項の提出方法の定めにも表れていると思っています。その意味で、改正法においては、提出が認められるかどうかに違いがある書証のように、基本的には、原本とか写しとかの概念は不要だと思いますし、その意味で、法律上の規律としては出てこない話だと思います。私が言いたかったことは、そのことに尽きています。もちろん、現実には、アップロード等の過程があり、改変の有無は、成立の真正において問題となると思っています。

4　電磁的記録の提出命令と送付嘱託

笠井　それでは、文書についての、特に日下部さんが挙げた3つ目の論点ということで、相手方や第三者から電磁的記録を提出してもらう、電磁的記録の提出命令や送付嘱託に関する固有の問題に移りたいと思います。まず、日下部さんから、問題を提起していただければと思います。

日下部　電磁的記録の提出命令と送付嘱託に関する点について私のほうから少し問題提起をさせていただければと思います。中間試案では、文書提出命令又は文書送付嘱託の制度が電磁的記録についても準用されることを前提に、それ

らに応じた電磁的記録の提出又は送付を電子情報処理組織を用いて改変のない複製をファイルに記録する方法ですることができることとされておりました。日弁連は、この考え方にも賛成し、その上で特に第三者が提出等の主体となる場合を考慮して、電磁的記録を紙媒体に印刷等して提出等することも認めるべきとしていました。改正後の231条の3第2項では、このような提出命令又は送付嘱託に応じた電磁的記録の提出又は送付について、最高裁判所規則で定めるところにより、記録媒体を提出等する方法又は電子情報処理組織を使用する方法とするのみですので、紙媒体による提出等は認められておりませんが、それで第三者の負担が過大なものとならないだろうかということを気に掛けているところかと思います。

◆電磁的記録を利用する権限を有する者

日下部　この第三者の負担については、これ以上議論しても仕方のないことでもあるのかなと思うのですが、特に第三者との関係で言いますと、この電磁的記録に関する提出命令や送付嘱託の名宛人となる者がどのような者なのかというところが問題になり得るだろうと思います。これは、改正後の231条の2第1項・231条の3第1項によりますと、「電磁的記録を利用する権限を有する者」とされているところでありまして、元となる書証に関する規定では、「文書の所持者」とされていたところです。この元の「文書の所持者」という概念については、コンメンタールなどの解説によりますと、提出を求められている文書を現実に所持している者のみに限られず、文書を他に委託した者など、社会通念上、文書に対して事実的な支配力を有している者、すなわち当該文書をいつでも自己の支配下に移すことができ、自己の意思のみに基づいてこれを提出できる状態にある者を包含するなどと説明されているかと思います（秋山幹男ほか『コンメンタール民事訴訟法Ⅳ〔第2版〕』〔日本評論社、2019年〕397頁、458頁）。電磁的記録につきましては、無体物ですので、所持という概念には馴染みにくいと思いますけれども、この「文書の所持者」に関する一般的な理解を前提に、それを敷衍すれば、「電磁的記録を利用する権限を有する者」とは、提出を求められている電磁的記録を自己の意思のみによって提出できる状態にある者ということになるのだろうかと漠然と考えていたところです。しかし、他の御参加の皆様方において、この「電磁的記録を利用する権限を有する者」というのは、かく解釈すべきであるといった御示唆、御教示があれば伺

いたいなと思っています。よろしくお願いいたします。

笠井　法制審の部会では、解釈を変えるというような議論はされておらず、私自身はこれで従来の解釈と同じであることを表すための条文の文言として大丈夫だろうかという発言をしたことがあったようには思うのですけれども、解釈を変えるという話にはなっていなかったと記憶しています。

脇村　部会でも確か笠井さんから御指摘いただいて、解釈を何か変えるものではないですよねとの御指摘に、「はい」とお答えした気がします。基本的に従前の文書提出命令とか送付嘱託の相手方になり得るような人をできるだけ表現したいということに尽きています。結局、データを提出することができる人ですので、データを利用して、自らの手元に持てる人といったように考えていたところです。もちろん、今後の解釈論として、どういった権限があればよいのかが問題になりますが、所持者が対象者である文書提出命令のときでも、単に持っているだけで所持者であり、提出することができたのかというと、議論があるので、これまでのそういった議論を踏まえながら、考えていく必要はあると思います。

笠井　従来とは基本的に変わらないという御趣旨だと思いますけれども、いかがでしょうか。紙を電子媒体にすることとの関係で表現に御苦労なさったという、そういう理解をしております。日下部さん、それでいかがでしょうか。

日下部　私は結構です。

◆改変の有無の立証方法、社会で作られる電磁的記録への対応

脇村　全く違う話なのですが、2点ほど。1点目はこの前、電磁的記録の扱い方について議論がされていた民訴学会大会（2023年5月21日開催のシンポジウム「民事裁判IT化と手続法の課題」民事訴訟雑誌70号〔2024年〕103頁以下）でも少し改変の話が出ていたと思うのですけれども、どうしても電磁的証拠の改変ということになりますと、電磁的に改変がされているかどうかをどのように検証するのかという点がフォーカスされると思うのですが、そもそも、民事訴訟に出てくる電磁的証拠の多くは原告・被告双方が関与して作ったものが少なくないと思います。電子契約書などは典型だと思います。そういったもので考えますと、基本的にまず、当該電磁的証拠が改変されているかどうかは今までの書証と同じように内容を相手方に見ていただくことで一次的には精査できるのではないかと思っておりますので、電磁的証拠だから電磁的な方

法だけがその立証方法かというと、そこは違うのかなというふうに思っており、そこはこれまで弁護士の方などが本人と相談の上で確認をしてやっていたことが当然、活きてくると思いますので、何かそういったことを活用していただく必要があるのだろうと思います。その上で、争いになったときにどういった形で争うかについては、紙媒体よりは電磁的記録のほうが検証はしやすいのではないかと。その点を指摘したいと思います。

　2点目は、訴訟記録を電子化することが電磁的な証拠調べの規定を作る1つの契機になっていて、今回の改正がされていますけれども、本当の契機は現実の社会において、電磁的なものを作って、証拠としてそれを出さざるを得ないということだと思っています。そういった意味では、今回の改正は訴訟記録の電子化もそうなのですが、やはり、現実の社会への対応が主ではないかと思っています。更に言えば、社会で作られていく電磁的記録は様々なものがあると思いますので、そういったものを証拠として出さざるを得ないケースはどうしても出てくるのだろうと思っていますが、どうしても、私もそうなのですけれども、訴訟記録の電子化を念頭に置くと、裁判所に出せる証拠しか証拠ではないみたいなニュアンスになりがちかもしれません。もちろん、裁判所に出すときには、中身が分からなければどうしようもないので、何らかの形で意味内容を分かるようにしないといけないのですが、いずれにしても、社会で電磁的なものが作られていて必要があればそれを提出せざるを得ないケースもあると思います。今回規定が設けられていますが、もし、これで対応することができない新たな電磁的記録が出てきた場合には、新たな解釈論が、今後、出てくるのかなというのが少し気になっているところでございます。

笠井　大変大きな、重要な御指摘だったかと思います。

XⅢ 証人尋問等

1 証人尋問・当事者尋問

笠井 民事訴訟法 204 条の規定が改正され、映像及び音声の送受信による通話の方法、すなわちウェブ会議の方法による証人や当事者本人の尋問が可能とされる場合が広がります。このことについて御意見を伺えればと思います。まず、脇村さんから法制審部会での審議の状況や、改正規定の内容・趣旨について御説明をお願いいたします。

◆法制審部会での議論の概要・改正法の内容

脇村 法制審の部会ではウェブ会議、電話会議の利用範囲の拡充を議論する中において、証人尋問についても映像等を使ったシステム、ウェブ会議による尋問の利用範囲を拡充する議論はその当初からされていたところでございます。具体的には今の要件を若干、緩やかにすることや、今、民訴規則上は証人を法廷以外で尋問する際には他の裁判所に来ていただくことになっている（民訴規 123 条）と思いますが、他の裁判所以外の場所にてすることを許容することなど、様々な議論がされました。中間試案におきましては映像等を用いた会議の利用を拡充するものとして、例えば当事者に異議がないケースについて映像等を使った会議システムによる尋問を認めるといったことや、遠隔地要件をなくして、遠隔地に限らず、法廷に来ることができなかったりするケースについて映像等を使った会議システムによって尋問することを認めるということが提案され、基本的には大きな反対はなかったものと理解をしているところでございます。

その後も議論がされ、最終的な改正要綱におきましてもその方向で取りまとめがされたわけでございます。要件につきましては最終的にも遠隔地要件をなくし、あるいは当事者に異議がないケースについても認めるといったことを中

310

心に取りまとめがされ、更に先ほど言った場所の議論につきましては、これは民訴規則の問題ということから改正要綱本文ではなく注の中で取り上げた形になりました。

笠井　それでは、橋爪さんから裁判所としての改正案策定への対応や、改正の内容についての受止めについて御説明をお願いいたします。また、今、お話が出ましたけれども、所在場所等に関する最高裁判所規則の改正に関しても、可能な範囲でお話しいただければと思います。

◆裁判所の受止め・問題意識

橋爪　改正法でウェブ会議等の方法による証人尋問の実施要件が緩和されたことは、IT 化の進展を踏まえて証拠調べのオプションを広げるものであり、今回の改正法の趣旨に合致した改正であると受け止めています。この関係では、現行民訴規則 123 条がウェブ会議等により証人尋問を行う場合における証人の所在場所を受訴裁判所又は他の裁判所に限定していることが問題になりますが、先ほど脇村さんからも御指摘のあったように、改正要綱ではこれを見直し、裁判所以外の場所に証人を所在させることを認めることとした上で、部会の議論も踏まえて、その際の所在場所の要件を定めるものとするとされているところです。部会では、証人の所在場所について、一方の当事者やその代理人が原則在席する場所でないことや、証人の陳述内容に不当な影響を与えるおそれがないことが必要であるなどの議論、「不当な」という限定が必要かどうかという議論もありましたけれども、正にこういった議論を踏まえて、今後、民訴規則の改正を検討していくことになろうと考えています。

　また、証人尋問との関係では、法制審の部会では、訴訟記録が電子化された後も、宣誓書という書面による形式を維持するのは合理的ではないのではないかということで、宣誓書の在り方をどうするかも問題になりました。この問題についても今後、民訴規則の改正の際に検討していくことになろうと考えています。

笠井　それでは、日下部さんから弁護士として、及び弁護士会としての改正案策定への取組や、改正法の内容への受止めについて御説明をお願いできればと思います。また、今後、問題となると思われる事項等についても御指摘をお願いいたします。

XIII　証人尋問等

◆弁護士・弁護士会の対応・受止め・問題意識

日下部　日弁連は、改正後の204条が定める証人尋問の規律の内容及びそれが当事者尋問にも準用されることには賛成しておりました。ただし、中間試案の段階では、204条において証人の所在場所についての規律も提案されており、原則として一方当事者等の在席する場所ではないことや、適正な尋問を行うことができる場所として最高裁判所規則で定める要件を具備する場所であることが必要とされておりました。日弁連はそうした証人の所在場所についての規律にも基本的には賛成した上で、一定の修正等を求めていたところです。また、日弁連は、不当な第三者による証人への影響が排除され、裁判官の訴訟指揮権や法廷警察権等の実効性が確保できるような規律も設けるべきであるとも述べておりました。改正後の204条では、「最高裁判所規則で定めるところにより」という条件が付されているものの、証人の所在場所についての規律も、裁判官の訴訟指揮権や法廷警察権等に関する規律も設けられているものではありません。そのため、日弁連としては、最高裁判所規則においてどのような手当てがなされるのか、また、不適切な証人尋問がなされないようにするための実務的な工夫や慣行に強く関心を持っている状況かと思います。

笠井　それでは、杉山さんから以上のような改正法の内容をどのように受け止めているか、また、問題となると思われる事項等があるかについて自由に御議論をお願いできればと思います。

◆研究者の受止め・問題意識

杉山　ウェブ会議ができる場面を広げる方向での改正自体は、テレビ会議システムなど以外に、映像と音声の送受信によって相互認識できるような形で手続を進めることができなかった時代と比べて、ウェブ会議システム自体が普及した、つまりテクノロジーが発展したことに加えて、コロナ禍で必要性が高まったことなどを考えると、必然的なものであったと思いますし、賛成いたします。

　そもそも論として、今では例えば監視カメラとか車載カメラとかいろいろなところで映像のデータが得られますので、証人が適切な証拠方法となる場面は今後、それほど多くないかも知れませんが、証人尋問を今後も活用するとして、今まで例えば費用が掛かるといった理由で証人尋問をあきらめていたり、書面尋問をしていた実務があったのであれば、そのようなことは減っていくと

312

1 証人尋問・当事者尋問

思います。

　以前、民訴法の諸原則との関係に触れたので繰り返しませんが、裁判所の外での証拠調べとか書面尋問ではなく、受訴裁判所自体がウェブ会議の形であれば証人尋問できるような形で、直接主義とか口頭主義がより実現されるということになるという側面もあると思います。ただ、映像を通じて尋問をすると、直接尋問する場合と比べて証人の印象が変わるとか雰囲気がつかみにくいといった問題があり、直接性がやや後退するという問題もあると思います。また、通信障害の問題も今はよく発生し、陳述の内容が聞き取れないという問題なども出ていると思いますが、テクノロジーの発展と慣れで、ある程度解消されていくと思います。

　また、裁判官が抱く証人の印象も重要ですが、それ以外にも現在の法廷の雰囲気がウェブ会議で再現できるのか、つまり代理人が尋問するときに適時に介入できるのか、あるいは例えば証人が自宅からつなぐとして、宣誓したところで緊張感を持って証言できるのか、つまり、今、法廷で行われているような臨場感とか緊張感のようなものが後退するのではないかといった問題もあると思います。これもある程度、テクノロジーの発展で解消できると思いますし、社会生活の中でウェブ会議が増えていくことで慣れていったり、ウェブ会議を前提とした訴訟技術、尋問技術を身につけていったりすることが今後必要になると思います。

　ただ、問題も幾つかあると思われます。1つはあちこちで指摘されているのですが、不正の可能性、つまり第三者や当事者が尋問に立ち会って影響を与える可能性があるといった問題があると思います。仮に第三者の立会いを排除したとしても、遠隔で証人に影響を与えることは可能であり、そのようなものも含めて不当な関与をどう排除したらいいのかという問題はあると思います。そういう危険性があるときにそれにどの段階で気付くか、また気付いた場合に、これまでどおり受訴裁判所に出頭を求めるか、あるいは今のテレビ会議システムを使うために、近くの他の裁判所に出頭してもらうか、195条を使っていくのかといった問題は残っていると思います。

　それとの関係で、当事者に異議がなければ、204条以外に195条とか205条とか様々な選択肢がある中で、どれを優先的に使っていくのか、裁判所の裁量に全く委ねるのは適切ではないと思われるので、ある程度の優先順位は考えて

313

いったほうがいいと思います。

あとは1点、不正との絡みで、最近、気になるのが、AI などで発話者の声とか、あるいは外見も変えることができるようになっているとも聞き、証人の印象が技術を介することでおのずと変わるだけでなく、新たな技術を用いて証人の印象を意図的に変えることができるようになっていることにもどう対処したらいいのかといった様々な課題も出てきていると思います。

笠井 それでは、垣内さんから以上のような改正法の内容をどのように受け止めているか、また、問題となると思われる事項等があるかについて自由に論じていただければと思います。

垣内 今、杉山さんからも御発言があったのですけれども、ウェブ会議での証人尋問が対面での尋問と全く同じで完全に代替可能かと言えば、そうではない部分というものも少なくとも現時点での技術の水準ではあるだろうということですので、対面での証人尋問が場合によっては必要になる、あるいはそれを求めるという当事者の利益を尊重しなければならない場面も一方ではあるわけですけれども、しかし、他方で、ウェブ会議を利用したほうが尋問に応じやすいであるとか実施しやすいというような場面で、要件が拡大されて選択肢が広がった、あるいは所在場所についてより柔軟になったということで生じるメリットというものも大きいと思われますので、今回の改正の内容は妥当だったと考えております。

改正内容のうち、尋問の要件を定める 204 条の規律につきましては、一方で当事者に異議がない場合について言えば、受訴裁判所が相当と認める限り、ウェブ会議による尋問を広範に実施できるということになりました。異議がないというのは、厳密に言えば、積極的に同意しているというのとは異なる、必ずしもイコールではないと思いますが、ただ、異議を述べる機会が十分に実質的に保障されているという前提を取ることができる限りは、同意をしているのに準じて扱ってよい。したがって、対面とは違うとはいえ、対面で尋問しないということによって生ずる影響について、当事者に何らかの不利益を生じるという観点から問題視するという必要はないということなのだろうと思います。

逆に、裁判所がウェブ会議による尋問が相当だろうと考えたとしても、相当だというだけでは当事者にこれを強いることはできないということで、その点では各当事者に一種の拒否権が認められているという形になっておりまして、

1　証人尋問・当事者尋問

これは先ほど申しました対面とウェブが完全にイコールではないということを考えますと、現時点では妥当な規律ということなのだろうと考えております。

この関係で若干、理論的に興味深いと思われる点としまして、改正法では、両当事者に異議がないという場合であっても、裁判所が相当と認めるときに限ってウェブ会議による尋問をするということになっていて、裁判所が相当と認めるという絞りが掛けられているという点があります。条文上は、異議がないということで、これは、先ほど申しましたように積極的に同意しているというのとは必ずしもイコールではないということなのですけれども、理論的には、当事者双方が積極的にウェブ会議による尋問の実施を求めている、あるいは当事者間にウェブ会議による尋問を実施する旨の合意が存在するといったような場合も考えられるかと思います。そうした場合に、裁判所としてそれでも相当ではないという理由で対面で尋問を実施するということにできるのかどうかという点が1つ問題としてあるように思います。私は実務について何か語るべき立場にはないと思いますけれども、実務上は、双方の当事者が積極的に希望しているという場合には特に大きな問題がなければ尊重するということになるのかなとも思いますけれども、理論上、あるいは規定の解釈上はどうなのかということが1つ問題としてはあるように考えております。

この点に関しましては、最近の文献などを見ますと、一種の証拠制限契約のような形で、当事者が合意をしていれば原則として裁判所を拘束する、ですので、ウェブ会議により尋問するという合意がある場合にはウェブ会議により尋問しないといけないという効果を認めてよいのではないかという方向の議論もあるようです（菅原郁夫「IT化が民事訴訟の審理に与える影響」本間靖規先生古稀祝賀『手続保障論と現代民事手続法』〔信山社、2022年〕344頁注55参照）。この点について、部会では、はっきりと合意が裁判所を拘束するかといった形の議論はされていなかったように思いますけれども、私自身は当事者が合意をしたとしても、必ずしも裁判所が拘束されるとは言えないのではないかと考えているところで、この辺りについては、後ほど他の皆さんの御意見も伺えればというように感じているところです。

それから、要件の関係でのもう1つの改正点として、当事者の異議がある場合であっても、従来の遠隔地要件が緩和されて、「証人の住所、年齢又は心身の状態その他の事情により、証人が受訴裁判所に出頭することが困難であると

315

XIII　証人尋問等

認める場合」についてはウェブ会議で証人尋問ができるということになっているわけですけれども、ここでの 204 条 1 号の要件の解釈については部会で、あるいは商事法務研究会での IT 化研究会以来、若干、議論があったところと記憶しております。例えば職務が非常に多忙で、なかなか出頭が難しいという専門家の方が問題となる場合にどうなのか、これは「証人の住所、年齢又は心身の状態その他の事情により、証人が受訴裁判所に出頭することが困難であると認める場合」に含まれるのか含まれないのかといったところが議論されていたかと思います。私自身は、理由は様々あり得るでしょうけれども、出頭が難しいというような事情がある場合に、しかし、その証人を尋問するということが是非必要だと考えられれば、ある程度、柔軟にウェブ会議による尋問を考えるということはあってもよいのではないか、住所、年齢、心身の状態といった事情のみに厳格に限定することになると、証人尋問を望まない側の当事者にむやみに拒否権を与えるような形になって、適当でない場面もあるように考えますので、ある程度、柔軟に解してもよいという考えを持っているところですが、この辺りも、後ほど他の皆さんからも伺ってみたいと考えているところです。

◆要件の解釈に関する方向性、裁判官の心証形成との関係、証拠制限契約構成の可能性等

日下部　私は個人的には今回の法改正を非常に歓迎しておりまして、その下でウェブ会議の方法による証人尋問が広く行われるようになるという方向で実務が変化していくことを期待しています。それゆえに、先ほど垣内さんが言われました 204 条 1 号で言う「証人が受訴裁判所に出頭することが困難であると認める場合」の解釈についても、広く認めるという方向性が望ましいのではないかと考えております。例えば多忙な医師の方というケースであったとしても、受訴裁判所に出頭することが困難であると解釈して、その上で裁判所が相当性判断を別途すればよいのではないかという考えです。

ただ、他方、当事者に異議がない場合に関して、当事者がウェブ会議の方法によるという合意をすれば、裁判所による相当性判断なく、ウェブ会議の方法によって証人尋問をしなければならないとまで考えますと、それは当事者が民事訴訟において何らかの処分をすることができる範ちゅうをかなり超えているものであって、条文の文言にも反することもありますし、にわかにそうだとは思い難いなと感じました。

316

なお、先ほど申しましたとおり、私はこのウェブ会議の方法による証人尋問が広く行われるようになるという変化に期待をしているところではありますけれども、同時に、実際にはそのようにならないのではないかと危惧もしています。すなわち、法制的にはウェブ会議の方法による証人尋問を行うことができる場合を広くする手当てがなされたところですが、実務上は、裁判官が適切に心証を採るためには証人が裁判官の面前で証言することが望ましいという価値観が裁判官にも弁護士にも一般に浸透しているのではないかと思います。また、不当な第三者の影響を排除するといった観点からも、裁判所で証言してもらうことが望ましいという判断も大いにあり得るところかと思います。そうしますと、証人に多少の負担となったとしても受訴裁判所の法廷に出頭させようとすることが通常となってしまい、実務的な変化はもしかすると余り生じないのではないかという危惧です。

　私としましては、そうした実務の見直しがされて、ウェブ会議の方法による証人尋問が珍しいものではなくなれば、例えばですけれども、事案全体から見れば限定的な関わりしかない証人についても、書面尋問や陳述書のみによらずに、ごく短時間でも口頭による尋問をすることで、反対尋問権の行使を実際に認めた上で事実認定をするということも容易になるのではないかと思っています。旧来の慣行に余りこだわらずに、それを脱却して、積極的にウェブ会議の方法を利用して証人尋問を充実させようという前向きな姿勢が、裁判官のみならず弁護士にも広く求められるのではないかというように感じている次第です。

脇村　この民事訴訟法の改正法案についての第208回通常国会での審議におきましては、ウェブ会議の方法による証人尋問等についても様々な議論がされております。そこでは心証形成が実際の法廷でされる場合、すなわち法廷で対面して行われる場合と現在の技術の下でのウェブ会議の方法とでは、異なる場合もあるのではないか、そういったことを前提に裁判所においても相当性判断を適正にすべきではないかといったことが議論されておりました。もちろん適切にこれを使えるケースについてウェブ会議の方法による証人尋問をされるということはあるべきことであると思われますが、一方で全ての尋問がウェブ会議でやれるかということについては、法制審の議論においても、そこまでの御意見はなかったと思いますし、反対尋問をするためにはどうしても現場でしない

XⅢ　証人尋問等

といけないケースもあるとの御意見があったものと承知をしています。

　先ほど言いましたとおり、国会でそういった議論がありましたので、国会における法務委員会における附帯決議においては、ウェブ会議の方法による証人尋問等については、心証形成が法廷で対面して行われるものとは異なる場合もあることを踏まえ、裁判所における相当性の判断が適切に行われるよう法制度の趣旨について周知することとされています。

　立案担当者としましては、少なくとも法制審における議論を適切に紹介するとともに、使われるべきケースについてはウェブ会議を使っていただきたい一方で、必要があるケースについては法廷における対面尋問が今後も活用されていく必要があるといったことを、改正法を周知する際には発信するように努めていきたいというように考えているところです。

日下部　国会での審議の状況は非常に参考になると思いました。心証形成に対する影響に関しては、私は裁判官ではありませんので、自分の経験で物事を言えるものではないのですけれども、仲裁人として裁判官に類似する業務を行ったことはありまして、その際に実際にウェブ会議の方法による証人尋問を判断者として行ったことはあります。そのときにどう感じたのかということを御紹介しますと、ある意味では法廷での対面尋問よりも、ウェブ会議の方法による尋問のほうが心証を採りやすい面があるのではないかというように思いました。その理由は、証人の様子、例えば顔やそれに付随する部分の挙動が法廷よりもはるかによく見えるからということにあります。実際の仲裁での経験で申し上げますと、非常に大きなディスプレーの画面に証人の肩より上程度の画像が大写しにされておりまして、代理人から質問を受けた際の証人の表情の細かい変化も通常の法廷では見ることができないほどに非常に細かく見ることができたというところがかなり大きいものでした。もちろん、体全体の動きや、手のひらがどのように動いているのかといった、画面からは見えない部分もあるのですけれども、実際のところは、話をしているときの表情の影響が非常に大きく、それをとてもよく、ビビッドに見ることができるというのは大きな価値であったのではないかと思うところです。御参考としてということになりますけれども、補足させていただきました。

橋爪　余り付け加えることはないのですけれど、私個人もビデオリンクシステムでテレビ会議を使って証人尋問をしたときに、意外と証人の様子を把握でき

318

るものだなという印象を持ったことはあります。ただ、現在、証人を裁判所に出頭させてビデオリンクシステムで行うのとは違って、証人が自らの所在場所にいながら、そこからウェブ会議で尋問を行うということになると、随分、事情は違ってくるのかなという気もいたします。先ほど垣内さんのおっしゃった、当事者に異議がない場合にはウェブ会議での証人尋問をすべきなのかという点につきましては、裁判官自身としてリアルに証人の供述態度や動静等を確認したいという場合もあるでしょうし、あとは少しレベルの違う話として、証人の所在場所の適切さ、公開の法廷でその場所が映るということであっても、証人のプライバシー等の関係で適切な環境にあると言えるのかとか、良好な通信環境にあることが担保できているかなどの問題もあろうかと思いますので、そういったこともいろいろ考えなければいけないのかなという気がいたしました。

　改正法の施行後にどういった事案でウェブ会議を用いた証人尋問を実施するのが相当かというのは実際にやってみないと分からない部分もあるような気はしているのですが、いずれにしても、個々の事案や証人の属性等に応じて適切に判断していく必要があると考えています。

杉山　実際にウェブ会議がどれほど広がっていくのかという点についてですが、確かに今の状況ですと通信環境が悪い場合とか、証人の所在場所が適切でない場合とか、あと、第三者の関与の可能性がある場合などでは、裁判所への実際の出頭を求める必要性があるのではないかといった指摘もあるところですが、例えば中立的な鑑定証人のような場合には法廷に来ないと絶対に信頼性のある証言が取れないかというとそうとも限られないと思いますので、証人の属性とか証言事項とか、そのようなものを考慮しながら柔軟にウェブ会議を活用していくのがよいのではと思います。

　また、ウェブ会議を前提とした尋問方法とか心証の採り方と言いますか、そういうものについてもだんだん実務で共通の理解ができていくのではと思います。

　あと垣内さんがおっしゃっていた証拠制限契約の問題についても、理解ができる一方で、基本的には証拠制限契約が有効なのは、証拠方法の選択と提出について当事者に処分権があるからであると理解されていたと思いますが、尋問をウェブでするか対面でするかといった点について当事者には選択権がそもそ

XIII　証人尋問等

もないので、契約で縛ることができないのではないかと思います。ドイツの議論をもう少し勉強してみたいと思いますが。

垣内　日下部さん、橋爪さんからお話のあった仲裁での御経験やビデオリンクでの尋問の御経験は大変興味深いものでした。先述した菅原郁夫先生の御研究などもありますけれども、どのような尋問が真実発見にとって有効なのかということについては、本来であれば客観的な形で知見を蓄積して明らかにしていくことができるとよく、今後、例えばそういった大写しの画面で表情がよく見えるということがどれだけ心証形成を改善、向上させるのかといったことについても、可能であれば実証的な研究がされるとよいだろうと思います。ただ、何分、実際の事件においてどういう判断が本当に正しかったのかということを経験的に検証するということがなかなか難しいですし、実験的な環境でいろいろ試みるということはあるのだと思うのですけれども、なかなか隔靴掻痒というところもあるのかなと思います。いずれにしても、そこは今後の研究の進展に期待したいと思っているところです。

　それから先ほど私のほうで問題提起させていただきました証拠制限契約としてどうかという点については、結論として否定的な御意見を複数頂いたかと思います。私も、先ほど申しましたように、なかなか難しいのかなと思っています。理論的には、直前の杉山さんの御発言にもありましたけれども、尋問の方法、証人尋問をウェブでするか対面でするかについて当事者の処分が認められる事項なのかどうかという問題ということになるかと思います。証拠については基本的には弁論主義が妥当するということを考えますと、その延長線上で当事者の処分を認める、特に日本法ですとドイツ法などとは違いまして、戦後、尋問そのものも当事者が主導して行うという法制を採ったということとの関係では、当事者の処分を重視していくという考え方も分かるところもあります。ただ、1つには、これは先ほど橋爪さんから証人の所在場所でのプライバシーの問題などへの御言及もありましたけれども、どのような状況で証言をするかということについて証人の利益を考慮すべき場面も考えられ、これについては当事者の意向を当然に優先すべきことにはならないだろうということがあるかと思います。

　もっとも、それだけであれば、例えば証人も同意していれば拘束力があるのか、あるいは当事者尋問の場合には尋問を受ける当事者も合意しているからそ

れでいいのかといった疑問が生じ得ます。この点に関しては、これは杉山さんの御発言の趣旨に含まれていたかと思いますけれども、ある証拠を提出するかどうかについては弁論主義が妥当すると解されてきたかと思いますが、その証拠の取調べの手続をどうするかというのは手続進行の問題であるというように、従来考えられてきたかと思いますので、それは裁判所の責任の下で合理的な訴訟指揮に委ねられるという職権進行主義の考え方が妥当する場面ということなのかなと思います。そのように考えますと、結論としては皆さんのおっしゃるとおりだろうと私も感じたところです。

笠井 今の当事者の合意の拘束力に関しては皆さまおっしゃったとおりで、証人の利益も考えた上での裁判所の訴訟指揮権に委ねられるべき問題であると考えられます。そこには裁判所の心証の採り方も関係してくるということで、現行法がそうなったように、裁判所が最後は判断をすべきことだということで一致しているかと思います。今、垣内さんから少しだけ出たのですけれども、証人尋問と当事者本人尋問とを特に分けて議論する必要はないということでよろしいでしょうか。証人尋問の規定が準用されている当事者本人尋問についても、特段、分ける必要はないということでよろしいですね。

2　簡易裁判所での特則

笠井 証人尋問の続きのような話になりますので、ここで、簡易裁判所での特則として、民事訴訟法277条の2の規定が加えられたことを取り上げておきたいと思います。また、簡易裁判所での訴訟手続に関しては、例えば音声のみの電話会議での口頭弁論期日へのみなし出頭を可能とすることができるかといった特則のように、検討されたけれども改正に至らなかった事項もあります。まず、脇村さんから法制審の部会での審議の状況や、改正の内容・趣旨等について御説明をお願いいたします。

◆法制審部会での議論の概要・改正法の内容

脇村 法制審の部会では簡易裁判所についてウェブ会議、ITの活用等に関しても特則を設けるべきではないかという議論がされておりました。簡易裁判所は簡易迅速に事件を処理するということから、改正前でも各種特則が設けられておりましたこともあり、簡易裁判所に特化して何かそういった特則を設けな

321

XIII 証人尋問等

いかということを取り上げたものでございまして、中間試案では本文では具体的な提案はなかったのですけれども、そういったことを検討することについて取り上げたところです。中間試案後の検討においては大きく2つの点が取り上げられました。

1つは先ほどお話がありましたとおり、一般的な口頭弁論につきましては、ウェブ会議の活用は認める方向で議論されていましたが、他方で、電話会議による関与は認めないということを前提に議論していたところ、簡易裁判所についてはその迅速性を実現する観点から音声による当事者の関与を認めてもよいのではないか、そういった御意見があったところでございます。法制審におきましては積極的な御意見も司法書士の方などから頂いたところでございますが、一方でそういった公開法廷で行うものについて音声だけでいいのかといった御意見など、あるいは実際、どこまでそれが活用されるのかといった御意見もあったことなどから、最終的には改正するものとしては取り上げられなかったということでございます。

もう1つは先ほどから出ている証人尋問に関して、ウェブ会議を活用して法廷に所在しない証人を尋問することを一定程度認めたところなのですけれども、その要件を少し緩和しないかといったことが議論されました。最終的には改正前の民事訴訟法においても簡易裁判所においては書面による尋問、尋問等に関する書面の提出が幅広く認められており、相当と認めるときにできるようになっている（278条）ことから、書面によってできるケースについても、それについて映像等を使った尋問ができるようにするべきではないかということで、「相当と認めるとき」という要件にし、その要件を緩和するという提案が採用されました。簡易裁判所の特則については他にも様々な議論がありましたけれども、最終的な項目としては最後に言いました尋問に関する要件の緩和が残ったと理解しています。

日下部 今、脇村さんから2点、言及があったと思います。まず、1点目の証人尋問における要件設定に関してですけれども、中間試案の段階では具体的な案は示されておりませんでしたので、日弁連としての具体的な意見はありません。個人的には、法制審の部会で検討していた時点で、改正後の204条において当事者に異議がない場合にもウェブ会議の方法で証人を尋問することが可能となるという見込みであったことから、それを踏まえてもなお、簡易裁判所で

の特則として相当性判断だけでよいというほどに緩和することが必要となるのだろうかということに疑問を持っていた次第です。結果的には、既に存在している簡易裁判所での書面尋問の要件との均衡を図るという観点から、277条の2では278条と同じ要件が設定されたものと承知しております。その結論について今どうこうということではないのですけれども、現実的に新しい277条の2が固有の価値を発揮する場面が具体的にどの程度あるのだろうか、具体的には、当事者に異議があったとしても裁判所が相当と認めてウェブ会議の方法で証人尋問をするケースが簡易裁判所においてどの程度あるのかということには関心を持っています。

　次に、2点目の簡易裁判所における口頭弁論期日に音声のみでの関与、あるいは音声のみでのみなし出頭が認められるべきなのかどうかという問題点についてです。これについては脇村さんから御紹介がありましたとおり、反対する、あるいは疑義を示す意見としては、口頭弁論の公開原則との関係で憲法上の要請に応えているのかという点と、仮に憲法上の要請に応えているとしても、そのように認めることまでが必要かという点の両方が議論されたという記憶です。ただ、その中身をつまびらかに見ていきますと、前者の点、すなわち憲法上の疑義があるかどうかという点については、そのような疑義を理由として消極的な意見を述べる者は僅かで、多くの方の御意見は、音声のみでの関与でも口頭弁論の公開原則にもとるということはないけれども、それを許容する特則を認めるまでの立法事実はないというものであったように記憶しております。

◆今後の立法による電話会議による口頭弁論の可能性、口頭起訴の廃止の可能性

日下部　それを前提としますと、今後、将来においての話ですが、口頭弁論における当事者の関与の在り方として、簡易裁判所の特則に限らず、地方裁判所においても、音声のみでの関与も憲法上、許容されるという理解を前提として、それを認めるべきかどうかという点が議論されることになる可能性も、あるいはあるのかなと思ったところです。もっとも、今の技術の進展を前提としますと、音声のみでの関与を求めるという局面は余りなく、ウェブ会議の一層の利用拡大によって映像を伴うことが当然だというようになれば、音声のみでの関与の適否、是非が問われるということはないのかもしれません。ただ、も

323

XIII　証人尋問等

しもそのような議論が今後なされることがあるのだとすれば、憲法的な観点からの検討、審議がより深みを持ったものとしてなされることを個人的には期待しているところです。

垣内　今、直前に日下部さんから御発言のあった電話会議で口頭弁論をするということについては、私自身は、憲法の定める公開原則に抵触するかというと、音声だけであってもそこまでは言えないだろうと考えて、部会でもそういう考え方を採っておりました。

　ただ、ならば地方裁判所で電話会議での口頭弁論を導入することが問題ないのかということですけれども、もともと簡易裁判所についてこの提案がされた1つの背景としては、先ほども御紹介があったかもしれませんけれども、そもそも簡易裁判所における口頭主義がかなり後退をしていると申しますか、書面のみで提出しておけば陳述擬制が一般的な形で許容されているというようなところで（277条）、口頭性が後退しているということが背景にあったと考えております。地方裁判所に同じような条件、前提があるかというと、それはかなり異なっているということですので、だからといって地方裁判所で絶対に駄目だとまで言い切れるのかは分かりませんけれども、仮に地方裁判所でも電話会議での口頭弁論を導入するということになれば、それは相当、慎重な議論が必要だということは間違いがないだろうと考えております。

　それから別の点についても一言よろしいでしょうか。簡易裁判所についてはそういうことで、基本的にはウェブ会議による尋問の要件の緩和というところが主要な改正点ということになったかと思いますけれども、1つ、これも部会で若干、議論はされたかと思いますけれども、訴え提起の方式に関しては、簡易裁判所では従来、口頭での訴え提起ができるということになっていて（271条）、これについては維持されたということになったかと思います。確かに国民一般に身近な裁判所として簡易な手続でという象徴的な規定としての意義というのは理解できる部分もあるのですけれども、他方で、近年、非訟事件であるとか、あるいはその流れで民事調停のような非常に利用者にフレンドリーであるという性格の強い手続でも書面での申立てということになっている（非訟43条、民調4条の2）といったことを考えますと、簡易裁判所で、しかも訴訟の提起について、口頭でよいという規律を今後もそのまま維持し続けるのかどうかという点については、なお議論の余地があるようにも感じるところです。

笠井 今の点も含めて簡易裁判所に関していかがでしょうか。

杉山 電話会議と公開原則の関係で、刑事事件ですが、ビデオリンクの方式で証人と傍聴人の間に遮蔽措置が採られた場合について、最高裁平成17年4月14日判決（刑集59巻3号259頁）では音声だけでも審理の状態が分かるため公開原則に反しないとしています。したがって、映像がなくても音声だけでも公開原則には反することにはならないと思うのですが、他方でそれが、遮蔽措置が採られるような極限的な事例以外でも言えるのか、つまり相当性の判断だけで映像を排除できる場合にまで一般化できるのかというと、そこはなお検討の余地があり、仮に違反しないとしても、推奨すべきものではないのかもしれません。

あと、電話会議を強く主張された司法書士会の方が挙げておられた、簡易裁判所では消費者が欠席のまま敗訴する事例が多いといった問題については、電話会議を導入することで解消できるかというと必ずしもそうではないと思いますが、別の形での対応を検討する必要があるのではないかと思います。

3 通訳人

笠井 通訳人については、民事訴訟法154条2項が加えられまして、ウェブ会議の方法による通訳、また、それが困難な場合には電話会議の方法による通訳も可能となります。これに関しまして、まず、脇村さんから法制審部会での審議の状況、改正の内容・趣旨等について御説明をお願いいたします。

脇村 法制審の部会では裁判所に所在していない通訳人の活用について様々な議論がされました。大きなところでは今御紹介がありましたとおり、要件の緩和と電話会議の活用の可否でございました。中間試案におきましては要件の緩和については遠隔地要件を削除するといったことが提案されておりましたが、電話会議の可否については両論が併記されたということになったところです。電話会議の議論がされた背景は様々あると思うのですけれども、1つには通訳人と言ってもひとくくりになかなかできない問題があり、例えば英語ですとか、比較的多くの方が通訳をできる言語を利用すべきケースもあれば、少数言語と言いますか、通訳人の確保が難しい案件もあり、そういった通訳人の確保が難しいケースであれば、できるだけ選択肢を増やすべきであるといった問題

意識があったものと認識しております。最終的な改正要綱におきましては基本的にウェブ会議が望ましいということ自体はそのとおりということでございまして、原則はウェブ会議を使っての参加を通訳人に認めるということになりましたが、一方で、先ほど言った問題意識を踏まえ、ウェブ会議を使うことに困難な事情があるといったケースについては音声だけ、すなわち電話会議システムを使っての通訳人の通訳を認めることになったところでございます。また、要件の緩和についても遠隔地要件については削除ということになっております。法改正に至る内容としては以上ということかと思います。

笠井　それでは、他の皆さまから通訳人によるオンラインでの通訳について御意見を伺えればと思いますけれども、どなたかいかがでしょうか。

杉山　この点については、商事法務研究会のIT化研究会の段階から特に少数言語の通訳人による通訳を受ける権利を保障するためにこのような形で改正するのが望ましいという意見があったところで、改正には賛成です。ただ、実際、通訳は話し手の口元を見ながらと言いますか、表情を見ながらのほうがしやすいと思いますので、電話会議が適当な場合もあるかと思いますが、通訳人が話者の映像をきちんと見ながら通訳ができる環境をできる限り整えていき、電話会議の利用は例外的なものとするのが望ましいと思います。

　また、少数言語に限らず、英語のように通訳人が見つかりやすい言語の場合でも、法廷に赴いて通訳をしなければならないかというと、通訳の場合、話し手の顔の様子と声さえ取れればうまく通訳できると思います。もしかしたら証人尋問などの場合と異なり、相当性の判断というものはかなり緩やかに解されて、ウェブ会議のほうがより適切に通訳ができると考えられる場合にはウェブを用いることも許されるのではと思います。この点は実務の運用も見ていきたいと思います。

日下部　改正法の内容そのものについては日弁連の意見と全く同じというわけではないのですけれども、でき上がった内容は少数言語の場合の実務的なニーズにも応えるものになっておりますので、強く異を唱えるということではなく、個人的にも裁判所による適切な運用がされるであろうと考えているところです。

　若干、コメントさせていただきたいと思ったのは、将来に関してのことなのですけれども、通訳人に関して、耳が聞こえない、又は口がきけない者のため

ということではなくて、言語の種別が違う、その違いの垣根を越えるための通訳人に関しては、そもそも人が通訳をすることが今後、必要なことなのだろうかという問題意識を持っています。実際のところ、話し言葉をその言語でそのままディクテーションすることは機械的にも極めて正確にできるようになっていますし、翻訳も話者の話すスピードにほぼ追従する形でできるようにもなっていると聞きますので、少数言語の場合においても、そうではなくとも、人間以外の機械に頼った通訳でも十二分に役割を果たすという時期はすぐ目の前に来ているのではないかと思っています。裁判所においてそのような機械による通訳を民事訴訟法の手続において導入することが運用でできるかというとそういうことではないのだろうと思っておりますので、将来の立法課題ということになるのかもしれませんが、そうした技術の進展についても今後の課題として取り入れるべきものは取り入れていかないといけないのではないかと考えた次第です。

笠井 そうなってくると、いろいろと考えなければいけない、信頼性をどう確保するかといった問題も出てこようかと思います。かなり大きな問題かと思います。

4 参考人等の審尋

笠井 決定手続での当事者の審尋の期日における民事訴訟法87条の2第2項による手続についてはX1で話題になりましたけれども、ここでは、187条の証拠調べの性質を持つ参考人等の審尋に関する改正を取り上げたいと思います。まず、これにつきまして、脇村さんから法制審の部会での審議の状況や、改正の内容・趣旨等について御説明をお願いいたします。

脇村 証拠調べとしての参考人、当事者の審尋につきましても早い段階からウェブ会議、あるいは電話会議を活用して、裁判所にいない人を審尋できるということについて議論がされていました。中間試案におきましても裁判所が相当と認めるときにはウェブ会議、あるいは電話会議、いずれを使っても審尋できるといったことが提案されておりました。その後、法制審の部会におきましてはパブリックコメント等の意見を踏まえながら更に検討したのですけれども、証拠調べとしての審尋につきまして、ウェブ会議と電話会議については同列に

327

XIII　証人尋問等

扱うのは難しいのではないかといった御意見が出されたところでございます。例えば、民事訴訟ではないですけれども、民訴法を準用している労働審判のケースなどを念頭に置きながら電話会議を認めるべきではないとの意見もありました。最終的には、法制審においては証拠調べとしての特質を踏まえると、基本的には心証形成においてはウェブ会議が原則であるべきではないかといったことから、ウェブ会議を使っての審尋を認めつつ、電話会議の利用については、当事者に異議がないケースといった要件を付けることになったというところでございます。内容的には参考人と当事者審尋、いずれについても同じ内容になっていると理解しております。

笠井　それでは、この参考人等の審尋につきまして皆さまから御自由に御発言をお願いできればと思いますけれども、いかがでしょうか。

日下部　これも日弁連の意見の御紹介から始めたいと思うのですけれども、証拠調べの性質を持つ参考人等の審尋については、中間試案で示されていた音声の送受信による方法で行えるとする考え方に賛成しながら、相手方のある事件では映像と音声の送受信による方法によるべきという意見を述べていたところです。改正後の 187 条では、原則として映像と音声の送受信による方法としつつ、当事者双方に異議がないときは音声の送受信による方法で審尋をすることができるとされており、その点では音声の送受信による方法で審尋をすることができる場合が日弁連の意見よりも限定的なように見受けられまして、厳格にすぎないかなという気もいたします。

　その関係で、1 点、疑問を持っていることがあります。それは、相手方のない事件においては「当事者双方に異議がないとき」は文字どおりの意味では観念できないわけですが、そのために音声の送受信による方法は採り得ないということになるのか、あるいはそのような事件では「当事者双方に」という部分を「当事者に」という意味と解釈して、当事者に異議がなければ音声の送受信による方法を採ることができるということになるのかという問題です。御意見を頂ければと思います。

笠井　今の 187 条 3 項の解釈についてのお話なのですけれども、これはどなたかいかがでしょうか。

脇村　結論的には当事者が 1 人しかいないケースについては当然、その人に異議がなければ使えるということを前提に書かせていただいております。趣旨と

しては正に当事者に異議がなければいいですよということに尽きておりますので、その趣旨についてはここもきちんと周知していきたいと思います。

笠井　要するに全当事者という意味ですね。日下部さん、それでよろしいですか。

日下部　そのように解釈されることが常識的でもあると思いますので、特に異存はありません。

XIV その他の証拠調べ手続

1 鑑定

笠井　その他の証拠調べ手続のうち、まず、鑑定について、民事訴訟法215条と215条の3が改正されて、IT化が進められることになります。まず、脇村さんから法制審の部会での審議の状況、改正の内容・趣旨等について御説明いただきます。

脇村　法制審の部会におきましては鑑定に関しても記録の電子化、あるいはウェブ会議の活用等を念頭に置いた議論がされたところでございます。基本的に積極的に活用することに大きな異論はなく、最終的な改正要綱におきましては、まず、鑑定人の陳述の方式につきまして、現在、書面で行っているケースについて書面に記載すべき事項を最高裁判所規則の定める方法を使って、サーバーにアクセスして記録をしたり、記録媒体にて提出したりするなど電磁的な方法によっても提出できるといったことを明記することにしております。

　また、これまでの鑑定につきましては裁判所に所在していない人に意見を述べさせる場合に、映像と音声を使った方法も認められていたのですが、その要件につきまして、「遠隔の地に居住しているときその他相当と認めるとき」（改正前215条の3）と遠隔地要件が例示として上がっていたところにつきまして、他の手続と同様にこの遠隔地要件を外しまして、単に「相当と認めるとき」ということにしております。

笠井　それでは、鑑定に関するIT化について他の皆さまから御自由に御発言いただければと思いますけれども、いかがでしょうか。

杉山　この点も鑑定人の協力を得やすい形での改正であり、賛成するところです。鑑定人が、鑑定書を書面だけでなく電磁的記録の形で提出できるようになることも重要ですが、今でも東京地方裁判所の医療集中部などでは、カンファ

レンス鑑定を行う、つまり複数の鑑定人が口頭で鑑定意見を簡潔に説明し、意見交換する形で鑑定を実施する例があるようで、このような形での鑑定も、鑑定人がウェブで参加することができれば、より実施しやすくなると思います。遠隔地にいなくても多忙な鑑定人が裁判所に出頭する必要はなくなりますし、ウェブ会議でも複数の専門家の方が参加して互いに質問などすることも問題なくできるはずですので、口頭の鑑定もより実施しやすくなると思われるからです。

日下部 私がコメントするのも筋が違うのかなとは思っているのですけれども、鑑定関係ですと、規則事項についても改正がされることが期待されている状況だったかと思います。具体的には、民事訴訟規則133条が定めている鑑定人の発問等について電話会議等によることができるようにするという考え方が支持されていたところかと思いますし、同じく民事訴訟規則131条2項が定める鑑定人の宣誓書の提出をインターネットを用いて行うことができるようにすることも支持されていたところかと思います。今後、民事訴訟規則が改正される際にはそうした内容になるものと承知しているところです。

橋爪 御指摘のとおりで、鑑定人の発問等について、専門委員の発問等（92条の3）と同じような規律とすることについては、確か中間試案にも提案が記載されていまして、この点についても、今後、最高裁判所規則の際に検討していく必要があると考えています。131条2項が定める宣誓書の提出に関しても、もともとの宣誓書をどうするかということも含めて問題となるところですが、宣誓書が残る局面でも、何らかの電子的な提出方法について検討をしていくことになるかと考えております。

笠井 先ほどの証人尋問のときも、訴訟記録が電子化された場合に宣誓書の在り方をどうするかというお話がありました。

2　検証

笠井 検証について、民事訴訟法232条の2が加えられることになります。これにつきまして、まず、脇村さんから法制審の部会での審議の状況、改正規定の内容・趣旨等について御説明をお願いいたします。

脇村 改正前は検証は正に裁判官が五官の作用で確認するといった性質もある

ⅩⅣ　その他の証拠調べ手続

こともあり、直接、裁判官が手元でいろいろ確認するということを前提とした理解がされていたところですが、法制審の部会では当初から、これについてウェブ会議、IT を使って何かできないかということが取り上げられておりました。先ほど五官と言いましたけれども、五官の中にも例えば目で見る、あるいは耳で聞くといったことであれば、正にウェブ会議を活用できるといったこともあり、法制審の部会の中ではそういったことができるものについては、裁判官が裁判所にいながら検証物は裁判所の外であるものについて、ウェブ会議を活用して、見たり、聞いたりするようにするということについて賛成する意見があり、中間試案でもその方向で取りまとめがなされ、最終的な改正要綱についてもその方向での取りまとめがなされたと理解しております。

笠井　それでは、検証の IT 化に関しまして、どなたからでも御自由に御発言お願いできればと思います。

日下部　改正法の内容そのものについてというよりは、今後の実務がどのようになるのかということについて思うところをお話しさせていただければと思っています。特に気に掛けておりますのは、今後、検証調書の在り方がどのようになるのかというものです。実務上は、証拠方法が裁判所外に所在している場合に、検証の手続を取らず、その所在場所で進行協議期日を行い、そこで事実上、検証に近い処理をすることがあると聞きますけれども、これは正式に検証の手続を取ることによる煩雑さ、特に検証調書の作成の負担を回避するという意味合いもあってされることがあるというようにも聞いております。これは、より具体的には、調書の実質的記載事項である検証の結果、すなわち裁判所が検証の目的物に接して得た事実判断の記載が負担として大きいためではないかと理解しています。民事訴訟規則 69 条では、「口頭弁論の調書には、書面、写真、録音テープ、ビデオテープその他裁判所において適当と認めるものを引用し、訴訟記録に添付して調書の一部とすることができる」とされておりますので、ウェブ会議の方法で検証が行われた場合には、その録画データを電子調書において引用する方法で検証の結果の記載をおおむね賄うという扱いも考えられるように思いました。

　また、そのような方法を用いることで検証の結果の記載に代えることもできるといった規律を設けることも、これは規則レベルでの立法論ですけれども、考えられるのではないかとも思った次第です。そのようにすることで進行協議

期日を検証の代替のように利用するという処理も不要になるのではないかと思いました。

　なお、このようなウェブ会議の録画データの調書における引用に関しては、検証が行われた期日の調書に限らず、他の期日の調書においても考えられ得るところかと思っています。以前に確かスペインだったと思うのですけれども、その国では期日の録画が広く裁判記録とされていると聞いたことがありますが、ウェブ会議の方法が用いられたかどうかによらず、期日の調書における録画の活用というのは今後の実務的な課題にもなり得るのではないかと思いました。

笠井　今の点は証人尋問なども全部含めた問題に関わってこようかと思いますけれども、何か他の方から今の日下部さんの問題提起についてコメント等おありでしょうか。問題意識としては十分あり得るという話ですね。簡易裁判所だと民事訴訟規則170条で証人等の尋問の調書記載の省略とかそういう規定が今でもありますけれども、手続の記録の簡略化です。垣内さん、お願いします。

垣内　今後、そういった動画等の記録を活用していく方向は十分あり得ると思っております。その関係で、従来課題と感じられてきた点として、動画ですと、いちいちそれを見直すのに時間が掛かるという面があり、大変煩雑で負担が大きいというような問題もあったのかなと思うのですけれども、これは先ほど通訳のところでも出てきた話にも関係しますが、文字起こし等の機能というものもどんどん発達しており、そういった新しい技術も活用していくことによって、簡単に書面化したり、あるいは要約的なものを作ったりすることも可能になるとすれば、いろいろと今後、更に工夫の余地はあるのかなと思っております。

笠井　基本的には技術の発達を見ながらの対応かという感じもします。

杉山　同じような内容になりますが、実務上は検証を余り使わないと聞いておりまして、その理由の1つは当事者が証拠として動画や映像を出すためであるとのことです。もちろん、当事者が提出した証拠に信ぴょう性がないようなときには検証する必要性はあるけれども、調書の作成の負担と、あとは書記官を現場に連れていかなければならないため、時間的な制約があったり負担が大きかったりするといった理由で、正式の検証をすることは難しく、進行協議期日

XIV　その他の証拠調べ手続

を使って検証を行ったり、あるいは裁判官自身が手続外で現場を見に行ったり、グーグルマップを使って調べたりするといった話を聞くこともあります。そのため調書作成の負担を減らしつつ、心証を形成するためにはウェブの形であっても正式の検証をしやすくしていくことが望ましいと思います。

　それとの関係で、部会の議論を見ていてよく分からなかったのが、検証の補助者の問題で、現場には裁判所書記官が行かないとして、例えば現場でドローンを使う場合にその作業を補助する人や、撮影を補助する人などをどうやって確保するかです。書記官など裁判所側の方だと、検証の負担を減らすという本来の趣旨からは外れるので、その辺りは少し気になりました。

笠井　今の検証の補助者に関しては、もちろんドローンは操縦する人がいないといけないとは思うのですけれども。

垣内　映像と音声の送受信というのは基本的にウェブ会議を想定していると思いますので、少なくとも誰かがそこでウェブ会議に入っていないとどうしようもないということで、ドローンの操縦等が問題となる場面に限らず、必ず誰かは現場にいるということが想定されているのかなと理解しております。先ほど杉山さんからも御発言がありましたけれども、部会の議論でも、それでは裁判所の職員が行くのかと言えば必ずしもそうではないといったお話が出ていたかと思います。そうするとどうなるのかということですが、基本的には当事者が現場にいるというのが一番考えやすいパターンで、そうなりますと、この検証を口頭弁論期日でやっているとすれば、当該当事者は、あるいは双方かもしれませんけれども、ウェブ会議で口頭弁論に出頭しているという形を同時に取ることになるというのが1つあり得る形態なのかなと私自身は理解しておりました。ただ、この条文だけを読んでもその辺りが必ずしもすぐには分からない部分でもあるかと思いますので、もし誤解しているところなどあれば御教示いただきたいと思いますし、周知等は少し工夫が必要なところかなという感じもいたします。

脇村　当事者が法廷におらず、裁判所外で立ち会ったケースにつき、口頭弁論に関与していたと言えるためには、口頭弁論におけるウェブ会議の規定を活用することになります。条文上は垣内さんがおっしゃったとおりです。また、実際に、裁判所外でどういったことをするのかは、特に条文の上では定めがないですが、裁判所と当事者との間で決めていただくことになると思います。検証

するということは通常、どちらかが申出をしているはずですので、何を見せたいのかというのは基本的にはその当事者のほうで把握をされているのだろうと思います。裁判所のほうでいきなり「あそこを見たい。これが見たい」と言うよりは、まずは申出をした人が「ここを見てください」と言い、それに対して相手方から「いや、そっちも見てくれ」といった話が出てくるのだとすると、基本的には当事者の方が誰か、当事者代理人か本人なのか事務の方なのか、いろいろあるかもしれませんけれども、指示をするのかなと思います。

橋爪 現在、調書の作成の負担等のために検証が行われることが少ないという御指摘については、正直、そういった面が全くないとは言えないかと思います。ただ、私個人の印象として、検証を実施するという場合には、そこに裁判所の職員や裁判官が実際に赴いた上で、例えば、長さの測定等を行うわけですが、そういった客観的な数値の計測等の作業が、本当に裁判所が自ら行わなければいけないことなのかというと、そういった作業は事前に当事者代理人の側で適切に実施していただき、その結果を写真とかデータなどの形で出していただくほうが効率的な場合も多いように思われます。ただ、それを見るだけでは実感として分からないこともあるということで、実際に裁判官が現場に足を運んで現場の雰囲気を体感するということですと、検証的な作業の結果というのは、別途訴訟資料として提出されているわけですので、あとは、現場での進行協議といった形で行えば足りるというように、結果として必ずしも検証を行うまでの必要性がないという場合も少なからずあるというのが私の率直な認識でもあります。いずれにしても、今回、ウェブ会議で検証を行うといったオプションも増えましたので、今後とも事案ごとに適切な方式で証拠調べの在り方を検討していきたいというふうに思っています。

笠井 検証についてもそういった運用がどのようになっていくかには注目していきたいと思います。

3 裁判所外での証拠調べ

笠井 裁判所外での証拠調べを定めた民事訴訟法185条について、3項が加えられ、IT化が進められることになります。また、裁判所外での証拠調べについては、合議体の一部の裁判官が現地で、他の裁判官が裁判所からそれぞれ映

XIV　その他の証拠調べ手続

像と音声の送受信による方法でといった具合に、合議体を構成する裁判官が場所としては分かれて証拠調べに関与するという方法も検討されましたが、これに関しましては成案を得るには至りませんでした。脇村さんから法制審の部会での審議の状況、改正規定の内容・趣旨等について御説明を頂ければと思います。

◆**法制審部会での議論の概要・改正法の内容**

脇村　裁判所外における証拠調べについては正に今、御紹介があったように、様々な議論がありました。論点としては2つございまして、成案が得られたほうをまず、お話しさせていただきますと、裁判所外における証拠調べ、例えば病院などにいる病気の方や、出頭できない方に直接、裁判官が出向いて証人尋問するケースなどが裁判所外における証拠調べであり、そういったものについて裁判官は当該裁判所外の場所に行くのですけれども、例えば当事者の一方、又は双方が現地に赴くことなく、事務所等からウェブ会議等を利用して関与するということが議論されました。これにつきましては最終的には口頭弁論における当事者の参加についてもウェブ会議が認められることもあり、そういった形での当事者の関与ということは認める方向で改正要綱も取りまとめられたというふうに承知をしており、それを前提に改正もされています。

　議論が集中しましたのは当事者がウェブ会議で参加することではなくて、正に裁判官の一部が現地に行かずに裁判所外における証拠調べに関与することの是非でございました。先ほどの例でいきますと、病院に合議体のうちの1人が行き、残り2人は例えば裁判所の中でウェブ会議を使って参加する、ハイブリッド型の証拠調べ、そういった議論がされました。中間試案におきましては法的な整理を抜きにしまして、そういった裁判官の一部が現地に赴き、その他の裁判官は裁判所からそういう関与をすることについて積極的な規律を設けることについての提案がされましたが、この提案に関しては様々な反対意見も強かったというところでございます。最終的な法制審の部会におきましては、正にこういったことを認めることの是非について賛否両論が出されたところであります。そういった議論状況であることから、最終的な取りまとめにおいてはこの論点は具体的な改正項目としては取り上げないというふうにされたところでございます。そういった議論の状況については皆さまから御意見を頂けると思いますので、私のほうからはこれぐらいにさせていただきたいと思います。

笠井　2点あるわけですけれども、成案を得られたほう、そして成案を得られなかったけれども議論があったほう、いずれについてもどなたからでもコメント、御意見等を頂ければと思います。

日下部　まず、成案が得られたほうに関しましては、中間試案の段階でも既に示されていたものでありまして、日弁連は賛成していたところです。

◆合議体を構成する各裁判官が裁判所内外に分かれるハイブリッド型の証拠調べ

日下部　問題はやはり成案を得られなかった、いわゆるハイブリッド型の証拠調べの提案に関してかと思います。日弁連の基本的なスタンスについては、そうしたハイブリッド型の証拠調べの有用性を認めて、これを法制的に可能とすることには賛成していたものですけれども、その場合の証拠調べを口頭弁論期日における証拠調べの1態様であると位置付けて、証拠方法の所在場所に所在しない裁判官は裁判所内の公開法廷に所在していることを必要とすべきとしておりました。これは、ハイブリッド型の証拠調べは合議体を構成する全裁判官が直接、証拠調べに携わる点で、受命裁判官や受託裁判官による証拠調べをも想定する裁判所外の証拠調べとは性質が異なっているという考えと、証拠調べは極力公開されるべきであるという考えに基づいていたものでした。その上で日弁連は、裁判所外における証拠調べの要件との均衡の観点も踏まえ、検証の場合には、改正後の232条の2における「当事者に異議がない」という要件をなくして、単に裁判所が相当と認めれば足りるとし、証人尋問の場合は、改正後の204条の要件を満たすことを前提に、ハイブリッド型で行うことについて別途相当性の要件を加えるという規律を提案していました。結果的には改正法はハイブリッド型の証拠調べを許容する規律を設けなかったので、それについては残念であると評価されているものと思います。

　法制化が実現しなかった理由としては、私の理解としては大きく2つに分かれるのかなと思っています。1つは、ハイブリッド型の証拠調べの位置付けについてです。日弁論の意見とは異なって、法制審の部会で議論をしていた際には、事務当局を含めて少なからぬ委員が、合議体の一部の裁判官が法廷にいない状態でも口頭弁論と扱ってよいのかという点を気にされていた記憶です。裏返してみれば、傍聴人が法廷で合議体を構成する裁判官全員を直接、観察できる状態でなければ公開原則を満たさないと評価すべきかという問題でもあるよ

うに思われまして、この問題を延長させていきますと、単独体の裁判官が法廷外から期日を主宰し、傍聴人は法廷でその裁判官のビデオ映像を観察しているという状況でも口頭弁論の公開原則を満たすのかという問題にも波及し得るのかなと思いました。その意味では、ハイブリッド型の証拠調べを口頭弁論期日での証拠調べと位置付けるかどうかは、大きな問題をはらんでいたように思います。

　私は、もともと個人的には口頭弁論期日と位置付けることは難しいという保守的な考えを持っておりまして、日弁連の正式な意見が出るまでは裁判所外の証拠調べと位置付けるべきという発言もしていたのですけれども、日弁連の意見が出てからは意見の言い方が変わってしまったということでありました。

　もう1つの理由は、要件をどう設定するのかという点についてです。日弁連の考える位置付けである口頭弁論期日における証拠調べの一種であると考えますと、204条とか232条の2といった口頭弁論期日に行われる証拠調べの要件の規律をベースにして、そこに手を加えるというアプローチをしやすかったと思うのですが、裁判所外の証拠調べであるという位置付けをすると、204条や232条の2という口頭弁論期日における証拠調べの要件に関わる規定に直接的に依拠する理由を見いだすことが難しくなって、そうすると頃合いのいい要件設定をする足掛かりを見つけにくいという問題もあったのではないかと、今となっては思うところです。

　大きな目で見ますと、ハイブリッド型の証拠調べは有用で、それを認めることがよいのだという考えは、関与していた人にほぼ共通していたのではないかと思うのですけれども、今、申し上げたような理由もあって、結果として法制的に採用できなかったことを残念に思っています。

　今後、民訴法の改正で再びこのハイブリッド型の証拠調べが議論される機会があるのかどうか、そこは分からないのですけれども、あるのだとすると、この位置付けをどうするのかという問題と、それに関わって要件設定をどうするのかという問題が再び出てくるのだろうと思います。位置付けがどうであったとしても、要件設定の難しさは改正後の民訴法をベースにしても残ってしまっているように思われまして、それは私の見方からしますと、根本的には裁判所外の証拠調べの要件を定めている185条1項がかなり緩やかになっているというところに1つ問題があるのかなと思っているところです。法制審の部会の際

には185条1項をもう少しきめ細やかな規定にするなどして、バランスの取れた規律を設けやすい環境をつくったほうがいいのではないかという趣旨の意見も申し上げたことがあったのですけれども、なかなかそのようにすることも難しい話だったのかと今は思っています。

笠井 日下部さんにかなり整理していただいた感じがいたしますが、他の方、いかがでしょうか。

橋爪 裁判所の考えとしても、検証や証人尋問について、裁判官の一部は現地に行くけれども、他の裁判官はウェブ会議で参加するといったハイブリッド型で行うニーズは実務上、一定程度あるのではないかと考えておりました。受命裁判官による裁判所外での証拠調べは、もちろん現行法でも可能なわけですが、ハイブリッド型の証人尋問ができるようになれば、それにプラスオンする形で、裁判所にいる裁判官も尋問内容を聞いたり、場合によっては補充尋問をしたりすることも可能となるなど、より直接主義にかなうのではないかと考えていたところでして、先ほどの日下部さんの表現を使えば保守的な考え方の整理の下、そういうことができればいいのではないかと思っていたところです。今回の改正法では、規定を設けることは見送られたわけですが、その辺りは、改正法施行後のウェブ会議を用いた尋問や検証の在り方も踏まえて、また、引き続き検討される問題なのだろうと考えております。

脇村 お二人の話とほぼかぶっているかもしれませんが、理屈抜きにすれば、何らかの形でそういった一部の人が現地に行かずに関与するということを認めるニーズはあったのかなと思っています。もっとも、一方で、法律構成については難しいところがあったのかなと思います。

また、口頭弁論として構成するアプローチについては、今回の改正では、先ほど日下部さんがおっしゃったとおり、ウェブ会議による口頭弁論への参加を認めるとしても、口頭弁論につき裁判官が所在して法廷を開くとの考え方は基本的に現状を維持する、そこは変えないということが、早い段階から方針として示されていましたので、一部の裁判官が裁判所に、一部の裁判官が外にいるという仕組みを口頭弁論として作るということは、今回の改正の方向性とずれてくることもあり、その方向での議論は難しかったのかなと思います。もしそのアプローチで議論するのであれば、口頭弁論につき、そもそも本当に法廷に裁判官がいることが必要であるかということを議論した上で、その派生として

339

XIV　その他の証拠調べ手続

一部の裁判官は外にいることを認めますといった議論をすることが必要になるのだろうと思いますので、そこまでになってくると大分大きな話なのだろうなというふうに理解をしています。そういった意味では、日弁連が提案された話についてはもう少し幅広い点から議論をする必要があり、証人尋問のハイブリッドの問題としてのみ議論するのはふさわしくないのではないかなと個人的には思っているところです。

　一方で裁判所外の証拠調べのアプローチについては、先ほど橋爪さんがおっしゃっていたとおり、もともとのイメージとしては受命裁判官が1人で行って、そこに後でビデオを見るぐらいだったら同時に見たほうがいいのではないかという発想だったと思います。ただ、中間試案では、受命裁判官が指名されていないケースを念頭にハイブリッドを作ろうとしていたこともあるので、やはり少し難しい面があったのかなと思います。受命裁判官を選んでいるケースに別途関与するというアプローチもあったのかなと後になってみると私は少し思いました。また、そもそも、裁判所外の証拠調べは後で口頭弁論で上程するというのが当然の前提になっていることもあり、若干、要件が緩やかというか、少なくとも文言上は緩やかな要件になっているのですが、そうすると、ハイブリッド的なものを認めると、広くこういったことが認められるおそれがあるといったことも考えられたということもあったのかもしれません。

垣内　私自身は、このハイブリッド型の証拠調べはニーズもあると思われますし、裁判体の一部の裁判官のみが現地に行って証拠調べをする場合と比べると、直接主義等の観点からもベターなやり方ではないかというところから、規律が設けられることが望ましいと思っていました。

　課題となった点はこれまで御発言のあったとおりで、問題状況が証人尋問、ないし当事者尋問の場合と、それからその他の、特に検証等の場合とで若干、異なっているというところで、全体について、口頭弁論として考えるのか、それとも裁判所外の証拠調べとして考えるのかということもあったのですけれども、特に証人尋問等の場合については、先ほど日下部さんから御発言があった要件設定がなかなか難しいというところがネックになったのかなと思っております。逆に申しますと、検証等の場合については、確かに口頭弁論として構成するということになりますと、一部の裁判官が法廷に所在しない形での口頭弁論を認めるという形なので、そこは理論的にはかなり大きい話になってくると

340

いうことがあったかと思いますが、裁判所外の証拠調べとして構成するという考え方からすると、理論的には十分、可能性はあったのではないかとも思っておりました。今後、証人尋問の場合については、なお要件設定等難しいところは残っているかと思うのですが、それ以外の場合については、どこまでニーズ等があるかについてはまた別途考える必要があるかもしれませんが、何らかの形で認める可能性は残っているのかなと個人的には考えております。

笠井 私も今、お話があった多くの方と同じように、185条に上乗せする形で他の裁判官が裁判所から見ていてもいいのではないか、しかも、それは法廷でなくて、裁判官室でもいいのではないかという方向で割と軽く考えていたところがあったのですが、途中から、これは口頭弁論ではないのかという話になって、あれ、これはえらいことになってきたぞという感じになったのをよく覚えています。私自身は弁論準備手続だと裁判官が裁判所の庁舎にいなくてもいいのではないかという話さえしていたのですけれども、口頭弁論まで裁判官が法廷にいなくてもいいとは言っていませんでしたので、大きな話になってきて、これは大変だなと思ったということです。

XV 訴訟の終了

1 判決

笠井 それでは、ここから訴訟の終了に関する改正に入っていきます。まず、判決についてです。民事訴訟法 252 条から 257 条までが改正され、判決書が電子判決書になるなどします。なお、判決の言渡し自体は憲法 82 条 1 項に基づいて公開法廷でされることに変わりはありませんが、Xで取り上げた口頭弁論の期日の手続のウェブ化、民事訴訟法 87 条の 2 により、言渡期日に当事者はウェブ会議で言渡しを聞くこともできます。

　それでは、脇村さんから電子判決書等について、法制審議会部会での審議の状況、改正規定の内容と趣旨等について、御説明をお願いいたします。

◆法制審部会での議論の概要・改正法の内容

脇村 はい。現在、紙で作っている判決書を、電子的な形で作るということにつきましては、法制審議会部会の第 1 回会議から検討項目として取り上げており、基本的に皆さん賛成の御意見であったと承知しています。中間試案においても、その前提で電子データ化に関する提案がなされており、そこでは電子データ化するとともに、電子データにするに当たっては、裁判官が誰であるか、改変等がされていないかといったことを確認することができる措置を採ることなども、併せて取り上げられていたところです。

　法制審議会では、その後、そういった中間試案に対するパブリックコメントの結果を踏まえながら、改めて検討しまして、最終的に電子データ化するということでまとまりました。ただ、先ほど言いました裁判官を明示することですとか、改変に関する措置などについての項目につきましては、システムを開発する裁判所において決めることであろうということで、法律事項としては取り上げることなく、要綱では取り上げなかったところでございます。最終的な条

342

文は、252 条・253 条です。

◆裁判所の対応・受止め

笠井　それでは、橋爪さんから、裁判所としての改正案策定への対応や改正法の内容の受止めについて、御説明をお願いします。今後の運用等に関して、可能な範囲で現時点での見通し等についても、御説明をお願いできればと思います。

橋爪　訴訟記録が電子化する以上、紙媒体の判決書も電磁的記録である電子判決書に改まるというのは当然のことと思いますので、先ほど脇村さんからもお話のあったように、この点に関する改正法の規律の内容には、部会でもほとんど異論のないところであったと認識しています。電子化した判決書には、裁判官が署名押印するといったこともできなくなるわけですので、これに代わるものとして、システム上、その電子判決書が特定の裁判官の作成に係るものであることを示すとともに、その後、その内容を改変することができないような措置を講じる必要があるというふうに考えています。

　部会では、その具体的な方法について、裁判官が電子判決書に電子署名をすることになるのかといった議論もありましたが、電子判決書はシステムの中に保存されて、当事者の方たちはシステムにアクセスして、その中の電子判決書を閲覧等することになるわけですので、そのようなシステム内のデータに電子署名を付することは必須ではないものと考えており、現在、その前提で先ほど述べたような措置を担保するシステム開発を進めているところです。

◆弁護士・弁護士会の受止め

笠井　それでは、日下部さんから弁護士として、及び弁護士会としての改正案策定への取組や、改正法の内容の受止めについて、御説明をお願いいたします。また今後、問題となると思われる事項等はあるかについても、御説明をお願いできればと思います。

日下部　日弁連は、判決について中間試案で示されていた内容に賛成するとともに、そこで示されていた、電子判決書に記録された情報について作成主体を明示し改変が行われていないことを確認することができる措置については、最高裁判所規則で定めるべきとの意見を述べておりました。改正法は中間試案の考え方を踏襲しているものの、そうした措置は明文では定めてはおりません。

　もっとも改正後の 252 条 1 項は、電子判決書の作成について、「最高裁判所

規則で定めるところにより」と定めておりますので、日弁連の意見が汲み取られたものと理解しております。今後、先ほど橋爪さんからもお話がありましたとおり、最高裁判所規則、具体的には民事訴訟規則の改正により、そうした措置が定められるのではないかとは思っておりますが、個人的には、しかるべき規律が定められるものと予想しており、特段の懸念は持っておりません。

笠井 それでは、垣内さんから、以上のような改正法の内容をどのように受け止めているか、また問題となると思われる事項等があるかについて、御自由にお話しいただければと思います。

◆研究者の受止め・問題意識

垣内 今もお話がありましたけれども、訴訟記録の全面電子化に伴って判決書も電子化されるということは、必然の法改正であったと思っております。判決書の主要な機能は、判決の内容を伝達するということですが、これは訴訟記録全般にも言えることですけれども、電子化によって、そういった機能が更に高度化するということが期待されるだろうと思います。

判決書の読み手としては、第一に当事者、また、後続する関連手続を行う裁判所その他の機関、さらには、その判決が扱った事件に関心を有する法律家や、一般国民など、様々なものが考えられるわけですけれども、電子化によりまして、訴訟記録全般とも共通することですが、管理や保存の手間やコストが軽減され、長期の保存なども容易になると考えられますし、判決書が電子的な形で伝達されますと、例えば、当事者の場合で言えば、視覚に障害のある当事者が読み上げ機能を使って内容を把握したり、日本語の不自由な当事者が翻訳機能を利用しやすくなる、あるいは、判決書が長大であるような場合には、検索機能を利用したり、AIを利用した要約を利用したりするなど、様々な利便性の向上が期待できるかと思います。また、後続する関連手続との関係でも、伝達に要する時間や手間が軽減されるということになるかと思います。

もっとも、こうした利点が完全な形で発揮されるためには、判決書原本が電子化されるということに加えて、その伝達方法も電子的なものになる必要があるということかと思いますが、現時点では、システム送達の対象にならない当事者も、なお存在し続けるということですので、全ての当事者が電子化による利便性の向上を当然に享受できるというわけではないと思います。ただ、システム送達を利用しなくても、判決データの電磁的記録の複製を取得するといっ

たことはできることになりますので、そういう意味では、利便性の向上を享受
できる機会は広く与えられているということかと思います。

　また、関連する手続の代表的なものとして、強制執行との関係では、令和5
年（2023年）の民事執行法の改正で債務名義の提出方法に関する規律が整備
されましたので、確定判決であれば、それを特定するのに必要な情報を提供す
れば、書面による記録事項証明書の提出を省略できる（民執18条の2）とい
ったことになり、電子化の利点を発揮するための準備が整ってきているという
ことかと思います。総論的には、そういうことで積極的に評価できる改正だっ
たと考えております。

　各論的な点としまして、1点。今回、判決書の更正決定の規律に関しまし
て、これは257条で規定が整備をされている中で、3項で不服申立てに関する
規定が明文化されております。この257条3項は、申立てを不適法として却下
した決定を対象として、即時抗告ができるという規定になっております。自然
な解釈としては、申立てを理由がないとして却下する決定に対しては、即時抗
告をすることができないということになりそうです。部会で配布された部会資
料25でも、そういった趣旨に読める説明がされていたところです。

　ただ部会では、この点を、特に自覚的に議論をしたということもなかったよ
うに記憶しております。この点に関しては、改正前から解釈論としては両論存
在したところで、この改正後も解釈問題として、なお若干の議論が残り得ると
ころかなというように考えております。私からは以上です。

笠井　それでは、杉山さんから以上のような改正法の内容をどのように受け止
めているか、また、問題となると思われる事項等があるかについて、御自由に
論じていただければと思います。

杉山　既に頂いた意見と重なっているかもしれませんが、判決の電子化自体
は、実務上も大きな支障もなく、かつこれによって便利になる点が多いものと
理解しています。これまでも裁判官の方は、実際にも判決を電子的に作成され
ていたはずでありますし、また先ほど、垣内さんが触れられたように、判決が
電子化されることにより、執行手続など後に続く手続との連携も、よりスムー
ズになると思います。また、裁判の利用者である当事者や第三者にとっても、
判決の閲覧が容易になったり、活用もしやすくなったりすると思います。例え
ば、判決データを整理することで、裁判の予測可能性を高められるというよう

XV 訴訟の終了

な良い点も期待できるところで、今回の改正は必然のものであって、かつ必要な改正であったと思っております。

もちろん、実務的には法廷での読み上げの仕方とか、判決の改変への対応といった点が問題となることは承知しているのですが、その辺りのプロセスは、システムあるいは規則等で整えていく必要があると思っております。また。少し前に扱ったと思いますけれども、92条とは別に、紙でなく電子的に判決などが保存・利用できるようになったときの個人情報の取扱いの問題は、将来的な課題としてあると思います。

笠井さんが2つ目に言及された、判決の言渡しについても当事者がウェブで聞くことができるようになるという点ですが、実務をよく知らないのですが、実際、判決の言渡しのときには、当事者らはそれほど出席していないのではないかと思います。ウェブ会議で参加できることによって、一刻も早く判決を知りたい当事者は、ウェブ会議で判決の言渡しを聞くことになるでしょうが、判決を事件管理システムですぐに見ることができるようになると、ウェブ会議で判決言渡期日に参加することにどれほどニーズがあるかは、細かいことですが関心があるところです。

少し話はずれるかもしれないのですが、また、過去にも議論があったかもしれませんが、当事者がウェブ会議で判決の言渡期日とか口頭弁論に参加できるようになったとして、一応、これは公開法廷ですることになっていますので、法廷には当事者も第三者も来られるように準備はするのだと思うのですが、ウェブ会議で当事者が参加したいという意向を、どの時点で確認するのかが気になりました。

これまでであれば、法廷を開いて当事者が来なければ欠席ということになるのですが、ウェブ会議でも対面でも参加することができるとなった場合に、一応、ウェブ会議での参加も対面参加もあることを想定して、判決の言渡しをいつでも聞けるようにしておくのか、あるいは参加形態について事前に意向を聞いておくのかは、理論的な問題ではないのですが、実務上のプロセスとして問題となってくるのかなとは思います。いずれにしても、判決の言渡しがウェブ会議で聞けるようになると、対面は無理でも、ウェブ会議であれば判決を聞きたい人も出てくるのではないかと思います。

346

　　　　　　　　　　　　　　　　　　　　　　　　　　　1　判決

◆更正決定の申立てに係る決定に対する即時抗告の対象

笠井　では、お話があった中の問題提起として、まず、垣内さんから、更正決定の申立てに係る決定に対する民事訴訟法257条3項の即時抗告の対象として、理由がないので却下するという決定が含まれるのかという問題が提起されました。それについては、まず、脇村さんからお願いしてよろしいですか。

脇村　はい。この判決に対する更正決定に関し、理由がないとして申立てを却下した決定について、即時抗告できるのかについては、両論というか、これまで学説上いろいろな議論があったというふうに承知をしております。ただ今回の改正法自体は、そういった意味ではどちらかといいますと、それについては否定的な方向での改正がされたということかと思います。理由がないとして却下したことについては、そもそも判決をした人たちが自分たちは間違っていないのだと言っているわけですし、それは、判決自体に対する不服申立てといいますか、判決自体に対する控訴によって対応すべきである。そういったことが理由かというふうに思っています。

　また、過去のといいますか、これまでの法制でいきますと、非訟事件手続法ですとか家事事件手続法が平成23年（2011年）に立案されたわけですけれども、その際も終局決定や調停調書等に更正決定を導入しましたが、これも不適法として申立てが却下される場合に限って、即時抗告できるというふうにされた。そういった要因もあるかと思います。ただ、いずれにしても、そういった前提で立案はしたということではありますが、もちろん今後、様々な議論があるのかなというふうには承知しています。

笠井　それでは、今の脇村さんの御発言を受けて、他の方でも、垣内さんでも結構ですけれど、いかがですか。

垣内　私自身は、確かに判決をした裁判所自身が過誤はないと言っているということはあるのだと思うのですけれども、一切、否定するほどの強い理由があるのかというと、そこは議論はあり得るのかなと思っております。改正後も肯定説を取る文献なども見られるところではありますので、引き続き、考えていきたいと思っているところです。

笠井　他にはよろしいでしょうかね。それでは、今の点は今後も検討される可能性はあるということかと思いますが、立案担当者としては、この文言どおりの不適法却下に限るという、そういう趣旨であるというふうに伺いました。

347

XV　訴訟の終了

◆ウェブ会議による判決言渡し期日の実施

笠井　では、次に、杉山さんから問題提起がありました、判決の言渡しの期日
での出頭の方法に関して、ウェブ会議でできることとの関係も含めた運用等に
ついて御意見を伺えればと思います。これについては、橋爪さんから、まず、
御説明をお願いできればと思います。

橋爪　ウェブ会議を用いての判決の言渡しという点について、若干コメントを
したいと思います。判決期日も口頭弁論の期日である以上、法律上はウェブ会
議で参加することも可能という建付けであろうとは思いますが、判決期日は、
当事者がそこで具体的に何らかの訴訟行為をすることは想定されておりません
で、基本的には裁判長が主文を読み上げるだけで終了するのが通常ですし、現
在の運用では、同一の日時に何件もの判決をまとめて言い渡すといったことも
少なくありません。その一方で、フェーズ３の世界では、判決の言渡しがあれ
ば、ほとんどタイムラグなしでシステムを用いて、その電子判決書が当事者に
送達されて、インターネットを通じてその閲覧等が直ちに可能になるといった
状態が実現すると考えられます。

　そういったことを踏まえますと、通常の期日とは異なる判決期日というもの
について、わざわざウェブ会議を用いて参加を認めることが相当であるといっ
た判断には、余りならないのではないかというように、個人的にはそのような
見通しを持っております。

笠井　分かりました。私も、正に一刻も早く聞きたい、あるいは、ある種の社
会的な意味があるような事件の判決について、特にそういうニーズがあるので
はないかと思って、先ほど発言をしました。

　確かに 87 条の 2 というのは、「相当と認めるときは」となっていて、裁判所
の裁量があるので、これを認めないという判断もあると思うのですが、初めか
ら判決の言渡しはおよそ相当と認めないのだと言ってしまうのも、むしろ何か
不相当なことがあるのですかという批判も浴びるような感じがします。実際上
は、そういうニーズがあるような事件については認められてよいのではないか
と思います。

　例えば、関係者などが傍聴人として多く詰めかけているのに、代理人の一部
の人が出られないというときに、ウェブ会議も使わせてくださいと言われて、
それを断る理由も余りないように思いますので、そういう意味では、事前にそ

348

ういった当事者や代理人と連絡を取り合った上で、ウェブ会議で判決を言い渡すこともあっていいと思っております。

日下部　訴訟代理人の観点から、少し今の点についてコメントさせていただきたいと思います。現在の実務においては、判決言渡期日に訴訟代理人が出頭することは、ほとんどないだろうと思います。これは、先ほど御説明もありましたとおり、判決言渡期日において、当事者が何らかの訴訟行為をすることは予定されていないということと、特に敗訴することが予想される当事者としましては、出頭したことで書記官から判決書の送達を受けてしまうと、それによって控訴期間が始まってしまう、また、仮執行宣言付判決の場合には強制執行を受ける可能性が出てくるということで、少し時間の余裕を持たせるために、判決言渡期日には出頭しないことが慣行になっているということかと思います。

他方、訴訟代理人としては、依頼者には判決内容を早く伝えて、できる準備を進めておきたいというニーズもあり、そのニーズを満たすために、判決言渡期日の終了後に、裁判所に電話をかけて、判決の内容の結論部分については、口頭で教えてもらうようにお願いをするということも行われてきました。

今般、判決言渡期日において、当事者がウェブ会議の方法で参加できるということになりますと、そのような形で参加することで、判決の送達を受けるより前に、判決結果を知ることができる機会が確保されやすくなるというように、実務的な観点から肯定的な評価をする訴訟代理人もいるのではないかと思います。

先ほど橋爪さんが示唆されました、判決言渡期日後にほとんどタイムラグなく、判決書の内容を事件管理システムを通じて閲覧することができるようになるというのは、そのとおりかと思うのですけれども、それは取りも直さず送達を受けるということになりがちだと思いますので、そうしますと、先ほど私が言及しました訴訟代理人のニーズには、必ずしも沿わないということになろうかと思います。

そのように考えますと、先ほど笠井さんがおっしゃいましたとおり、判決言渡期日であるから、ウェブ会議による参加は一律に想定する必要がないと考えるのではなく、どのような場合がそうかは疑問もないわけではないのですが、相応の理由がある場合には、訴訟代理人の実務的なニーズにも御配慮いただいて、法律が定めるとおり、口頭弁論期日である以上は、ウェブ会議の方法で当

XV　訴訟の終了

事者が参加することができる機会も確保する運用を期待するところです。

笠井　他にいかがですか。

橋爪　それでは、私のほうから若干補足させてください。私自身も先ほど、ウェブ会議での参加を認める判断がされることは、余り多くはないのではないかというふうに申し上げたつもりでしたので、もちろん、判決の言渡しに特別な意味があるような事件を想定した場合に、ウェブ会議で参加する判決の言渡しということもあり得るのかなという気はしています。ただ、代理人の先生が判決の送達を受けることなく、判決の結果を聞きたいからといったニーズがあるからといって、ウェブ会議の希望があった場合にこれを相当と認めるのかというと、少し違うのではないかといった印象を持っております。日下部さんがそういう趣旨で言ったわけではないと思いますが、いずれにしても、その辺りも今後、ウェブ会議の口頭弁論に関する改正法の規定が施行された後に、運用で定まっていく話であろうと思います。

杉山　判決は公開法廷で行うというのが、憲法上も定めがあるところですので、原則として言渡しをしないとか、ウェブ会議も実施しないというのは、当事者だけではなく、裁判を傍聴したい第三者を想定したときに、その人たちの利益を無視する結果になると思います。確かに、実際には空振りのような言渡期日もあるでしょうから、憲法上の要請と実務のニーズとの調整を試みながら、運用の工夫をしていただくのが良いと思います。

◆ 「原本」という文言を用いていないことについて

脇村　別の話になりますが、立法技術的な話を少しさせていただくと、今回、改正するに当たって、旧法ですと判決言渡しは「判決書の原本に基づいてする」と書いていたところ、原本という表現を、今回、消しています。その点、聞かれたことがあったので少しお話しさせていただきますと、今回、実際に条文を作るに当たっては、その書き方として非常に難しいことがございました。

　といいますのは、法制審議会においては、電磁的記録で作成するという議論をしていたところなのですけれども、電磁的記録で作成するというのは何だというのが、意外と条文を書く上で非常に難しかったところです。これまでも判決書は紙媒体で作成していましたが、元データは当然、一般的なパソコン等を使って作成をしております。電磁的記録で作成するといったときに、それとの区別をどうするのかが非常に書きづらく、その関係で、いわゆる原本というも

350

のをどう表現するかは、条文化に当たっては、悩んだところでございます。

　結論的には、原本という文言は採用せずに、電磁的記録、すなわち電子判決書に基づいて言渡しをし、その上で言い渡したものをファイルに記録するという文言にして、時系列に従って表現することにいたしました。そういった意味では、今回、原本という文言は使っていませんが、あえて原本に相当するものが何かといいますと、それは言渡しに使ったものでして、言い渡したものをファイルに記録することによって、確定的にこれが電子判決書です、という構成にしたところです。

　恐らく、署名・押印により原本が作成され、完成し、それに基づいて言渡しをするというのが旧法の考え方だと思うのですけれども、これまでも、署名・押印した後に言渡し前に間違いに気付けば、当然、作り直しをしていたわけですので、結論的には言渡しのときに存在していたものが原本で、それを言い渡した後は、書記官に渡して送達に付していたという意味では、現象としては同じなのだと思うのですけれども、原本という表現を使っていたのがなくなっていたことに若干の違和感を抱いた方もいらっしゃるみたいだったので、少しお話しさせていただきました。

笠井　なるほど。これは、Ⅻで電磁的記録の証拠調べについて、何が原本なのか、そもそも何を調べているのかという話をしたところで、今、脇村さんから、原本概念というものについて従来とは違う考え方が採られた、少なくともそのように解釈し得るということで、貴重なお話だったかと思います。

　確かに、法制審の部会でも、原本概念というものについて十分な議論がされていなかったような気がしますので、その辺りは今回の改正に関し、今後、いろいろな場面で問題になり得るのではないかと思いました。

◆担保取消しと書記官権限化等

笠井　なお、訴訟の終了の後、実際には判決で終了した後に想定される事項として、担保の取消しの前提となる権利行使催告について79条3項が改正されて裁判所書記官の権限とされたこと、71条から73条までの訴訟費用額の確定手続に関し、費用額確定処分の申立ての期限（71条2項とその準用）が設けられたことがあります。これらについても、もし何かあればお願いいたします。

橋爪　担保取消しと書記官権限化の問題について、少しコメントさせてくだ

い。IT 化された後の民事訴訟における裁判官と裁判所書記官の職務分担の在り方をより合理化するため、裁判所からは、幾つかの手続に関して書記官権限化を提案しており、79 条の担保の取消しを裁判所書記官の権限とするというものもその 1 つでした。

　したがって、79 条 3 項の権利不行使の際の催告の書記官権限化が実現したことは歓迎すべきことと考えていますが、ただ、もともとの裁判所の提案は、同条 1 項の担保事由の消滅、2 項の担保権者の同意の場合の取消決定も、書記官の権限とすることができないかといったものでした。2 項の担保権者の同意は、形式的な審査にとどまるものですし、1 項の担保事由の消滅は、実質的な判断を必要としますけれども、それほど困難なものではないとして、裁判所書記官はこれらの判断をするための法的素養を十分に有しているといった意見が、現場からは多かったところです。

　部会での議論では、1 項については慎重な意見が多かったところですが、2 項の判断を裁判所書記官が行うという提案の実質には異論はなく、ただ、裁判官の行った担保提供命令に基づく担保の効力を裁判所書記官の権限によって消滅させるということについては、なお理論的に慎重な検討が必要であるといった、専ら法制的な観点から改正法には盛り込まれなかったところと認識しています。

　裁判所としては、この問題については、将来の検討課題として受け止めていきたいというふうに考えています。

笠井　今の橋爪さんの御発言との関係で、他の方からコメント等はおありでしょうか。

脇村　今、御指摘いただいた同意を得たときの担保取消しについては、法制審議会では、書記官権限でもよろしいのではないかという意見が多かったと認識していますが、一方で、今、御指摘があったとおり裁判官が出したものを、取消しという形式で書記官が消滅させることについての理論的な問題点があり、今回見送ったというところかと思っています。今後の検討としては、取消しという法的構成自体が、1 つ理論的な問題点だったのかなという気もしますので、取消しの実質を伴う別の構成等を考えた上で、将来検討していくことも、考えられるのかなというふうに考えております。

笠井　実際上は、訴訟における担保というよりも、民事保全等に関して頻繁に

問題になることだと思います。その辺りで、裁判所の中での事務分担の在り方という意味では、裁判所からの御提案というのはよく理解できるところではありましたけれども、改正としては今のようになったということかと思います。

2　和解

笠井　264条の受諾和解の手続、267条の電子調書とその送達、267条の2の電子調書の更正決定のそれぞれの改正をここでは対象とします。なお、双方当事者不出頭でウェブ会議又は電話会議により実施できる和解期日については、Ⅵで取り上げましたので、特に何か補足があれば御指摘いただくという程度でよろしいかと思います。

　それでは、脇村さんから法制審部会での審議の状況、改正点の内容と趣旨等について、御説明をお願いいたします。

◆法制審部会での議論の概要・改正法の内容

脇村　はい。受諾和解につきましては、現在では、いわゆる遠隔地要件が要件として例示されておりますし、また当事者の一方が必ず出席しないと成立しないということになっていました。そういったことの双方について、見直しをすべきではないかという点から御議論いただいたところでございまして、中間試案では遠隔地要件の廃止を掲げるとともに、当事者がいずれも出席しないで受諾和解を成立させることができる、双方とも現実に出席しないでもできるようにするということについても取り上げられたところでございます。

　最終的には、こういった改正の見直しについて賛成する意見が多く、遠隔地要件を廃止するとともに当事者の一方が出席するという要件も、見直しをさせていただいたというところでございまして、当事者の双方が出席しないままでも、裁判所の提示した和解案について受諾して受諾和解が成立するということも可能となったところでございます。弁論準備手続ですとか、そういった改正とこの改正の主な理由は同じではないかというふうに考えているところです。

　次に、和解等に係る電子調書の送達につきましては、現在の法律では職権による送達の規定がございません。実務上は当事者から送達の申出があった場合にされているところでございますが、実際には和解等の調書については、基本的に申出があり、送達がされているという実務があったというふうに承知して

XV　訴訟の終了

います。

　法制審議会でも、そういった点を今後どうするのかについて、検討されたところであり、中間試案でも注の形で検討されていましたが、最終的にやはり当事者から逐一、申出等をするという煩わしさですとか、強制執行をするためには、送達が必ず必要であるといったことから、職権により必要的に送達するというルールに変更されたというところでございます。

　また、電子調書の更正決定につきましては、今回、調書自体が電子化されることに伴って書記官権限の見直しに関しても議論がされたところであり、中間試案で取り上げておりましたが、今回、更正決定の内容についても、規定を設けるというようになったところでございますが、電子調書のうち和解ですとか裁判と同一の効力を有するものについては、その更正決定の主体については、これは裁判所というふうになっています。

◆裁判所の対応・受止め、改正されなかった事項

笠井　それでは、橋爪さんから、裁判所としての改正案策定への対応や改正の内容の受止めについて、御説明をお願いできればと思います。また、今後の運用等に関し、可能な範囲で現時点での見通し等について、御説明をお願いできればと思います。

橋爪　今、脇村さんからもお話のあった和解に関する３つの改正内容については、いずれも望ましいものであったというふうに受け止めております。すなわち、受諾和解に関する改正については、当事者双方が裁判所から提示された和解条項案を受諾する意思を有する場合に、和解条項案を受諾するためだけに期日に出頭する手間が不要になるという意味で、当事者の利便性の向上にもつながるものですし、和解成立のためのオプションが広がったとも言えるかと思います。

　和解調書の送達につきましても、実務上は当事者からの申請に基づき、和解調書の正本の送達をするのが一般でしたが、申請の意向を逐一確認しなければならないというのは、当事者にとっても裁判所にとっても煩瑣な面があったと思いますので、一律に送達するという明確なルールが法で定められたという意味で、やはり望ましいというふうに考えております。

　続けて、採用されなかった規律についても、ここでコメントしたほうがいいですかね。

354

笠井 お願いします。

橋爪 それでは、部会で議論はされたものの、改正法には採用されなかった規律として、まず、和解に参加する第三者に関する規律があります。実務上、訴訟当事者・参加人以外の第三者を利害関係人と称して、直接和解の当事者として、当該第三者との間の法律関係も含めて訴訟上の和解を成立させることを認めていますが、このことに関する明文の根拠規定がないため、この第三者がウェブ会議で手続に参加できるのか、あるいは、受諾和解の場合はどうかといった点についての疑義も生じ得るということで、裁判所からは明文の規定を設けてはどうかといった提案をしました。

この点については、部会での議論の結果、新たに明文の規定を設けなくても、和解に参加する第三者がウェブ会議などを利用することや受諾和解に関与することは可能であるので、このために立法は不要であるといった結論に至ったものと理解しており、法制審の部会の場でこのような理解が共有されたことは、実務的には意義のあることであったと受け止めています。

また、もう1点、部会の場で大きな議論となった論点としては、新たな和解に代わる決定の規律を設けるかといったものがありました。具体的な説明は割愛しますが、中間試案にあった新たな和解に代わる決定の規律を設けるべきではないかということを裁判所からは発言しており、それは、例えば、和解の協議を重ねる中で、おおむね合意が整っているけれども、ささいな点について合意に至らない場合、あるいは、感情的な対立や社内決裁上の問題などから自ら譲歩したことを示す和解という形式は受け入れ難いけれども、裁判所による決定であれば受け入れられるといった場合、さらには、不出頭の被告から、請求を争わず分割弁済等による解決を希望する旨が述べられており、原告にもそれに対して異存がない場合など、そのような決定が必要な局面が存在するといった現場感覚によるものでした。

現在は、そのような場合には、手続を調停に付して、民事調停法17条の決定（17条決定）をすることで対応することもありますが、これが便法的ではないかといった受止めもあり、また、実際に手続を調停に付すことによって、当事者の方が戸惑うといったこともありますので、訴訟手続において、正面からこれに代わる制度を設けて、手続的な正当性や透明性を担保した上で、紛争解決を一元的に図ることができるようにするのが望ましいのではないかといっ

XV　訴訟の終了

たことを申し上げてきました。

　結果的に、この手続は改正法には設けられなかったわけですが、他方で、法制審部会での議論の中でも、一定の事案において、調停に付した上で民事調停法17条に基づく決定を行うといった現在の実務については、特段の問題はないといった評価がされたものと理解しております。

　裁判所としては、引き続き、調停に付した上での17条決定というオプションも必要に応じて活用しつつ、利用者の方々の信頼や納得を得ながら、個別の事案に応じて、適切な紛争解決を図っていきたいと考えています。

笠井　今、橋爪さんからお話があった、できなかった点についても、後で分けて議論できればと思います。今からの日下部さん、杉山さん、垣内さんのお話で出てきてもいいのですが、和解についての改正があったものとなかったものとは、分けて議論するものと整理したいと思います。ありがとうございました。

　それでは、日下部さんから、弁護士として、弁護士会としての改正案策定への取組や改正法の内容の受止めについて、御説明をお願いできればと思います。また、今後、問題となると思われる事項等についても、御説明いただければと思います。

◆弁護士・弁護士会の対応・受止め

日下部　では、差し当たり、改正法に入った部分についてコメントします。まず、受諾和解につきましては、日弁連は、出頭困難要件から遠隔地の例示を削除することにも、当事者双方が出頭困難な場合にも受諾和解の成立を認め得る規律を新たに設けることにも賛成しており、改正法の内容に異存はないものと思います。なお、中間試案の段階では、後者の新たな規律については、受諾書面を提出した当事者の真意の確認が和解成立の要件とされていましたが、改正後の264条2項は、そうした要件を定めておりません。もっとも、そのような真意の確認は、現行法264条が定める、一方当事者が受諾書面を提出してする受諾和解でも、運用上求められているのであり、当事者双方が受諾書面を提出する場合でも、それは変わらないと理解しております。

　受諾和解に関する解釈上の問題点として、改正後の264条の1項及び2項が定める、当事者が「出頭することが困難であると認められる場合」の意義に注意が必要と考えております。法制審の部会での審議の際には、ここにいう「出

356

頭」が物理的な出頭を意味するのか、それのみならず、リモートでのみなし出頭も含む意味であるのかが話し合われたことがありました。個人的には、受諾和解の利用可能性を高めるため、受諾和解における当事者の出頭困難は、物理的な出頭困難のみを意味すると整理すべきではないかという意見を述べましたが、リモートでのみなし出頭も含む意味であることを前提として、要綱案が承認されたものと理解しております。

その結果、改正後の89条2項及び3項が、音声の送受信の方法による和解期日へのみなし出頭を定めていることにも鑑みますと、受諾和解における当事者の出頭困難とは、電話会議の方法による期日関与さえも困難であることを意味することとなり、その要件を満たすことは、実務上非常に困難ではないかとも思われます。リモートでの期日関与が広く認められるようになったことの帰結として、受諾和解の利用場面がごく限定的になることは理にかなっており、特に問題視すべきではないことかもしれないと今は考えておりますが、運用上の混乱を招かないよう、受諾和解における当事者の出頭困難の意義について、法制審の部会での議論を御紹介しました。

次に、和解等の電子調書に関してですが、和解等の電子調書を当事者に送達しなければならないとすることについても、日弁連は賛成しておりました。これにより、当該調書を債務名義として強制執行することになる当事者が、その送達の申立てを失念していたために、強制執行開始要件に欠ける事態となることが避けられますので、実務的には歓迎されるものと思います。さらに、和解等の電子調書の更正に関する規律を整備することについても、日弁連は、その権限を書記官ではなく裁判官に留保することを前提に、賛成しており、改正法の内容にも異存はないものと思います。

◆研究者の受止め・問題意識

笠井 それでは、杉山さんから、以上のような改正法の内容をどのように受け止めているか、また、問題となると思われる事項等があるか等について、御自由に論じていただければと思います。

杉山 まず、受諾和解についての2つの改正については、当事者が期日に出頭することが困難であるような場合でも和解を可能にして、和解の促進につながるという点で、評価していますが、他方で、受諾和解について改めて文献等を調べてみると、一方当事者の出頭が必要であるという要件を課してきた趣旨

XV　訴訟の終了

が、和解成立に当たっては、基本的には期日で当事者の意思を確認することが必要であるけれども、余り厳格に要求すると、一方当事者が出頭できても他方当事者が遠隔地にいて出頭できないときに和解が成立しないのは不都合であるため、例外的な措置として認めたものであり、このような厳格な要件を課したのは、受諾書面方式による安易な和解とか、その結果、瑕疵ある意思に基づく和解が成立することを防ぐことを目的としていたようです。

　もちろん、このような要件を課すことによって、安易な和解とか瑕疵ある和解の歯止めとして十分に機能していたかは、よく分からないところであり、要件を緩めたとしても、当事者の真意がきちんと確認できる限りでは問題がないのだと思います。そうであれば、264条の要件を緩めることによって、最終的には当事者の真意を確認することが要件として明記されなかったにしても、このような確認が今まで以上に重要となると思います。先ほどの困難性の要件をどう解するかという点についても、なるべく慎重に解して、できる限り、一方当事者でも出頭ないしはウェブ会議で参加できる、あるいは双方ウェブ会議等の形で、和解期日を開いて当事者の意思を確認するのが良いと思っております。

　ただ、ウェブ会議等での遠隔参加すら難しい場合とか、あるいは、期日の調整が困難である場合に、264条を使うことを許容するとしても、これを使うことができる場面は、それまでにある程度、当事者間で話合い等が進んでいて、裁判官も当事者の真意がある程度分かっているような場合に限られてくると思います。いずれにしても、264条を使う場合とウェブ会議等で和解期日を開く場合との切り分けは、実務的にも理論的にも検討すべき課題として残っていると思います。

　電子調書の送達についても、これまでの実務が煩雑であったことは理解できる一方で、債務名義にならないような調書、確認的な和解調書とか請求の放棄の調書とか、そのようなものまで送達の必要があるのかは気になりました。実際には、システム送達ができる場合も増えてくるでしょうし、郵送をする場合でも、どこかにしわ寄せがいくのでしょうが、申立手数料に費用が組み込まれる結果、当事者には特段の負担が生じないので、送達を必須としてもそれほど問題はないかと思います。

　他方で、送達が必要なさそうな場合にもなぜ送達をするのかという点は、民

事訴訟や人事訴訟では問題にならなくても、改正された家事手続や非訟手続などでは和解調書等を送付するものとされたため、どのような場合が送付で足りるのか、あるいは、送達までするのかという形で再び問題になってくると思います。

笠井 それでは、垣内さんから、以上のような改正法の内容をどのように受け止めているか、また、問題となると思われる事項があるかなどについて、御自由に論じていただければと思います。

垣内 受諾和解につきましては、双方ともに不出頭のままで、いずれも書面で受諾することで和解が成立できるようになったということで、この規律は非常に興味深い規律だと受け止めております。双方とも書面でということになりますので、先ほど来出ておりますように、この制度が適切に運用されるに当たっては、当事者の真意の確認が適切に行われるということが重要であるということとは、皆さん御指摘のとおりかと思います。

この点に関しまして、受諾の時点における真意が問題となるというのは、これは当然のことでありますけれども、この制度を運用するに当たっては、受諾に至るまでのプロセスが重要であるかと思います。もともと書面による受諾和解は、実質的にはほぼ合意が成立しているという場合を念頭に置いて利用されてきたというように理解しており、条文上は必ずしもそういった限定はないわけですけれども、そこに至るプロセスを通じて十分に真意性が担保されていると言えるような場合に、適切に活用されるということが期待されるものと考えております。

また、この規律の興味深い点としまして、双方が受諾書面を提出したとしても、直ちにそれで和解成立ということになるわけではなく、指定された日時が経過するということによって、初めて成立するという仕組みになっています。これは、指定された日時までの間は、いったん受諾したとしてもその撤回が可能であるということを前提とした規律だと理解できるところで、部会でもそういう前提で議論がされていたのではないかと思います。従来の一方当事者の書面による受諾においても、真意の確認の際に撤回するといったことも認められるのだろうと言われてきたかと思いますけれども、今回、こういう法律の条文になったことによって、この撤回の可能性というものがより強く含意されることになったようにも見えまして、その点も興味深いと考えております。

359

XV　訴訟の終了

　理論的には、双方書面で和解の受諾の意思表示をするというのは、訴訟の場を離れてみますと、例えば、最近 ODR に関する議論なども盛んになってきておりますけれども、チャットベースの文字情報のやりとりで和解をしていくというようなことも、様々試みられてきているわけですが、そういった書面上で和解をするといったような裁判外の手続に対しても、1 つのモデルを提供するような側面もあるように思っております。

　出頭困難の要件に関して、先ほど来、議論がありましたけれども、今回の改正で和解期日にはウェブ会議、あるいは電話会議でも出席できるということが明らかになりましたので、ウェブでの出頭ができるかどうかも考慮するという、先ほど日下部さんから御整理いただいたような前提で考えますと、出頭が困難な場合というのは、従来と比較して更に制限されると申しますか、そういう可能性があるかと思いますが、そのことが実際、この制度の利用にどの程度影響するのかということは、今後の運用を注目したいと考えております。

　それから、和解の調書、電子調書の送達に関しまして、これも賛成の多かったところで、改正としては良かったのではないかと思っております。ただ、理論的には、先ほど杉山さんから少しお話がありましたけれども、常に送達が必要なのかどうかというのは、いろいろ議論の余地は、実はあるところかなというようにも感じます。非訟事件手続の場合は、これは令和 5 年の改正によって、非訟事件手続法の 65 条 3 項の規定で送付ということになったかと思いますので、訴訟上の和解の場合に、常に送達の形式を取ることが必須なのかという点は、あるいは、議論の余地があるのかもしれません。

　ただ、これも杉山さんの御指摘にもありましたけれども、今後、システム送達が一般化していくということになりますと、その点の違いというのは、それほど実際上、大きなものにはならないということかなというふうにも考えております。

笠井　それでは、まず、改正がされた部分について、3 つぐらいの事項がありますけれども、これについて何かコメント・補足等ございましたら、お願いいたします。

◆電子調書の送達

日下部　和解等の電子調書の送達に関してですけれども、なぜ、どのような和解等の電子調書であっても送達をすべきなのかということについては、当事者

の観点からは、次のようなことが言えるかと思います。裁判所の手続を利用して何らかの結論が出たというときに、その結論が記録されている電磁的記録が裁判所から送られてくるということは、制度の利用者としましては自然なことであって、それをもって自分がしてきた訴訟行為などが一定の結論を得たのだということが実感できるという意味合いは、軽視はできないのだろうと思います。

　しかし、そのような目的ということであれば、送達である必要は必ずしもなく、送付でも十分ではないかと思われるわけですけれども、規律を区別して定めることの煩雑さや、今後、送達と送付が実質的に非常に近似するということを踏まえますと、今般の改正で送達のみとする義務化が定められたということについては、適切だったのではないかと考えています。

◆受諾和解の要件としての出頭困難

脇村　受諾和解のウェブ会議との関係につきましては、法制審議会でも議論いただいたところだと思います。当局としましては、差し当たり、和解条項案の書面による受諾につきましては、現実に出席しないケースで、ウェブ会議等による出席もしないケースに使うというのが基本的なのかなという発想で、ここで言う出頭困難は、ウェブ会議・電話会議も使えないケースですという説明をさせていただいたところです。

　一方で、そこでは厳密な意味で、必ずこの2つは全く使えないケースに限るということまで含意したつもりは当然ございませんので、実務上、ウェブ会議等が何らかの理由で少し使いづらいということであれば、この受諾和解を使うということは、許されるのかなというふうに思っておりました。そういった意味では、確かに、現実の出席やウェブ会議等を利用した出席をしないケースなのですが、そこは実務上の運用の工夫として適宜やっていただくということを、当然、予定していたのかなというふうに考えているところでございます。

◆日時経過の要件の意義

脇村　また、垣内さんに御指摘いただいた点で、正に日時が経過したときと要件を残したという点につきましては、個人的には、この要件を残すのはどうなのか、なくしてもいいのではないかという意見もあるのかなとは思いましたが、受諾和解に基づく制度を出発点にどうするかということから議論をしたことから当然そういった要件が必要となったということかと思います。

361

XV 訴訟の終了

　また、日時を定めることによって、そこまでは少なくとも考える余地を残すということで、正に真意の確認と言いますか、誤って届出をしたケースについての対応も可能なのかなという面では、まずはこういったものから導入するということかと思っているところでございます。

　また細かい点ですが、一応、日ではなくて日時とさせていただきましたので、正にこの時間まで区切るということで、当事者としてはいつまでかというリミットが明示できるという点では、一応、目安にはなるのかなというふうに考えているというところでございます。

日下部　当事者双方が不出頭の場合の受諾和解における和解が成立する日時に関してですけれども、今の御議論の中で、受諾の撤回をする期限としての意味合いに言及され、脇村さんからは法制的にどこまで必要なのかという御疑問も呈していただいたところです。法制審の部会での議論を思い出してみますと、確か、日時をあらかじめ定めておくことが必要だという意見は、私が申し上げたような気がします。

　その趣旨は、特定の日時で和解が成立するということにしておかないと、和解条項を作り切れないという事態が生じるからという、実務的な要請が念頭にあったからということでありました。ある時点で和解が成立するということを予定しておかないと、和解条項を作ることが困難になるというのは、訴訟代理人が自らの行っている業務を反すうすると思い当たるところでもあるのかなと思いますので、そのような観点で、この日時の意義を捉えていただくということも重要ではないかと思います。

笠井　ほかにいかがでしょうか。今の日下部さんの日時が特定していないと和解条項が作りにくいというのは、例えば、何日以内とか、一定の時から義務が生じることがはっきりしていないといけないとか、そういう意味でしょうか。

日下部　そうですね。条文の中で、和解が成立した時からというような書き方にすることも考えられなくはないのですけれども、特に、和解が成立した時から一定の期間中に、お金の移動を伴う作業が続くということですと、いつ和解が成立するのかということが事前に定まっていないと、とりわけ企業の依頼者の場合には、準備に支障が生じることがあります。また、依頼者である企業の役員などにおける意思決定のタイミングを計る上でも、予定されている和解条項案において、和解の日時はこれこれの日、これこれの時間ですということが

362

定まっていることで、その企業内での処理が進みやすくなるということもあろうかと思います。

笠井 よく分かりました。ほかにいかがでしょうか。それでは、先ほど橋爪さんからありましたけれども、改正が検討されたけれども、改正には結び付かなかった事項として、特に、いわゆる利害関係人のような形で第三者が入る場合の和解で、その人がウェブ又は電話会議で参加できるかという問題。それから、和解に代わる決定という制度について、一般的に立法するかどうかという問題。その2つがあろうかと思います。

◆利害関係人が和解に参加する方法

笠井 まず、第三者が利害関係人として和解に参加する、和解のみに参加して和解調書上も名前が出るという場合に、ウェブ又は電話会議で参加できるかについて、何かコメントや御意見がおありでしたらお願いしたいと思いますが、いかがでしょうか。

法制審の部会では、結局、事実上のものとして、その人が入るのであれば和解室に入ってくるのと同じようにオンラインで入ってもらえばそれで済むのではないかという話になって、ウェブ又は電話会議でも構わないという話になったと思いますし、それ自体は実務的にはかなりニーズがあると思います。何かおありでしょうか。

なお、その場合の第三者は、275条の簡易裁判所での訴え提起前の和解（即決和解）の当事者のようなものだと説明されることがあるのですけれども、その即決和解についても、これもウェブ又は電話会議でやることはできるというのが前提でよろしいでしょうかね。和解は和解だということですよね。

脇村 はい。

笠井 ありがとうございます。

◆和解に代わる決定の一般化

笠井 それでは、次に、これは立案過程でかなり議論があったところですが、和解に代わる決定を取り上げます。今、簡易裁判所では、一定の内容のものに限って、和解に代わる決定（275条の2）があるわけですが、それを簡易裁判所に限らず、かつ、内容についても特段限定せずにできるようにすることについて、議論があったわけです。

これにつきましては、先ほど橋爪さんからお話がありましたように、裁判所

363

XV　訴訟の終了

のほうから積極的な御意見もあり、委員からも積極的な御意見もあったわけですが、他方で、それがどのように使われるのかが不安であるという当事者側からの意見など、消極的な意見もありました。私も、当事者が判決を求めているにもかかわらず、裁判所が裁量で判決をしないことができるという自由を認めるのは制度としていかがなものかという意見を言いました。賛成する側としては、企業の方も含めて、当事者は判決だけをもらうために訴えを起こしているわけではなくて、和解も当然含んで訴訟に対応しているので、こういった制度を設けて、裁判官の裁量を信頼していいのではないかという御意見もあったわけです。この和解に代わる決定について、御意見等を伺えればと思います。

日下部　この新たな和解に代わる決定の提案については、日弁連は非常に強く反対していたところです。その理由についてですけれども、思い返してみますと、和解に代わる決定ということで、簡易裁判所における既存の制度との引き合いで示されていたものではありましたけれども、具体的な提案の内容は、むしろ、調停に付さないで17条決定をできるようにするというものに近かったと思います。

　このような制度が導入されたとすると、今、笠井さんがおっしゃいましたとおり、判決を求めて訴えを提起し、また、応訴している当事者の期待に反して、かなり自由度の高い決定が和解に代わるものとして裁判所から示され、それを受け入れざるを得ないという事態になることを懸念していたということでした。

　裁判所としましては、当事者がそのような不安を感じるようなことは想定されていなかったのだろうと思いますけれども、他方で、提案されている制度そのものが、非常に自由度が高かったということで、当事者側に立つ日弁連からは強い否定的な意見が出たということだったかと思います。

　今後についてですけれども、これも橋爪さんから言及がありましたとおり、便法と言われてしまうかもしれませんけれども、現在行われている17条決定の実務を適切に運用していくというスタンスで臨んでいただくことが良いのではないかと感じているところです。

笠井　ほかにはいかがでしょうか。

垣内　この点はいろいろ議論があったところで、先ほど来、御発言もありましたけれども、慎重な立場からは、主として理論的な観点と実際的・実践的な観

点の双方が指摘され、理論的には先ほど笠井さんからもお話がありましたが、そもそも訴えは判決を求める行為である。それに応答すべき裁判所が、いずれの当事者からも積極的な申立てもないのに、和解に代わる決定というものをし、異議がないという消極的な当事者の態度だけで、それに和解と同一の効力、ひいては、確定判決と同一の効力を認めてしまうということが正当化できるのかどうか。あるいは、従来の簡裁の和解に代わる決定と比較して、対象の面でも内容の面でも限定がないが、それは適切なのかといった指摘があり、実際的な観点からは、今、日下部さんから御紹介のあったような、当事者の視点から見た不安であるとか、とりわけ、消費者の立場から見て濫用の懸念があるのではないかといった指摘がされたところであったかと記憶しております。

ただ、前提として、従来の実務で付調停と民事調停法17条決定を組み合わせて、実質としては類似の取扱いをするという方法が採られていることについては、必ずしも否定的な評価一色ということではなくて、むしろ一定の合理性・有用性が認められるという評価のほうが強かったように、私自身は理解をしております。今回、結局、法整備はされなかったわけなのですが、この点をどう理解するかという点は、いろいろ見方があり得るところかと思います。私自身は、従来の付調停と17条決定という取扱いに一定の合理性があるというふうに理解するのであれば、規律を明確化することによって、付随して生じ得る懸念点等については、この際、払拭をするといったことも十分考えられたのではないかと思います。

実際、部会では、この新たな和解に代わる決定の要件論について、相当に慎重な議論・検討が進められたところであったかと思います。ただ、部会のほうでは、従来の実務そのものには一定の合理性があるとしても、こういった形で規定を設けるのは反対であるという意見がかなり強かったように思われます。私としては、そうした議論が理屈としてどこまで一貫性があるのかという点については、やや疑問を感じなかったわけではありません。

いずれにしても結論として、今回、採用はされなかったということで、近い将来にまたすぐ復活するということでもないかと思われますので、今後の実務あるいは運用という観点からしますと、従来どおり付調停と17条決定という方法は残っていくということかと思いますが、その運用に当たっては、今般の立案過程で検討された要件等も十分に踏まえていただいて、懸念の生じないよ

XV　訴訟の終了

うな形で適切に運用していただくということが必要なのではないかと考えております。

杉山　たしか商事法務の IT 化研究会のときにもこのような提案があって、私自身は、必要に応じて調停に付して 17 条決定という処理をする実務は理解しつつも、調停に付す理由は本来は当事者間で話合いをして和解をするためであるはずのところ、本来の目的以外で調停に付す例などもあるようなので、これを機に、本来の目的以外での使われ方で不透明なところについては、要件などを明確化して透明化していく必要性があるのではと考えていました。

その 1 つの方法が和解に代わる決定の制度化で、付調停プラス 17 条決定で処理していたところを要件とか効果を明確化して、絞りをかけていくことをこの機会にしたらいいのではと思っていたところですが、法制審の議論を見ていますと、先ほど、お 2 人から御指摘いただいたような懸念も示されていたようです。また、実務上、付調停プラス 17 条決定でうまくいっているところに、新たにこのような制度を付け足す必要性があるのか、立法事実がないのではないかとの意見もあったかと思います。

いろいろと難しい課題があって、民事訴訟法に規定を入れることはできなかったのですが、これまでどおりの付調停プラス 17 条決定を、全て裁判所の裁量に委ねていいのかについては、今後も課題として残っていると思います。先ほど、お墨付きを与えたというお話もありましたが、無制限に認めるものではなく、理論面と実務面の双方から詰めて検討する必要はあると思います。

笠井　おっしゃっていただいたように、この制度に反対をすることと、付調停プラス 17 条決定を是とすることとが理論的に両立するのかと言われると、それは確かに不整合なところがあると思います。そういう意味では、私自身は、17 条決定の実務について、本当にいいのだろうかという思いがないわけではないところです。ただ、自分自身も旧法下で簡易裁判所判事の仕事を少しして、付調停プラス 17 条決定という取扱いをした経験もあり、意味のある運用だとは思っておりますので、なかなか全否定もできないというのが正直なところです。

やはり本来は、きちんとした和解という形を取って、双方の合意で終了させるべきだとは思っており、そういう意味では、垣内さんや杉山さんからの整合性についての御指摘は厳しいものがあると思いました。ありがとうございま

366

す。

日下部 不整合さがあるのではないかというのは、そうかなと思うのですけれども、恐らく、現行のやり方で言うところの付調停の決定をするというプロセス自体が、1つの歯止めといいますか、現行の扱いを正当化する理由の1つにはなり得るのかなというようにも思っているところです。

　実際の運用がそれに沿っているのかどうかという点については、私は分かりかねますけれども、当事者の間で和解の機運が醸成されていて、もう少しで和解が成立するが、もどかしいところでうまくいかないという状態になったところで、付調停の決定をしているということであれば、その決定なしに和解に代わる決定ができるという制度を導入する場合との違いは説明し得るのかなとも思います。もちろん、新たな和解に代わる決定を導入するのであれば、その要件の中に、和解の機運が十分に醸成されたことといったものを入れると、結局、同じことになり、正当化できるのかもしれません。

　実際、そのような要件を入れるということも、大分議論された記憶はあるのですが、やはり、和解に代わる決定をすることの前提として、当事者間での和解がほぼ達成できかけているといったことをうまく捕捉できるような、そういった制度の仕組みが、いずれ求められるのではないかと思います。

橋爪 先ほどの私の発言が、17条決定をすることにお墨付きをもらったという趣旨で言ったつもりはなかったものですから、そのような印象を与えたとしたら、すみません。ただ、部会の場で出ていた御懸念というものが、仮にこういった制度を正面から認める立法をした場合には、将来的にこういう懸念もあるのではないかということで、いろいろな御意見は頂いたのですけれども、今現在、裁判所が、付調停にした上で17条決定をしている事案について、和解の機運が醸成されていないのに裁判所から無理やり和解を押し付けられているといったような、現在の運用が不当であるといった御指摘はなかったように記憶しています。その意味で、現在の実務は、比較的そういった運用面について、きちんと配慮してやっているのではないかといった、われわれの認識を申し上げた上で、そうであれば、今後とも引き続き、適切な運用を図っていきたいという趣旨で申し上げました。

垣内 先ほど、日下部さんが言われた付調停の決定というワンステップを経ることが正当化の理由になるのではないかという点は、部会でもそういう御発言

XV 訴訟の終了

もあったように記憶しております。ただ、私自身はそれは和解に代わる決定の
要件設定をどうするかという問題であって、付調停という形式を取れば、実質
は同じことができるということでは、やはりどうなのかという問題意識を持っ
ておりました。

　ただ、付調停と 17 条決定というのは、いかにも便法的な色彩を伴うことは
否定し難いところで、その便法的なものであるという意識そのものに、慎重な
運用を促すという実際上の効果が、もしかするとあるのかもしれません。正面
から新たな和解に代わる決定の規律を設けたときに、そうした側面は払拭され
るということもありますので、それが実際問題として、どういう形で運用に影
響していくのかという観点は、もしかするとあり得るのかもしれません。

XVI　法定審理期間訴訟手続

笠井　この改正は、公益社団法人商事法務研究会でのIT化研究会の報告書で、計画的かつ適正迅速に紛争を解決するために訴訟手続の特則を設けることが検討課題として提案され、その後、法制審議会部会の審議と国会の法律案の審議での賛否両論の議論を経て、民事訴訟法に381条の2から381条の8の規定が加えられたというものです。この特則に関する条文案の策定までには、法制審議会部会で、名称もいろいろと変遷しましたが、その内容として、要件（そこには、対象事件の範囲や訴訟代理人の要否も含みます）、審理手続や通常の手続への移行の在り方、電子判決書の記録事項、不服申立方法等について様々な案が検討の対象とされ、活発な議論がありました（具体的な議論の内容につき、垣内秀介「民事訴訟における手続の簡易化に関する覚書——法定審理期間訴訟手続の創設を契機として」曹時74巻6号〔2022年〕1209頁以下参照）。

　そこでは、一定期間内に攻撃防御方法を提出するものとすることが当事者の攻撃防御方法の提出権を中心とする審理の充実や公正な手続、ひいては判決内容の適正等を損なうのではないかという懸念が示され、また、今回の改正で制度化する必要性や立法事実はないのではないか、制度の実効性と当事者への手続保障とは両立できないのではないか等の指摘もされました。そのような議論を経て、法定審理期間訴訟手続の制度が創設され、2026年3月までに施行されることが見込まれます。本研究会で取り上げてきた令和4年法律第48号による民事訴訟法等の改正に係る法律案の提案理由説明にあるように、「民事訴訟手続等の一層の迅速化及び効率化等を図り、民事裁判を国民がより利用しやすいものとする観点から」の改正の一環を成すものであり、当事者双方の申出等に基づき、一定の事件について、手続の開始から6カ月以内に審理を終え、審理の終結から1カ月以内に判決の言渡しをする制度であるということになります。そこで、本研究会の最後に、この制度について検討できればと存じます。

先ほど挙げたような各事項を分けて議論をすることもあり得るのですが、制度全体が、立案過程で示された懸念に対応することをも考慮した内容として設計されていると理解できますので、まずは、制度の全体について皆さまから御意見を頂いて、その中で、個別に取り上げるべき事項を必要に応じて挙げていただき、その後で、それらの個別の事項を議論できればと思います。

では、まず脇村さんから、法制審部会での審議の状況、制度の内容と趣旨等について、御説明をお願いいたします。

◆法制審部会での議論の概要・改正法の内容

脇村 法制審部会におきましては、第1回会議からこの項目について取り上げられており、多くの時間を割いて御議論されたものというふうに承知をしております。また、議論の内容につきましても、一定の制度を設けることの必要性に対する議論、あるいは、そういった制度の必要性を前提とした要件についての議論といった点で、いろいろな議論がされており、部会資料等についても、様々な提案がされてきたというふうに承知をしております。

中間試案におきましては、大きく3つの案が提示され、パブリックコメントにかけられました。1つは、いわゆる甲案でございますが、手続全体を1つの特則として法定をし、一定の手続を法定して組むというものを提案したものでございまして、原告が第1回の口頭弁論の期日までに、新たな手続をとることを希望する場合には手続を開始するですとか、審理期間を6カ月とすること、また、証拠調べについても、即時、取り調べることができるなど、そういったものについての、1つの制度というか、法定の手続を組むということを提案したものでございます。

乙案は、一定の制度を組むことというよりは、そういった制度を組んでいくというか、審理計画を定めることを義務付けるものでございまして、そういった審理計画を定めるに当たっては、当事者双方共同の申立てによって、開始するという意味で、何か特定の法定手続というよりは、そういった事案の解決に向けた協議をしていくと、そういった制度について提案されたというところでございます。

丙案は、そういった制度を設けない、そういったものでございまして、特段規律を設けないという中では、必要性がない、あるいは、必要性があるとしても、運用でやるべきではないか、そういった様々な御意見から、こういった提

案がされたものというふうに承知をしております。

　その後、パブリックコメントの結果を踏まえて、議論がなされたところでございますが、最終的には、一定の制度を設けるということを前提に、先ほど言った甲案・乙案のどちらかというよりは、それぞれのいいところなどを抽出しながら議論されたものかと思っていまして、まず、全体として、一定の法定の手続を設けるという方向で議論がされる一方で、手続開始に当たっては、当事者の意向を酌むという前提で、当事者双方の希望がある場合に限って、制度を利用することができるということにしてはどうかといったことになったところでございます。

　また、手続の期間を法定することにいたしましたが、証拠調べの対象については、特段制限を設けないということになりました。また、最終的には一定の期間で手続を終えるということにしつつ、その手続を終えた結果、あるいは、手続の途中についても、通常の手続に戻るといったことも、併せて組み込まれた形で、最終的には当事者双方が希望する場合に限って、法定の手続を使うということになったというふうに理解をしております。

　恐らく、この後、いろいろな要件について御議論があると思いますので、差し当たりとしてはこの程度にさせていただければというふうに思っております。

笠井　それでは、続きまして、橋爪さんから、裁判所としての改正案策定への対応や、改正法の内容の受止めについて、御説明をお願いいたします。また、今後の運用等に関して、可能な範囲で、現時点での見通し等についても、御説明をお願いできればと思います。

◆裁判所の対応・受止め

橋爪　現在の民事訴訟については、審理期間の長期化傾向ですとか、終局までの見通しが立たなかったという利用者の意見があるなどの問題点が指摘されており、裁判所としても、これらを重大な問題と認識しています。改正法で創設された法定審理期間訴訟手続は、そのような問題に対処し、審理期間に対する利用者のニーズや期待に応えられるような枠組みを備えるという意味で、大きな意義があると考えています。

　先ほど、脇村さんから御説明があったように、具体的な制度設計については、中間試案では甲案・乙案といった2つの案が示されて、それらを基に活発

371

な議論が進められました。中間試案のパブリックコメントでは、全国の裁判所からは、甲案に賛成する意見が多かったところですが、裁判所としては、具体的な制度設計については、いずれか一方の案にこだわることなく、望ましい制度の在り方について、柔軟に議論したいといったスタンスで、部会に臨んでいました。

改正法で成立した制度は、6カ月という審理終結の時期が法律上、明確に定められている、また、この手続における判断が通常の判決とは異なる特別な形のもので、これに対する不服申立てが異議になっているなど、通常の訴訟手続とは異なるファストトラック的な制度であるといった甲案の要素と、他方で、手続開始要件として、当事者双方の申出・同意を求めた上で、当事者は手続の開始後も、いつでも通常の手続による審理への移行を求めることができるなど、当事者のイニシアティブを強く保障した乙案の要素を組み合わせたものとして、バランスの取れた制度が出来上がったものと理解しています。

改正法では制度の大枠が定められましたが、これに対応する規則事項としても、現在検討している内容がありますので、後ほど、個別の事項の議論の中で必要に応じて発言していければと思っています。

いずれにしても、法定された6カ月という審理期間で必要十分な審理を行うための具体的な方策については、規則のみならず、運用上の検討が不可欠であると思っています。今後、裁判所内部でも検討を急ピッチで進めていかなければいけないと考えていますが、この手続で審理を進めるためには、法定された期間内で中心的な争点について、集中・充実した審理を行うため、通常の手続にも増して、訴訟代理人である弁護士との協働が不可欠であると考えています。ですので、今後、改正法の施行までに、弁護士会と緊密に連携して、運用イメージについての議論を深めて、認識を共有していくことが重要と考えています。

笠井　それでは、日下部さんから、弁護士として、及び弁護士会としての改正案策定への取組や改正法の内容の受止めについて、御説明をお願いできればと思います。また、今後、問題となると思われる事項等についても、御説明をお願いいたします。

◆弁護士・弁護士会の対応・受止め

日下部　法定審理期間訴訟手続は、中間試案の段階では、「新たな訴訟手続」

と仮称され、その内容も先ほど来、言及のありましたとおり、甲案及び乙案の2種が示され、そうした訴訟手続を導入しない丙案も併記されておりました。日弁連は、丙案は支持しませんでしたが、甲案には反対し、乙案もそのままであれば賛成できないとの意見を述べておりました。改正法が定める本手続は、中間試案における甲案とも乙案とも異なるため、これについての日弁連の受止めを一言で表すことは困難です。

しかし、本手続の導入に反対していた弁護士が最も憂慮していたのは、憲法32条が定める裁判を受ける権利が実質的に損なわれる事態でありましたので、本手続が施行された後の運用状況は注視されるものと思います。

その上で、先ほど来、この手続が導入されるに至る経緯での議論状況の御報告がありましたが、私もそれについて、思うところを述べたいと思います。審理の迅速化及び効率化を図るための立法上のアプローチは複数あり得たと思いますが、法制審の部会で議論していた際には、おおむね2つのアプローチが様々な角度で議論されていたのではないかと考えています。

1つのアプローチは、審理期間をあらかじめ固定した手続を設け、それを利用すること自体が一定期間での審理の終結をもたらすというものだったかと思います。もう1つのアプローチは、当事者と裁判所が審理計画を協議の上で定め、計画的に審理を進めることで、結果として、審理期間の短縮を期待するというものだったかと思います。

改正法が定めた本手続は、その名のごとく審理期間を法定するものであって、どちらのアプローチかといえば、前者のアプローチによるものかと思います。審理期間が法定される点で特別な手続であって、条文上も、第5編の手形小切手訴訟、第6編の少額訴訟に続き、第7編に位置付けられ、通常手続への移行や判決への不服申立てなどの諸点で、他の特別な手続との共通性が持たせられているかと思います。その意味では、民事訴訟法の中では、1つの新たな特別な手続として配置されて、美しいようにも感じるのですが、審理の迅速化及び効率化に資するかどうかは、実務的に考える必要があると思っています。

個人的には、審理期間を固定するアプローチを取った場合には、固定された期間内に審理を終えられる見込みのない事件は対象外になってしまいますし、もともと短期での審理終結が見込まれる事件において、審理期間を固定する、すなわち、その中では判決言渡期日をあらかじめ定めるといった扱いをします

373

と、かえって審理が長期化する恐れもあり、使いにくいのではないかと懸念しておりました。むしろ、どのような事案でも計画的に審理を進めることを可能とする、審理計画を定めていくというアプローチのほうが、利用可能性が高く、実際に、国際仲裁では審理計画を立てることが当然となっていることにも照らしますと、実務的でもあると考えていた次第です。

日弁連の意見も、審理期間を固定することには反対し、審理計画を立てることに重点を置くべきというものでしたので、その意味では、先ほど申し上げました2つのアプローチのうちの後者のほうに寄ったものであったと思います。

なお、審理計画を定めるということ自体は、現行法でも何ら妨げられませんので、規律を設けるということであれば、当事者の合意がある場合に、裁判所に審理計画を定めることを義務付ける内容とすることも考えられ得たように思います。現行法147条の3第1項における審理計画を定めなければならない場合として、「当事者双方の申出があるとき」を加えるといった、非常にシンプルな規律もあり得たのではないかというように感じている次第です。

先ほど申し上げましたとおり、新たな法定審理期間訴訟手続の制度が導入されましたので、今後、これをどのように活かしていくのかということに関しては、橋爪さんからも言及がありましたとおり、裁判所と弁護士会の間で実務的な協議をし、認識を共有した上で、協力的にこの手続の有効な活用を考えていくことが建設的だろうと考えている次第です。

笠井　それでは、垣内さんから、以上のような改正法の内容をどのように受止めているか、また、問題となると思われる事項等があるかについて、御自由に論じていただければと思います。

◆研究者の受止め・問題意識

垣内　先ほど、橋爪さんからも御指摘がありましたけれども、背景としては、近年、裁判の審理期間が長期化しているというようなこと、あるいは、利用者の目から見て、審理期間の短縮、あるいは、審理期間についての予測可能性の向上といった点へのニーズの存在が窺われるというような事情が存在していたところかと思います。そうした利用者のニーズについては、私も関わっている民事訴訟の利用者調査というものがありまして、最新のデータとしては2021年に行われた調査がありますが（菅原郁夫監修『手続利用者から見た民事訴訟の実際——2021年民事訴訟利用者調査』〔商事法務、2023年〕参照）、それに

よれば、一方で、裁判結果についての満足度については、47.0％の回答者が
「とても」又は「少し」満足している、としていますが、その一方で「日本の
民事裁判制度は、国民にとって満足のいくものだ」との回答は、「少し」を入
れても 24.8％にとどまっています。結果そのものには満足していたとしても、
制度には満足していない回答者が少なくないということになります。その原因
を示唆する点として、裁判期間の評価に関する質問では、「やや長い」あるい
は「長すぎる」との回答が 53.5％に上り、「合理的な範囲」だとの回答は
28.0％にとどまること、また、裁判が始まった時点で期間について予想がつい
たかどうかについて、「まったく予想がつかなかった」が 60.0％に上り、「はっ
きりと」あるいは「ある程度」予想がついていたとの回答の合計である 40.0％
を大きく上回っていた点が挙げられます。さらに、裁判が開始されるに当たっ
て、ためらいやできれば避けたいという気持ちがあったかどうかについては、
48.8％の回答者があったとしており、その理由としては、「時間がかかる」とい
う点を挙げた回答者が最も多く（81.8％）、費用その他の懸念を押さえてトッ
プでした。こうした数字は、訴訟手続の迅速化や期間についての予測可能性
向上へのニーズが一定程度存在することを窺わせるものと言えます。

　そうしたニーズがあるとして、問題はどういう形でそれに応えるかというこ
とですが、そもそも全体として、民事裁判の IT 化それ自体が、様々な面での
効率化ですとか、あるいは、関係者の行動変容の契機となるということを通じ
まして、全体として、審理の迅速化あるいは充実化をもたらす可能性が期待さ
れるという面はあろうかと思います。

　ただ、IT 化に伴って、民事訴訟手続全般を今回見直したわけでありますの
で、この機会に迅速化と予見可能性の向上という点に焦点を当てた規律を導入
するということは、時宜にかなったものであったと考えております。

　もっとも、これも御紹介がありましたけれども、立案に当たっては、一方で
そうした手続を導入することの弊害に対する懸念、より具体的には、審理の迅
速化に伴って審理の質が低下したり、あるいは、当事者の手続保障が過度にあ
るいは不当に削減されたりするのではないかといったような懸念と、他方で
は、逆に手続の実効性、つまり、審理の迅速化や期間に関する予測可能性の向
上という目標が、十分に達成されるのかという点について、いずれについても
疑念が示されてきたところで、両者をどのような形で調整するのかという課題

があったように思います。

　結果として、創設された法定審理期間訴訟手続は、当事者の広範な選択の余地を認めるという点、あるいは、対象事件について意思決定の適切性を確保するという観点から、絞りがかけられているということ、いったん手続が開始されましても、通常の訴訟手続への復帰の余地が幅広く認められておりますし、判決に対しては、異議申立てに加えて、更に異議後の判決に対する控訴も認められているということで、通常の手続における手続保障を受ける可能性というものが、重層的な形で保障されたものとなっております。そういう意味で、手続保障の観点からは、かなり慎重な規律を採用したという評価ができるかと思います。

　ただ、その分、それが実際に審理期間の短縮であるとか予測可能性の向上という所期の目的を、十分に達成できるかどうかということについては、実際に手続を行っていく当事者、そして、裁判所の努力に委ねられているという面が大きなものになっているかと思います。当事者は選択の自由があるわけですけれども、積極的にこの手続を選択されるかどうか、それが現実的に期待できるのかという点は、ふたを開けてみないと分からない部分もあるように感じております。

　先ほど裁判所において、施行に向けて、運用方法などについて、弁護士会とも連携しつつ検討を進められているというお話もありましたので、是非、そうした検討が良い形で進み、一定の魅力ある選択肢として、この手続が活用されていくということを期待したいと考えているところです。

笠井　それでは、杉山さんから、以上のような改正法の内容をどのように受け止めているか、また、問題となると思われる事項等があるかという点について、御自由に論じていただければと思います。

杉山　まず、個人的に興味深いと思ったのが、この提案自体が裁判の利用者である当事者側の立場の弁護士さんではなくて、裁判所の側から出されたこと、また、裁判所側から多くの支持があったことです。

　確かに垣内さんが先ほど御指摘されたような利用者調査の結果などを見ると、審理の終わりの期間が見えるようにすること、予測可能性を高めることによって、民事裁判の魅力が高まり、近年裁判離れと言われている中で、裁判の利用促進につながるのではないかという点には共感する一方で、現行法で審理

期間が長くなっている原因、特に計画審理とか審理計画という制度があるにもかかわらず、それが活用されていないのは一体なぜであるのか。その原因をきちんと追究し、現行制度に問題があるのであれば、その点を見直す、例えば要件を見直して審理計画が可能な事件の範囲を拡大する、あるいは、問題がないのであれば既存の制度を運用で活用することを検討すべきではないかと考えておりました。

　この点については、裁判所の側からは、現行の審理計画は裁判所主導で作るもので、当事者の協力がないとうまく機能しないとか、計画を作っても拘束力がないので機能しないというような説明があったようで、その辺りの問題点を修正することも考えられると思います。

　個人的には既存の審理計画の活用、あるいは、要件などの見直しという作業も依然として必要であると思っており、この点は今後の課題として残っていると思いますが、その一方で、当事者の合意に基づかない審理期間を定めている少額訴訟とか、労働審判の制度が活用されている中で、それに倣った制度に対するニーズはあると思われ、それほど強制的ではない形で1つの選択肢として、法定審理期間の制度を入れることは、裁判の利用の促進にもつながるものと思います。

　この制度をめぐっては、賛成意見も反対意見もあることは承知しており、特に反対意見の論者の懸念も理解できるところはありますが、最終的にまとめられた制度は、利用できる事件類型について絞りもかけておりますし、裁判所がある程度チェックして介入することも認められております。また、通常訴訟への移行も広く認められたり、不服申立てとして異議が認められている点など、特に手続の終わりのところで十分すぎるぐらいの対応をしていると思います。入口の同意の在り方については、もちろん検討する必要性は残っているかと思いますが、出口については十分な手続保障があると思います。

　研究者の作業なのでしょうが、この制度の導入に対して反対論者が多かった背景に、諸外国の制度について十分に調査して提示できなかったことも影響していると思います。簡易な訴訟手続についての比較法研究については、垣内さんの先行研究はございますが、例えば、アメリカにはサマリージャッジメントの制度が、イギリスでもファストトラックの制度があり、イギリスの制度では期間も詳細かつ厳格に定められてはいるようなのですが、事前に裁判所からの

377

説示があったりします。法制度とそれを支える実務を紹介し、このような多様な選択肢を設ける意義が説明できれば、より理解を得やすかったかもしれないと思い、今後の課題も認識したところです。

実際にこの制度がどの程度、またどのような事件で活用されるかは、ふたを開けてみないと分からないところですが、既に御指摘があるように、当事者間でADRを利用したけれどもうまく合意が形成できなかった争点について裁判所の判断を仰ぐためにピンポイント的に使うといったことが期待できるところですが、他方で、そういう事件であれば、そもそも、このような法制度がなくても早く終わったのではないかと思われます。もちろん判決を簡略化できるなど付加的なメリットはありますが、このような新しい制度ができることによって、この制度の利用が想定される事件以外でも、まずは事前にADRを利用しつつ、裁判はなるべく短期間で終わらせるといった形で紛争解決をする選択肢も、広がっていくのではないかと思います。

もちろん、既に御指摘があったように、裁判所の負担や他の事件への影響なども懸念されているところですが、裁判所からはこの制度の運営に当たっては全面的な協力があると思われますので、特に当事者代理人の弁護士さんについては、かなりの覚悟は必要になるかと思いますが、積極的に協力して手続を進めていくことが必要になっていくと思います。そして、この制度ができることによって、タイムチャージ制など弁護士費用の在り方とか、さらには、働き方なども変わっていくと思いますし、今後の課題ではありますが、反対意見の論者が指摘していたような、迅速な審理を可能にするように証拠開示制度等を充実させていくことも必要であると思っています。

笠井　それでは、少し個別の問題点の御指摘などを頂きながら、議論ができればと思います。まず、日下部さんから、お願いできますか。

◆訴訟手続外での合意の効力について

日下部　ありがとうございます。それでは私のほうから、この手続を利用する上での要件に関わる問題意識を、1つ述べさせていただこうと思います。この手続を利用する上では、当事者の合意、より具体的に言えば、当事者双方の申出、又は一方の申出と相手方の同意が必要とされているところです。そうした申出や同意は、訴訟手続の中で行われることが当然想定されるのですけれども、実務的に言えば、訴訟手続の外で、当事者間で一定の合意がなされるとい

うことも考えられるところです。

これには、端的に本手続を利用することが合意される場合と、その利用の申出又は同意をすることを当事者に義務付けることが合意される場合が考えられるかと思います。また、それに加えて、通常手続への移行の申出をしないという不作為義務が合意されることも考えられるかと思います。合意の時期としましては、紛争が発生する前であることも、紛争発生後であることも考えられますし、合意が当事者本人によりなされることも、訴訟代理人によりなされることも考えられるところです。訴訟手続に関する様々な合意と同様に、そうした合意の解釈が問われることになろうかと思いますが、その際には、私法上の効力と訴訟上の効力を区別して検討する必要も出てき得るのではないかと思っています。

このような問題意識を持ちました理由は、本手続の利用に一定の価値を見いだし得る当事者としては、紛争の発生後あるいは紛争の発生前に、自らあるいはその相手方をして、この手続の利用をあらかじめ合意しておくことが、特に、契約実務においては十分に予想されるからです。そうした実務は、事業者間での契約においても考えられ得るところですし、事業者と消費者の間では、本手続の適用対象外になり得るものの、消費者には当たらないけれども、非常に消費者的な事業者も考えられるところですので、このような訴訟外での合意の問題を検討する必要性はあるのではないかと考えている次第です。以上、問題意識を申し上げました。

笠井 それでは、今の日下部さんの問題意識は重要な点だと思いますので、皆さまからいろいろ御意見を頂ければと思います。

脇村 今、御指摘にもありましたとおり、この法定審理期間訴訟手続は、そもそも論として、当事者双方による手続を求める申出、又は当事者一方による手続を求める申出と相手方の同意が訴訟上されることが要件となっているところでございます。これと事前にされた合意との関係につきましては、恐らく、法制審議会で明示的な議論があったというものではないと認識をしております。

もっとも、国会審議で１度取り上げられており、答弁がされています。政府参考人のほうからは、あくまでも法定審理期間訴訟手続は、当事者双方の申出又は同意がある場合に限って、開始するとされており（381条の２第２項）、この当事者の合意は訴訟行為ですので、当事者が裁判所に対して書面又は口頭

379

で同意等をする必要があり、法定審理期間訴訟手続の利用を義務付ける内容の契約を訴訟外で締結したとしても、それだけで当事者が法定審理期間訴訟手続による審理及び裁判をすることに同意したのと、同一の訴訟上の効果は認められないというようなことを答えております。

恐らく、また議論があると思うのですが、今回の制度につきましては、そもそも論として、申出等があり開始したとしても、その後に、通常手続移行をすることができるということを認めていることからしますと、少なくとも、裁判の前に合意したからといって、直ちに法定審理期間訴訟手続の利用が義務付けられるというのは、難しいのかなということもあって、あのような答弁になっているのではないかと思っています。

あと、訴訟上の行為と私法上、実体法上の行為を区別する場合に、問題としては、訴訟上の効果が発生しないという、仮にその前提に立ったとしても、実体法的に何か効果が生じないのかという点については、確かに、実体法上の行為そのものとしてのみ検討するということも考えられるのかとも思うのですけれども、そもそも論として、訴訟制度においてそういうふうに組んだものについて、そういったことも踏まえながら、実体法上もその効果については検討しないといけないのかなと思っているところです。

杉山 従来の訴訟契約論とか訴訟行為論によると、また、この制度を利用するための同意等の時期に特に制限がないことから、事前に契約条項で同意について定めることもできるはずですが、その構成としては法定審理期間自体を利用することを義務付けるというのは難しく、せいぜい当事者に同意をするとか、あるいは、申出をすることを義務付ける契約をしたと構成するのではないかと思います。つまり、その他の訴訟上の合意と同じ取扱いになると思います。

ただ、そうであるとして、そもそも訴訟契約論を見てみると、事前に訴訟上の合意をした場合であっても、それらが全て直ちに有効となるわけではなくて、当事者の処分権があることに加えて、予測可能性を必要とする見解もありますし、あるいは、場合によっては、公序違反などを理由に制限をかけていく見解などもありますので、そのような形で制限をかける方法が１つあると思われます。

もう１つは、先ほど脇村さんがおっしゃったように、仮に契約上の義務があるとしても、当事者は移行申立てをすることができて、通常訴訟で審理をする

というオプションが当事者に与えられているので、そちらで救済できるとも言えます。ただ、このような救済を考える場合には、通常移行ができるということを、裁判所から当事者にちゃんと説示をしてあげることが必要となってくると思います。

　さらに、合意はしたのだけれども、入口のところで裁判所が、381条の2第2項にある、当事者の衡平を害するとか、適正な審理の実現を妨げるといった理由で介入して、法定審理期間を使わないこともできます。当事者が仮に合意をした場合でも、裁判所はそれを無視することもできるわけで、これも裁判所がどれくらいこの権限を行使するかによるかと思います。いずれにしても、そういう形で救済をするという余地は残されていると思います。

笠井　日下部さんの問題意識の中には、通常移行の申出もしないという合意もあったのですが。

杉山　それも当事者は通常移行の申出をしないという義務を当事者に課すだけでして、裁判所は、法定審理期間内での審理が困難であると判断した場合には、移行できるわけですので、裁判所に対しては義務付けができないと思ったのですが。

笠井　分かりました。それでは、垣内さん。

垣内　日下部さんの問題提起にありましたように、合意の有効性あるいは効果について、実体私法上のものと訴訟上のものは区別して議論する必要があるということかと思います。前者の実体私法上の効力については、消費者が関わる場合は別として、この制度の適用対象としては、いわゆる BtoB 紛争が想定されているということかと思いますので、その場合に、私法上の契約としてもおよそ無効である、と一般的に言えるかというと、それはなかなか難しいのではないかという感じがいたします。

　従来、不起訴の合意であるとか、あるいは、仲裁合意であるとかいった紛争解決の手続やその在り方に関する合意というものの有効性が、一定範囲で認められてきた。もちろん、対象が余りに無限定であるといったような場合には、先ほど、杉山さんからも御指摘があった公序の観点などから、有効性が認められないという議論もあったところで、一定の法律関係についてというような限定は、前提として必要かと思いますけれども、それを満たしている限りは、基本的には契約自由ということだとすると、私法上は一応有効だということにな

る場合があるのではないかと思います。

　ただ、問題は、訴訟法上、それがどういった効果を持つのかということで、訴訟に関する合意の訴訟法上の効力については、従来、かなり盛んに議論がされてきたわけですが、学説上は、訴訟法上、直接的な効力を比較的広く認める見解も有力でありますけれども、他方で、兼子説のように、訴訟法上の効力はないというのが伝統的な通説ということであったかと思います。ただ、兼子説の場合には、訴訟法上の効力はないとしつつも、不起訴の合意あるいは訴え取下げの合意という場合には、訴えの利益が失われるといったような、一種の間接的な効果を認めており、そうした兼子説的な考え方に親和的と見られる判例も存在するという状況であったかと思います。

　こうした考え方を前提とした場合、法定審理期間訴訟手続を利用する義務を課す、あるいは、その申出とか同意の義務を課すという合意を考えたときに、それが通常の手続で本案判決をするという利益を直ちに消滅させるというような形での効果を生じるかというと、それはなかなか説明としては難しいところがあるようにも思われますので、直接的な訴訟法上の効力、申出や同意をしたのと同じ効果を端的に認めるという見解に立たない限りは、なかなか訴訟上、直接的な、あるいは間接的であっても、効果を生じさせるということは難しいのではないかという感触を持っております。

　ただ、通常手続への移行について、その申立てをしないというようなものにつきましては、これは申立てをしない旨の合意というのは、様々なところで存在し、従来、一定の効果が認められるものもあったということでして、この法定審理期間訴訟手続との関係ですと、場面は異なりますけれども、判決に対する異議申立権の放棄については、これは明文でも規定が置かれている。手形訴訟に関する規定が準用されているということであったと思いますので、それに準ずるような形で効果を認める、したがって、移行の申立てができなくなるという議論も、およそあり得ないわけでもないように思います。

　ただ、先ほども御指摘がありましたけれども、そうであったとしても、裁判所の職権による移行ということは、妨げられないということにはなりますので、その意味では、その機能は限定的ということにならざるを得ないのかなというふうに思っているところです。

笠井　ほかには、いかがですか。橋爪さんお願いします。

橋爪　私のほうからは、日下部さんから問題提起のあったアカデミックな議論そのものについて、特段コメントする内容を持ち合わせていませんので、先ほど、杉山さんもおっしゃった、こういう合意の効果が問題になる事案について、裁判所がどのように対応することになるのかという観点からコメントさせていただきます。やはり、この手続で審理を進めるというのは、裁判所だけではなく、双方の当事者代理人にもそれなりの覚悟といいますか、熱意を持ってやっていただく必要があると考えており、その前提からしますと、本意ではないのだけれども、訴訟提起前にした合意の効力として、仕方なくこの手続での審理に応ずるといった当事者がいる場合には、裁判所としては、381条の2第2項に基づいて、この手続で審理を進めるのは相当ではないという判断をすることになるのではないかという気がします。

　その意味では、このアカデミックな議論の実際上の意義という点では、私個人としては、それによってこの手続での審理が行われるかどうかが異なってくるということは、余り多くないのではないかという印象を持ちました。

日下部　私の示した問題意識について、様々な御意見を頂きまして、ありがとうございます。私自身も、この問題については考えてきておりましたので、今までにお伺いしたお話を踏まえて、自分の意見を申し上げたいと思います。

　まず、訴訟上の効力に関してですけれども、国会における議論状況について脇村さんに御報告いただきましたのと同じように考えていたところです。すなわち、訴訟上の効力については、本手続の利用そのものが合意されている場合であっても、そのための申出又は同意をする義務が合意されている場合であっても、本手続の利用には裁判所に対する書面又は口頭による申述が必要である以上、合意それ自体では、手続要件を満たさない、すなわち、訴訟上の効力は生じないという考え方が、自然だと考えていたところです。

　これにつき、やはり気になっておりましたのは、訴えの取下げ契約に見られるように、当事者間の訴訟外での合意について、訴訟上の一定の効力を認める場合があるということと、どのように整合的に考えることができるのだろうかという点です。とても悩ましいと思っていたのですが、先ほど、垣内さんから1つの考え方を示していただいたところで、そのような観点からすると、通常手続への移行の申出をしないという合意に限って一定の訴訟上の効力を認めることもあり得るかなと思えました。もっとも、本手続の利用そのものやそのた

めの申出又は同意をする義務の合意と通常手続への移行の申出をしない義務の合意で訴訟上の効力の有無が異なるという結論は、実質的観点から、納得し難いようにも思われ、いずれについても訴訟上の効力は認められないという解釈でもよいのではないかと思いました。

また、橋爪さんのほうからは、当事者間で訴訟外で行われた合意について、少なくとも一方の当事者が、それを不服とするような姿勢を示しているときには、裁判所はその事件について本手続を利用しないように判断するのではないかというのは、おっしゃるとおりだろうと感じているところです。そうであれば、仮に通常手続への移行の申出をしないという合意に一定の訴訟上の効力を認めたとしても、裁判所による通常手続への移行の権限を失わせることはできないと考えられる以上、当事者が本手続の継続に真に不満を示しているのであれば、裁判所が自らの権限を行使することも合理的と思いますので、実務的に不都合な事態にはならないのではないかと思います。

他方、私法上の契約の効力については、なお難しい問題をはらんでいるのではないかと感じています。この点については、本来は訴え提起後に自由意思によって判断されるべき本手続の利用が、訴訟外の合意によって、実質的に強制されるおそれがあるということから、例えば、公序良俗に反するとして、無効という考え方もあり得るのかなとは思います。日弁連も、そのような考えを述べていたところかと思います。

しかし、他方で、そもそも裁判を受ける権利を放棄することになる不起訴の合意が有効たり得ると考えられていることなどに照らしますと、公序良俗に反するとして、契約の有効性を一律に否定するということは、困難ではないかと個人的に感じておりまして、一応、有効たり得ることを前提に、不適切な結果をもたらさない解釈を採っていくことが、求められるのではないかと思いました。

例えば、私法上は合意違反が生じたとしても、個別の事案の実情に照らして、損害賠償請求がされたとしても、損害の立証がなされていない、あるいは、違約罰の請求がなされたとしても、権利の濫用であるなどといった理由で、そうした請求を認めないという解釈も考えられるように思います。そのような解釈を、ほぼ所与の前提のように考えますと、結局のところ、私法上の効力を一律に否定することと近いかもしれません。

脇村 私法上、実体法上の効力は、本当に個人的な意見ですけれども、私も日下部さんと同じです。結局、通常の手続でやること自体は、いずれにしても否定されていないことからすると、この法定期間訴訟手続を採らなかったからといって、仮に、実体法上の契約が有効だとしても、何か法律上、損害賠償の請求などができるかと言われますと、多分、難しいのではないかなというふうに思っています。

個人的には、今回の立法経緯からすると、そういったこの法的な訴訟手続を利用する合意があったとしても、それを実体法上本当に有効という必要があるのかというふうに思っています。仮に、有効であるとしても、それに伴う法的効果を肯定することは、難しいのではないかというふうに思っています。そういった意味では、逆に合意をしているのだということを殊更強調して、無理やり申出をするような事態を防ぐためにも、そもそも訴訟上の効果はないのだということは、きちんと伝えていかないといけないと思っていますし、実体法的にも、当然、何か請求できるわけではないのではないかということについても、気にしないといけないのかなと思っています。

ただ、いずれにしても、先ほど橋爪さんがおっしゃったとおり、嫌がることを強制しても何も動かないということだと思います。

笠井 合意が守られれば半年で終わったのに、守られなかったので１年かかってしまい、その分、タイムチャージを幾ら払ったというような主張があったら、どうでしょうか。

脇村 仮に、実体法上有効であると考えたとしても、どういった事情であったのかなどについて立証等が必要になりますし、それが本当に正当に必要な行為であったということであれば、１年かかったとしてもそれに関して損害賠償というわけにはいかないと思います。そういったことを考えますと、実際には、損害等を立証して請求できるケースというのはないと言っていいのではないかと思います。損害の立証等も不要であるという意味の違約罰の意味合いであるという主張まであるのではないかという議論もあるのかもしれませんが、それをこの制度の上で認めていいのかというと難しいのではないでしょうか。個人的には、そう思います。

日下部 私自身は、この訴訟外での合意の違反を理由として損害賠償請求がなされたとしても、損害の存在なり額なりが立証できていないということで、そ

385

れが認められないという結論が、ほとんどの場合において妥当だろうというように思っています。

　より気になりましたのは、違約罰のときでして、この場合には、金額も固定化されているということですので、何らか別の理由がないと、その請求が認められないということにはなり難いように思います。そうなると、考えられる理由としては、権利の濫用など一般条項によるほかなくなってくるのかなと思っており、そこだけが、相対的には問題として残るかなと感じているところです。

垣内　難しい問題ですが、確かに、一般に損害の証明は難しいのではないかという点は、私もそのとおりかと思います。そのことを前提としたときに、実際に損害として立証できるようなものがない一方で、行っていることは訴訟法上認められた正当な権利の行使であるとすると、それによって特段損害が認められないにもかかわらず、違約罰として金銭を支払う義務を課すというその条項なり合意というものが、これは裁判手続の適切な利用の権限を不当に制約するものだという評価の対象となり、公序に反するといったような考え方も、あり得る感じもいたします。

　他方で、先ほど余り区別して述べなかったのですけれども、法定審理期間訴訟手続を利用することの合意というものについて、これは先に杉山さんからそういったものは難しいのではないかというお話がありました。この手続を利用する、つまり、「利用する」というのが何を意味するかにもよりますが、実際にこの手続を行うということで申しますと、確かに、当事者の申出や同意は要件にはなっておりますけれども、それによって、裁判所は必ずこの手続によらなければならないという規律にはなっていませんので、その意味では、この手続によるかどうかは、当事者の完全な処分に委ねられているとは必ずしも言えません。このことからすると、これについて合意をしても、私法上もそもそも効力がないという考え方もあるのかもしれません。

　他方、申出をするかどうか、あるいは同意をするかどうかということについては、一応、当事者は処分できる事項ではあると思いますので、初めから合意そのものが一律無効だというのは、なかなか言いにくいのではないかというのは、先ほど申し上げたとおりです。

　もう１つ、理論的には、これもおよそ現実性はないと思いますけれども、例

えば、同意あるいは申出の意思表示をするという義務があるので、その義務を強制執行によって実現する。ですから、意思表示を求める訴えを提起して、その確定判決を持っていくということができるのかどうかという辺りが、論点になり得るかなと思います。ただ、この手続を使うために訴訟をするといったことはおよそ非現実的だと思いますし、確定判決で意思表示がされているからといって、この手続を進めると裁判所が判断されるとは、到底考えられないようにも思いますので、あくまで理論的な教室説例ということなのかなと思います。

杉山 同じような意見になりますが、確かに、私法上の契約であり当事者に同意や申出を義務付けたとしても、損害額の立証となると、相当因果関係の立証は難しいでしょうし、違約罰としても、先ほどの御指摘のように、額によっては公序良俗に反する可能性もあるので、実際にどのような救済ができるかという問題はあると思います。それとは別に、この手続自体は、当事者が申し出ないと始まらないもので、当事者にある種の処分権があると言えますので、申出や同意を義務付ける契約を想定できないとか、そもそも無効であることにはならないとは思います。

　しかも、裁判所は介入こそできますけれども、除外事由がない限りは、当事者の申出があった場合には、この手続を開始する決定をしなければならないので、契約によって合意や申出等を義務付けたとして、それ自体は有効なのだろうと思います。ただ、実際には、それほど強制力がない合意にすぎないと思います。

笠井 他に、何かご補足などありますか。

脇村 今回、立法経緯からすると、合意があったからといって、訴訟上の効果は基本的に難しいのかなと思っています。そうだとすると、私法上、実体法上も基本的には法的効果がないという整理をしてもいいのではないでしょうか。訴訟で裁判所に申出等をした後でも、通常手続に移行できるということまで、これは当然決めたことからすると、実体法的にも法的効果が生じないと、強制的な効果が生じないと言ったほうが、端的ではないかなと思っているところです。

　途中で戻れる、通常移行をすることができるということを認めている点で、他の訴訟行為とは違うのかなという気がしています。ただ、そうはいっても、

387

実際そういった運用をされた場合にどう対応するのかは、正に橋爪さんがおっしゃったとおりのことかなと思います。

笠井 結論としてというか、実際の訴訟での機能として、あるいは、損害賠償請求も含めてということで、基本的には今までの話というのは、実際に機能する場面というのは、ほぼ想定しにくいだろうという、そういうお話だったかなと思っております。ただ、問題になり得るし、理論的にいろいろ考えなければいけない問題を含むことだと思います。

私も、私法上の合意としても無効としてもいいのではないかという、脇村さんのお話に共感を覚えるところがあります。訴訟での結果も含めて考えると、ある種の不能を義務付けるようなものであるという感じもしますので。履行不能が初めから決まっているようなものについて、私法上の効力を認めるべきではないのではないかという理屈も、ないわけではないと思いました。そういう意味では、こういう381条の2第2項の、当事者双方の申出又は一方の申出に対する他方の同意というのは、訴訟上でないと効力が生じないものとして組まれているという考え方も、これは脇村さんが言われた国会答弁のとおりかもしれませんけれども、そういう考え方が前提になると思います。皆さま方のお話は、理論的に勉強になりましたし、他方で、結局は、裁判所がこの手続に付さないか職権移行をするという対応をすることができるということも含めて、よく分かりました。

法定審理期間訴訟手続に関するほかの問題に移ります。それでは、橋爪さんから、規則のことについてお話があれば、お願いいたします。

◆想定される最高裁判所規則、判断事項の確認と通常移行後の判決との関係について

橋爪 それでは、ここで、今のところ、法定審理期間訴訟手続について、どういう規則の規定を考えているかということを、あくまで現時点の案ということになりますが、簡単に御説明したいと思います。先ほど、杉山さんからもお話があったように、この手続については、3回以内の期日において審理を終結しなければいけないという労働審判手続の特質と相通じる部分もあるかと思いますので、労働審判規則の規定が参考になるのではないかというふうに考えております。

そうしますと、労働審判規則にそれぞれ似たような規定があるのですけれど

も、労働審判規則2条を参考に、法定審理期間訴訟手続の申出ないし同意をする当事者の責務として、早期の主張とか証拠の提出を求める規定というものが考えられるかと思いますし、また、労働審判規則9条を参考に、申出や同意をした後速やかに、早期に紛争の全体像を把握し、実質的な審理に入るために資する情報を記載した書面の提出を求める規定を設けることが考えられるかと思います。また、法定審理期間訴訟手続により審理及び裁判をする旨の決定をした場合については、2週間以内に、381条の3の期日を指定するといったことが定まっておりますので、当該期日で、その後の進行に関し必要な事項についての協議を行うとか、それに先立って当事者に必要事項を聴取することができる旨の規定を置くことも考えられるかと思います。

　また、この手続で審理・判断の対象とすべきもの、これを主たる争点といった言葉を使って表現するとしますと、主たる争点との関係性を意識して、準備書面等の記載をすることや、書証についても、必要なものに厳選してもらうことを求めるような規定が、考え得るかと思います。

　最後に、法定審理期間訴訟手続の判決では、どういうことを判断すべきなのかという判断事項について、裁判所と当事者双方との間で確認するといったことが、381条の3の第4項で定められています。そのような判断事項の確認に当たっては、それに関する書面を、当事者の側に提出していただくということも考えられるのではないか、そういったことも現時点では考えております。

笠井　今の点について、何かほかの方からコメントや質問等おありでしょうか。

日下部　まず、今の審理の進め方に関して、この手続を利用する旨の申出や同意があった後、速やかに主要な争点などが裁判所にも伝わるような情報提供を当事者の義務とするというアイデアが示されたものかと思います。それが労働審判制度における既存の手続に範を得たものだということも承知しました。

　ただ、それが実務的にうまく機能するだろうかというところに、私自身は問題意識を持ちました。具体的に申し上げますと、労働審判手続の場合には、当事者双方ともにその事件の解決をできる限り早くしたいという思いが、当然に強くあるところだと思います。労働者について言えば、自らの立場・身分が不安定な状況になること自体が、大きなダメージですし、使用者のほうとしても、労働問題を抱えた状態が長期化するというのは、その他の労働者に対する

389

悪影響のことも考えますと、是非とも回避したいという、そういう状況かと思います。

その意味で、労働審判制度において、求められているような審理の促進策は機能しやすいと思うのですけれども、法定審理期間訴訟手続において、同じような仕組みを導入したとすると、うまくいく場面もあるかなと思うのですが、逆にこの手続を利用すること自体に伴う負担が増えるということが、当事者に嫌われる要素になってしまうのではないかという懸念も持ったところです。ここはバランスの取り方の問題なのかもしれませんが、本手続の利用において良かれと思って入れた仕組みによって、本手続がかえって嫌われてしまうということにならないかという懸念です。

それから、2点目として、判決に関してなのですけれども、判決で示すべき事項、具体的には、判決理由の中で判断を示すべき事項については、当事者と裁判所の間で確認をするということが、本制度の内容として入っているところです。その事項について、当事者に書面を提出させる形で確認するというアイデアを示していただき、それはあり得る話かなというようにも思いますが、他方で、これも当事者の負担感を強めるということになるとすると、この手続の利用がそもそも嫌われてしまう原因にもなり得るかなという懸念を持ちました。

判決理由の中で判断を示さなければいけない事項に関しては、もう1点、問題意識を持っているところがありますので、それも併せて言及したいと思います。今、申し上げましたような判断事項の確認がされた後、判決前に通常手続に移行したり（381条の4）、判決後の異議（381条の7）によって通常手続での審理に戻ったり（381条の8）した場合に、新たに下されることになる判決における理由がどのようになるのかというものです。理論的には通常手続に戻る以上、381条の5の適用の余地はなく、確認されていた判断事項に限られず、判決の理由が示されなければならないことになると思います。そして、確認されていた判断事項が限定的であり、通常手続の判決では判断理由を示さなければならない事項がほかにもあった場合、裁判所はその事項の判断のために、当事者に主張や立証を追加的に促さなければならなくなる事態もあり得るように思われました。

そのような事態は、審理の長期化要因となるため、裁判所としては、本手続

において、判断事項を確認する際には、結局、通常手続における判断事項としても不足がないように計らうということが、必要になってしまうのではないかというようにも思われたところです。この点がどのように運用されていくことになるのかは、先ほど橋爪さんがおっしゃった当事者との間で判断事項の確認をしていくというプロセスにも影響を与えるところだと思いますので、何らか考え方の御示唆などあればお伺いしたいと思いました。

笠井 判断事項の確認と通常訴訟に移行した場合の判決との関係というお話だったかと思います。この点について理論的には、今のお話の中にもあったように、普通の判決として、他の項目についても当然判決がされるということだと思いますけれども、今の点についてお気付きの点等ございましたら、お願いいたします。

　おっしゃるとおり、いわゆる争点について判断するのですから、判断事項として確認されているものと移行後の判決とで、争点としての摘示された事項とが異なるというのは、余り想定すべきではないと思います。判断事項の確認の際に、遺漏なきようやっておくべきだという話になると思いますが、何かコメント等おありでしょうか。

橋爪 私自身がよく分からないところなので、皆さんがどのようにお考えになるかということをお尋ねしたいのですが、私の中では、法定審理期間訴訟手続の判決において判断すべき事項を定めるに当たっては、6カ月での審理終結を可能にするということで、通常訴訟であれば、場合によっては争点になり得るような事項でも、この手続での審理・判断の対象からは除いて、本当に主要な争点に限って判断をしてほしいといった、そういう使われ方をすることもあり得るのではないかといったことを思っていました。例えば、損害であれば、額の大きな損害費目に限るといったイメージでして、その場合に主要な争点から漏れたものが、この手続の中でどういうふうに取り扱われるのかは、なかなか難しい問題がありそうな気もするのですが、6カ月での審理を行うときには、裁判所に判断をしてほしいのは、この部分だけなのだけれども、通常訴訟に移行した場合には、それ以外のある意味で些末なものも含めて全部判断することを求めるといったような使われ方というか、ニーズもあり得る気がするのです。その辺りは、恐らく、余り法制審の部会の場でも議論のなかったところと理解していますので、あくまで私個人のイメージを取りあえず話してみたとい

うだけなのですが。

笠井 そうすると、初めから通常移行をすることもあり得るという前提で、法定審理期間訴訟手続での判決をするというか、通常移行になるとまた別の争点が増えることもあり得るという前提で、判決をすることもあるという、そういうイメージですか、裁判官の立場からいくと。

橋爪 その場合には、大きな争点、主要な争点についてさえ裁判所の判断が早期に示されれば、それ以外の部分は、当事者間での合意ができていて、しかるべき形での解決が図られるといった場面を、基本的には想定していました。

笠井 それでも、そうはいかず、やはり通常移行させようということで、異議が出ることはあり得るということでしょうね。

橋爪 そうですね。その場合に、この手続での判断対象からは除かれた事項について、自白が成立していれば、もちろん、それは通常訴訟に移行した後の判決でも争いがないということになるのでしょうが、当事者の側が、この手続では裁判所の判断は求めないけれど、通常移行した場合の判決では、自白を成立させるという趣旨ではないですといったこともあり得るのかということを思ったりしました。

笠井 なるほど。ほかの方、いかがでしょうか。

脇村 そういった形で、争点を絞り込むということは、今、伺っていて、何かそんな違和感がある話ではないのかなと思います。

現在の実務でも、通常の手続において、訴訟代理人である弁護士が、ここについては、もう特に争わないということで、争点化しないということもあり得ると思いますので、そういった意味において、法定審理期間訴訟手続の中では争点化しないという合意をして、争点についてのみ裁判所が判断するということは、当事者のニーズには合致しているという気はします。

ただ、確かに特殊なのは、今回、もう１回、元に戻るということがあるときに、法定審理期間訴訟手続で争わないということにしたのだけれども、通常手続ではある意味、撤回していいかどうかという問題は残るのではないかという点です。その争わないというのは法的にはある意味で自白なのかもしれないと思ったのですけれども、自白だとしても、当事者間で戻ったときには別ですよという前提で争わないという合意をしているので後で撤回しても別にそれは許されるという解釈なのか、それとも、そもそも両者で争わないとしている点は

自白とは別のものなのかも、今、伺っていて少し考えていたのですけれど、いろいろな議論があるのかと思います。

笠井 事実について明確に自白をして争わないという場合と、いわゆる明らかに争わないという状態の場合とで、分けて考える必要があるような気がします。事実として認めると言った自白は、それは自白なのかなと思いますけれども、明らかに争わないというふうに言えるかどうかは、最後は口頭弁論を終結する時にどうかという話だと思いますので。自白の撤回と言うまでもなく、通常移行すれば、また争点になり得るということかなと思います。

ただ、その問題についての事実は認めますと言っていたのが、通常移行したからといって、撤回できますと、普通の撤回要件なしにこの場合だから撤回できますという、特別な撤回事由のようなものを認めていいかどうかは、また別の問題かなとは思います。

脇村 自白まではいかないけれども、明示的に争っていないケースについて、場合によっては、趣旨を確認するなどの作業が必要になってくるということかなと、今、伺っていて思いました。法定審理期間訴訟手続の中で、争点を確認するという場合には、それは、争点以外の他のものについては争いませんということだとすると、それを前提に判決をした後に通常の手続に移行した場合にその後に争いませんといっていたことについて撤回できるかどうかの疑義を残さないようにする工夫も、考えたほうがいいかどうかということなのですかね。

垣内 判断をすべき事項を確認するというのはそういうことですよね。何を争点にし、何を争わないということを確認するということなので。ただ、脇村さんが言われたように、あくまで、この法定審理期間訴訟手続での判決であることを前提として、そうであるということであれば、通常移行した場合には、ある種の撤回というか、解除条件の成就なのか分かりませんけれども、改めて争うということは、あり得るのではないかとは思います。判決前に通常移行する場合と、また別の問題として、判決に対して異議を申し立てた後に、何を主張していくのかということもありますよね。そこもなかなか難しい問題だと思います。

笠井 例えば手形訴訟・小切手訴訟だと、出せるものが法的に限られているので、判決後に通常移行した後に出せるのは当然のことで、判断事項もいろいろ

変わってくると思うのですが、法定審理期間訴訟手続の場合、どうかという問題ですよね。

脇村　①明白な自白が成立する場面と②そうではないが、少なくとも手続ではやる必要がないと思っているものと、③争っているものと合わせて3つぐらい、カテゴリーがあるのかもしれません。②については、場合によっては、後でもめることを考えると、事前に確認するという必要があるのかもしれない。ただ、そもそも移行した後に証拠を出していいという制度として作っている以上は、場合によっては、ずれていくということも仕方ないのかなという気もします。恐らく、事実上争わないとして、証拠を出さないケース、例えば、鑑定をしないので、その争点については、法廷審理期間訴訟手続ではもういいですとしているケースもあると思います。

日下部　私がこの問題意識を示させていただいたのは、第1審で法定審理期間訴訟手続がいったんは利用された事件の判決が控訴された場合に、控訴審裁判所にどう見えるのだろうかということを気にかけたことによります。控訴審の目から見れば、控訴審にかかっている第1審判決は通常手続の判決に基本的になっているはずですから、そのときに、判断理由が不十分であるというように見える事態になったら、よろしくないのではないか。それを避けるためには、第1審においては、法定審理期間訴訟手続が使われる場合であったとしても、通常手続と同じように、判断事項に不足がないようになっていないとまずいということになるのではないか。そう考えると、法定審理期間訴訟手続が進行している過程の中で争点を確認するときにも、あらかじめ不足がないようにしておくほうが、結局、審理の長期化を避ける上では良いのではないかという、そういう考えがあったからです。

　ただ、そのようにしてしまいますと、判断事項を確認するという制度を導入した意味を失わせてしまうことにもなりかねないところでして、どうすればよいのだろうと考えました。1つには、通常事件での判決にも十分耐えるだけの争点の確認をし、しかしながら、当事者間の争い度合いが低く、法定審理期間訴訟手続の中であれば、実際上はそんなに争いません、こういう結論でいいでしょうと当事者間で了解できる争点については、判断事項には入っているけれども、ごく簡単に判決では処理をするという整理をすることも、あるいは、あり得るのかなと思ったところです。

ただ、これは多分、実務をどうするのかというところに、かなり踏み込んだ話になっていると思います。私はこうかなというように申し上げましたけれども、本当にそれでうまくいくのかどうかについては、余り自信はありません。

垣内　判決前の通常移行ということですと、基本的には当事者が移行を申し出るか、場合によっては裁判所がということもあるのかもしれませんけれども、当事者がなぜ通常移行をしてくれと言うのかということにもよるかと思うのですが、一応、この法定審理期間訴訟手続の枠内で迅速にということであれば、その争点は落とすことになるのだけれども、やはり、この点もきちんと争っておかないといけないと考えて、それであれば通常でということで、移行を求めるということであれば、当然、通常移行をすれば、そうした争点が改めて追加される。そのことは、仮にそれ以前に、一応その判断すべき事項が確認されていたとしても、そこでの争点としないという確認の趣旨、当事者において、どういう意図であったのかということによっては、それは当然認めてよいのだろうと思います。

　他方、先ほど少し申し上げたのですが、判決に至るまではそういったことがなく、法定審理期間訴訟手続で判決をして、出てきた判断を見ると、やはり、不満であると。不満であるので、今度は徹底的に争おうということで、異議後の通常の手続で、今までは争点としないと言っていたものを、洗いざらい争っていくというような争い方はできるのかというと、理論的には何もなければそれもできるということなのかもしれないのですけれども、それが無制限に認められるということですと、問題があるような感じもいたします。場合によっては、そういった異議後に、異議前には争点としないと言っていたものについて洗いざらい争うというのが、時機に後れた攻撃防御方法だという評価を受ける場合があるのではないかというようなことも、考えているところです。ですから、異議前と異議後で、少し状況が違う面もあるのかなという感じもいたします。

脇村　まず前提として、今回、判決手続であることには変わりがないという前提で作りましたので、判決であることには変わりがありません。理屈的には、労働審判などと違って、やはり、法律に従った、実体法規に従った結論を出していただくということは変わりがないというところは、動かないのだろうと思います。そういう意味では、労働審判と、そこが多分、決定的に違うところな

395

XVI 法定審理期間訴訟手続

のだと思います。

ただ一方で、判決ですので実体法に従ってやらないといけないのですけれども、弁論主義が妥当している民事訴訟では、本当の事実と違うことでも、当事者が合意をする場合には、それは事実自体が動きますので、結論的に実際と違う判決が出るということは、当然、予定されていることかなと思います。法定審理期間訴訟手続でも、実体法に従った判断をしないといけませんし、裁判官はきちんと要件事実を詰めてやらないといけないはずですが、一方で、当事者が争っていないということについては、それを前提として判断をしなければならないという面では、正に皆さまがおっしゃったとおりではないかなと思っています。

ただ、とはいえ、先ほどから言いましたとおり、争わないということの意味が、今議論があったとおり、法定期間訴訟手続では争わないという、留保的なものを許容し得るということだとすると、それは撤回というのか、自白ではなかったというのか、そういう理屈はいろいろあると思いますが、場合によっては、通常移行後、新たな争点として顕在化するということは、あり得るだろうと思います。

ただ、例えば、垣内さんがおっしゃったとおり、争わなかった事実を全部やり直せるかというと、それは違うと思いますので、明白に自白しているケースは、当然、これはもう引き継ぐことになると思います。

橋爪 皆さんの意見を聞いて、大変勉強になりました。381条の3第4項の、この手続の判決において判断すべき事項の確認というものが、通常訴訟において争点整理手続を終える場合の確認と同じなのか違っているのかといった話は、部会でも確か議論があったかと思うのですが、私個人は、正直よく分からなかったというふうに受け止めています。

仮に、この両者が同じものだと考えるのだとすると、先ほど私が言ったような使われ方はおかしいという話になると思うのですが、あえて違う文言を用いていることですとか、この手続が当事者双方が合意して、その合意の下に進められていくといった特別な手続であることからすると、この判断事項の確認というのも、通常訴訟における争点の確認と常に一致すると考える必要はないのではないか、もちろん通常の争点整理の場合と同じように、証拠関係の有無や内容、若しくは裁判官の暫定的な心証開示によって、この手続の判断事項が定

まっていく面があるというのは、当然だと思うのですが、それにプラスアルファのこの手続に特有のものとして、6カ月で審理を終結させることを前提とした使われ方というのも、一概に排除しなくてもいいのではないかという気がします。

　ただ、そのような使われ方が可能という理屈について考えたときに、先ほど明確な自白とそうでないものとを区別するという御示唆も頂いたのですけれども、私のイメージとしては、究極的に言えば、この手続限りの自白といったものも、新たな制度が出来上がった以上、そんなにおかしくないのではないかと思ったりしたものですから、その辺りについて、皆さんがどうお考えになるか、御意見を伺えればと思った次第です。

　いずれにしても、それは当事者がそのような意思を明示的に示していた場合の話ですので、この手続での裁判所の判断が気に入らなかったからといって、従前の主張を自由に撤回できるというわけでは、当然ないと思います。その意味では、当初から、当事者が、この手続限りといった留保を付している場合ということが前提になろうかと思います。

笠井　ほかに何かおありでしょうかね。自白の撤回をどこまで認めるかは、いわゆるノンコミットメントルールとか、そういう話との関係でも出てきたように、撤回を認めてよいものがあるのではないかという議論もあります。今おっしゃったような、制度趣旨に鑑みての特則というのは、考え方としては、成り立ち得るように思いました。いかがですかね。なかなか難しい、興味深い問題提起をしていただきまして、どうもありがとうございました。

◆この手続による旨の決定後の最初の期日について

日下部　法的な問題提起ということではないのですけれども、実際に、この手続に基づいて審理を進めていくときに、審理の計画を議論するという期日において、どういうことを決めていくのかというのが、実務的に特に重要なのかなと思っています。これは、本手続に付する旨の決定がされてから、2週間以内に開かれることになる口頭弁論期日又は弁論準備手続期日における議論についての問題意識です。

　もしかすると、新しい民事訴訟規則の中で、こういうことを決めるのだといったことが、ある程度、示されるのかなとも思うのですけれども、私自身は、国際仲裁の実務が念頭にあるものですから、そこにおける議論に照らし合わせ

ると、おおむね各当事者が順々にいついつまでに主張書面と証拠書類の提出をすべきなのかということを、2往復程度、期限を決めて定めておくということが、思い浮かぶところです。

もう少し具体的に述べますと、国際仲裁では、通常、仲裁の申立書と答弁書が提出されると、仲裁人は、手続準備会合などと呼ばれる会議を開いて、そこで当事者との間で今後の審理をどう進めるかを議論することになります。私自身が仲裁人を務めるときの多くのケースですと、申立書と答弁書以外に、各当事者にそれぞれ2回ずつ主張立証の提出の機会を設けることが通常です。まず申立人が答弁書に対する主張立証を提出し、それに対する主張立証を相手方が提出し、その後に更にもう1往復という具合です。

そこまでやった後、更なる主張立証の機会をどうするのかについては、仲裁人が許可をしたときには可能という形にしておきます。多くのケースですと、各当事者から1回ずつは更なる主張立証の機会を与えてほしいという申出がされ、1回ずつは仲裁人として許可することが通常ですが、その上で更にもう1回と求められることは実務上余りなく、その後は証拠調べのための審問に進むことが多いです。

ただ、これは、審理期間を何カ月という具合に固定しているわけではなく、主張立証の機会をそれぞれ2回又は3回という形で回数で限定しているもので、審理期間の長短は各主張立証の機会のインターバルをどのぐらいに設定するのかということに影響されます。結果的に審理期間は6カ月だったり8カ月だったり1年になったりすることもあるという、こういうものです。審理期間を固定しているわけではないので、新たに民訴法に入る法定審理期間訴訟手続で同じようなことはやりづらいだろうなと思うのです。そうすると、法定審理期間訴訟手続では、具体的にはどのような事項を協議して定めて、審理をスケジューリングしていくのかということについては、まだ姿が見えておりません。これは、民事訴訟規則の改正の問題であるかもしれないですし、正に、裁判所と弁護士会の間での、どのような運用を形づくっていこうかという協議の議題にもなり得るところかと思うのですけれども、どのようにすることが望ましい姿なのかということについて、御意見を頂ければと思います。

笠井 国際仲裁の実情についても、御紹介いただいたところですけれども、どなたかから御意見などをお願いできればと思います。

398

橋爪 感想めいた話なのですが、どういった事案を想定して、この手続の運用イメージを議論するのかが、なかなか難しいなという気がしました。法制審の部会でも例として挙がっていたように、訴訟提起前から双方に代理人が付いていて、ある程度、実質的な交渉をしていたけれども、当事者間ではそれ以上詰めることができないといった点に限って、裁判所に判断してもらおうといったケースを念頭に置きますと、先ほど説明した規則案で言えば、手続の冒頭で当事者にある程度詳細な内容を記載したものを出してもらうということにも馴染みやすい気もしますし、そういったケースであれば、その後の２往復というものも、実はそこまで必要ないという話になりそうな気もします。

　他方で、そこまでしっかりした事前交渉が行われていない事案を念頭に置くのであれば、先ほどの日下部さんの御指摘にもあったとおり、手続の初めの段階で、当事者に書面を提出してもらうとしても、そこまで詳しい内容は書けないでしょうし、その後に主張立証を２往復程度させるのではないかというのも、実務的な感覚として、すごく理解のできるところです。その意味では、この手続の利用を開始するまでに、どの程度、当事者間の交渉が行われているかによって、少しイメージが変わってくるのかなといったことを思いました。

脇村 今回、法制審で議論された結果ですけれども、この法定審理期間訴訟手続を開始する時期については、結局、明文の規定を置きませんでした。もともとの立法経緯からすると、訴え当初から利用するのが一般的じゃないかという議論もあるかもしれない一方で、場合によっては、訴訟の当初は開始していないけれども、手続が進行した結果、ある程度、煮詰まった段階でやはり利用しようということも、使い方としては否定されていないということだと思います。正に、今、議論があったようなことも、ある意味、柔軟な、そういった使い方もできるのかなというふうには、聞いていて思いました。

日下部 おっしゃるとおりだと思いました。ある程度、審理が進んだ上で、もうそろそろお尻をつけましょうという形で本手続を利用するのであれば、その後の計画についても、あとお互い１回ずつ、このタイミングで主張立証しましょうということだけ合意すれば十分で、それまでの交渉の経過を裁判所に説明するなどということは、もはやその時点では全くナンセンスになっているかもしれないですね。非常に参考になりました。ありがとうございます。

笠井 実務の運用がどうなるのかは非常に興味深いところです。ほかに何か問

題提起はないでしょうか。

◆除外される「消費者契約に関する訴え」について

垣内 入口のところの話で、除外されている事件類型381条の2第1項1号2号で、特に1号、消費者契約に関する訴えに関して、部会の議論で、これが必要十分な範囲をカバーしているのかということについて、議論があったという記憶があります。関連する法令で、例えば、仲裁法の附則3条などで使われている表現とは表現ぶりが異なるということで、仲裁法の附則ですと、「消費者……と事業者……の間の将来において生ずる民事上の紛争を対象とする仲裁合意」（附則3条1項）というような表現が見られるところで、消費者と事業者の間の民事上の紛争というようなことになっています。

それとの対比において、この消費者契約に関する訴えというのが、広いのか狭いのかといったような議論があったように思います。私自身は、そもそも消費者が当事者となる事件を、一律に排除すべき理由がどこまであるのかということは、本来は議論の余地があるように感じておりますが、部会でその点についてはかなり慎重な立場があって、それを反映して除外しているということなので、そこはおくとしまして、部会における説明としては、基本的には、仲裁法等の表現と実質は変わりがないというような趣旨の御説明を伺ったような気もするのですけれども、そこは皆さん、どういうふうに御理解されているのかということを、伺いたいと思います。

笠井 民事訴訟法には3条の4という規定があって、そこに消費者契約の定義があるわけですが、今のお話については、まず、脇村さんにお願いできますか。

脇村 最終的には、この解釈自体はそこまでずらしているという感覚は正直ないところなのですけれども、制度が違いますので、それぞれの制度でどう考えていくのかというのが一番大きいでしょう。また、法定審理期間訴訟手続では、形式的に消費者契約に関する訴えに該当しないとしても、実質取り込むようなことができる、法定審理期間訴訟手続により審理及び裁判をすることが当事者間の衡平を害し、又は適正な審理の実現を妨げると認めるときとの要件がございますので、そういった意味では、最終的には形式的に当たらなかったとしても、別の要件で当たっていくということが少し違ってくるのかなと思いますので、余り仲裁との関係を、そこまでぎりぎり言わなくてもいいのではない

かとは思っています。

　また、仲裁も結局、消費者という概念を使っており、それが消費者契約と離れて使える文言なのかというのは、個人的にはそれは難しいのではないかと思っているところもあります。とはいえ、最終的には、それぞれの制度ごとに考えていることになり、法定審理期間訴訟手続においては、そういう格差があり得るということについて、排除しようという趣旨でございますので、それを基に議論していただければいいのではないかと、個人的には思っています。

笠井　仲裁自体も、仲裁合意があることが前提なので、契約的な要素がおよそ落ちているとまでは言えず、消費者と事業者の間で何らかの合意をする場面が前提になっているとは思います。契約という文言があるかないかは、重要な違いではありますけれども、ほかの方はいかがでしょうか。

日下部　今、思い出したのですけれども、確か、法制審の部会でも、いわゆる製造物責任訴訟のように、消費者と事業者の間に契約が特段ないという場合に、この手続の利用可能性が出てくるのかどうかという話があったかと思います。仲裁法における附則3条1項の規律に倣って、「消費者と事業者の間の民事上の紛争」を法定審理期間訴訟手続の適用対象から外すという規律にしたほうがよいのではないかという意見を私は述べた記憶があるのですが、実際は、民事訴訟法の中でもともとある3条の4第1項の定めに倣うといいますか、そこでの定めを生かす形での立法になったと承知しています。

　笠井さんから、先ほどの仲裁法の附則の関係でも、仲裁合意が存在しているという意味では、消費者と事業者の間に一定の契約関係があるということが、前提になっているのではないかという御指摘もありました。ただ、そこでいう合意はあくまで仲裁合意ですので、例えば、消費者と事業者の間に紛争が発生するまで何の契約関係もないけれども、仲裁手続を利用しましょうという合意だけが生じるということもあり得るわけですから、仲裁法の附則の規律に倣った「消費者と事業者の間の民事上の紛争」と法定審理期間訴訟手続の適用が除外されることになった「消費者契約に関する訴え」の状況には違いはあるように思います。

　いずれにせよ、立法としては、民事訴訟法3条の4第1項に倣う形になりましたので、あくまで消費者契約が存在しているということが、適用除外の前提として求められるということで、そこはもう変わりはないだろうと思います。

401

恐らくは、消費者と事業者の間で紛争が生じるときには、かなり多くの場合には、消費者契約の存在もあるのではないかなとも思うのですけれども、違いはあるということなのだろうと思います。

最後に感想めいた話なのですけれども、消費者関係や個別労働紛争関係の例外的な扱いは、いろいろなところで見られるかと思います。民事訴訟法の中でも、日本の裁判所の管轄権の規定（3条の4）や合意管轄の規定（3条の7）に現れていますし、先ほど話に出た仲裁法の附則（3条及び4条）もそうだろうと思います。加えて、今年（2022年）の4月21日に成立した改正法で改正された後の、裁判外紛争解決手続の利用の促進に関する法律における特定和解の執行力に関しても、同じような例外的な扱いが定められていると思います（27条の3）。

消費者関係や個別労働紛争関係については、消費者団体訴訟制度や労働審判制度のように、消費者や労働者の立場を考慮した特別な紛争解決制度が設けられていますが、他方で、仲裁、調停あるいは法定審理期間訴訟手続のように、一般性のある別種の紛争解決方法の利用については、これを排除したり抑制したりすることがかなり定着しているように思われます。そうした傾向は今後も続くのかなと思うのですが、それが常に、あるいは真に、消費者や労働者の利益になるかどうかについては、今後も個別的に検討する必要があることだろうと思っています。

笠井　垣内さん、いかがですか。

垣内　脇村さんの御説明は、文言が異なりますし、問題となる文脈も異なるということですので、当然、一対一で全て一致するというふうに考える必然性はないのだろうという御趣旨かと思います。あわせて、これも脇村さんから御指摘がありましたように、381条の2の第1項1号2号に加えて、第2項のほうで、この手続の立法趣旨を反映した形で、裁判所として事案の性質、訴訟追行による当事者の負担の程度、その他の事情に鑑みて適切でないものは除くということになっていますので、実質的には、こちらのほうである程度、調整が可能であるということなのかなと理解いたしました。ありがとうございます。

笠井　恐らく、製造物責任などの事案は、どのような製造物責任かにもよりますが、381条の2第2項のほうで外れることが多いとは思います。

XⅦ　おわりに

笠井　最後に「おわりに」ということで、全体のまとめ・感想などを、御自由に一言ずついただければと思います。ずっと連載をしてきまして、収録としては7回収録したわけですけれども、長い間どうもありがとうございました。では、まず、脇村さんからお願いします。

脇村　もともと私は、法制審議会の途中というか、終盤に入ったものですので、皆さんの議論を聞いていて、当初からどういった議論がされていたのかとか、そういったことを改めて勉強させていただいたなと思いますし、出来上がったものについても、改めて勉強させていただいたというふうに思っております。

　ただ、いずれにしても、今回は法律で全てが決まるわけではない。この後出てくる規則ですとかシステムですとか、あと、裁判官や弁護士などの皆さんの今後の議論に委ねられている部分がかなり大きいと思いますので、今後、使いやすい民事訴訟に向けた活発な議論をしていただきたいなと思います。

　また、今回、いろいろな改正がされたことによって、これまでの弁護士とか裁判官がやっていたやりようが、大分変わってくるのではないのかなと思います。例えば、今、ウェブ会議の利用が大分進んでいると思いますが、恐らく、弁護士の方の仕事のやり方は、少なくとも訴訟に関しては大きく変わったのではないかなと思います。システムを使った記録の管理がされていくと、弁護士事務所のファイル、記録の管理も変わってくるのではないでしょうか。法律が変わったということもそうですが、システムが変わることによって、皆さんの仕事のやり方が変わって、より効率的にスムーズに事件処理ができて、ひいては、それが利用していただける国民の皆さんにとっても、よりよい結果になるといいなと、個人的にはそう思っています。ありがとうございました。

橋爪　これまでも繰り返してきた内容になりますが、今回の改正法は、単に従来の訴訟手続を紙から電子に変えて行うというだけではなく、それによって不

XIII おわりに

可避的に審理や裁判の在り方自体の見直しも求められて、ひいては、より分かりやすく適正で迅速な裁判の実現も可能になるはずだし、そのようにしていかなければいけないというふうに思っています。

先ほど、脇村さんからの話もありましたように、ウェブ会議等を活用した争点整理手続は、すっかり民事訴訟の実務に定着しましたが、これを契機として、各地の裁判所では、現在の審理の在り方をよりよいものに改善していこうといった取組が熱心に行われています。2023 年 11 月に、支部も含めて全国の高裁・地裁への mints の運用展開が完了しましたが、mints を利用する代理人や事件が増えていくにつれて、電子記録に基づく審理というものが、より身近なものとして実感されていくのではないかと思っています。フェーズ 3 の施行も徐々に近づき、今後、システム開発作業も最高裁判所規則の制定に向けた作業も本格化していくことになりますが、それと並行して、IT 化された下での民事訴訟の審理運営のあるべき姿について広く議論していくことが重要だと思いますし、そのような営みを通じて、民事訴訟の新たなプラクティスの実現を目指していきたいといったことを裁判所としては考えています。

また、私個人としては、この研究会に参加させていただいて、いろいろなことを学ぶことができ、大変勉強になりました。ここで得た知見も裁判所のほうにしっかりと持ち帰って、フェーズ 3 に向けての検討に生かしていきたいと思います。ありがとうございました。

日下部　民事訴訟の IT 化については、これまで関連するいろいろな会議体の委員を務めた関係で、長く検討や協議を重ねてまいりましたが、いずれも新しい仕組みを立法により構築することを意図するものでありました。もちろんその過程でも、想定される立法がどのように解釈・運用されるのかを考えてきましたが、今回の研究会で、実際に成立した改正法の経緯を踏まえて、改正後の民事訴訟法における今後の解釈・運用上の問題を、改めて考え直し、深掘りすることができたように思っています。また、民事訴訟法の解釈・運用だけではなく、先ほど脇村さん、橋爪さんから言及のありましたとおり、今後の民事訴訟の運営を、全体的により迅速・効率的、そして、適正なものにしていく上で、どういった工夫がされるべきなのかということを考え直す貴重な機会にもなったと思います。

私自身、日弁連での様々な会合にも出ているのですけれども、今後の運用の

在り方についての検討が、もう少し深いもの、幅の広いものになっていくといいなと思っています。この研究会で得られた様々な考え方を、そちらにもフィードバックしていきたいと考えている次第です。

最後に、私を含めて、今回の法改正に関与してきた人は大変多くいると思いますけれども、そうした人々の記憶は時間の経過に応じて失われていきますので、その前に、この研究会で記録を残す機会をいただけたことに非常に感謝しております。この記録が、今後も民事訴訟に携わる多くの方々の御参考になることを期待しています。

杉山 今回の研究会に参加して、これまでの議論を振り返ることができ、また、様々な立場の方の意見を改めて知ることができました。今回の改正はどちらかというと、実務的な改正点が多いと思っていたのですが、改めて理論的な課題と言いますか、研究者として、今後、取り組まなければならない課題を認識することができたと思っております。初回に将来的な展望などについても話したと思いますので、重複は避けますが、今回の改正に当たっては、裁判所も当事者側の代理人も、あと研究者もそうですが、空振りにしない意気込みが強く感じられたと思います。

例えば、オンライン申立てで丙案が採用されなかったのは、現行法の132条の10のような帰結にならないようにという強い思いがあったように思います。民事訴訟法自体が、実務に大きな影響を与える形で改正されたのは久しぶりで、本日扱った法定審理期間制度も含めて、いろいろ不安な点もあるかもしれませんが、これまで工夫を重ねても審理期間がなかなか短くならないし、何となく停滞しがちであった民事訴訟の理論や実務などが、活性化されることも期待できますし、改正時のこの熱意は、ずっと持続していくことが大切だと思います。

改正当初から、立法はそれほど頻繁にはできないので、なるべく既存の技術にとらわれずに、近くない将来を見据えて議論することが意識されてきたと思います。とはいえ、ある程度、既存の制度を前提とせざるを得なかったのですが、IT化の議論が始まってから、誰も予想しなかったことが起こりました。例えばコロナ禍で急速にウェブ会議が進んだり、最近ですと、生成AIの問題が急に現れたりと、技術が予想以上に進みました。一方で、通信インフラの整備が思ったより進んでいないようにも思います。

XVI おわりに

技術が将来どのように発展していくかがわからない中で、今回のように、定期的に実務家の先生方と意見交換をしていくことは必要だと思いますし、そこに研究者として理論的に貢献できるように仲間に入れさせていただけると有り難いです。

垣内 私自身は、この裁判のIT化につきましては、2018年の7月に設けられましたIT化研究会での議論以来、関わってまいりました。その過程で、部会での中間試案の取りまとめの直前であった2020年の11月に、「ジュリスト」に掲載するための座談会に参加させていただきまして、正に、この部屋で議論をしたという記憶があります。

その際、座談会の最後に、やはりこういった感想を述べる機会がありました。今、見返しますと、そこでは、IT化そのものは手段にすぎないけれども、民事訴訟手続全体を見直す貴重な機会で、これを機に手続の質を高めていくことができると良いのではないか。同時に、民事訴訟法学の観点からは、様々な手続原則や考え方が担っている価値が、どのようなものなのか。その実質などをめぐって、いろいろと考えるべき宿題が残されそうだ。立法されれば終わりということではなくて、引き続き考えていくべき問題が多いのではないかといったことを述べておりました。

それから3年弱の期間が経ったということですけれども、基本的な認識は当時と変わっておりません。この研究会を通じても、いろいろな問題について、皆さまと議論させていただきましたけれども、改めて、なお考えなければいけない点が多いと感じているところです。また、3年弱という期間ではありましたけれども、先ほど杉山さんからも言及がありましたように、その間、生成系AIの発展といった、当時は予想していなかったような技術の進展ということもあります。

こうした様々な新たな技術に、どのように民事訴訟手続は向き合っていくのかといったようなことを、これから更に考えていかなければならないと思いますし、他方、今回の改正が施行された後に、実際に実務の運用がどうなっていくのかということについては、これは継続的な検証が必要であって、その結果によっては、更なる見直し等も考えていかなければならないということかと思います。

そうした様々な問題が引き続きあるかと思いますけれども、一研究者とし

て、大変微力ではありますが、引き続き取り組んでいければというように考えているところです。長い間、本当にありがとうございました。

笠井 最後に私から申し上げます。私自身は、日下部さんと同じなのですが、検討会のときから、このIT化には関与しておりました。そもそも非常にアナログで、デジタルというものに全く弱い人間でしたので、初めに裁判のIT化という話を聞いたときに、「何ですか、それ？」という感じのことを思ったのを覚えています。そのことからしますと、自分でも成長したものだと、少しは思いますけれども、今や、ウェブ会議などが当たり前になっています。これは、新型コロナウイルス禍で、どうしてもそれをしなければならないという、不幸な事象があったことが手伝っているわけですけれども、今は、世の中でも、裁判の関係でも、当然のこととして受け止められていて、短い期間で、随分いろいろなことが変わってきたなと思っております。

この研究会の進行計画を立てることと、司会をさせていただくということで、私には非常に荷が重い、大役というか、ある意味、光栄なことでございましたが、皆さま方のいろいろな御知見を伺って、大変勉強になることがとても多かったと思っております。法制審の部会のときには、全然考えていなかったことについて、また新たな問題があるのだと思うことが多々ありました。

恐らく、今後、実際の運用において、特にフェーズ3が始まると、新たな、これまで考えていなかったような問題が、また出てくると思います。解釈論という意味でも、研究者として、対応していかなければならないと思っています。

具体的には、これは関係する条文もありますけれども、デジタルで出そうと思ったら出せなかったが時効の完成猶予や出訴期間とか上訴期間が守られているかが問題になった場合に、上訴の追完とか再審とか、そういった話が出てくる可能性があります（前記Ⅳ1）。そういうことはないほうがいいのですが、新たな問題は起きてくると思いますし、利用者の利便性がIT化で損なわれていないかという観点から検討することも必要だと思っております。

また、情報セキュリティの問題も出てくるかと思いまして、裁判所の方には、やはり記録の安全な保管には万全を期していただきたいと思います。IT化がなければ、こんなこと起こらなかったのにということがないようにとか、いろいろ心配なことばかり言っていますけれども、初期から関与している人間

XVI おわりに

としては、そのように思うところがございます。

この研究会は、皆さまから貴重なお話が頂けて、とても有意義なものでした。今後の実務の運用や、起こってくる問題の解決の在り方についても、一生懸命考えていきたいと思います。どうもありがとうございました。

事 項 索 引

あ 行

e 事件管理·····················7, 47
e 提出·····················7, 22
e 法廷·····················7, 18, 113, 216
インターネットでの公開·····················231
インターネットを用いてする申立て·········22
インターネットを利用した送達
　→システム送達
ウェブ会議···113, 216, 310, 325, 327, 330, 332,
　　　　　　336, 342, 346, 348
写　し·····················291
訴え提起前の和解·····················363
訴えの提起·····················22
映像と音声の送受信による通話の方法
　→ウェブ会議
音声の送受信による通話の方法→電話会議
オンライン申立て·····················22, 405
　──と裁判所の使用に係る電子計算機の故
　　障·····················30, 33
　──と責めに帰することができない事由
　　·····················30, 33

か 行

外国からの期日への参加·····················117
家事事件での閲覧制限·····················91
過納手数料の還付·····················125
簡易裁判所での特則·····················321
鑑　定·····················291, 330
鑑定嘱託の結果の提示·····················250
鑑定人の意見を記載した書面の提示·······250
期日外釈明·····················270

期日外の審尋·····················238
期日の変更·····················239
供託命令·····················102
検　証·····················281, 331
　──の際の鑑定·····················290
原　本·····················291, 351
　判決書の──·····················350
公開原則·····················323
公開主義·····················222, 233
公示送達·····················177
更正決定·····················347
　電子調書の──·····················353
　判決の──·····················345
控訴期間遵守·····················41, 136
控訴の追完·····················40
口頭主義·····················222, 233
口頭による訴えの提起·····················324
口頭弁論·····················323
　──の期日·····················216

さ 行

参考人等の審尋·····················327
時機に後れた攻撃防御方法の却下·········247
事件管理システム·····················27, 136, 146, 248
時効の完成猶予効·····················37, 42, 136
システム送達·····················143, 144, 146
　──の効力の発生·····················156
　──の受送達者·····················160
　──の送達受取人·····················160, 165
　──の通知·····················146, 158
　──の通知アドレス·····················160
システム送付·····················197

409

事項索引

システム直送……………………154, 196
自動文字起こし………………………235
写真の撮影等の制限…………119, 235
17条決定………………………………365
受送達者………………………………160
　──の責めに帰することができない事由
　………………………………………157
受諾和解…………………………353, 361
準備書面等の提出期間
　──後の提出と理由説明……………240
準備書面の直送………………………196
準備書面の提出…………………………23
準文書……………………………281, 286
証人尋問………………………………310
　──と簡易裁判所での特則…………321
情報セキュリティ……………………407
書記官権限化……………………125, 351
書面による準備手続………116, 257, 271
審　尋……………………………238, 327
　──の期日……………………………216
尋問に代わる書面の提示……………250
審理計画………………………………374
宣誓書の提出…………………………331
専門委員の関与………………………256
送　達
　──の効力発生………………………147
　電子調書の──……………………353
送達受取人………………………160, 165
送達書面の出力………………………176
送達場所の届出………………………164
争点証拠整理手続……………………404
争点証拠整理手続の一本化……120, 257
双方審尋主義……………224, 235, 238
双方当事者不出頭……………………113
即時抗告…………………………345, 347

訴訟記録…………………………47, 213
訴訟記録の閲覧……………………77, 185
　──と目的外利用の禁止……………192
　──の制限……………………78, 201
　補助参加申立人の──……………208
　利害関係を疎明した第三者の──
　……………………………189, 195, 204
訴訟記録の電子化………………………47
　──の例外……………………………211
訴訟代理人のいる当事者本人による提出…44
訴状等が紙媒体で提出された場合の補正…37
訴訟の終了……………………………342
訴状の提出………………………………23
訴訟費用の低額化・定額化……128, 141
速　記…………………………………236
即決和解………………………………363

た　行

第三者の訴訟参加があったときの通知……100
対面出頭…………………………120, 271
担保取消し……………………………351
チャットでのやり取り………………269
調査嘱託の結果の提示………………250
調　書……………………………47, 332
直接主義…………………………222, 233
直　送…………………………………196
通知アドレス…………………………160
DV等支援措置…………………………93
手数料の電子納付……………………124
　──の例外としてのやむを得ない事由
　………………………………………131
電子化の際の欠落………………………56
電子情報処理組織による送達→システム送達
電子署名による真正な成立の推定………303
電子調書…………………………47, 64

410

事 項 索 引

――の更正決定 …………………… 353
――の送達 ……………………………… 353
電磁的記録に記録された情報の内容に係る証
拠調べ …………………………… 275, 283
――と成立の真正 ………………………… 291
――と内容の改変 ……………… 300, 308
――の証拠申出をするための提出 ……… 291
電磁的記録の閲覧
――と裁判所の執務への支障 ………… 195
電磁的記録の送達 …………………………… 143
電磁的記録の送付嘱託 …………………… 306
電磁的記録の提出命令 …………………… 306
電磁的記録を利用する権限を有する者 …… 307
電磁的訴訟記録 ……………………… 47, 212
――の閲覧 ………………………………… 185
電子判決書 …………………………… 342, 351
電話会議 …………… 113, 216, 323, 325, 327
当事者尋問 …………………………………… 310
――と簡易裁判所での特則 …………… 321
当事者に対する住所・氏名等の秘匿 … 77, 212
――と利益相反の確認 …………………… 88
当事者に対する住所・氏名等の秘匿決定
→秘匿決定

は 行

ハイブリッド型の証拠調べ …………………… 336
判 決 ………………………………………… 342
――の言渡し ……………………………… 350
――の更正決定 …………………………… 345
判決書 ………………………………… 47, 342
――の原本 ………………………………… 350
――の送達 ………………………………… 349
判決の言渡し ………………… 342, 346, 348
秘匿決定 ……………………………… 78, 213
――と強制執行の必要性を理由とする

閲覧の許可 …………………………… 103, 111
――と攻撃又は防御に実質的な不利益を
生ずるおそれ ………………… 99, 103
第三者異議の訴えと―― ………………… 110
取立訴訟及び転付命令後の訴訟における
――の要否 …………………………… 107
秘匿決定の取消し ……………………………… 94
――と閲覧等の許可 …………………………… 94
――と攻撃又は防御に実質的な不利益を
生ずるおそれ …………………………… 94
秘匿事項届出書面の管理 ………………… 212
非弁行為 …………………………… 166, 229
フェーズ 1 ……………………………………… 7
フェーズ 2 ……………………………… 7, 28
フェーズ 3 ……………………………… 7, 26
付調停と民事調停法 17 条の決定 …… 355, 365
弁論準備手続 ……………………… 113, 250
――と書面による準備手続の使い分け
……………………………… 119, 264
――における裁判官の所在場所 ……… 264
傍 聴 ………………………………………… 226
法定審理期間訴訟手続
――と自白 ………………………………… 392
――と消費者契約に関する訴え ……… 400
――と訴訟手続外の合意の効力 ……… 378
――と通常移行後の判決 ……………… 391
――と通常手続への移行の申立てを
しない合意 ……………………… 379
――における判断事項の確認 ………… 389
――に関する最高裁判所規則 ………… 388
――による旨の決定後の最初の期日 … 397
補助参加申出人の訴訟記録の閲覧等 ……… 208

ま 行

民事裁判書類電子提出システム ……… 10, 245

411

事 項 索 引

民事訴訟費用等に関する法律‥‥‥‥‥124
民事訴訟利用者調査‥‥‥‥‥‥‥‥‥374
mints‥‥‥‥‥‥‥‥‥‥‥10, 245, 404
mints 規則‥‥‥‥‥‥‥‥‥‥‥‥‥10
無断録音‥‥‥‥‥‥‥‥‥‥‥‥‥‥119
申立て‥‥‥‥‥‥‥‥‥‥‥‥‥‥‥22

や行～わ行

郵便費用‥‥‥‥‥‥‥‥‥‥‥124, 132

濫用的な訴えの可能性に対する対応‥‥‥65
和　解‥‥‥‥‥‥‥‥‥‥‥‥‥113, 353
　——等に係る電子調書の送達‥‥‥353, 360
　——に参加する第三者‥‥‥‥‥‥355, 363
和解期日‥‥‥‥‥‥‥‥‥‥‥‥‥‥113
和解に代わる決定‥‥‥‥‥‥‥‥355, 363
和解に関する訴訟記録の閲覧の制限‥‥‥201

条 文 索 引

民事訴訟法

45 条 5 項	208
71 条	351
79 条	351
87 条の 2	216, 342
89 条	
——2 項	113
——3 項	113
91 条	
——2 項	201
——5 項	190, 195
——10 項	211
91 条の 2	185
——4 項	190, 195, 201
91 条の 3	185
92 条	78
——1 項	100
——6 項	100, 188, 209
——7 項	100, 209
——8 項	100, 209
——9 項	211
92 条の 2	256
92 条の 3	256
97 条	40
109 条	144, 176
109 条の 2	144, 146
——2 項	165
109 条の 3	146
——1 項 3 号	156
——2 項	156
109 条の 4	146

111 条	178
132 条の 10	22, 405
132 条の 11	22
——1 項 3 号	46
——3 項	33
132 条の 12	47, 211
132 条の 13	47, 212
133 条	78
133 条の 2	78
——5 項	211
——6 項	211
133 条の 3	78, 92
133 条の 4	94
——1 項	94, 112
——2 項	94, 103, 112
——7 項	98, 188, 192
137 条の 2	65, 73
——1 項	140
147 条	136
147 条の 3	374
149 条 4 項	270
154 条 2 項	325
157 条	247
160 条 1 項	64
161 条 3 項	60, 154, 196
——3 号	199
162 条 2 項	192, 240
170 条	
——2 項	250
——3 項	113
175 条	257
176 条	257, 273

413

条文索引

176 条の 2 ················· 257		381 条の 4 ················· 390
185 条 ················· 335		381 条の 5 ················· 390
186 条 2 項 ················· 250		381 条の 7 ················· 390
187 条 3 項 ················· 328		381 条の 8 ················· 390

204 条 ················· 310, 337

民事訴訟規則

205 条 3 項 ················· 250

215 条 ················· 330

3 条 1 項 2 号 ················· 82

——4 項 ················· 250

30 条の 2 ················· 218

215 条の 3 ················· 330

32 条 3 項 ················· 114

218 条 3 項 ················· 250

41 条 3 項 ················· 164

227 条 2 項 ················· 212

47 条 ················· 197

231 条 ················· 281, 286

52 条の 9 ················· 81

231 条の 2 ················· 275

52 条の 10 ················· 81

——1 項 ················· 283

52 条の 11 ················· 82, 97

231 条の 3 ················· 275, 307

52 条の 12 ················· 82

232 条の 2 ················· 331, 337

52 条の 13 ················· 97

233 条 ················· 290

69 条 ················· 332

252 条 ················· 343

77 条 ················· 119, 235

253 条 ················· 343

88 条

257 条 3 項 ················· 345, 347

——2 項 ················· 115

264 条 ················· 353

——3 項 ················· 115

267 条 ················· 353

112 条 4 項 ················· 82

267 条の 2 ················· 353

123 条 ················· 310

271 条 ················· 324

131 条 2 項 ················· 331

275 条 ················· 363

133 条 ················· 331

275 条の 2 ················· 363

137 条 ················· 277

277 条の 2 ················· 321

民事訴訟費用等に関する法律

278 条 ················· 322

338 条 ················· 275

8 条 ················· 125

352 条 ················· 275

——1 項ただし書 ················· 131

381 条の 2 ················· 369

13 条 ················· 126

——1 項 ················· 400

——2 項 ················· 379

民事訴訟費用等に関する規則

381 条の 3 ················· 389

——4 項 ················· 389

4 条の 2 ················· 125

条文索引

民事訴訟法第百三十二条の十第一項に規定する電子情報処理組織を用いて取り扱う民事訴訟手続における申立てその他の申述等に関する規則

5 条······························196

民事執行法

161 条の 2······················102

家事事件手続法

38 条の 2·······················92

47 条······························92
254 条····························92

民法

161 条······························42

電子署名及び認証業務に関する法律

3 条······························303

415

参加者紹介

笠井 正俊（かさい まさとし）　京都大学教授

1963 年生まれ。1986 年京都大学法学部卒業、同年司法修習生。1988 年判事補任官。1996 年判事補退官、同年京都大学大学院法学研究科助教授。2002 年より現職。著書に『民事訴訟法〔第 4 版〕』（共著、有斐閣、2023 年）、『新・コンメンタール民事訴訟法〔第 2 版〕』（共編著、日本評論社、2013 年）など。

垣内 秀介（かきうち しゅうすけ）　東京大学教授

1973 年生まれ。1996 年東京大学法学部卒業、同年同大学院法学政治学研究科助手、1999 年同助教授、2007 年同准教授。2012 年より現職。著書に『民事訴訟法〔第 4 版〕』（共著、有斐閣、2023 年）、『コンメンタール民事訴訟法 I〔第 3 版〕』（共著、日本評論社、2021 年）など。

日下部 真治（くさかべ しんじ）　弁護士

1969 年生まれ。1993 年東京大学法学部卒業。1995 年弁護士登録、アンダーソン・毛利法律事務所（現アンダーソン・毛利・友常法律事務所）入所。2004 年同事務所パートナー。著書に『民事尋問技術〔第 4 版〕』（共著、ぎょうせい、2016 年）、『コンメンタール民事訴訟法 V〔第 2 版〕』（共著、日本評論社、2022 年）など。

杉山 悦子（すぎやま えつこ）　一橋大学教授

1976 年生まれ。1999 年東京大学法学部卒業、2007 年イェール大学ロースクール卒業（LL.M.）。1999 年東京大学大学院法学政治学研究科助手、2002 年一橋大学大学院法学研究科助手、2004 年同専任講師、2008 年同准教授を経て 2017 年より現職。著書に『Law Practice 民事訴訟法〔第 5 版〕』（共著、商事法務、2024 年）、『民事訴訟法——重要問題とその解法』（単著、日本評論社、2014 年）、『民事訴訟と専門家』（単著、有斐閣、2007 年）など。

参加者紹介

橋爪 信（はしづめ まこと）　最高裁判所事務総局民事局総括参事官
1974 年生まれ。1998 年東京大学法学部卒業。2000 年東京地方裁判所判事補として任官後、福岡地裁、最高裁判所民事局、釧路地家裁帯広支部等で勤務し、2016 年最高裁判所情報政策課参事官、2018 年東京高等裁判所判事。2021 年 4 月より現職。

脇村 真治（わきむら しんじ）　前法務省民事局参事官
　　　　　　　　　　　　　　　　（現農林水産省大臣官房法務支援室長）
1980 年生まれ。2003 年関西大学法学部卒業。2004 年裁判官任官。京都地裁、東京地裁、那覇地家裁沖縄支部、法務省民事局等で勤務。2021 年 7 月法務省民事局参事官。2023 年 8 月より現職。

研究会　民事訴訟の IT 化の理論と実務
Seminar on Theory and Practice of the Introduction of IT
into Civil Procedure

2024 年 9 月 30 日 初版第 1 刷発行

編　者　笠井正俊

発行者　江草貞治

発行所　株式会社有斐閣
　　　　〒101-0051 東京都千代田区神田神保町 2-17
　　　　https://www.yuhikaku.co.jp/

装　丁　与儀勝美

印　刷　大日本法令印刷株式会社

製　本　大口製本印刷株式会社

装丁印刷　株式会社亨有堂印刷所

落丁・乱丁本はお取替えいたします。定価はカバーに表示してあります。
©2024, KASAI Masatoshi
Printed in Japan ISBN 978-4-641-23337-9

本書のコピー，スキャン，デジタル化等の無断複製は著作権法上での例外を除き禁じられています。本書を代行業者等の第三者に依頼してスキャンやデジタル化することは，たとえ個人や家庭内の利用でも著作権法違反です。

JCOPY　本書の無断複写（コピー）は，著作権法上での例外を除き，禁じられています。複写される場合は，そのつど事前に，（一社）出版者著作権管理機構（電話03-5244-5088，ＦＡＸ03-5244-5089，e-mail:info@jcopy.or.jp）の許諾を得てください。